reinhardt

Ullrich Günther
Wolfram Sperber

Handbuch für Kommunikations- und Verhaltenstrainer

Psychologische und organisatorische Durchführung von Trainingsseminaren

4., aktualisierte und erweiterte Auflage

Ernst Reinhardt Verlag München Basel

Prof. Dr. *Ullrich Günther*, Lüneburg, lehrt Wirtschaftspsychologie an der Leuphana Universität Lüneburg, ist daneben freiberuflich im In- und Ausland in der betrieblichen Personal- und Organisationsentwicklung tätig.

Dr. *Wolfram Sperber*, Berlin, studierte Musik und Psychologie, war in der Intelligenzforschung sowie als Psychotherapeut tätig und promovierte über Praktische Intelligenz. Er arbeitet in der Personal- und Organisationsentwicklung und als Hochschuldozent.

Bibliografische Information der Deutschen Nationalbibliothek

Die Deutsche Nationalbibliothek verzeichnet diese Publikation in der Deutschen Nationalbibliografie; detaillierte bibliografische Daten sind im Internet über <http://dnb.d-nb.de> abrufbar.
ISBN 978-3-497-01949-6
4. Auflage

Printed in Germany
Reihenkonzeption Umschlag: Oliver Linke, Augsburg
Satz: ew print & medien service gmbh, Würzburg
Druck und Bindung: Friedrich Pustet, Regensburg

Ernst Reinhardt Verlag, Kemnatenstr. 46, D-80639 München
Net: www.reinhardt-verlag.de E-Mail: info@reinhardt-verlag.de

Inhalt

Hinweise zur Benutzung des Buches

Zur schnelleren Orientierung wurden in den Randspalten Pictogramme benutzt, die folgende Bedeutung haben

Literaturempfehlung

Begriffserklärung, Definition

Pro und Contra, Kritik

Fallbeispiel

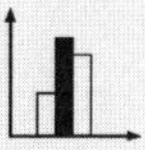

Forschungen, Studien

Fragen zur Wiederholung am Ende der Kapitel

Übungsaufgaben am Ende der Kapitel

1 Einleitung

Viele Bücher behandeln Themen wie Gesprächsführung, Redetraining, Kommunikation usw. (zur Kategorisierung vgl. Günther/Halm 1981). Uns ist aufgefallen, dass sich in mehrerlei Hinsicht jeweils zwei Gruppen unterscheiden lassen, die kaum etwas miteinander zu tun haben. Daraus resultieren leicht Einseitigkeiten. Wie diese Einseitigkeiten aussehen und welche Gründe es dafür geben mag, wollen wir im Folgenden untersuchen.

1.1 Die Wissenschaftler und die Praktiker

Zwei Typen von Büchern sind sofort offensichtlich: Dies sind – zugespitzt formuliert – wissenschaftliche Bücher ohne praktische Umsetzungen und praxisbezogene Bücher ohne wissenschaftliche Basis. Diese Zwei-Welten-Trennung kann so weit gehen, dass ein und derselbe Autor in der ersten Hälfte seines Buches wissenschaftliche Ansätze entwickelt und in der zweiten Hälfte ohne Bezug dazu praktische Rhetorikempfehlungen gibt, so z.B. in dem Rhetorikklassiker von Frank-Böhringer (1963). Dabei gibt es durchaus eine Reihe von wissenschaftlichen Disziplinen, die zum Thema Kommunikation und Rhetorik etwas beisteuern können, vor allem:

Beiträge verschiedener Disziplinen

- Psychologie (etwa Sozial-, insbesondere Kommunikationspsychologie, Denkpsychologie sowie pädagogische und klinische Psychologie)
- Philosophie (u. a. Erkenntnistheorie, Logik, Argumentation, Diskursmodelle, Ethik)
- Literatur- und Sprachwissenschaft/Linguistik (u. a. klassische Rhetorik, Sprachstrukturen, Rezeptionsforschung)
- politische Wissenschaft/Soziologie, Organisationswissenschaft (u. a. Analyse konkreter gesellschaftlicher und organisationaler Machtstrukturen, die den Rahmen für zwischenmenschliche Kommunikation abgeben)

Wenn so viele Wissenschaftler in Bereichen theoretisch arbeiten, die für die alltägliche Kommunikation prinzipiell bedeutsam sein sollten, warum leisten sie dann so selten Beiträge für die konkrete Praxis?

Viele Wissenschaftler (besonders in den Sozial- und Geisteswissenschaften, mit denen wir es ja hier zu tun haben) finden ihre Arbeit nicht etwa deshalb gut, weil sie etwas außerwissenschaftlich, d. h. praktisch Nützliches tun. Das tun sie auch häufig nicht. Sondern sie finden ihre Arbeit und sich gut, wenn sie Anerkennung von ihren Fachkollegen bekommen (vgl. z. B. den Wissenschaftssoziologen Merton 1972). Die Anerkennung bekommen sie, wenn sie ihr wissenschaftliches Handwerkszeug, also ihre fachspezifischen Forschungsmethoden erfolgreich anwenden. Die empirischen Wissenschaften sehen ihre Aufgabe darin, Ursache-Wirkungs-Zusammenhänge herauszufinden. Solche Kausalbeziehungen lassen sich jedoch in der Regel nur nachweisen, wenn man verschiedene mögliche Einflussgrößen kontrollieren und sie ebenso wie die Wirkungsgrößen unabhängig voneinander erfassen kann. Am besten geht dies in der Regel in einer künstlichen Laborsituation, am schlechtesten im normalen Alltag. Deshalb sind die so gewonnenen wissenschaftlichen Erkenntnisse (Theorien) auch nicht so ohne Weiteres auf die Praxis anwendbar. Jeder Medizin-, Wirtschafts- oder Lehrerstudent, der die Ergebnisse seines Faches bestens gelernt hat und trotzdem beim Berufseintritt in einer Erste-Hilfe-Ambulanz, einem Büro oder einem Klassenzimmer ziemlich hilflos dasteht, kann das bestätigen. Zu einer erfolgreichen wissenschaftlich geleiteten Praxis gehören zusätzlich spezielle, wissenschaftlich schwer fassbare Praktikerkenntnisse, über die „reine Wissenschaftler" kaum verfügen. Dies ermutigt sie nicht gerade – neben der geringen wissenschaftlichen Anerkennung –, sich in die unsicheren Gefilde der Praxis zu begeben.

Bei „reinen Praktikern" (das sind Leute, die sich vor allem durch ihre eigene Praxis Kenntnisse über Kommunikation und Rhetorik angeeignet haben und diese Kenntnisse in Büchern mitteilen) gibt es das umgekehrte Problem: Sie wissen offenbar ganz genau, was in der alltäglichen Praxis richtig ist. Zumindest sind sie sich dessen subjektiv gewiss. Diese Praktikerregeln sind aber nicht selten trivial oder so vage formuliert, dass davon sehr Unterschiedliches auf den konkreten Fall passen könnte. Eine systematische empirische, also wissenschaftliche Überprüfung dieses Praktikerwissens fehlt (was auch nicht so einfach zu machen ist). Der Bezug zu wissenschaftlichen Erkenntnissen ist in diesen Praktikerbüchern in der Regel minimal, oberflächlich oder fehlt schlicht. Die geringe Beachtung wissenschaftlicher Erkenntnisse schließt selbstverständlich nicht aus, dass diese Bücher z. T. recht plausible Vorschläge enthalten können. Manchmal fehlt es aber auch ihnen (ebenso wie der wissenschaftlichen Literatur) an praktischen Übungsvorschlägen, die Wege zur Erreichung der Verhaltensziele aufzeigen.

Weil wir selbst Grenzgänger zwischen den Lagern der Wissenschaftler und der Praktiker sind, ist bei uns das Interesse entstanden, die Kenntnisse und Erfahrungen, über die wir auf beiden Ebenen verfügen, in einer leicht verständlichen Sprache zusammenzubringen. Dabei sollte klar sein: Manches, was wir als Praktiker empfehlen, ist nicht durch wissenschaftliche Erkenntnisse angeregt. Und unsere persönlichen Wertorientierungen und Vorlieben gehen hier selbstverständlich auch mit ein. Wir wollen an dieser Stelle unsere eigene Position zu der Frage darstellen: Welche Bedeutung hat die Wissenschaft für die Trainerpraxis?

Grenzen der Wissenschaft

1. Praktisches menschliches Handeln, sei es als Psychotherapeut, Lehrer, Fußballtrainer, Mutter/Vater, lässt sich nicht vollständig von wissenschaftlichen Erkenntnissen ableiten. Dazu fehlt schon eine Voraussetzung: dass nämlich innerhalb einer Wissenschaft die Wissenschaftler sich einig sind, was den gesicherten Erkenntnisbestand ihrer Disziplin ausmacht. Ein Blick in die Wissenschaften vom menschlichen Verhalten zeigt uns das Fehlen dieser Voraussetzung im strikten Sinne. Allerdings gibt es eine Reihe von Theorien und empirischen Befunden, die weitgehend anerkannt werden.
2. Selbst wenn diese Voraussetzung gegeben wäre, ergibt sich schon das nächste Problem: Wegen der Ungenauigkeit oder des Fehlens von Zuordnungsregeln zwischen Theorie- und Beobachtungssprache lassen sich zu einer gegebenen Praxis (hier Verhaltenstraining) unterschiedliche theoretische Begründungen angeben. Umgekehrt kann man aus einer Theorie sehr unterschiedliche, evtl. sogar entgegengesetzte Schlüsse für die Praxis ziehen (Günther 2000).
3. Weiterhin muss man im praktischen Leben viele Entscheidungen treffen, zu denen keine wissenschaftlichen Aussagen vorliegen.
4. Schließlich enthält praktisches Handeln immer einen Bezug auf Werthaltungen. Nach gängiger wissenschaftstheoretischer Überzeugung können Werte aber wissenschaftlich nicht begründet werden.

Ist deshalb die Wissenschaft unnütz? Leistet sie keinen Beitrag zur Lösung praktischer Aufgaben, wie sie in Verhaltenstrainingsseminaren zu meistern sind?

Beiträge der Wissenschaft

Wir hoffen, dass wir Sie in den folgenden Kapiteln vom Gegenteil überzeugen können. Wissenschaftler liefern eine Vielzahl von systematischen Untersuchungen, die in ihrer Genauigkeit der Alltagsbeobachtung überlegen sind. Verhaltenswissenschaftler entwickeln u. a. auch Theorien über menschliches Verhalten, die sich als Leitlinien für die Durchführung von Seminaren nutzen lassen.

Also: Die Wissenschaften liefern wichtige theoretische und empirische Beiträge, aber sie sind unvollständig für das konkrete Handeln im Seminar. Man ist zusätzlich auf praktisch erworbenes Wissen angewiesen, muss in jeder Situation neue ungewisse Einschätzungen vornehmen. Die Verbindung von wissenschaftlichen Basiskenntnissen, kritisch-reflektiertem Praktikerwissen und hoher Konzentration in der konkreten Seminarsituation sollte eine gute Mischung für eine erfolgreiche Trainertätigkeit sein.

1.2 Einstellungen oder Verhalten ändern?

Zwei andere gegensätzliche Positionen werden oft mit „Alleinvertretungsanspruch“ verkündet.

Einstellungen und Kommunikationswirkung

Die erste Meinung lautet: Für die überzeugende Wirkung in Gespräch und Rede komme es eigentlich nur auf die „inneren“ Einstellungen an. Wenn jemand z. B. selbstunsicher sei, nutze es ihm nichts, etwa Gestik oder Mimik zu verbessern, das wäre bloße Fassadenkosmetik. Wichtig für ihn sei dagegen, die Einstellungen zur eigenen Person (zu seiner Umwelt) zu ändern.

Wir halten das nur für teilweise richtig. Denn: Meine Einstellungen zu meiner Person werden in hohem Maße dadurch beeinflusst, wie andere mich wahrnehmen, bzw. wie ich glaube, dass sie mich wahrnehmen. Wenn ich also durch mein Verhalten, meine Selbstdarstellung einen veränderten Eindruck hervorrufe, wird das über die Reaktionen der Mitmenschen auch meine Einstellungen zu mir selbst ändern.

Verhaltenstechniken und Kommunikationswirkung

Die zweite Meinung lautet: Es komme letztlich auf das an, was man konkret könne, was man an Verhalten an den Tag lege, welche Kompetenzen man habe. Was in einem Menschen vor sich gehe, sei ohnehin zu vielschichtig und kompliziert, als dass es kurzfristig zu ändern sei. Um soziale, insbesondere kommunikative Fähigkeiten oder Kompetenzen zu verbessern, solle man sich auf das direkt beobachtbare Verhalten konzentrieren, wie z. B. Redeaufbau, Argumentationstechniken, Mimik und Gestik.

Auch diese Position halten wir für verkürzt. Denn: Unser Verhalten wird durch unsere Einstellungen mitbedingt. Beispiele finden sich in problematischen Psychomechanismen, die sich relativ einfach aufzeigen lassen, etwa der Programmierung von „Misserfolgen" durch ein überhöhtes Anspruchsniveau (vgl. Kap. 4).

Entsprechend finden sich in der vorliegenden Literatur einmal solche Bücher, die sich vorwiegend mit Einstellungen beschäftigen (über Encounter, Selbsterfahrung usw.), und solche, die sich auf das äußere Verhalten konzentrieren (in der Regel die Rhetorikbücher im engeren Sinne). Wir werden in diesem Buch beide Seiten in den einzelnen Kapiteln in unterschiedlichem Ausmaß ansprechen.

1.3 Psychologie und Logik

Eine andere Unterscheidung ist die zwischen Psychologie und Logik. Manche Autoren konzentrieren sich ganz auf die psychologische, speziell emotionale Wirkung von Gesprächs- und Redebeiträgen (z. B. Schwäbisch/Siems 1997 und andere „sensitivitätsorientierte" Bücher), andere wiederum nur auf die logische Struktur (vgl. etwa Naess 1975; Savigny 1976; 1993; Toulmin 1995: Der Anspruch dieser Wissenschaftler, die sich erfreulicherweise auch auf Alltagssprache beziehen, scheint über die Analyse logischer Strukturen in der Sprache nicht hinauszugehen). Wir kennen in diesem Zusammenhang zwei Typen von Rednern, die die Mängel beider Ansätze demonstrieren:

- einmal den argumentativ und logisch guten, aber langweiligen und rhetorisch unwirksamen Redner (man denke etwa an manche Fachleute, die zwar kompetent, aber sehr ermüdend sprechen)

der logisch präzise Langweiler

- zum andern den rhetorisch überzeugenden, aber inhaltsleeren, evtl. gar unlogischen Redner (wie derjenige Pfarrer, dessen erbauliche Predigt ans Herz geht, bei der man hinterher aber nicht mehr wiedergeben kann, was eigentlich gesagt wurde)

der rhetorisch wirkungsvolle Schwafler

Positiv formuliert: Der erste Rednertyp vertraut eher auf die Kraft des Argumentes, die Geschlossenheit und Prägnanz der

Inhalte und ihrer Darstellung, der zweite auf Gefühle, Bedürfnisse und Interessen der Zuhörer. Rhetorik als „angewandte Hörerpsychologie“ (vgl. Kap. 7) will beide Dimensionen berücksichtigen.

1.4 Kooperatives und konkurrenzorientiertes Verhalten

Harmonie und Streit

Wir können nicht davon ausgehen, dass alle Menschen ständig lieb und freundlich zu uns sind. Man betrachte die im Vergleich zur Alltagswirklichkeit trügerische Friede-Freude-Eierkuchen-Mentalität mancher Kommunikationsseminare und der entsprechenden Literatur, in der bisweilen der Eindruck entsteht, dass eine Konfliktregelung mit genügend gutem Willen schon zur gütlichen Einigung führen müsse. Umgekehrt ist es genauso falsch, dauernd mit Angriffen und Betrugsmanövern zu rechnen. Diesen Eindruck gewinnt man manchmal in Lehrbüchern der Eristik, d. h. der „Streitkunst“ (vgl. Rother 1988; Schopenhauer 1996). Es gibt beide sozialen Kontexte; viele Gruppensituationen (und auch Beziehungen zwischen einzelnen Gruppenmitgliedern) variieren zwischen solchen Extremen. Deshalb sollte unser Repertoire sowohl Verhaltensweisen für Wettstreit und Durchsetzung als auch für Kooperation enthalten.

Wir gehen in diesem Buch bevorzugt auf die Perspektive des Kommunikationsteilnehmers ein, der in der jeweiligen Situation die „schlechteren Karten“ hat, sei es durch ein negatives Selbstbild (Selbstunsicherheit) oder durch die soziale Rolle (z. B. Prüfling, Bewerber, Untergebener). Die „schlechteren Karten“ verursachen in der Regel Stress. Sich aber aus einer schwierigen Ausgangslage heraus erfolgreich zu verhalten, das ist das Kunststück und nicht umgekehrt.

1.5 Sozialtechnik und Sozialethik

Der Abteilungsleiter eines Betriebes wollte im Trainingsseminar lernen, wie er seine Untergebenen besser „zur Minna“ machen kann. Das ist ein Fall, bei dem wir vorrangig darauf achten mussten, dass nicht einfach Sozialtechniken übernommen, sondern die normativen Voraussetzungen des Teilnehmers und die Handlungskonsequenzen diskutiert wurden, also seine „Führungsphilosophie“ tendenziell verändert wurde.

Wertbezug

Man kann Kommunikationsfertigkeiten nicht ohne Wertbezug vermitteln. (Dies diskutieren und berücksichtigen viele Autoren von Rhetorikbüchern anscheinend nicht.) Viele Lernziele erscheinen uns zwar in der Regel unproblematisch (etwa vor Gruppen reden können, sich verständlich ausdrücken usw.), aber nichtsdestotrotz sind auch hier Wertbezüge enthalten, die es zu reflektieren und zu problematisieren gilt. Wir finden es allerdings überzogen, alles, was sich eventuell missbräuchlich anwenden ließe, „unter Verschluss" zu halten.

Wissenschaft kann aus sich heraus verbindliche Wertaussagen nicht begründen. Aber man kann und sollte wertorientierte Voraussetzungen und Konsequenzen bestimmter Verhaltensweisen benennen. Das wollen wir in diesem Buch versuchen und unsere eigenen normativen Vorstellungen erläutern.

Nur über ideale Kommunikationssituationen zu theoretisieren, wie das manche „Philosophen" machen (Stichwort „Diskursmodelle"), hilft für die soziale Praxis allerdings wenig. Wenn Kommunikations- und Rhetoriktraining auch als kompensatorische (d. h. Nachteile ausgleichende) Bildungsarbeit verstanden wird, um sich gegen Bevormundung, Übertölpelung usw. zur Wehr setzen zu können, dann sind auch konkrete Fähigkeiten zu vermitteln und nicht nur Idealvorstellungen über optimale Kommunikationsweisen.

1.6 Zum Programm und Aufbau des Buches

Zusammengefasst wollen wir

- wissenschaftliche Erkenntnisse und Praktikerwissen,
- innere Einstellungen und äußeres Verhalten,
- Psychologie und Logik,
- kooperatives und kompetitives Verhalten,
- Sozialtechniken und Sozialethik

als Komplemente behandeln, als sich ergänzende Teile, die erst zusammen eine Ganzheit ergeben.

Standardbausteine

In *Teil A* dieses Buches werden Standardbausteine für Kommunikations- und Rhetorikseminare vorgestellt: Nach den grundlegenden Bereichen in den ersten beiden Kapiteln kommen wir zu komplexeren und speziellen Situationen. Das sind in der Reihenfolge die Themenbereiche: Kommunikation, Rückmeldung, Selbstsicherheit, Argumentation, Diskussion, Rede und Vortrag, Prüfungs- und Bewerbungsgespräch sowie Verhandlung. Die Kapitel enthalten jeweils einen theoretischen und einen praktischen Teil, in dem verschiedene Übungen detailliert beschrieben werden. Diese Texte dienen einerseits dem Hintergrundwissen des Trainers. Andererseits wenden sie sich direkt an den Seminarteilnehmer; der Trainer kann die Texte bei Bedarf als Ganzes oder auszugsweise den Teilnehmern ohne Überarbeitung zur Verfügung stellen.

Durchführungsleitfaden

Teil B vermittelt einen Leitfaden für die Durchführung von Trainingsseminaren unabhängig von speziellen Seminarinhalten. Der Trainer erhält hier eine allgemeine Einführung und einen Leitfaden für die organisatorische, didaktische und psychologische Vorbereitung und Durchführung von Seminaren.

Das Buch nennen wir „Handbuch“, weil es (besonders angehenden) Trainern in den verschiedenen Phasen der inhaltlichen und methodischen Vorbereitung und Durchführung eines Seminars zur Hand sein sollte, um Anregungen zu geben und als Nachschlagewerk zur Verfügung zu stehen.

Die Autoren haben eine große Zahl von Seminaren gemeinsam durchgeführt, sich gegenseitig viele Anregungen gegeben und Konzepte und Auffassungen zusammen weiterentwickelt. An fast allen Themen dieses Buches sind wir deshalb gemeinsam beteiligt. Im Zuge einer Arbeitsteilung zeichnen jedoch hauptverantwortlich U. G. für Kap. 1, 4, 5 (außer 5.3), 6 (außer 6.7), 8, 10 (außer 10.6 und 10.7) und W. S. für Kap. 2, 3, 5.3, 6.7, 7, 9, 10.6, 10.7, 11.

Wir danken den Kollegen, Freunden und Studierenden, die das Manuskript oder Teile davon kritisch kommentiert haben, und last, but not least den Seminarteilnehmern für zahlreiche Einfälle und Anregungen.

Adressaten des Buches

Unser Buch wendet sich an

- angehende Kommunikations- und Rhetoriktrainer, die sich das professionelle Handwerkszeug aneignen wollen und u. a. konkrete Anleitungen für typische Übungen brauchen;
- Dozenten und Trainer aus dem Kommunikations- und Rhetorikbereich, die ihre theoretischen Kenntnisse erweitern und neue Übungen oder Übungsvarianten kennenlernen möchten;
- Lehrer, die in den Deutschunterricht oder andere Fächer rhetorische und kommunikationspsychologische Inhalte einbeziehen möchten;
- Sozial- und Sprachwissenschaftler, die in diesem Gebiet an praktischer Anwendung interessiert sind;

- interessierte Leser, die durch Lektüre oder gemeinsames Üben und Besprechen in Gruppen ihre Gesprächs- und Redefertigkeit verbessern wollen.

Über Leserzuschriften (z.B. per E-Mail an den Verlag) freuen wir uns; für Anfragen stehen wir gern zur Verfügung.

Teil A
Standardbausteine für Kommunikations- und Rhetorikseminare

2 Verbo(r)gene Botschaften?

Kommunikation ist das ureigenste Thema dieses Buches. Alle Gesprächsfertigkeiten und alle angewandte Rhetorik sind nur Untergebiete davon. Jeder Mensch hat gewisse Vorstellungen, wie die Menschen sind, wie der andere funktioniert, aber auch wie er selbst ist.

Alltagstheorien

Für diese „Alltagstheorien" (die nicht wissenschaftlich, „richtig", widerspruchsfrei, ja nicht einmal bewusst sein müssen) interessiert sich auch die Psychologie selbst: Das Kommunikationsverhalten hängt von solchen Vorstellungen ab. Vor der Beschäftigung mit angewandter Rhetorik im engeren Sinne wenden wir uns deshalb der menschlichen Kommunikation zu.

In der Kommunikationswissenschaft sind Modelle von Struktur und Prozess der Kommunikation entworfen worden. Wir orientieren uns im Folgenden an Friedemann Schulz von Thun (in Fittkau et al. 1994 sowie u. a. 2007), das eine Weiterentwicklung der Modelle von Bühler (1934) und Watzlawick (z. B. 1996) darstellt. Es eignet sich zur Ableitung und Einordnung praktischer Übungen zur Entwicklung der Kommunikationsfähigkeit, wie sie in den Abschnitten 2.2 bis 2.7 beschrieben werden.

2.1 Aspekte der Kommunikation: ein Modell

Kommunikation ist der Austausch von Nachrichten. Eine Nachricht ist eine bedeutungshaltige Botschaft, die von jemandem ausgesandt wird („Sender"), von jemandem empfangen wird („Empfänger") und die immer in einer bestimmten Weise „codiert" ist, d. h., sie muss aus Zeichen bestehen. Solche Codes können die deutsche Sprache, die Druckschrift, aber auch eine Geste, ein Gesichtsausdruck oder anderes mehr sein. Nachrichten können also auf verschiedenen „Kanälen" gesendet und empfangen werden: Gesprochenes wird gehört, Gezeigtes oder Geschriebenes gesehen, Berührungen werden gespürt usw. All das sind in diesem Sinne „Nachrichten", die kommuniziert werden können. Paul Watzlawick sagt, es sei unmöglich, nicht zu kommunizieren! Damit wird auch „Schweigen“ zu einer Nachricht. (Wir wissen, dass es sehr bedeutungsvoll sein kann.)

Was und wie groß eine Nachricht ist, ist nicht festgelegt und hängt von der Betrachtungsweise ab: Ein „Hm“ kann bereits eine sein, oder auch dieses ganze Buch. Solange jeweils nur einer etwas sendet, handelt es sich um eine „einseitige“ Kommunikation. Sie wird „mehrseitig“ und „vollständig“, wenn eine „Antwort“ erfolgt: eine Entgegnung, eine Frage, ein Nicken, ein Leserbrief, aber auch wieder ein Schweigen.

Wird der Empfänger einer Nachricht selbst zu einem Sender, indem er auf das antwortet, was er verstanden hat, spricht man von „Rückmeldung“ (Feedback; vgl. Kap. 3): Ein Rückkopplungskreis schließt sich, ein Dialog entsteht.

Verstehen

Es setzt Wahrnehmen voraus, aber auch die Kenntnis des „Codes“ der Nachricht. In der Türkei würde ich den verbalen Code einfach nicht verstehen. Gestik, Mimik, Tonfall u.Ä. könnten mir weiterhelfen, weil ich sie (hoffentlich richtig) verstehe. (Es gibt jedoch kulturelle Unterschiede der Bedeutung von Gesten.) Diese „nonverbalen“ (nichtsprachlichen) Nachrichten (-anteile) umfassen auch, was mit der Sprache hörbar wird, aber auf dem Papier verloren geht: Tonfall, Artikulation, Sprachmelodie usw., und auch sprachliche Äußerungen, die streng genommen nichts Konkretes bezeichnen, aber etwas bedeuten: „Hm“, ein Räuspern, Lachen, also Interjektionen u.Ä.

B

Kommunikation ist leider störanfällig und wird deshalb zum Thema. Dazu ein alltägliches Beispiel: Nach dem Kinobesuch fragt sie ihn auf dem Weg zum Auto unternehmungslustig: „Möchtest du noch etwas trinken?“ Er antwortet: „Du bist gut! Ich muss morgen eine Stunde früher im Büro sein.“ Die Rückfahrt verläuft schweigend.

Auch ohne Kenntnis näherer Umstände vermuten wir, dass da etwas nicht in Ordnung ist: Das Schweigen ist wohl nicht normal. Zwischen den beiden scheint eine emotionale Störung vorzuliegen. Was hat die Frau mit ihrer Frage gemeint? Was hat der Mann gehört und worauf hat er geantwortet? Hat das Schweigen etwas zu bedeuten, wenn ja, für wen was?

Das hier abgebildete Modell der Kommunikation (nach Schulz v. Thun, in Fittkau et al. 1994 sowie u.a. 2007) unterschei-

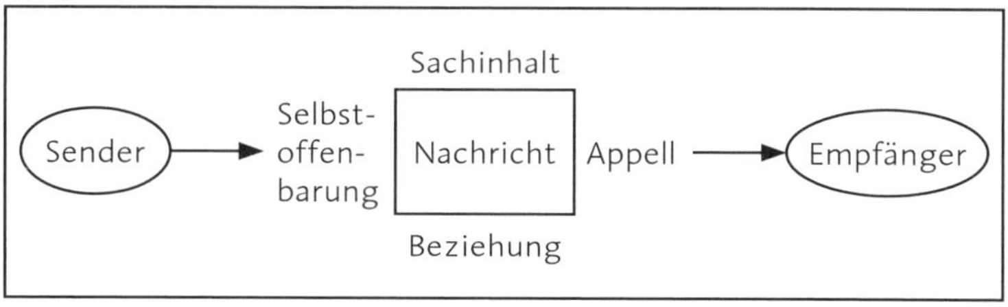

Abb. 1: Die verschiedenen Aspekte einer Nachricht

Senden einer Nachricht

det dazu verschiedene Aspekte oder auch Seiten der Nachricht (Abbildung 1).

2.1.1 Inhalt und Beziehung

Bei Nachrichten können zunächst ein vordergründiger oder Oberflächenaspekt und ein untergründiger Aspekt unterschieden werden.

Sachinhalt

Dieser offenkundige Aspekt ist uns direkt zugänglich. Er stellt schlicht das dar, was direkt mitgeteilt wird, nicht mehr, aber auch nicht weniger.

Im Beispiel war der Sachinhalt ihrer Frage schlicht sein Bedürfnis, etwas zu trinken, und seine Antwort bestand aus zwei Teilen: einem Ausruf über sie (den wir aber gleich richtig nicht wörtlich als ein Kompliment, sondern als Kritik hören) sowie einer Auskunft über einen anderen Sachverhalt, seinen Arbeitsbeginn morgen. Auch das Schweigen könnte eine Nachricht sein, wobei der Sachinhalt unklar bleibt, weil eben nichts gesagt wird: Jeder könnte „etwas anderes schweigen".

Weil die Sachinhalte (ihrer Frage und seiner Antwort) klar und verständlich sind, aber nicht recht zueinander passen (und auch nicht zu dem Schweigen), wird unser Augenmerk sofort auf andere Aspekte der Nachrichten gelenkt: Die Frau wollte wohl selbst noch gerne in ein Lokal gehen und hörte seine Antwort als eine Ablehnung ihres Vorschlags. Dann könnte ihr Schweigen ein enttäuschtes oder gar wütendes gewesen sein. Sie würde sich wohl ablehnend behandelt fühlen, ihn für egoistisch oder langweilig halten. Das ist kränkend: Hat er kein Interesse mehr, mit ihr auszugehen? Der Mann dagegen könnte sie für egoistisch halten. Nimmt sie keine Rücksicht auf seine beruflichen Verpflichtungen und sein Schlafbedürfnis? Er könnte sich nicht ernst genommen fühlen. Ergebnis: Vielleicht werden jetzt beide, innerlich wütend, erst mal schweigen. Ihre emotionale Beziehung hätte sich verschlechtert.

Beziehung

Nachrichten enthalten auch diesen zweiten Aspekt. Der Sender einer Nachricht drückt damit aus, wie er seine Beziehung zum Empfänger sieht, indem er ihn in einer bestimmten Weise behandelt.

Sie hat es vielleicht „nicht so" gemeint: Es ging ihr um ihr eigenes Bedürfnis, aber sie äußerte es nicht, sondern fragte nach seinem. Der Beziehungsaspekt ihrer Nachricht könnte also lauten: „Du bist nicht jemand, der auf meine Wünsche eingeht und den man deshalb indirekt beeinflussen muss." Wenn er diese Beziehungsbotschaft empfangen hat, könnte er sich auch darüber ärgern, weil er sich nicht ernst genommen fühlt. Oder er hat nur so getan, weil er einfach keine Lust hatte, noch auszugehen. Und sie könnte sich wiederum in ihren Bedürfnissen nicht ernst genommen fühlen.

Interpretation

Offenbar kommt es auf die Kenntnis weiterer Umstände, auf die Situation, den Kontext, und einige innere Voraussetzungen bei Sender und Empfänger an, welchen Reim wir uns und natürlich die Betroffenen sich selbst darauf machen. Nachrichten werden interpretiert, also gedeutet: Die Be-Deutung einer Nachricht ist nämlich niemals in ihr selbst enthalten, sie muss immer erst erschlossen werden und lässt sich nicht so ohne Weiteres eindeutig erkennen. Jedenfalls haben beide in den Mitteilungen des anderen einen Bedeutungsaspekt gefunden, der sie emotional reagieren lässt.

Die Beziehungsaspekte von Nachrichten sind fast immer mit Emotionen verbunden: Entweder drücken sie direkt ein Gefühl aus oder sie wirken auf die Gefühle des Empfängers. Beziehungsaspekte sind auch dann vorhanden, wenn es vordergründig „ganz sachlich" zugeht: In einem positiv verlaufenden, sachbezogenen Gespräch könnte er lauten: „Wir sind uns einig, dass und wie wir zusammenarbeiten", im negativen Fall ist die „Sachlichkeit" nur Schein: „Ich verstehe/akzeptiere dich nicht, zeige es aber nicht offen, sondern mache Probleme auf der Sachebene." So kann um Sachfragen lange gestritten werden, obwohl es eigentlich um Beziehungskämpfe geht.

2.1.2 Selbstoffenbarung und Appell

Das Modell der Nachricht hat noch zwei andere Seiten. Sie beziehen sich direkt auf die Person des Senders und des Empfängers.

Selbstoffenbarung

So nennt man den Aspekt, der Information über den Sender darstellt: Die Frau hat mit ihrer Frage vielleicht erkennen lassen, dass sie selbst gerne noch einen Lokalbesuch anschließen würde: „Ich möchte noch etwas trinken und möchte, dass du mitkommst." Wenn der Mann das nicht versteht, würde es zeigen, dass der verdeckte Selbstoffenbarungsanteil zu einem Missverständnis führt. Wenn er es aber versteht und sich deshalb vielleicht über die Indirektheit ärgert, könnte er seinen Ärger (auch wieder indirekt) gezeigt haben, indem er sie sarkastisch kritisiert („Du bist gut!"). Aber sein Hinweis auf das Büro lässt auch nicht erkennen, ob er auf ihren Vorschlag gerne eingegangen wäre. Und wenn er tatsächlich „keine Lust auf Kneipe" gehabt hätte, aber auch das hätte verbergen wollen, könnte er das Büro nur vorgeschützt haben, um nicht sagen zu müssen: „Ich habe keine Lust, noch ein Bier zu trinken, fürchte aber, dass du dich beklagst, wenn ich sage, dass ich es auch dir zuliebe nicht tun möchte."

Dass also die Sachebene zum „Tarnen und Täuschen" verwendet werden kann, ist uns sofort ersichtlich. Aber auch wenn es um Sachthemen geht, offenbart der Sender immer etwas über sich selbst: Gefühle, Interessen, Haltungen, Selbsteinschätzungen, Kompetenz. Der Empfänger reagiert darauf direkt oder indirekt, und seine eigenen Antworten sind davon beeinflusst.

Appell

Mitteilungen werden schließlich zu einem bestimmten Zweck gemacht: Nachrichten enthalten etwas, was den Empfänger in irgendeiner Weise beeinflussen soll. Der Appellanteil ist der finale, der „Um-zu-Aspekt" der Kommunikation: Der Empfänger soll sich in einer bestimmten Weise verhalten, und deshalb wird überhaupt eine Nachricht gesendet. Der enthaltene Appell kann je nach seinem Charakter mehr Bitte, Aufforderung, Befehl, Mahnung, Rat oder anderes sein. Appelle können sehr unterschwellig sein, wie wir z. B. an der Werbung beobachten. In unserem Beispiel sagte die Frau mit ihrer Frage vielleicht: „Lass uns noch in ein Lokal gehen“, während der Mann ausgedrückt haben mag: „Lass mich damit in Ruhe!“

2.1.3 Gemeintes und Verstandenes

Nachrichten sind also recht komplexe Informationspakete. Nur der Oberflächenaspekt „Sachinhalt“ lässt sich relativ leicht objektivieren, während Selbstoffenbarung, Beziehung und Appell untergründigere Anteile sind. Wir sind deshalb auf Vermutungen angewiesen, haben meist mehrere Möglichkeiten des Verstehens, können darüber oft nicht leicht Einigkeit erzielen. Die „Zwischen- und Untertöne“, also die indirekt kommunizierten, häufig emotionalen Anteile bedürfen der Deutung, und solche Interpretationen können unvollständig, schief oder ganz falsch sein.

Deutung ist eine Denkleistung, die unvollständige Information ergänzt – mit dem, was wir für plausibel und wahrscheinlich halten. Allgemeiner ist sie ein Prozess der „Gestaltschließung“: Denken Sie mal an die unvollständigen Vexierbilder, die man mit dem Auge ergänzen muss, oder an die Kippbilder, die man mal so, mal so sehen kann. Manchem fällt es schwer, manchem leichter, zwischen der Anschauung eines Pokals oder der zweier Gesichter hin- und herzuschalten, und mancher „erkennt“ eine Möglichkeit sofort, kann die andere aber gar nicht mehr richtig „in den Blick bekommen“.

Interpretation: unvermeidlich

Daraus folgt nicht etwa, dass es gelte, Interpretationen zu vermeiden. Das geht gar nicht. Aber wir können lernen, uns bewusst zu machen, *wann* wir *was* interpretieren. Das macht uns selbstkritischer, flexibler und weniger anfällig für unbegründete Überzeugungen.

Ein Sender meint immer etwas. Eine andere Frage ist es, wie eindeutig oder mehrdeutig bzw. undeutlich er es, bewusst oder unbewusst, kommuniziert. Er kann z.B. Probleme haben, sich deutlich auszudrücken, oder die Absicht verfolgen, sich hinter Unklarheiten zu verstecken. Andererseits hat ein Empfänger immer die freie Auswahl, was er empfängt, d.h., welche Seiten der Nachricht er wichtig nimmt (das sind manchmal ganz andere, als der Sender wollte!). Er kann aber auch Verständnisschwierigkeiten haben. Er kann einiges übersehen und bei anderem Akzente setzen. Je nachdem, auf welche „Wellenlänge“ er besonders eingestellt ist, fällt seine Antwort aus. (Der Mann im Beispiel reagiert besonders auf den Selbstoffenbarungsaspekt, die Frau auf den Beziehungsaspekt.)

selektive Wahrnehmung

Diese unterschiedliche *selektive Wahrnehmung* lässt sich mit Brillen vergleichen. Eigentlich haben wir immer eine auf, wechseln sie je nach Situation und Leuten. Konstruiert sind unsere Brillen aus vielerlei Vorerfahrungen, Vermutungen, Überzeugungen usw. Deshalb ist es auch nicht leicht, zu kommunizieren, sich zu verstehen, weil die eigene Brille und die des anderen berücksichtigt werden müssen.

Als Sprecher und Hörer brauchen wir unterschiedliche Kommunikationsfertigkeiten. Je nachdem, wie wir sie beherrschen und einsetzen, setzen wir uns gegenseitig den Schwierigkeitsgrad der Aufgabe des Verstehens. Wie das Beispiel schon gezeigt hat, entscheiden aber nicht nur die Fähigkeiten darüber, sondern auch die dahinter stehenden Motive, Absichten, Ziele, Haltungen und Gefühle spielen eine Rolle. Wer nicht eindeutig sein will, wird seine Gründe haben, obwohl er es vielleicht durchaus sein könnte.

2.1.4 Typische Störungen

Auf jeder Seite der Nachricht gibt es einige typische Störungsformen, die beim Sender oder beim Empfänger liegen können. Aber auch das Umfeld kann für Störungen sorgen, z.B. Lärm oder Ablenkung.

Mögliche Probleme auf der Seite des Sachinhalts

Verständlichkeit kann auf dieser Seite zum Problem werden. Einige rhetorische Grundfertigkeiten kommen ins Spiel. Für die Verständlichkeit der Sachinhalte von Redebeiträgen oder schriftlichen Texten gibt es diese Gütemaßstäbe:

- Einfachheit
- Übersichtlichkeit und Gegliedertheit
- Kürze und Prägnanz
- Anregung

Sie können regelrecht geübt werden mit eigens dafür entworfenen Programmen. Ausführlicher besprechen wir dieses Thema in Kap. 7.1 „Verständlich reden“.

Mögliche Probleme auf der Seite der Selbstoffenbarung

Dieser Aspekt der Nachrichten enthält immer einen beabsichtigten, gestalteten Anteil und einen unbeabsichtigten, z. T. vom Sender sogar unbemerkt bleibenden:

Selbstdarstellung meint das, was wir herzeigen wollen. **Selbstenthüllung** ist das, was wir ungewollt „verraten".

Zwei Motive führen hier zu zwei Hauptarten von Kommunikationstechniken, die Kommunikationsstörungen erzeugen können:

- in möglichst günstigem Licht erscheinen wollen und
- verbergen wollen, was andere nicht sehen sollen.

Imponiertechniken: Eine Vielzahl von ihnen dient der gezielten Präsentation. Grundsätzlich ist das nichts Schlechtes, aber oft genug werden sie benutzt, um andere einzuschüchtern. Und Menschen mit einer tief sitzenden Angst, nicht anerkannt zu werden, neigen dazu, sich permanent von der Schokoladenseite zu zeigen (Verliebtheit soll auch dazu führen ...). Angeben oder Prahlen sind andere Varianten, Koketterie (Gefallsucht) „fischt" nach Komplimenten usw.

Fassadentechniken: Ebenso vielfältig wird mit ihnen das Ziel verfolgt, zu verbergen, zu verschleiern, Fassaden zu „mauern".

Gefühle zeigen

Dies betrifft sehr häufig die Gefühle, vor allem dann, wenn wir glauben, es sei gefährlich, sie zu zeigen: „Wenn ich Ärger, Wut, Schmerz ... zeige, habe ich irgendwelche Nachteile oder werde bestraft oder andere lieben mich nicht mehr." Auch die Angst, positive Gefühle zu zeigen, führt nicht selten zu eingeschränkter Kommunikation (vgl. Kap. 3: über die Schwierigkeit des Lobens und Lobannehmens). Dann ist man lieber „sachlich", gibt sich unbewegt oder äußert Gefühlsbotschaften „verborgen": etwa Ironie statt Freude oder Ärger.

Interessant ist die Feststellung, dass auch das Schweigen eine Fassadentechnik darstellt. Die Schweiger in Diskussionen sind meistens eher bestrebt, keine Fehler zu zeigen, als dass sie nur am Zuhören interessiert wären oder nichts zu sagen hätten. Daraus ergibt sich insbesondere für Gesprächsleiter die Aufgabe, behutsam zu helfen (vgl. Kap. 6). Die Angst, angegriffen (abgewertet, verurteilt, verletzt) zu werden, hängt unmittelbar mit der Selbstsicherheit und, auf der Ebene des Handelns, mit der Selbstbehauptung zusammen:

Schüchternheit

Schüchternheit ist eine meist unfreiwillig erduldete Fassadentechnik (seine Mauern nicht loswerden). Auch hinter einer nach außen zur Schau getragenen Stärke kann Schüchternheit stecken.

Was beim Einsatz von Fassaden- oder Imponiertechniken passiert: Die Kommunikation wird einseitig und störungsanfällig, weil die Nachrichten nur noch undeutlich oder gar nicht mehr wahrgenommen werden können. Sie werden überlagert durch Masken. Das beißende Schimpfwort der „Charaktermaske“ meint einen Menschen, der sehr konsequent eigene Gefühle versteckt und dem man das andererseits anmerkt. Natürlich kann vieldeutige Kommunikation auch ein anregendes, geistreiches Spiel sein. Aber wer möchte einem Menschen schon jahrelang nur auf dem Maskenball begegnen?

Gerade Beziehungsbotschaften werden dadurch unklar und missverständlich. Sie müssen dann ebenso wie die Appellaspekte vom Empfänger zusätzlich interpretiert werden. Zurückhaltung dieser Art macht den Empfänger seinerseits vorsichtig und zurückhaltend. Solche Kreisprozesse sind oft die Ursache dafür, dass sich einer fragt: „Warum bekomme ich schwer Kontakt, woran liegt es nur, dass man an mir weniger Interesse hat als an anderen Menschen?“ usw.

Psychologen sprechen beim Imponierenwollen vom Motiv der Hoffnung auf Erfolg und beim „Mauern“ vom *Motiv der Furcht vor Misserfolg* (Heckhausen 1989). Ein Anlass, nachzudenken?

Kongruenz

Wenn innere Haltung und Gefühlslage dem äußeren Verhalten entsprechen, spricht man von *Kongruenz* (Übereinstimmung; Rogers 1982). Fehlt sie *(Inkongruenz)*, ist es sehr wahrscheinlich, dass andere es über kurz oder lang dennoch merken – als Nichtübereinstimmung verschiedener Nachrichtenaspekte, die häufig auf verschiedenen Kanälen ankommen. Beispiel: Anerkennung mit neidischem Gesichtsausdruck (vgl. Kap. 3). Der Inkongruente wird als unoffen oder unehrlich oder verklemmt eingeschätzt. Seine ängstliche Bemühung, zu filtern, was herausdarf und was nicht, frisst ein Stück seiner geistigen Kapazität auf, und schließlich verliert er Einfühlungsfähigkeit und Verständnis für andere und sogar für die eigenen Strebungen und Gefühle.

Es wäre andererseits naiv, die Forderung nach permanenter Offenheit im täglichen Leben aufzustellen, wie das manchmal Bücher aus den Bereichen klinischer Psychologie, Gruppendynamik etc. nahelegen. Es gibt eben auch übelwollende Mitmenschen. Die Äußerung negativer Gefühle ist manchmal wirklich schädlich. (Was können Sie Ihrem Chef sagen?) Umgekehrt kann es durchaus wichtig sein, seine positiven Seiten herzuzeigen! Denken Sie nur an die Prüfung oder die Bewerbung (vgl. Kap. 8) oder an die Flut smarter Psycho-Ratgeberliteratur.

Impression Management

Die Eindrucksbildung beim anderen bewusst zu steuern („Impression Management") ist nicht nur von Übel. Gerade Schüchterne können aber große Widerstände zeigen, wenn sie (z. B. im Rollenspiel) probehalber einmal einfache und durchaus übliche Dinge tun sollen, die „nicht zu ihnen passen". Und manchmal verteidigen Menschen ihr negatives Selbstbild mit allen Kräften, ähnlich wie Depressive das mit ihrer aussichtslosen Welt- und Selbstsicht tun können!

Nun müssen wir aber feststellen, dass ein Großteil dieses Buches, nämlich rhetorische Techniken, zu den Selbstdarstellungstechniken gehören! Hier stellt sich die Frage, welcher Begriff von Rhetorik, welches Rhetorikideal da im Hintergrund stehen? Wer mit Rhetorik eine besonders glatte, gelackte, verbal flinke, „um keine Ausrede verlegene" Fassaden- und Imponiertechnik verbindet (vgl. 5.5 „Rhetorische Tricks und ihre Abwehr"), wird ihr leicht Argwohn oder Ablehnung entgegenbringen („bloße Rhetorik"). Dass damit eher ihre Entartungen oder ihr Missbrauch gemeint sind, hoffen wir im weiteren Verlauf deutlich machen zu können.

Mögliche Probleme auf der Seite der Beziehung

Störungen auf der Beziehungsebene sind vielleicht am häufigsten und führen am schnellsten zu unangenehmen Konsequenzen.

Gesprächshaltungen

Wie wir jemanden zu einem Zeitpunkt ganz konkret behandeln, ist eine Frage des augenblicklichen *Verhaltens*, welche allgemeine Tendenz damit zum Ausdruck gebracht wird, nennen wir eine (Gesprächs-)*Haltung*. Verhalten können wir direkt beobachten, Haltung dagegen ist eine innere Angelegenheit, die sich indirekt darin zeigt, dass entsprechende Verhaltensweisen häufiger gezeigt werden.

Dimensionen der Gesprächshaltung. Man hat eine ganze Reihe von Haltungen definiert, die einen bestimmten Umgang mit dem Gesprächspartner definieren. Aus der nondirektiven oder klientenzentrierten Gesprächspsychotherapie (Rogers 1982) kommen die Basiskonzepte der Wertschätzung und der Nondirektivität. Eine andere Haltung wird Ich- versus Du-Bezug genannt. Im Bereich der Beratungsmethodik (Mucchielli 1972) kennt man Haltungen wie Werten, Interpretieren, Trösten, Forschen (Ausfragen), Verständniszeigen oder etwas wie sofortiges Problemlösungshandeln (also eine Art „Aktionismus"). Jede dieser Haltungen kann unterschiedlich stark ausgeprägt sein, und Beziehungsbotschaften lassen sich auf solchen Dimensionen anordnen. Wir beschränken uns auf zwei besonders wichtige:

Personale Wertschätzung

Mit der Wertschätzung der Person sind das Akzeptieren und Respektieren des anderen gemeint, unabhängig von den Bewertungen seiner Meinungen, Leistungen usw. Nicht ist damit gemeint, dass man plötzlich zum Jasager werden müsste, ebenfalls nicht, dass Wertschätzung durch ständiges „Freundlichtun" zum Ausdruck kommen müsste. Das Gegenteil sind Geringschätzung (als Haltung) bzw. Herabsetzung (als Verhalten). Es ist möglich, auch einem Gegner Wertschätzung entgegenzubringen!

Wertschätzung zu zeigen ist manchmal keine leichte Aufgabe, weil die eigenen Gefühle im Weg stehen können. Mit Gefühlen „umgehen" heißt nicht nur, sie „auszuhalten" oder „herauszulassen". Wenn negative Gefühle verborgen bleiben oder nur „verborgen" geäußert werden, ist es sehr wahrscheinlich, dass sie sich als Geringschätzung oder Herabsetzung zeigen. Will man es üben, eigene Wertungen nicht automatisch an die Wertschätzung der Person des anderen zu binden, muss man auch eine ganze Reihe von Gewohnheiten seines Kommunikationsstils unter die Lupe nehmen.

(Non-)Direktivität

Mit Direktivität ist der Grad der Lenkung gemeint: Bevormunden bis Gängeln, ständig Vorgaben machen, Einengen, aber auch dauerndes Fragen und „Mit-Rat-Schlagen" sind das eine Extrem direktiver Verhaltensweisen. Der Gegenpol der Dimension ist Nondirektivität: zuhören können, ein Gespräch als Wechselspiel sich entwickeln lassen, den anderen selbst entscheiden lassen. Gerade wenn der Gesprächspartner ein Problem lösen will, ist es besser, eigene Vorstellungen (guter Rat?) nicht aufzudrängen, sondern mit ihm nach Lösungen zu suchen.

Aber schwierig wird es ja in dem Maße, wie es um eigene Interessen geht: Geschickte Verhandler wissen, dass direktives Vorgehen eher nicht zu neuen Überzeugungen führt, bestenfalls kurzfristige Überredungserfolge erreichen kann, und dass Härte nicht unbedingt an Lenkung gebunden ist (vgl. Kap. 9). Besonders kritisch ist das Thema Gesprächshaltungen in den Bereichen Erziehung, Schule und Führung im Berufsleben. Erziehungs- und Führungsstile lassen sich damit beschreiben.

Mögliche Probleme auf der Seite des Appells

Reaktanz

In engem Zusammenhang mit der Art und Weise, den Kommunikationspartner zu behandeln, stehen auch der Apellaspekt der Nachricht und hier angesiedelte Störungsmöglichkeiten: Art und Tonart des Appells führen leicht zum Gegenteil des erwünschten Effekts. Dieses Phänomen heißt in der Sozialpsychologie *Reaktanz* (Frey/Irle 1998, auch Dickenberger et al. 1993, Brehm 1966) und tritt auf, wenn sich ein Mensch in seinem Entscheidungsspielraum unangemessen, also z. B. auch durch Appelle, eingeschränkt fühlt. (Wie er es erlebt und wertet, ist dabei entscheidend, nicht wie es der Sender gemeint hat!) Nicht selten geht die Reaktanz so weit, dass der Appellempfänger „aus Trotz“ sogar gegen seine eigenen Interessen handelt, nur um „sein Gesicht zu wahren“.

> Schulz v. Thun führt ein schönes Beispiel an: Die erfolglosen Versuche der Mutter, den Sohn zu veranlassen, vom Tisch zu steigen („Komm sofort da runter!“), werden durch seine Schwester konterkariert: „Bleib sofort da oben!“ Der Kleine wahrt sein Gesicht, indem er sofort vom Tisch kommt. Diese Methode der paradoxen Instruktion findet auch in Therapien Anwendung, wenn es etwa um zwanghaftes Verhalten geht: Der Klient bekommt den Auftrag, genau das so und so oft zu tun, was er nicht lassen kann (Wolpe 1974).

Wollen wir etwas erreichen und dabei keine Appellfehler machen, ist Sensibilität gegenüber den Empfindlichkeiten des Gesprächspartners und gegenüber dem eigenen Appellstil ausgesprochen wichtig. Um etwas zu bitten ist oft günstiger (und nicht nur höflicher), als es einfach zu verlangen. Ein barscher Befehlston kommt meistens als ungeeignete Ausdrucksform eines negativen Gefühls zustande. Besser ist es, Wünsche zu äußern und zu begründen. Damit zeigt der Appellierende sich selbst und ist gerade so oftmals erfolgreicher.

Manipulation

Manchmal sind Appelle besonders raffiniert und lösen deshalb Reaktanz aus, weil sie auf leisen Sohlen daherkommen: Der Empfänger der Nachricht argwöhnt *Manipulation*. Das heißt ja: beeinflusst werden gegen die eigenen Interessen, aber verdeckt, so dass die Einflussnahme als solche nicht erkannt werden soll. Es gibt manipulierende Appelle, die zuerst gar nicht danach aussehen (Weinen!), oder solche, die dem Sender unter Umständen selbst unbewusst sein können (manchmal ist es sogar Kranksein).

Wenn allerdings erst einmal eine „beziehungsbedingte Appellallergie“ eingetreten ist, ist nicht mehr viel zu machen. Die berühmten „gut gemeinten Ratschläge“ sind wirkungslos geworden. Der sich allen Appellen Widersetzende dokumentiert dann nur noch seine Beziehungsstörung. Wird an uns selbst appelliert, können wir diesen Nachrichtenaspekt als Dokumentation der Interessenlage des Senders ansehen. (Richten wir unser Augenmerk also auf seine Selbstoffenbarung!) So können wir uns besser vor Manipulation schützen und sind vielleicht auch besser in der Lage, uns von „allergieauslösender Begleitmusik“ innerlich etwas zu distanzieren, um unvoreingenommener über den Appell nachdenken zu können.

Vieles geht vor beim Austausch von Nachrichten, und vieles kann schiefgehen. Dieses Kapitel konnte nur weniges davon aufzeigen, aber vielleicht bekommt der Leser dadurch Anregungen, eigene Erfahrungen mit Kommunikation zu überdenken. Die nachfolgend beschriebene Auswahl an Übungen soll es Gruppen ermöglichen, die eigene Kommunikationsfähigkeit zu reflektieren und weiterzuentwickeln.

2.2 Übung: „Psychologischer Schnelltest“ – Urteilsgewissheit

Oft täuschen wir uns in unserer Wahrnehmung. Dabei können wir gleichzeitig hohe Gewissheit über die Richtigkeit unseres Urteils verspüren. Einige von uns sind dafür mehr anfällig, andere weniger. Eine Möglichkeit, rasch für solche Selbsttäuschungen zu sensibilisieren, bietet die folgende Kurzübung mit Overheadfolie. Sie kann auch zur Auflockerung oder als Warming-Up für entsprechende Seminarthemen eingesetzt werden (entwickelt wurde sie spontan während einer Prüferausbildung zur Abschreckung vor vorschneller Urteilsbildung).

LERNZIELE: Erfahren unterschiedlicher Wahrnehmungs- und Urteilsfehler und der Selbsttäuschung hinsichtlich der Urteilsgewissheit

MATERIAL: Abb. 2 als Folie per Beamer (oder per Overhead mit 2 Blatt Papier zum Abdecken), Tafel

ARBEITSFORM: Präsentation vor dem Plenum und schriftliche Antworten

ZEIT: ca. 30 Min. bei ca. 12 Teilnehmern

EINFÜHRUNG: Es darf ruhig etwas der Eindruck erweckt werden, dass es sich um einen ernsthaften psychologischen Test handelt. Hinweise auf die tatsächlichen Lernziele sind vorerst zu vermeiden. Stattdessen etwa: „Wir machen jetzt einen kurzen Psychotest zu Ihrer Wahrnehmungs- und Urteilsfähigkeit. Legen Sie sich bitte Papier und Bleistift zurecht. Sprechen Sie nicht während der Durchführung. Können alle den Schirm sehen?“

DURCHFÜHRUNG: Der Text wird nach und nach schrittweise freigegeben bzw. eingeblendet. Der Trainer benimmt sich ein bisschen wie ein Testleiter: vor dem Beginn sicherstellen, dass alle verstanden haben und bereit sind; beim Vorlesen der Instruktionen korrekt, betont sachlich, auf die Uhr sehend etc.

Die Präsentation erfolgt in Portionen (immer bis zur Strichmarkierung): Überschrift freigeben und laut und langsam vorlesen (ca. 5 Sek. Pause), dann den nächsten Absatz bis vor Aufgabe 1 ebenso langsam vorlesen. Falls eine Verständnisfrage kommt, wird mit knappen Worten eine Instruktion präzise wiederholt (z.B. „Schreiben Sie die passende Zahl zu Ihrer Lösung“).

Bei den ersten zwei Aufgaben wird der Text jeweils gezeigt und sofort langsam und laut vorgelesen. Nach weiteren ca. 5 Sek. Pause wird er sofort wieder abgedeckt bzw. ausgeblendet. Zum Notieren der Antworten wird etwa 10 Sek. Zeit gegeben und dann weitergemacht. Auf Einsprüche wird jetzt nicht mehr eingegangen.

AUSWERTUNG: Anschließend wird ein Tafelschema angefertigt mit je einer Zeile pro Aufgabe und je einer Spalte für die Skalenstufen 1–7.

„Kommen wir zur ersten Teilaufgabe: Wer hat zu seinen beiden Begriffen welche Stufen gewählt?“ Häufigkeit für jede Stufe eintragen. „Was ist denn nun die richtige Lösung? Können das die ganz Sicheren nennen?“ Der Widerspruch anderer Teilnehmer ist programmiert. Man deckt die entsprechende Stelle der Folie noch einmal auf und diskutiert die verschiedenen Lösungsvorschläge. Da die Beispiele so konstruiert sind, dass sich immer mehrere Lösungen als richtig begründen lassen, wird deutlich, dass hohe Gewissheit bei der Lösungsfindung niemals bedeutet, dass es nur eine richtige Lösung gibt. Wer unsicher ist, hat vermutlich mehrere Klassifizierungsaspekte wahrgenommen und keine sichere Antwort gefunden. Wer sich seiner Sache sicher war, kann seinen Ordnungsgesichtspunkt meist klar benennen.

PSYCHOLOGISCHER SCHNELLTEST ZUR WAHRNEHMUNGS- UND URTEILSFÄHIGKEIT

Sie werden jetzt gleich 5 Begriffe für wenige Sekunden sehen. – Entscheiden Sie schnell:
Welche zwei Begriffe gehören nicht zu den übrigen?
Schreiben Sie beide Begriffe auf.
Anschließend schätzen Sie sofort, wie sicher Sie sich in Ihrem Urteil fühlen. – Schreiben Sie die passende Zahl dazu:

1	2	3	4	5	6	7
SEHR SICHER						SEHR UNSICHER

Entscheiden Sie sich rasch, denn es geht gleich weiter …

---

1) TISCH SPARKASSE STUHL BÖRSE BANK

Und noch eine Aufgabe (zwei Begriffe, eine Zahl):

---

2) VATER SCHWESTER OMA SOHN MUTTER

Jetzt sind es nur vier Begriffe.
Nur ein Begriff gehört nicht dazu! Welcher?

---

3) VORGANG UMHANG VORHANG UMGANG

Abb. 2: Folie

Entsprechend wird mit den anderen Teilaufgaben verfahren. Dabei weiß die Gruppe schon, was sie erwartet. Am Ende werden Verallgemeinerungen der gemachten Erfahrungen versucht:

- Was macht uns im Urteil sicher oder unsicher?
- Was sind die Gefahren schneller Urteilsbildung?
- Urteile und Vorurteile …
- Wo gibt es wichtige Situationen in der Realität der Teilnehmer, in denen Urteilsfähigkeit und Urteilsgewissheit wichtig sind?

2.3 Übung: „Stille Post" – Grenzen und Filter in Wahrnehmung und Gedächtnis

Den meisten Menschen ist klar, dass unsere Wahrnehmung nicht frei von Fehlleistungen ist und das Gedächtnis Grenzen hat. Unterhaltungs-„Tests" in Zeitschriften bedienen sich solcher Effekte wie optischer Täuschungen, Kriminalromane bieten dem hellhörigen Leser versteckte Vorinformationen zur Lösung des Falles, und die Forensische Psychologie hat es vor Gericht mit der Unzuverlässigkeit von Zeugenaussagen zu tun.

Wie wenig man im konkreten Fall in der Lage ist, selbst einen kurzen Text inhaltlich sofort anschließend vollständig und richtig wiederzugeben, zeigt eine Übung, die auf ein Spiel aus dem Kindergarten zurückgeht. Uns dient es zur Demonstration einiger elementarer Kommunikationsprobleme: Die „Stille Post", auch als „Gerüchtespiel" bekannt, verlangt die Nacherzählung einer kurzen Geschichte. Einige methodische Erweiterungen machen das Spiel zu einer durchaus ernsthaften Übung (angeregt durch Neuberger 1998, wo man ein weiteres Übungsbeispiel findet). Mit einem geeigneten Arrangement kann man

- die Streuung und Eigenarten individueller Fehlleistungen sowie
- kumulative Verfälschungen aufzeigen (die Entstehung eines „Gerüchts").

Eine Tonaufzeichnung macht die Übung unterhaltsam und im Detail nachvollziehbar. Mittels Fragebogen können Gedächtnislücken, suggestive Wirkungen, interpretierende Ausschmückungen sowie das Verständnis der logisch-inhaltlichen Struktur überprüft und die Effekte an der Tafel visualisiert werden. Anschließend werden allgemeine Kommunikationsbedingungen und typische Störquellen abgeleitet. Die Übung kann z.B. im

Anschluss an ein Einführungsgespräch zum Thema Kommunikation erfolgen (vgl. 2.1), in dem die Begriffe Sender/Sprecher, Empfänger/Hörer, Nachricht/Mitteilung und evtl. Code/Sprache, „Kanal“ bereits behandelt wurden.

LERNZIELE: genaues Zuhören und Wiedergeben, Kennenlernen von Effekten des Vergessens, von Filterwirkungen und Interpretation/„Gerücht“

MATERIAL: Übungstext und Teilnehmerfragebogen (s. u.), Tafel, evtl. Tonband

ARBEITSFORM: Plenum und zwei Halbgruppen

ZEIT: bei 12 Teilnehmern ca. 50 Min.

EINFÜHRUNG: Ein Spiel zum Kennenlernen von Wahrnehmungs- und Gedächtniseffekten. Wie einfach ist eine „einfache Aufgabe“ wirklich? Es kommt darauf an, so genau wie möglich zuzuhören und das Gehörte möglichst unverfälscht wiederzugeben.

DURCHFÜHRUNG: Eine Halbgruppe verlässt den Raum. Die anderen (mit Ausnahme eines Teilnehmers) erhalten einen Fragebogen (Textseite zunächst eingeschlagen) und werden aufgefordert, sehr genau zuzuhören. Der Leiter liest den nachstehenden Text einmal langsam und deutlich vor. Auf dem jetzt aufgeschlagenen Bogen tragen die Teilnehmer rechts oben „Gruppe A“ und ihren Namen ein und beantworten die Fragen.

Nun sammelt ein Teilnehmer die Fragebogen ein und legt für die Antworten Strichlisten auf einem weiteren Exemplar an, während der Teilnehmer, der noch keinen Fragebogen erhielt, jemanden von draußen hereinholt. Dieser wird instruiert: „Gleich wird eine Geschichte erzählt, der Sie bitte aufmerksam zuhören, damit Sie sie anschließend möglichst genau weitererzählen können.“ Der Erzähler wird instruiert, „einmal, möglichst genau, ohne etwas wegzulassen oder hinzuzufügen“, die Geschichte zu erzählen (ab jetzt *Tonbandaufzeichnung* bei dieser und späteren Nacherzählungen).

Dann erst erhält der Erzähler seinen Fragebogen (Gruppe „B1“ und Namen eintragen), begibt sich zum Ausfüllen nach draußen und schickt dabei einen weiteren Teilnehmer herein, dem die Geschichte nun seinerseits vom Hörer erzählt wird, der anschließend seinen Fragebogen („B2“) erhält, usw. In dieser Weise wird fortgefahren, bis alle die Geschichte gehört und den Fragebogen ausgefüllt haben.

Folie und Teilnehmerpapier

Text

Als Jürgen endlich nach Hause kam,
hielt der Vater den Brief
schon mit zusammengepressten Lippen in der Hand.

Noch bevor er etwas sagen konnte,
rief die Mutter aus der Küche,
sie wolle erst einmal in Ruhe essen.

„Keinen Appetit“, brummte Jürgen, schon auf der Treppe.

Oben griff er zum Telefon und verkündete,
dass es wohl doch besser sei, zum Film zu gehen,
als sinnlose Hausaufgaben zu machen.

Fragebogen

Gruppe: ______________________ Name: ______________________

Kreuzen Sie bei jeder der 10 Aussagen „R“ an, wenn Sie glauben, dass die Aussage richtig ist. Kreuzen Sie „F“ an, wenn sie falsch ist bzw. kreuzen Sie „?“ an, wenn es aufgrund der vorliegenden Informationen nicht möglich ist, die Aussage als richtig oder falsch zu beurteilen. Lassen Sie sich aber nicht hereinlegen.

1. Jürgen war zu spät nach Hause gekommen.	R	F	?
2. Der Vater empfing Jürgen bereits an der Tür.	R	F	?
3. Ein blauer Brief und sein Gesicht verhießen Unheil.	R	F	?
4. Die Mutter unterbrach den Vater.	R	F	?
5. Sie wollte eine Auseinandersetzung vermeiden.	R	F	?
6. Bevor Jürgen etwas sagen konnte, rief Mutter zu Tisch.	R	F	?
7. Jürgen rief seinen Freund an.	R	F	?
8. Jürgen resignierte und möchte nun Schauspieler werden.	R	F	?
9. Jürgen überlegte es sich anders und wollte ins Kino.	R	F	?
10. Die Mutter hatte noch nicht zu Ende gegessen.	R	F	?

BESPRECHUNG UND AUSWERTUNG: Kurze Nachfragen: War es schwierig? Worauf kam es an? Was war nach Art und Ausmaß unerwartet?

Die Teilnehmer erhalten die Fragebogen zurück. Der Originaltext wird für alle noch einmal verlesen. Die Gruppe diskutiert die richtigen Antworten. Dabei legt der Trainer ein Tafelschema an: pro Frage eine Zeile mit Stichwort in der ersten Spalte („1. zu spät", „2. an der Tür" …) sowie drei Spalten „R", „F" und „?". Das (leere) Feld für die jeweils richtige Antwort wird eingekreist. Manchmal muss ausführlicher erläutert werden, etwa warum nicht „Falsch", sondern Unbestimmtheit („?") die zutreffende Antwort ist.

„Wenn mehrere das Gleiche hören, verstehen sie oft Unterschiedliches! Wir betrachten dazu die Fragebogenergebnisse der Gruppe A. Die auf dem Extrabogen ausgezählten Häufigkeiten für die Gruppe A werden eingetragen, die Ergebnisse kurz besprochen. Meistens sind Anzahl und Streuung der Fehler eher gering, aber es gibt Fragen, bei denen falsche Antworten näher liegen. Warum?

„Wie ein Gerücht entsteht, wenn Wahrnehmungs-, Gedächtnis- oder auch Urteilsfehler sich über mehrere Stationen fortpflanzen, können wir auf dem Tonband verfolgen." Nochmaliges Vorlesen des Originaltextes und sofort anschließend Abspielen der Aufzeichnung – ohne Diskussion. Dabei legt der Trainer weitere Spalten an, fortlaufend für die Teilnehmernummern B1, B2 etc. Dann werden nacheinander für jede Frage (Zeile) die Antworten pro Teilnehmer Bx (R, F ?) auf Zuruf eingetragen. Zutreffende Antworten erhalten wieder einen Kreis.

Es zeigt sich beim Abhören des Tonbandes, wie die Verzerrungen der Geschichte zur Fortpflanzung bestimmter Antwortfehler und zum Teil bis zur Unkenntlichkeit des Sachverhalts führen. Gelegentlich heben sich Fehler gegenseitig auf, so dass wiederum „richtige" Antworten entstehen …

Je nach der Art der Gruppe können Bedeutung und Konsequenzen, etwa für die eigene berufliche Praxis, erörtert werden. Zur Vertiefung der Erarbeitung des Modells der Kommunikation bieten sich folgende Begriffe an:

- Speicher/Gedächtnis und Filter: Überhören und Vergessen
- Interpretation: (Aus-)Deuten, Missdeuten und Bedeutung

2.4 Übung: „Stühle rücken" – präzise instruieren, genau zuhören und ausführen

Sich genau auszudrücken fällt vielen schwer, die es nicht regelmäßig nötig haben. Schon die Frage eines Fremden nach dem Weg wird deshalb oft nur „bis zur nächsten Kreuzung" beantwortet. Dass er mit einer knappen, aber wirklich präzisen Beschreibung nichts anfangen könne, ist häufig nur eine Ausrede. Optische Sachverhalte, das Aussehen eines Gegenstandes oder gar einer Person prägnant zu beschreiben, eine Handlung genau zu schildern kann große Mühe machen, obwohl alle notwendigen Begriffe im passiven Wortschatz vorhanden sind. Oft sind wir wohl etwas zu faul, um einen Augenblick nachzudenken. Kritischer wird es schon, wenn in beruflichen Besprechungen Berichte stammelnd oder Erklärungen abschweifend gegeben werden, wenn Begründungen sich in Wiederholungen ergehen und Argumentationen sich in Behauptungen erschöpfen, wenn statt Forderungen drum herumgeredet wird oder statt klarer und präziser Anleitungen ungeordnetes Schildern eher verwirrt ...

Sprechfähigkeiten setzen Denkfähigkeiten voraus. Es gibt aber nonverbale Formen des Denkens (in Bildern, Bewegungen, Tönen, „Gefühlen"), die nicht so einfach kommuniziert werden können. Gerade bei Gebrauchsanleitungen ist bekanntlich die Umsetzung in hinreichend verständliche Worte öfter unzulänglich als befriedigend: Techniker scheinen damit meistens überfordert ... Die folgende Übung verlangt solche Leistungen am sichtbaren Beispiel (eine ähnliche Übung mit anderer Zielsetzung findet sich bei Neuberger 1998).

LERNZIELE: präzise beobachten, konzentrierte Gedächtnisleistung, verständlich beschreiben und sinnvolles Formulieren von Handlungsanweisungen; in anderer Rolle: genaues Zuhören und exaktes Befolgen von Anweisungen; ferner kritisches Beobachten mit Notizenmachen

MATERIAL: ca. 6 Stühle und viel Platz in der Raummitte; Video oder schriftlich-grafische Aufzeichnung

ARBEITSFORM: Plenum, evtl. auch Kleingruppen; Durchführungsvarianten s. u.

ZEIT: pro Durchgang 30–45 Min., abhängig von der Variante (s. u.)

EINFÜHRUNG: Erläuterung im Sinne der obigen Einleitung. „Im Folgenden geht es darum, dass ein Instrukteur einem Ausführenden möglichst genaue Anweisungen gibt. Zuvor sieht er sich eine Anordnung von Stühlen genau an und prägt sie sich in Ruhe ein.

Der Ausführende kennt die Anordnung nicht, soll anschließend aber durch gute Beschreibung und präzise Handlungsanweisungen in die Lage versetzt werden, die Stühle möglichst genau wieder zusammenzubauen. Dabei erhält er keinerlei Korrekturhinweise, ja der Instrukteur darf noch nicht einmal zusehen: Er wird mit dem Gesicht zur Wand nacheinander in kurzen (!) Portionen beschreiben und Anweisungen geben. Am Ende einer Einzelinstruktion sagt er immer ‚Fertig'. Der Ausführende darf jedes Mal nur eines sagen: ‚Fertig', wenn er jeweils fertig ist. Dann folgt der nächste Instruktionsteil usw. Beide führen ihre Aufgabe also praktisch ohne Rückmeldung aus!

Es kommt deshalb darauf an, dass Instrukteur und Ausführender eng und konzentriert zusammenarbeiten. Alles, was sich der Instrukteur nicht genau gemerkt hat, kann er auch nicht richtig erläutern. Wenn er den Fehler macht, zu lange oder zu unpräzise Handlungsanweisungen oder Beschreibungen zu geben, kann der Ausführende nicht richtig arbeiten. Dieser muss genau zuhören und alle Instruktionen genau befolgen.

Die anderen haben folgende Aufgaben: Sie denken sich vorher eine etwas schwierige Zusammenstellung der Stühle aus. Die Durchführung beobachten sie, ohne sich jedoch zu äußern. Sie machen Notizen und geben nachher Rückmeldungen für die beiden Akteure."

DURCHFÜHRUNG: Nachdem zwei Teilnehmer nach draußen geschickt worden sind, stellen die anderen die vier bis sechs Stühle in einer etwas komplizierten, aber stabilen Weise in-, neben- und übereinander zusammen (nützlich ist eine Orientierung z.B. an Bodenmustern, besser ist es, auf ungewöhnliche Winkel zu verzichten). Zur späteren Kontrolle fertigt jemand eine kleine Beschreibung mit Skizze an. Vorteilhafter ist es, wenn die Konstellation mit Video in sehr langsamem Schwenk einige Sekunden aufgenommen wird.

Der Instrukteur wird hereingerufen, um sich die Anordnung von allen Seiten genau anzusehen und so gut wie möglich einzuprägen (ruhig einige Minuten Zeit lassen). Nachdem die Stühle wieder in einer Reihe zur Seite gestellt sind, stellt er sich mit dem Gesicht zur Wand. Sein Mitspieler wird gerufen und die Übung beginnt … Die fehlende Rückmeldung erzeugt ein starkes Bedürfnis nach Verständigung. Regelverletzungen, auch bei den Beobachtern (Kommentare, Lachen etc.), sind aber sofort zu unterbinden.

AUSWERTUNG:

- Wie haben sich die beiden Akteure gefühlt?
- Wie zufrieden sind sie?
- Wo waren die besonderen Probleme?

Das Ergebnis wird mit der Skizze oder der Aufzeichnung verglichen (Schwenk verfolgen, dann Standbilder). Die Beobachter geben ihre Rückmeldungen. Aus den Erkenntnissen werden Schlussfolgerungen gezogen, z.B. „Beim Einprägen bereits wichtige Einzelheiten merken und als Handlungsschritte formulieren“, „Vor dem Sprechen die Formulierung bedenken“, „Kurze Teilinstruktionen immer nur für einen Handlungsschritt geben“, „Genau auf Einzelheiten hören“, usw.

VARIANTEN: Die Übung sollte mehrmals durchgeführt werden, damit möglichst viele zum Zuge kommen. Nach dem ersten Durchgang ist der Ablauf hinreichend klar, so dass dann auch in mehreren Räumen parallel in Kleingruppen gearbeitet werden kann. Allerdings sollte auch auf Sättigungseffekte geachtet werden. Die Aufgaben dürfen weder zu schwer noch zu leicht sein. Je straffer die Folgedurchgänge gehandhabt werden, desto besser. Zeitlich umfangreicher, aber auch aufschlussreicher wird es, wenn auch von der Durchführung eine Aufnahme gemacht wird, um nachträglich die kritischen Momente unter die Lupe zu nehmen. Wenn genügend Platz und eine größere Sichtblende (Stellwand) vorhanden sind, können sogar zu beiden Seiten zwei Ausführende parallel nach einer Instruktion bauen: Die nächste Instruktion folgt immer erst dann, nachdem beide „Fertig“ gemeldet haben.

2.5 Übung: „Die vier Seiten der Nachricht“ – Bedeutungsanalysen

Bedeutungsanalysen im Sinne des Kommunikationsmodells (2.1) anhand schriftlicher Kurzbeispiele sind als eine Art von „Trockenübungen“ gedacht, als Learning by Doing, damit eine Aneignung des zunächst vielleicht nur „interessanten Stoffs“

stattfinden kann. Gleichzeitig sollen sie vorbereiten auf die folgenden wesentlich komplexeren Kommunikationsübungen „Kontrollierter Dialog“ und vor allem „Alter Ego“ (vgl. 2.6 und 2.7). Die folgenden Beispiele bestehen nur aus einem Satz mit einer äußerst knapp gehaltenen Situationsbeschreibung. Vor- und Nachteil zugleich dabei ist, dass die unterschiedlichen Möglichkeiten der Auffassung oder des Verstehens besonders leicht sichtbar werden. In der Diskussion der Ergebnisse können die verschiedenen „Filter“ oder „Brillen“ der Interpretation erkannt und benannt werden.

LERNZIELE: Analysieren und Differenzieren der vier Aspekte von Nachrichten; Präzisierung von Deutungen durch Formulierung in wörtlicher Rede; graduelle Unterscheidung von begründeter Interpretation bis zur Spekulation

ARBEITSFORM: schriftliche Arbeit in Dreiergruppen; Plenumsdiskussion

ZEIT: bei 12 Teilnehmern und 5 Beispielen ca. 45 Min.

MATERIAL: als Folie und als Teilnehmerpapier mit entsprechenden Zwischenräumen für die Antworten

EINFÜHRUNG: „Wir haben kommunikationstheoretisch vier verschiedene Aspekte bei Mitteilungen unterschieden. Diese im konkreten Fall auch erkennen zu können ist nicht ganz leicht. An einigen Beispielen wollen wir versuchen, die vier Seiten der Nachricht herauszufinden ...“ Die fünf Beispiele werden vorgelesen. „Schreiben Sie zu jedem Beispiel vier verschiedene kurze Sätze in wörtlicher Rede auf, die der Sprecher gesagt haben *könnte*, wenn er *nur* jeweils eine Seite seiner Nachricht zum Ausdruck gebracht hätte. Also: Schreiben Sie einen Satz in wörtlicher Rede auf, der nur den Sachinhalt wiedergibt, einen weiteren in wörtlicher Rede, der nur den Beziehungsaspekt wiedergibt, usw. Achten Sie vor allem darauf, dass Ihre Sätze nicht mehrere Aspekte enthalten, wie Selbstoffenbarungs- und Beziehungsaspekt in einem! Dabei können Ihnen die Leitfragen helfen.“ Die Leitfragen werden ebenfalls langsam vorgelesen.

DURCHFÜHRUNG: Diese oder andere Beispiele werden präsentiert und dann in Kleingruppen bearbeitet. Man erreicht mehr Ergebnisse in kürzerer Zeit, wenn jede Arbeitsgruppe nur einige

Folie und Teilnehmerpapier

„Was heißt das denn?“ – (Bedeutungsanalysen zu den Vier Seiten der Nachricht)

Leitfragen zur Analyse:
Sachinhalt: Was sagt der Sprecher objektiv aus, als Tatsachenfeststellung, Behauptung oder Meinungsäußerung (nicht wichtig, ob er recht hat)?
Selbstoffenbarung: Was sagt der Sprecher über sich selbst? Seine Person, seine Stimmung, etc.?
Beziehung: Wie sieht der Sprecher seine Beziehung zum Hörer? Als wen behandelt er ihn?
Appell: Was möchte der Sprecher beim Hörer damit erreichen?
Formulieren Sie in direkter Rede. Vermeiden Sie nicht begründbare Spekulationen.

Aufgabe 1: Chef zur Sekretärin: „Es ist kein Kaffee mehr da.“

Sachinhalt:	Selbstoffenbarung:
Beziehung:	Appell:

Aufgabe 2: Mutter zum Kind vor dem Spielengehen: „Kinder, die ihre Mutti mögen, machen sich nicht schmutzig.“

Sachinhalt:	Selbstoffenbarung:
Beziehung:	Appell:

Aufgabe 3: Er am ersten Abend vor ihrer Tür: „Sie haben wirklich schöne Augen!“

Sachinhalt:	Selbstoffenbarung:
Beziehung:	Appell:

Aufgabe 4: Dozent stellt in der Lehrveranstaltung etwas besonderes Neues vor, das ihn viel Mühe gekostet hat. Studentin fragt: „Ist das prüfungsrelevant?“

Sachinhalt:	Selbstoffenbarung:
Beziehung:	Appell:

Aufgabe 5: Politiker zu Arbeitslosen: „Es ist eine unbestreitbare Tatsache, dass Arbeitslosigkeit kein Schicksal sein muss!“

Sachinhalt:	Selbstoffenbarung:
Beziehung:	Appell:

der Aufgaben bearbeitet. Zuvor sollte eine Aufgabe exemplarisch im Plenum bearbeitet werden.

AUSWERTUNG: Die Beispiele rufen erfahrungsgemäß unmittelbare emotionale Reaktionen hervor, für die in der Besprechung die Gründe gefunden werden. Einzig richtige Lösungen gibt es kaum. Am deutlichsten wird das, wenn sich herausstellt, dass die schriftlich präsentierten Sätze in unterschiedlichem Tonfall gehört werden können. Um der Beliebigkeit vorzubeugen, sollte jede Lösung begründbar und nachvollziehbar sein, da „frei schwebende" Annahmen zur Spekulation führen. Damit wird den Übenden gleichzeitig deutlich, dass sie ihre eigenen Fantasien in die nur knapp skizzierten Situationsbeschreibungen einbringen, ebenso wie ihre unterschiedlichen Norm- und Wertvorstellungen:

Eine sonst vielleicht brisante Äußerung kann auch eine ganz lakonische Mitteilung sein, etwa dann, wenn die Sekretärin es akzeptiert (s. Beispiel 1), dass sie für Kaffee sorgt, und deshalb die Aussage des Chefs einen einfachen Hinweis und nichts weiter bedeutet. Nicht selten werden Lösungen produziert, die gleichzeitig mehrere Aspekte enthalten. Dann kann man zur Klärung auf die Leitfragen zurückgreifen. Wenig sinnvoll ist es, wenn unbegründete Zusatzannahmen gemacht werden: „Kaninchen aus dem Hut" sind zwar kreative Lösungen, die hier aber an der Aufgabenstellung vorbeigehen! Wenn etwa argumentiert wird: „Der Chef hat sich auf eine Kaffeelieferung der Firma bezogen", kann man darauf hinweisen, dass wir nichts über die Tätigkeit der Firma wissen und es deshalb besser ist, beim Naheliegendsten zu bleiben.

Die Lösungsvorschläge sollen zeigen, dass die Analysen unterschiedlichen „Tiefgang" haben können – und die Alternativen fortschreitend mehr an Interpretation beinhalten:

Lösungen zu Aufgabe 1

Sachinhalt: „Es ist kein Kaffee mehr da."

Selbstoffenbarung: „Ich möchte Kaffee trinken." / „Als Chef brauche ich mich darum nicht zu kümmern. Ich habe Wichtigeres zu tun." / „Ich will nicht direkte Anordnungen geben müssen, weil ich Gehorsam ohne direkte Anweisung bequemer finde." / „Bitten passt nicht zu meinem Status, und Befehlen macht mir Schuldgefühle."

Beziehung: „Als Vorgesetzter erwarte ich, dass du meine Wünsche erfüllst." / „Wenn ich Tatsachen benenne, hast du selbständig die Konsequenzen daraus zu ziehen, auch ohne direkte Anweisung." / „Wenn ich Kaffee haben möchte, interessiert es mich dabei nicht, ob du dich als Sekretärin abgewertet fühlst; schließlich muss es doch jemand machen."

Appell: „Besorge Kaffee!" / „Fühle dich verantwortlich, und achte selbst darauf, ob noch genügend Kaffee da ist!" / „Mach keine Schwierigkeiten, auch wenn du nicht als Kellnerin angestellt bist!" / „Habe Verständnis für meine Bedürfnisse!"

Lösungen zu Aufgabe 2

Sachinhalt: „Kinder, die ihre Mutti mögen, machen sich nicht schmutzig."

Selbstoffenbarung: „Ich befürchte, dass mein Kind sich schmutzig machen wird." / „Ich möchte mir Arbeit ersparen." / „Ich möchte ein folgsames Kind."

Beziehung: „Wenn du dich schmutzig machst, heißt es für mich, dass du mich nicht magst." / „Wenn du mich nicht magst, mag ich dich auch nicht." / „Du wirst nur geliebt, wenn du liebenswert bist."

Appell: „Mach dich nicht schmutzig!" / „Sei folgsam!" / „Fürchte dich!"

Lösungen zu Aufgabe 3

Sachinhalt: „Sie haben schöne Augen."

Selbstoffenbarung: „Ich will sie überzeugen, dass ich von ihrer Schönheit beeindruckt bin." / „Ich möchte ihr schmeicheln, um sie geneigt zu machen." / „Ich will sie abhalten, sich jetzt schon zu verabschieden." / „Ich möchte sie verführen." / „Ich halte mich für unwiderstehlich." / „Ich bin verliebt."

Beziehung: „Ich bin jemand, der dich mit Umwerben fasziniert." / „Bei mir darfst du dich begehrenswert fühlen." / „Ich möchte mit dir nach oben." / „Ich liebe dich."

Appell: „Glaube meinen Komplimenten, und glaube mir!“ / „Gib nach!“ / „Erfülle meine Wünsche!“ / „Liebe mich!“

Lösungen zu Aufgabe 4

Sachinhalt: „Ist das für die Prüfung relevant?“ / „Kommt das in der Prüfung dran?“

Selbstoffenbarung: „Ich möchte wissen, ob ich das lernen muss.“ / „Ich will möglichst wenig lernen.“ / „Das interessiert mich nicht.“ / „Ich suche den bequemsten Weg.“

Beziehung: „Ich möchte Ihre Angebote nicht annehmen, wenn sie für mich keinen (Prüfungs-)Nutzen haben.“ / „Ich erkenne Ihre Leistung nicht an.“ / „Ich verdächtige Sie, mich mehr zu belasten als nötig.“

Appell: „Schaffen Sie Klarheit!“ / „Fordern Sie weniger!“ / „Seien Sie nachsichtig!“

Lösungen zu Aufgabe 5

Sachinhalt: „Arbeitslosigkeit muss kein Schicksal sein. Das kann man nicht bestreiten.“

Selbstoffenbarung: „Ich habe kein Verständnis für die Sorgen und Forderungen der Arbeitslosen.“ / „Ich möchte nicht verantwortlich gemacht werden.“ / „Ich will mich aus der Affäre ziehen und gehe deshalb in die Offensive.“

Beziehung: „Mit meiner Hilfe könnt ihr nicht rechnen.“ / „Wenn ihr mich fordert, fordere ich euch!“ / „Ich verdächtige euch, unmoralisch zu sein, nämlich faul und anspruchsvoll.“

Appell: „Seid bescheiden!“ / „Helft euch selbst!“ / „Belästigt mich nicht!“

„Verdeckte Botschaften“ können gewichtige oder feine Untertöne sein. An den Beispielen sehen wir, dass tatsächlich das eigentlich Brisante, das emotional Bedeutungsvolle, „zwischen den Zeilen“ gesagt wird, während nur relativ belanglose Feststellungen, das (vermeintlich) „Sachliche“, tatsächlich ausgesprochen werden. So können wir uns im Zweifelsfall immer auf die

Position zurückziehen, dass ich „es so nicht gemeint“ habe, mithin, dass „du mich nicht richtig verstanden“ hast, also: „Fassadentechnik“.

Andererseits ist es unzweifelhaft, dass selbst sehr kleine Kinder offenbar ohne Weiteres in der Lage sind, Unausgesprochenes wahrzunehmen und bereits komplizierte Schlüsse zu ziehen. In Beispiel 2 sinngemäß: Deduktion des eigenen speziellen Falles aus einer allgemeinen Aussage über eine Teilmenge der Kinder und Ableitung von Konsequenzen: „Wenn ich mich schmutzig mache, gehöre ich zu den Kindern, die ihre Mutti nicht mögen. Wenn ich jemand nicht mag, mag der mich auch nicht, und bei meiner Mutti wird es genauso sein. Deshalb droht mir Liebesentzug, wenn ich mich schmutzig mache ... Oder ist es deshalb, weil es ihr Wunsch ist, den ich dann nicht erfülle?“ (Frühes Denktraining und gleichzeitig verkümmerte Kommunikation, die bei Beziehungskonflikten Gefühle und Wünsche ausspart ...?)

2.6 Übung: „Der kontrollierte Dialog“ – verständlich formulieren, genau zuhören und wiedergeben

Alltägliche Sprach- und Sprechgewohnheiten enthalten eine Vielzahl oft unbewusster Verfahren (Floskeln und auch ganz kleine nonverbale Signale), um Unzulänglichkeiten des Denkens, Sprechens und Zuhörens im Gespräch auszugleichen. Für viele Zwecke ist das zureichend und hat auch seinen Wert. Wir wollen aber die Dialogfähigkeit unter diesem Aspekt etwas genauer unter die Lupe nehmen.

Eine Übung, an der man sich den eigenen Dialogstil klarmachen kann, ist der „Kontrollierte Dialog“ (nach Antons 1998; modifiziert u. gekürzt): In dieser künstlich reglementierten Gesprächssituation wird der natürliche Gesprächsfluss absichtlich verhindert, um die Bedingungen für Zuhören und Verstehen umso deutlicher zutage treten zu lassen. An die Stelle von vielerlei Verständigungssignalen, die ja längst nicht immer wirkliches Verstehen bedeuten müssen, tritt systematische gegenseitige Rückmeldung, die eine Kontrolle darüber ermöglicht, was wirklich richtig und vollständig „angekommen“ ist (Thema Rückmeldung; vgl. Kap. 3).

Paraphrasieren

LERNZIELE: verständliches Formulieren, genaues Zuhören und inhaltlich präzises Wiedergeben mit eigenen Worten (Paraphrasieren)

ARBEITSFORM: Dreiergruppen im Plenum

ZEIT: ca. 30–45 Min.

EINFÜHRUNG: Im Verlauf eines informellen Alltagsgesprächs, aber auch in anspruchsvolleren Diskussionen usw. verwenden wir eine Vielzahl wechselseitiger kurzer Signale der Verständigung unterschiedlicher Bedeutung: Bestätigung durch Nicken, „Hms", ein fragender oder zweifelnder Tonfall, Ablehnung und vieles anderes mehr. Sie sind nonverbaler bzw. „paralinguistischer" Art oder stellen kurze Einwürfe („Interjektionen") dar und dienen der Glättung des Kommunikationsflusses. Außerdem gibt es viele stillschweigende Prozesse des jeweiligen Hörers: Nichtbeachten, Nachdenken, Formulieren eigener Antworten, Interpretieren usw.

Solche dialogstilistischen Mittel und inneren Vorgänge können „Kanten" und Ungereimtheiten verdecken, so dass es auf beiden Seiten zu Illusionen darüber kommen kann, wie verständlich man wirklich ist oder verstanden hat. Dazu kommen Unklarheiten in Begrifflichkeiten, Formulierungen und Satzbau beim Sprecher.

Was würde passieren, wenn uns solches „Schmieröl" der Kommunikation plötzlich fehlte? Wenn stattdessen Sachinformationen, die wirklich angekommen sind, zurückfließen? Wir würden plötzlich merken, wie wichtig uns die kleinen Echos sind, und überrascht sein, welche Missverständnisse es bei einfachsten Gesprächen gibt.

Der „Kontrollierte Dialog" ist eine Methode, um sichtbar zu machen, wie verständlich wir uns ausdrücken, wie genau wir zuhören können und wo die Grenzen unserer Aufnahmefähigkeit tatsächlich liegen. In einer künstlich eingeschränkten Form unterhalten sich zwei Leute A und B auf recht mühsame Weise nach bestimmten Regeln:

1. A beginnt mit einem Gesprächsbeitrag, der aber von B zunächst noch nicht beantwortet, sondern inhaltlich-sinngemäß so richtig und vollständig wie möglich wiedergegeben wird (Wörtlichkeit ist dabei keine Bedingung!).
2. A bestätigt anschließend die Rückmeldung vom Hörer oder

lehnt sie ab, wobei er sich auf die stereotype Formel beschränkt: „Ich fühle mich richtig/nicht richtig wiedergegeben." Dabei sollen keinerlei Kommentare hinzugefügt und möglichst auch keine Differenzierungen vorgenommen werden („fast richtig" u. Ä.).

3. Wenn sich A richtig wiedergegeben fühlt, beginnt B mit seiner Antwort auf den Beitrag. Daraufhin gibt nun A zuerst die Äußerung von B möglichst genau wieder und erhält Zustimmung oder Ablehnung für seine Wiedergabe von B.
4. Wenn aber die Wiedergabe von A nicht bestätigt wurde, versucht der rückmeldende Hörer B es gleich noch einmal. Er kann aber auch sagen: „Ich passe." Dann oder auch wenn der zweite Versuch erfolglos blieb, wird angenommen, dass ein weiterer Versuch keinen Zweck mehr hat: Deshalb beginnt der Sprecher A mit seinem Beitrag noch einmal von vorne – so oder ähnlich oder einfacher.

Bei dieser Übung ist die Themenwahl eigentlich beliebig, nicht wichtig sind Tiefgang und Interessantheit des Dialogs, die Betonung liegt auf dem einfachsten Aspekt der Kommunikation, dem Sachinhalt der Aussagen: „Es kommt jetzt also nicht auf ein gefühlsmäßiges oder gar psychologisches Verstehen an, sondern nur auf das richtige Wiedergeben des Sachinhalts." Geeignet ist ein Thema, das zum gemeinsamen Interesse der Gruppe gehört, wie etwa „Welche Erwartungen und Befürchtungen hast du hinsichtlich dieses Seminars?"

Nach der Einführung sollte der Trainer mit einem Teilnehmer den Ablauf durch eine **Demonstration** verdeutlichen. Dabei kann er mit einer leicht wiederzugebenden Äußerung beginnen, die Länge und Komplexität allmählich steigern und Fehler provozieren oder selbst welche machen, so dass schrittweise die Ausnahmeregelungen demonstriert werden. Verständnisfragen werden geklärt, und es wird betont, die Länge und Komplexität der Beiträge so einzuregulieren, dass die Aufgabe für den Rückmeldenden weder trivial einfach noch zu schwer wird: „Wenn wir eine Aufgabe schaffen können, uns dazu aber auch etwas anstrengen müssen, lernen wir am meisten." Es folgen weitere Einzelheiten:

5. Da es manchmal schwierig ist, den Überblick zu behalten („Was kommt jetzt?"), gibt es zur Hilfestellung noch einen Schiedsrichter: Er hört zu und hilft, wenn Verwirrung über den Ablauf entsteht oder die Regeln nicht eingehalten werden. Er kann auch etwas richtigstellen, etwa wenn eine Wie-

dergabe vom Sprecher akzeptiert worden ist, obwohl das nicht stimmt (auch beim Sprecher ist das Kurzzeitgedächtnis begrenzt). Der Schiedsrichter beurteilt außerdem, wann die Übung mit Erfolg beendet ist: Ziel sind mehrere erfolgreiche Wiedergaben auf beiden Seiten.

Vermieden werden soll falsche Milde (Akzeptieren einer Rückmeldung, „nur damit es weitergeht“) oder ein „Sich-gegenseitig-Beispringen“. Stattdessen: Zeit lassen zum Nachdenken und Formulieren. Der Schiedsrichter verhindert ein Abgleiten ins „Plauschen“. Sonst wird die Übung als zu leicht und banal eingeschätzt. Lernerfolg und Akzeptanz hängen davon ab, wie genau die Regeln eingehalten werden. Erst so entsteht die beabsichtigte Aufgabenschwierigkeit, und die Grenzen der Aufnahmefähigkeit sowie die Tendenz zur Überforderung des Hörers werden erfahrbar.

DURCHFÜHRUNG: Mehrere Dreiergruppen üben in verschiedenen Ecken des Raumes, die der Trainer abwechselnd besucht, um auftretende Fragen zu besprechen. Innerhalb der Übungsgruppen sollte spätestens nach fünf Minuten rotiert werden, so dass jeder Teilnehmer einmal Schiedsrichter gewesen ist.

AUSWERTUNG: Die Erfahrungen werden besprochen: Wie leicht oder schwer war die Übung? Gab es Über-/Unterschätzung der Aufgabenschwierigkeit bzw. der eigenen Fähigkeiten? Was war problematisch? Stichwortliste an der Tafel. Wo lagen die Ursachen: beim Sprecher, beim Hörer oder bei beiden (Stichworte entsprechend markieren)? Wie wurden diese Probleme angegangen? Welche Schlussfolgerungen können für den Alltag gezogen werden? Wird diese Übung als sinnvoll angesehen? Im Allgemeinen fällt es den Teilnehmern zu ihrer Überraschung schwer, sich hinreichend zu konzentrieren.

Als Sprecher kann man Schwierigkeiten haben:

- die Länge der Gesprächsbeiträge angemessen zu dosieren (Viel- und Langredner)
- übersichtlich zu formulieren (komplexe Schachtelsätze, längere Parenthesen, thematische Gedankensprünge usw.: Sprechdenker)

Als Hörer kann man bemerken:

- die Grenzen seines Kurzzeitgedächtnisses (konzentriert zuhören)
- die Blockierung der Aufnahmefähigkeit durch eigene Gedanken, so dass etwas überhört wird (falsch verteilte Aufmerksamkeit: Monologisierer)

Wiedergaben können enthalten:

- Verkürzungen, Glättungen und Vereinfachungen (als Folge unkonzentrierten, ungenauen und selektiven Zuhörens)
- fantasierende Ausschmückungen (um etwa Gedächtnislücken zu kompensieren)
- Verzerrungen (wo „durch die eigene Brille gesehen“ oder bei der Wiedergabe „gefiltert“ wird)
- Vermengen mit eigenen Gedanken und Umdeutungen (bei emotionaler Ablehnung gegenüber dem, was man am liebsten „so nicht in den Mund nehmen möchte“)

2.7 Übung: „Alter Ego“ – Einfühlen lernen und Verstehen ausdrücken

Empathie und VEE

In der aus der Gruppendynamik stammenden Übung (jedoch nicht zu verwechseln mit „Alter Ego“ bei Antons 1998) geht es um soziale Sensibilität, genauer: um Einfühlung *(Empathie)* und um die *Verbalisierung emotionaler Erlebnisinhalte (VEE)*. Sie werden übrigens den therapeutischen Grundfertigkeiten zugerechnet (Rogers 1982). Im Kontext der Kommunikation sind damit die Aspekte Selbstoffenbarung, Beziehung und Appell angesprochen. Wir haben die Erfahrung gemacht, dass auch Laien durchaus in der Lage sein können, die Aufgabe zu bewältigen, was natürlich in der Regel nicht heißt, dass man VEE danach bereits beherrschen würde. Die Übung stellt in der beschriebenen Form eine intensive und zugleich kontrollierte Form der Selbsterfahrung dar.

Vorbemerkung für Trainer: Die Übung ist nicht nur wesentlich komplexer als der „Kontrollierte Dialog“, sondern psychologisch, didaktisch und gruppendynamisch schwieriger. Sie sollte deshalb nicht ohne fachkundige Leitung, d. h. nur mit psychologischer Vorbildung oder entsprechender Erfahrung, durchgeführt werden. Erforderlich ist ein sicherer Umgang mit gruppendynamisch labilen Situationen. Sonst besteht die Gefahr, dass die Übung entweder banal wird und damit ihr Ziel verfehlt oder dass emotionale Probleme auftreten, die vielleicht nicht aufgefangen und konstruktiv verarbeitet werden können. Der Trainer muss die Lernziele zuerst selbst sicher beherrschen. (Tipp: Finden Sie keine Gelegenheit zur professionellen Anleitung beim Erlernen dieser Aufgabe, sollten Sie mit einigen besonders vertrauten Menschen üben und sich Rechenschaft ablegen, ob es wirklich funktioniert.) Die Übung „Alter Ego“ stellt das Gegenstück und die komplexe Erweiterung zum „Kontrollierten Dialog“ dar. Sie sollte darauf und auf den „Bedeutungsanalysen“ (2.5) aufbauen. Sie benötigt wesentlich mehr Zeit. Von einer Durchführung ohne Betreuung (etwa in Kleingruppen) ist abzuraten.

LERNZIELE: Erfassen und Verbalisieren emotionaler Erlebnisinhalte (VEE)

ARBEITSFORM: Zwei Stühle für „Ego 1“ und „Ego 2“ stehen einander gegenüber. In zweiter Reihe, aber etwas zurückgesetzt, steht je ein weiterer Stuhl für „Alter Ego 1“ bzw. „Alter Ego 2“, so dass jeweils Alter Ego sein Ego gut sehen kann, ohne selbst in dessen Blickfeld zu sein. Die anderen sitzen im Umkreis.

ZEIT: 2 1/2 Std. (Einführung, Demonstration 25 Min., pro Runde 20 Min., Auswertung)

EINFÜHRUNG: Während im „Kontrollierten Dialog“ eine unnatürliche Gesprächssituation dazu diente, den vordergründigen Kommunikationsaspekt Sachinhalt zu betonen und damit verbundene Schwierigkeiten kennenzulernen, geht es bei der folgenden Übung um die drei „untergründigen“ Seiten der Nachricht.

Wie schon bei den Bedeutungsanalysen ist nicht mehr bloßes Wiedergeben („Paraphrasieren“) gefragt, sondern Verstehen. Wir können damit unsere Fähigkeit zur Einfühlung kennenlernen und ausbauen: Emotionale Erlebnisinhalte in den Äußerungen anderer sollen wahrgenommen *und* angemessen in Worte gefasst werden, um sich gegenseitig das Verstandene mitteilen zu können: Das sind also der Selbstoffenbarungs-, der Beziehungs- und der Appellaspekt, die Unter- und Zwischentöne, die emotionalen Bedeutungen, die Interessenlagen und Motive.

Die Gesprächsanordnung ist ähnlich wie beim „Kontrollierten Dialog". Diesmal gehören aber vier dazu: Wir tun mal so, als ob jeder der beiden Gesprächspartner ein zweites oder anderes Ich hätte (lateinisch: „Alter Ego"). Im Folgenden zur Verdeutlichung auf die Stühle hinweisen – es gibt also „Ego 1" und „Ego 2", die ein Gespräch miteinander führen, und „Alter Ego 1" sowie „Alter Ego 2" dahinter, die sozusagen ihre „inneren Stimmen" sind. Sie haben die Aufgabe, sich in die Äußerungen einzufühlen, auf die drei Aspekte zu achten, um sie rückzumelden. Es kommt jetzt nicht mehr darauf an, alle drei Aspekte der Reihe nach zu benennen, sondern nur das Wichtigste herauszugreifen.

Die Regeln lauten:

1. Im schrittweisen Dialog zwischen Ego 1 und Ego 2 erhält jeder *vor* einer Erwiderung durch den anderen eine Art Echo von seinem eigenen Alter Ego: Das „andere Ich" spricht in der Ichform aus, was an emotionalen Bedeutungen in der Aussage von Ego enthalten war, „verbalisiert" also die „emotionalen Erlebnisinhalte", die über den Sachinhalt hinaus verstanden wurden. Wichtig dabei: Alter Ego formuliert als innere Stimme immer in der Ichform, also nicht in indirekter Rede (nicht: „Du meinst, dass ...").
2. Die Verbalisierung wird daraufhin von Ego bestätigt oder abgelehnt, und zwar nur mit der Formel „Ich fühle mich verstanden" oder „... nicht verstanden" („Verstehen" ist mehr als „Wiedergeben"). Es soll nichts hinzugefügt werden. Da man seine innere Stimme nicht sehen kann, soll Ego sich auch nicht umsehen ...
3. Antwortet Ego: „Ich fühle mich verstanden", führt jetzt (erst) sein Gegenüber das Gespräch fort. Fühlt Ego sich jedoch nicht verstanden, wird genau wie im „Kontrollierten Dialog" verfahren: Alter Ego versucht eine zweite Verbalisierung. Wird auch sie nicht akzeptiert, wiederholt Ego seine Äußerung an den gegenübersitzenden Partner, eventuell in veränderter Form. Erst bei einer Annahme des Echos nimmt der Dialog seine Fortsetzung: Ego 2 antwortet, worauf nun dessen Alter Ego entsprechend verfährt.
4. Bei der Verbalisierung emotionaler Erlebnisinhalte gibt es kaum eindeutige Lösungen. Da es ziemlich sinnlos ist, darüber zu streiten, was die richtige Bedeutung ist, soll noch folgende Regel gelten: Nur der Betroffene entscheidet, ob er sich verstanden fühlt, und alle anderen akzeptieren das ohne Diskussion.

Wir beginnen jetzt mit einer Demonstrationsrunde. Alle Zuhörer im Außenkreis sollen sich im Stillen immer selbst Alter-Ego-Verbalisierungen überlegen. Sie werden vielleicht manchmal gebraucht.

DURCHFÜHRUNG: **Thema:** Gerade der Einstieg ist häufig durch zu große Zurückhaltung und damit Banalität gefährdet. Damit würde aber die Aufgabe für die beiden Alter Ego leicht unlösbar. Günstig ist deshalb ein für alle persönlich bedeutsames Thema, das ruhig etwas Brisanz besitzen darf. Beispielsweise könnten zwei Lehrer darüber reden, „wie zufrieden ich mit meiner Beliebtheit bei den Schülern bin". Etwas ungefährlicher und leichter akzeptierbar wäre etwa: „Was ich an meinem Beruf mühselig finde". Das gleiche Thema kann in mehreren Runden mit verschiedenen Teilnehmern beibehalten werden.

Lange Diskussionen über ein Thema sind nicht sinnvoll. Man sollte es einfach vorgeben und nur bei Widerstand abändern, vielleicht durch eine Modifizierung, die mehr Spielraum (d. h. Schutz) bietet. Weitere allgemeine Themen könnten sein: „In welchen Situationen ich mich unsicher fühle", „Was ich gern an mir ändern möchte" usw. Falsch, weil Widerstand provozierend, wäre eine bramarbasierende Einführung, die Sinn und Ziel der Übung als gefährlich erscheinen ließe. Ebenso hat es keinen Zweck, ein bestimmtes Thema „durchzudrücken". Sonst zeigt sich Widerstand erst dann, wenn es auf einmal nicht gelingt, Freiwillige für einen ersten Übungsdurchgang zu finden.

Demonstration: An der Demonstration wirkt der Trainer als Alter Ego für beide mit (den Sitzplatz jedes Mal wechseln). In der Regel entsteht sehr schnell eine gespannte Stille beim Ansprechen von Gefühlen. Der Trainer zeigt, dass er konzentriert und ernsthaft bemüht ist, seinen eigenen Eindrücken nachzuspüren, und sich Zeit zum Nachdenken lässt. Er beginnt erst zu sprechen, wenn er eine fertige Formulierung parat hat. Jeder Beitrag muss für alle Zuhörer seine Wirkung entfalten können.

Wenn ihm nichts einfällt, gibt er schließlich den Ball zurück: „Ich muss passen. Bitte noch mal wiederholen." Gerade dadurch, dass auch der Trainer zuweilen ratlos ist oder seine Verbalisierungen vom Ego nicht angenommen werden, wird deutlich, dass

- manche (undurchschaubare, neutrale, personferne) Äußerungen schwierige oder unlösbare Aufgaben darstellen können,

- der Trainer weder unfehlbar ist noch Patentrezepte hat,
- der Sprecher seinem zweiten Ich die Aufgabe erleichtern kann, indem er sich als Person deutlicher zeigt.

Die Gruppe muss verstehen, dass es diesmal nicht mehr um Sachaussagen geht, sondern um das, was anklang: Gefühle, Stimmungen, Haltungen zum Gesprächspartner, Interessen, Motive usw. Es muss deutlich werden, dass die Einfühlungsübung nur langsam und stockend vor sich gehen wird. Im Folgenden werden einige Möglichkeiten illustriert, die vom Trainer gelegentlich besser demonstriert als erklärt werden:

> Wenn anfangs sehr vorsichtige, personferne Statements kommen, die naturgemäß schwierig zu analysieren sind, kann **unterstützend** interpretiert werden: Beginnt jemand z. B. leise mit „Ja also, was muss ich jetzt sagen?", so kann sehr schnell klargemacht werden, dass der Einstieg damit schon gemacht ist und verwertbare Informationen enthält. Der Trainer sagt nicht: „Fang einfach mit einer Äußerung zum Thema an", sondern reagiert als Alter Ego: „Ich bin noch unsicher, weil ich nichts falsch machen will und nicht recht weiß, was geschehen wird."

Die Übung bedeutet Selbsterfahrung, aber in strukturierter Form. Gelegentlich werden die Teilnehmer in der Ego-Rolle mit Widersprüchen zwischen den verschiedenen Anteilen ihrer Äußerung **konfrontiert**, die sie, nach dem ersten Schreck geradezu erleichtert, bestätigen. Konfrontation führt aber sehr leicht zur Abwehr und sollte nicht forciert werden! Dazu ein Beispiel: Zwei Teilnehmerinnen sprachen über ihre beruflichen Wünsche und Enttäuschungen. Auf die Mitteilung der einen, sie sei nach zwei Jahren bereits resigniert, hatte ihre Kollegin recht teilnahmsvoll gefragt: „Und du siehst gar keine Perspektive mehr für dich?" Alter Ego formulierte daraufhin zweierlei: „Einerseits möchte ich mein Interesse an dir zeigen, indem ich gleich noch eine Zusatzfrage stelle. Andererseits ist es mir ganz recht, wenn ich jetzt noch nicht von mir zu reden brauche." Sichtbar irritiert überlegte sie einige Zeit, um dann zuzustimmen.

Verbalisierungen sollen so **dosiert** werden, dass sie weder zu wenig noch zu viel Betroffenheit hervorrufen. Falsche Vorsicht, Ängstlichkeit, aber auch Unerfahrenheit bei Alter Ego zeigen sich fast immer in banalen Umformulierungen des Sachinhalts (d. h. einer typischen Rückmeldung i. S. d. „Kontrollierten Dialogs"). Das führt aber zu unfruchtbarer Verflachung. Meint man den Nagel auf den Kopf zu treffen, sollte man sich nicht scheuen, seine Vermutungen auszusprechen, jedoch auf annehmbare Formulierungen achten.

Intensivierend wirken Verdichtungen des nicht so offensichtlichen Aspekts, am obigen Beispiel etwa in der Form: „Erzähl du nur weiter, denn ich bin froh, wenn ich nicht muss." Massive Entlarvungsversuche sind aber unangebracht und sinnlos, am obigen Beispiel etwa: „Ich verberge meine Angst, jetzt über mich reden zu müssen, und lenke deshalb von mir ab, indem ich Verständnis für dich zeige." („Verbergen" und „Ablenken" implizieren negative Bewertungen und können deshalb kaum akzeptiert werden.)

Entsteht im Dialog der beiden Egos ein „korrekter", aber personferner „Small Talk", kann man gelegentlich auch einmal **Hypothesen wagen**, die durch die gegebene Äußerung nicht belegt sind (was im Normalfall nicht gemacht werden sollte). Äußert sich etwa jemand mehrmals belanglos mit personfernen Sätzen, könnte etwas in der folgenden Art versucht werden: „Ich möchte mich hier nicht so sehr einbringen und rede deshalb lieber über Dinge, die mit mir oder dir weniger zu tun haben. Vielleicht bin ich auch ängstlich. Aber ansonsten will ich alles richtig machen." In solchen Fällen sind Zurückweisungen der Verbalisierung generell wahrscheinlicher. Deshalb ist es günstig, wenn der Betroffene sich wenigstens mit seinem Selbstbild und Normenhorizont wiederfinden kann: indem man positive Aspekte anführt (möchte alles richtig machen) und negative (nicht so sehr einbringen) mit akzeptierbaren Begründungen versieht (vielleicht auch ängstlich). Kommt die Ablehnung dennoch, wird sie natürlich akzeptiert.

Kurze Besprechung der Demonstration:

- Wie haben sich Ego 1 und 2, Alter Ego 1 und 2 gefühlt?
- Ist Ego durch die „Erläuterungen" des Alter Ego der anderen Seite, also durch das Mehr an Information, in seinem eigenen Gesprächsverhalten beeinflusst worden?
- Wie wirkte das Ganze auf die Beobachter? Hatten sie Hypothesen?
- Wovon hingen Schwierigkeiten und Erfolg ab?

Widerstand

Manchmal entwickelt gerade jemand aus der Beobachterrunde Ängste und bringt sie in offener Form oder durch **Kritik** an der Übung oder am Trainer zum Ausdruck. Dann sollte auf die Freiwilligkeit der Teilnahme, aber auch auf die Chance der Übung verwiesen werden. Angst kann sich darin zeigen, dass ein Akteur ungefragt in Schutz genommen wird. (Es kann sogar geschehen, dass jemandem in der Ego-Rolle die Tränen kommen, weil Verdrängtes plötzlich aus dem Mund einer anderen Person zu hören gewesen war!) Hier ist es wichtig, keinerlei Dramatisierung zu verstärken, sondern ruhig abzuwarten und sachlich den Einwand aufzugreifen, um den in Schutz Genommenen direkt zu fragen: „Ich höre, dass X dich in Schutz nimmt. Denkst du, dass du ihn brauchst?" Weil dem Gefragten die damit verbundene Entmündigung bewusst wird, wird er fast immer darauf verzichten, und dem Helfer mag sein Motiv klar werden.

Vor Beginn der eigentlichen Übungsrunden werden den Teilnehmern noch **vier Hauptfehler erläutert, die sie vermeiden sollen**. Sie betreffen Unter- und Übertreibungen:

1. **Ego ist unangemessen milde** mit häufigen Bestätigungen seines Alter Ego und stimmt, im Grunde unverstanden, zu, nur damit es „endlich weitergeht" oder damit es nicht peinlich wird (so etwas entschärft die Übung, aber entwertet sie auch).
2. **Ego blockt radikal ab** und „siegt" mit „Neinsagen". Dadurch wird sein Alter Ego entmutigt und vorsichtig bis zur Unverbindlichkeit (daran erinnern, dass Ego nach der Regel sowieso immer „Recht bekommt").
3. **Alter Ego ist zu vorsichtig** und ängstlich, bleibt im Banalen bzw. auf der Inhaltsebene, was im „Kontrollierten Dialog" richtig, hier aber verfehlt wäre (Unzufriedenheit auf beiden Seiten ist die Folge, Ego fühlt sich nicht wirklich verstanden).
4. **Alter Ego „entlarvt"** oder macht „Schrotschüsse" aufs Geratewohl, fantasiert also, weil ihm nichts einfällt (das entlastet vordergründig, weil im Moment der Ball erst mal zurückgegeben werden kann). Die Ablehnung seiner Verbalisierung ist ihm dann nahezu sicher. Besser ist es, sich lieber viel Zeit zu lassen oder einmal zu passen und zu sagen: „Bitte noch mal wiederholen."

In der weiteren Durchführung greift der Trainer nur gelegentlich ein, etwa mit knappen Hinweisen zur Abfolge. Wird es besonders schwierig, kann der Trainer selbst einmal verbalisieren oder auch die **Beobachter einbeziehen**: „Hat jemand von den anderen eine Idee?" (Auch hier auf Ichform achten: anstelle von Ego reden, nicht über ihn; nicht erläutern, erklären, kommentieren.)

Solche Hilfen entlasten Alter Ego bei wiederholten Misserfolgen und geben Beobachtern Gelegenheit zur aktiven Teilnahme. Manchmal wird überhaupt erst im Kollektiv eine schrittweise Optimierung der Deutung erzielt, der Ego schließlich gerne seine volle Zustimmung gibt. Endlich kann er auch direkt gefragt werden, wie er richtig verstanden werden will (Ego offenbart sich dann selbst – und kann das nach den vorhergegangenen gemeinsamen Bemühungen meist auch ganz gut).

Fehlentwicklungen wie ein Streit darüber, wer recht hat, oder Nebengespräche sind zu vermeiden. Bei offenen Aggressionen, etwa dem Trainer gegenüber, hat dieser Gelegenheit, sich im Sinne der Prinzipien der Übung selbst ein Stück zu offenbaren. Er wird damit transparenter und den Gruppenmitgliedern gleichgestellt. Aggression kann entstehen, wenn der Trainer als übermächtig erlebt wird („Deutungshoheit“ über die Gefühle anderer vermeiden). Er weiß mehr und kann etwas besser, aber es ist wichtig, dass er nicht unfehlbar erscheint und mit seinen Gefühlen sichtbar ist. Wurden die Verbalisierungen beider Alter Ego mehrmals akzeptiert, beginnt eine neue Runde mit vier neuen Teilnehmern …

NACHBESPRECHUNG: Abschließend werden Erfahrungen und Einschätzungen erörtert und mit der Frage nach der Anwendbarkeit des Gelernten im Alltag verknüpft. Natürlich konnte nur ein erster Anfang gemacht werden, sich sensibler in Beziehungsbotschaften, Selbstoffenbarungsaspekte und Appelle seiner Gesprächspartner einzufühlen (d. h. zu verstehen), diese in Worte umzusetzen sowie sich selbst offener und persönlicher zeigen zu können.

3 Rückmeldung – Information, die lernen lässt

Durch Antworten wird einseitige Kommunikation zu mehrseitiger. Nicht nur der Sender beeinflusst mit seiner Nachricht den Empfänger, dieser übt Wirkung durch seine Reaktion auf jenen aus. Dabei enthält die Antwort oft einen Aspekt besonderer Art:

Rückmeldungen (engl.: „feedbacks“) sind Mitteilungen, die ein Empfänger an den Sender zurückschickt und die sich auf die Wirkung zuvor empfangener Nachrichten des Sender beziehen (vgl. 2.1). Ein direkter oder indirekter Anteil von Antworten hat die Funktion von Rückmeldung. Rückmeldung ist also eine spezielle Art der Rückkopplung in einem kybernetischen System (sozialer Art). Sie hat selbst eine Wirkung und beeinflusst das Kommunikationsverhalten des Senders.

3.1 Soziale Rückmeldung

Uns interessiert in diesem Zusammenhang besonders eine bestimmte Klasse von „Antworten“: Mitteilungen, die das konkrete Verhalten oder die Person und ihre Eigenschaften im sozialen Kontext betreffen. Dieses soziale Feedback ist Gegenstand des Kapitels.

Metakommunikation:

Aus dem Austausch von Rückmeldungen kann ein regelrechtes Gespräch werden: Metakommunikation, das ist „das Reden darüber, wie wir miteinander reden“. Sie dient der „Kommunikationsklärung“ und ist auch der Kern von Konfliktsteuerungsstrategien im Bereich von Kommunikationsstörungen (vgl. z.B. Schwäbisch/Siems 1997).

Funktionen und Aspekte sozialer Rückmeldung

Es liegt auf der Hand, dass der Menge, Art, Qualität und dem Zeitpunkt solcher zurückfließenden Information große Bedeutung zukommen. Wir betrachten das Thema Feedback unter drei Aspekten: Rückmeldung als

- *Information, die lernen lässt:* Fast alle Übungen dieses Buches hätten wenig Sinn, wenn die Teilnehmer von Lerngruppen keine Rückmeldungen für ihre Anstrengungen in praktischen Übungen erhielten.
- *Soziale Fähigkeit,* die selbst Seminarthema werden kann: Erlernen konstruktiver Formen, Feedback zu geben und anzunehmen. Teilnehmer beginnen schon während thematisch anderer Übungen, die Trainer-Rückmeldungen zu ergänzen.
- *Instrument des Trainers:* Erst eine sichere und qualifizierte Handhabung gezielter Rückmeldung für die Teilnehmer macht viele Lernvorgänge effizient.

Im Folgenden behandeln wir die ersten beiden Aspekte. Weitere Ausführungen zum dritten Punkt, speziell für den Trainer, finden sich in Teil B des Buches (s. Kap. 11).

Lernen steuern

Nicht nur zwischen den Menschen gibt es Feedback. Wir kommunizieren auch mit uns selbst und geben uns selbst Rückmeldung. Lernen ist allgemein ein Prozess, der darauf angewiesen ist, dass Information an den Lernenden zurückfließt. (Man stelle sich vor, wie ein blinder und zugleich tauber Mensch sprechen lernen soll.)

Rückmeldung von anderen Menschen oder auf technischem Wege (Spiegel, Foto, Tonband, Video etc.) ist also wichtig: Ohne sie ist soziales Lernen gar nicht oder nur sehr begrenzt möglich. Gerade das soziale Lernen, für das das vorliegende Buch ja geschrieben wurde, ist abhängig vom Strom vielfältiger Rückmeldungen, die bereits seit der Geburt bei uns eintreffen und unser Verhalten, die Entwicklung von Fähigkeiten, Selbstbild und Selbstwert formen. Was wir lernen, wie wir es lernen, ob wir etwas lernen wollen, wird ständig beeinflusst. Diese Information hat zwei Seiten: Sie klärt auf und sie steuert die Motivation für das Lernen (Lernbereitschaft).

Lob und Kritik

Lob und Kritik sind direkte und explizite Formen von Rückmeldung. Indirekte (und nonverbale) Rückmeldungen können sein: ein Schweigen, eine Bewegung der Mundwinkel, eine Geste. Solche Nachrichten sind jedoch uneindeutig und können leicht missverstanden werden. Sie zeigen zudem nur Bewertungen bzw. Gefühlsäußerungen und enthalten keine Beschreibungen. Deshalb ist ihre Eignung, lernen zu lassen, sehr unsicher. Explizite Rückmeldungen sind also eher geeignet, Lernprozesse bewusst und geplant zu steuern.

Verbo(r)genes? Widersprüchliche Rückmeldungen

„Ich sag jetzt mal ganz wertfrei …" So was ist nicht selten zu hören. Jemand ist sich der Brisanz seines Themas oder der Empfindlichkeit seines Gegenübers bewusst, möchte aber, dass man ihm ruhig zuhört und nichts krummnimmt.

Wertfrei! Wirklich?

„Wertfreiheit" gibt es aber nicht! Auch da, wo die vermeidende Devise gilt: „Wir wollen doch sachlich bleiben!" Auch dort, wo behutsam gemeint und verschleiernd verpackt wird. Spätestens als Empfänger nehmen wir Wertungen vor, auch dann, wenn sie uns vorenthalten werden. Und wir sind sehr daran interessiert, zu erfahren, wie wir bewertet werden. Gerade wenn der Sender sich bemüht, „sehr wertfrei" zu sein, versucht der Empfänger, oftmals durch Deutung subtilster Signale, herauszubekommen, was der von ihm hält. Auch nonverbale Botschaften seiner Zuhörer wertet der Sender zu einem Großteil als Reaktionen und stuft sie als Rückmeldungen ein, Schweigen eingeschlossen.

So verständlich der „Eiertanz" ist, wenn es um Bewertungen geht, so unwirksam und unangemessen ist dieses Vermeidungsverhalten in den meisten Fällen. Bei Kritik erwarten die meisten Menschen Ärger als emotionale Begleitmusik und rechnen deshalb mit Abwehr: Muss Kritik nicht fast unvermeidlich zur Beziehungsstörung führen? Sehr viele scheinen davon überzeugt zu sein, sonst wäre Kritik nicht so ein heißes Eisen …

Auch in der Literatur zum Thema Feedback findet man überwiegend kritische bis ablehnende Haltungen zur bewertenden Rückmeldung. Damit wollen wir uns unten auseinandersetzen (s. 3.2).

Liegt eine Beziehungsstörung aber bereits vor (vgl. auch 2.1.4 „beziehungsbedingte Appellallergie"), dürfte es besser sein, Feedback zurückzustellen oder sich auf Beschreibung, noch besser, auf beschreibende Selbstaussagen, auf „Ich-Botschaften", zu beschränken (d. h., „Wie es mir geht …" statt: „Wie du bist …"). Während in der Sicht vieler Menschen Kritik und auch Lob Dinge sind, die es zu meiden, zumindest zu entschärfen und zu verpacken gilt, um Risiken zu mindern, ist Kritik für andere eine Möglichkeit zur Selbstaufwertung. („Ich erlebe mich als kompetent, wenn ich kritisch bin.“)

Dass man ruhig, aber engagiert und in einer wertschätzenden Haltung kritisieren kann (vgl. 2.1.4), muss nur unrealistisch erscheinen, wenn man seinen Ärger immer erst abwartet, bevor man Rückmeldung wagt. Dass man loben, Anerkennung äußern und sich mit jemandem freuen kann, halten nicht wenige für überflüssig und obendrein risikoreich. („Wird das Lob nicht als falsches Kompliment abgewehrt werden, erscheine ich nicht als Schmeichler?“) Tatsächlich wehren sich nicht wenige Menschen auch gegen Lob, oder sie verkleinern es. („Sonst stehe ich ja als eitel da.“) Sachlich berechtigtes Lob ohne Wenn und Aber annehmen zu können ist ein Zeichen von Selbstsicherheit.

Kommunikationskanäle

Wir erinnern uns an die verschiedenen „Kommunikationskanäle“ (vgl. Kap. 2): Neben dem wichtigsten, der Sprache, vermitteln auch alle Möglichkeiten des Gesichtsausdrucks (Mimik), der Körperbewegungen (Gestik) und -haltungen (Haptik) ständig Informationen: Fast alle Menschen sind sensibel dafür, Übereinstimmung („Kongruenz“) und Widersprüche („Inkongruenz“) zwischen den Informationen der verschiedenen Kanäle zu erkennen, wobei die nonverbalen Botschaften im Zweifelsfall meist ernster genommen werden.

Deshalb wirken unglaubwürdig oder nicht überzeugend: Anerkennungen mit ärgerlichem Gesicht, Versicherungen mit hastigen Worten, Appelle mit monotoner Stimme, Liebeserklärungen in beiläufigem Ton ... Umgekehrt kann die Wirkung durch Widersprüche mitunter verstärkt werden: Besonders gefährlich wirkt eine lächelnde Drohung – weil die demonstrierte Entspanntheit als Selbstsicherheit interpretiert wird, oder als Selbstbeherrschung und damit Stärke.

Geradezu berückend wirkt eine gestammelte Liebeserklärung – weil sie trotz der Angst/Schwäche gewagt wird ...

Wollen wir unsere absichtlichen oder unabsichtlichen Wirkungen nicht dem Zufall überlassen, ist es nützlich, ein gewisses Bewusstsein davon zu entwickeln. Rückmeldungen, die ich erhalte, helfen mir letzten Endes bei der „Realitätsprüfung meiner sozialen Außenwirkung“.

Soziale Fähigkeiten: Rückmeldung geben und annehmen

Rückmeldung wird wie die meiste Metakommunikation oft als spannend, brisant, überraschend, belastend, entlastend, öffnend oder in anderer Weise als emotional bedeutsam empfunden. Die Aufgabe der Vermittlung (Wie sag ich's?) ist meist ungewohnt. Man kann aber gute Voraussetzungen dafür schaffen, dass Rückmeldungen (oder Metakommunikation allgemein) nicht destruktiv verlaufen, sondern hilfreich sein können. Auf konstruktive Weise Feedback geben und annehmen können sind wichtige soziale Fähigkeiten. Im privaten Bereich gehören sie zur „Beziehungsfähigkeit", im beruflichen Bereich u. a. zur Team- und auch zur Führungskompetenz.

Die Fähigkeit zur konstruktiven Rückmeldung hängt ab von guter Beobachtung, sprachlicher Flexibilität und der Einfühlung in den Empfänger: Ich muss genau genug erfasst haben, worum es geht, und es in einer angemessenen, annehmbaren Weise formulieren können. Umgekehrt setzt meine Fähigkeit zum Annehmen von Feedback eine neugierig-interessierte Haltung gegenüber neuer Information über mich selbst voraus, ohne dass meine Vorurteile wie Scheuklappen wirken: Diese Haltung zeigt sich in Abwarten, Zuhören, aber auch aktivem Nachfragen. Wenn ich an mehr Selbsterkenntnis interessiert bin, werde ich mich nicht auf Selbstwahrnehmungen beschränken: Rückmeldungen sollte man regelrecht einholen, wo sie nicht von alleine kommen, oder wenn Anlass besteht, erhaltene Rückmeldungen zu überprüfen.

Lob und Kritik, man kann auch sagen, „positive und negative Rückmeldung", sind in vielen Situationen vermittelbar, ohne dass es zu unerwünschten Folgen für die Beziehung kommen muss. Eine Garantie dafür hat man natürlich nicht. Andererseits dürften übervorsichtige Zurückhaltung oder ein unglücklicher Kritikstil auch nicht befriedigend sein. Wie soll man es aber anstellen? Gibt es allgemeine Grundsätze, klar, hilfreich und ohne zu verletzen mit anderen Menschen über sie zu reden?

3.2 Regeln für konstruktive Rückmeldung

Listen mit Empfehlungen für Rückmeldeverhalten gibt es zuhauf. Sie können auch lang werden. Wir wollen uns für die Seminarpraxis auf relativ wenige Punkte beschränken, denn es kommt uns auf Überschaubarkeit, nicht auf Vollständigkeit an.

Dabei fehlen einige häufig genannte Punkte, andererseits ist ein meistens tabuisierter Punkt hier explizit enthalten: So findet man bei Schrader et al. (1984) oder auch schon bei Schwäbisch/Siems (1997) und Antons (1998) unstrittig erscheinende Empfehlungen wie „Nicht analysieren“ (bezogen auf innere Zustände oder Tiefenpsychologisches) und „Gefühle, Wahrnehmungen und Vermutungen … als solche“ bezeichnen.

Interpretieren?

Wenn aber gefordert wird: „Konkret beschreibend, aber nicht interpretierend sein“ (Schrader et al. 1984, 148), möchten wir einschränken: „Interpretieren“ verstehen wir nicht im spezifisch psychotherapeutischen Sinn (schon gar nicht als pseudopsychoanalytischen Tiefschlag), sondern in der allgemeinpsychologischen Bedeutung, wie sie in Kap. 2 dargestellt wurde: als bedeutungsverleihenden kognitiven Prozess jedes Wahrnehmungsaktes. Dann wird es wichtig, davon erkennbar getrennte Wahrnehmungsbeschreibungen vorauszuschicken. Wir meinen also stattdessen: „Konkret beschreiben und ggf. darauf aufbauend interpretieren …“

Damit ist auch der „Verzicht auf Hypothesen“ nicht mehr generell notwendig: Konkret begründet und als subjektive Hypothesen klar benannt, können sie sich etwa auf Folgen angesprochenen Verhaltens relativ gefahrlos beziehen. Sogar mögliche Ursachen (Verhaltensauslöser etwa) sind im Feedback kommunizierbar, wenn sie nicht etikettierend vorgenommen werden und sich im Akzeptanzbereich allgemein anerkannter sozialer Normen bewegen, d. h. keinen Gesichtsverlust für den Empfänger bedeuten.

Ich statt man

Für eine weitere Regel, „In der Ichform sprechen“ (statt „Man-“, „Wir-“ oder „Du-Botschaften“ zu senden), scheint uns der Geltungsbereich auch nicht allumfassend zu sein: In dem Maße, wie die Äußerung eigener Gefühle durch den Dialogstil verdeckt werden könnte und es um „Kommunikationsklärung“ durch Metakommunikation geht, ist das Prinzip gewiss hilfreich. Es fragt sich aber, ob etwa Verhaltungsrückmeldung bei Übungsverhalten im Leistungsbereich darauf immer mit Notwendigkeit angewiesen ist.

Im besonders kritischen Punkt „Bewertung“ haben wir auf eine Regel wie „Information statt Beurteilung“ bewusst verzichtet. Dies findet man sinngemäß z. B. in den o. g. Publikationen. Zur Information gehört hierbei unstrittig die Mitteilung der eigenen Reaktionen. Aber kann bzw. sollte sie eine Wertung vermeiden? Wertfreiheit gibt es nun einmal nicht. Bei Fittkau et al. (1980, 345ff; s. a. 1994) heißt es noch genereller: „Vermeide Bewertung." Antons (1973, 110; s. a. 1998) fordert: „Vermeide moralische Bewertungen und Interpretationen ..." Es versteht sich, dass moralisierende oder pauschalierende Wertungen fehl am Platze sind, und „Beurteilen" impliziert daneben noch eine problematische Haltung der Überlegenheit.

Bewertungstabu

Aber wir halten auch eine pauschale Tabuisierung des „Bewertens" für problematisch: Bewertungen müssen nicht „moralisierend" sein, und während „Urteilen" über das Ziel hinausschießt, scheint uns die Beschränkung auf die Mitteilung eigener Reaktionen zu kurz gegriffen:

Wenn die Ableitung von Bewertungen transparent vorgenommen wird (sachlich, nachvollziehbar begründet), wenn nicht eigene Normen verabsolutiert werden, wenn darüber hinaus in einer wertschätzenden Haltung mitgeteilt wird und glaubwürdig Positives nicht fehlt, entspricht eine solche Wertung u. E. einem legitimen Bedürfnis des Rückmeldungsempfängers nach Orientierung. Andernfalls entsteht ein nicht selten spannungsreicher Zustand der Desorientierung, hervorgerufen durch „explizites Schweigen von Bewertungen". Interpretationsversuche des Empfängers von Feedback („Wie meint er das? Wie findet er mich denn dann?") dürften unvermeidlich sein. Zumindest in vielen Trainingsseminaren halten wir das nicht für hilfreich. Gerade weil „das mögliche Maß und die Wirksamkeit des Feedbacks" weitgehend bestimmt werden „vom Maße des Vertrauens ..." (Antons 1973, 108; s. a. 1998), halten wir in diesem Sinne vollständige Rückmeldung für wichtig und authentischer.

Lernziel: konstruktiv bewerten

Nicht das Vermeiden, sondern das Erlernen *konstruktiven* Bewertens sehen wir als das sinnvolle Lernziel an. Die besprochenen Modalitäten sind dabei umso wichtiger, je mehr es sich um sehr personnahe und damit eng mit dem Selbstwert verknüpfte Merkmale oder Verhaltensweisen des Empfängers handelt (das kann manches Sozialverhalten in der Gruppe sein). Schließlich ist Bewertung im Leben nicht immer vermeidbar, und die Fähigkeit und Sicherheit, sich auch angemessen wertend äußern zu können, erscheinen uns als ebenso wichtiges Ziel sozialen Lernens wie etwa die Fähigkeit zu einer nondirektiven Haltung. Je erfolgreicher ansonsten „Bewerten" durch „Bewertungsabstinenz" in ein paar Trainingstagen ersetzt würde, desto eher würden wir einige Transferschwierigkeiten im Alltag befürchten ... Uns scheint, dass selbst Gruppenleiter und Trainer von dieser Gefahr nicht ausgenommen sind.

Die Liste in Übung 3.3 stellt ein Teilnehmerpapier zur Behandlung des Themas in einem Seminar dar. Sie enthält die wichtigsten Punkte, die sich für beschreibende *und* bewertende Aussagen zum Verhalten eines Gesprächspartners als konstruktiv und effektiv erwiesen haben. Die Beispiele sind dabei auf das Verhalten in Gruppendiskussionen abgestellt und können durch jeweils angemessene ersetzt werden.

Ein letzter Punkt: Natürlich muss klar sein, dass die genannten Prinzipien einer konstruktiven Verhaltenskritik nicht mechanisch in immer gleicher Form angewendet werden dürfen. Sonst wirkt es unglaubwürdig oder lächerlich. Und es heißt vielleicht: „Wenn der schon mit Lob anfängt, weiß ich, dass der Hammer gleich hinterherkommt."

3.3 Übung: Rückmeldung geben und annehmen im Rahmen einer Diskussionsübung

Zur Übung konstruktiver Rückmeldung brauchen wir praktische Anwendungsfälle. Am günstigsten ist es, irgendein leistungsbezogenes Verhalten zum Gegenstand zu machen, das gut beobachtbar sein muss. Zudem sollten klare Bewertungskriterien vorliegen: So kann man z. B. eine strukturierte Gruppendiskussion (etwa eine „amerikanische Debatte";vgl. Kap. 6) durchführen oder 2-minütige Kurzvorträge über selbst gewählte Themen halten (vgl. Kap. 7). Hier steht jeder Teilnehmer einmal für kurze Zeit im Mittelpunkt. Oder man kann Kleingruppenergebnisse von je einem Teilnehmer präsentieren lassen und vor einer Diskussion der Inhalte aus dem Plenum einige Rückmeldungen einholen. Die Übungen von in der Regel längeren Präsentationen bieten dafür schon sehr komplexes Beobachtungsmaterial. Zuerst werden einige, aber nicht zu viele Maßstäbe aufgestellt, die zugleich eine Instruktion für die Aufgabe darstellen, etwa:

- aktive Beteiligung,
- klare, verständliche und nicht zu komplizierte Formulierungen,
- andere einbeziehen und sich auf andere beziehen,
- möglichst überzeugend argumentieren, begeisternd darstellen,
- äußere Haltung, Auftritt und Abgang.

Zuvor vereinbarte Verhaltensziele ermöglichen gezielte Verhaltungsbeobachtung. Mehr als drei bis vier Kriterien sollten es aber nicht sein, weil sie sich nicht alle sofort und gleichzeitig beachten und beobachten lassen. Das schließt nicht aus, dass nachher in der Rückmeldung noch ganz andere Punkte angesprochen werden können; auch gefühlsmäßige und intuitive Aussagen sind erlaubt, sollten aber als solche gekennzeichnet sein.

Nach Verabredung eines Themas und ggf. einer Vorbereitung wird die Übung durchgeführt und, wenn irgend möglich, eine Ton- oder besser eine Videoaufzeichnung gemacht (vgl. Kap. 11). So wird Rückmeldung nachvollziehbar und kann überprüft werden (abschnittweise Wiedergabe).

Das Üben des Rückmeldens stellt allerdings immer eine Erhöhung der Komplexität dar: Nicht nur der Gegenstand, etwa das rhetorische Übungsverhalten, sondern auch das Üben der Rückmeldung fallen gleichzeitig an und müssen sorgfältig auseinandergehalten werden. Ein Grundsatz dabei sollte sein, immer zuerst den Empfänger von Feedback um eine (nur kurze und allgemeine) Selbsteinschätzung zu bitten: „Wie haben Sie sich dabei gefühlt? Wie sind Sie mit sich zufrieden?" Diese Möglichkeit, emotionale Anspannung abzubauen, ist nach Beendigung einer Aufgabe, wie z. B. eines Kurzvortrags ebenso wie nach dem Ansehen einer Aufzeichnung, sinnvoll.

Anschließend werden die Beobachter aufgefordert, sich zu äußern, wobei der Trainer ggf. nachfragt, wenn etwas unklar oder unplausibel erscheint. Seine Frage, „wie das die anderen sehen", sorgt für Vollständigkeit der selten völlig gleichen Einschätzungen. Dabei werden einseitige positive oder negative Bewertungen häufig relativiert. Das gilt auch für durchaus nicht seltene einseitige Selbsteinschätzungen der Betroffenen: „Und was fanden Sie an sich gut?" Oder: „Und was möchten Sie als Erstes verbessern?" sind überraschend wirkende Fragen, wenn sich jemand ausschließlich kritisch oder positiv beschrieben hat, und regen zur Wahrnehmungs- und Urteilsdifferenzierung an.

Bleibt jemand mit seiner Rückmeldung bei globalem Lob oder pauschaler Kritik, soll er dies konkretisieren, begründen und nach Möglichkeit konstruktiv weiterführen: „Was fandest du daran gut/ungünstig und warum?" Oder: „Welchen Rat kannst du geben?"

Unterschiedliche (und ausreichend konkret begründete) Meinungen werden als nebeneinander mögliche Eindrücke stehen gelassen. Manchmal kann der Trainer dem Empfänger Schlussfolgerungen anbieten: „Wenn das so verschieden gesehen wurde, könnte es ein Hinweis für dich sein, dass du da nicht besonders

Teilnehmer-Papier

Regeln zur konstruktiven Verhaltensrückmeldung

A. Wie gebe ich Rückmeldung?	*Zum Beispiel:*
1. Im Allgemeinen: Zuerst positives Feedback, dann negatives. (Kritik verletzt so weniger das Selbstwertgefühl und wird eher angenommen.)	Negativ: „Erstens bist du nicht auf seine Sprachschwierigkeiten eingegangen. Zweitens hast du dauernd neue Fragen gestellt." Positiv: „Du warst bemüht, herauszufinden, was er dir sagen wollte. Andererseits haben ihn deine häufigen Fragen wohl verwirrt."
2. Keine Pauschalkritik, sondern einzelne Kritikpunkte genau benennen. Sonst beginnt der Kritisierte sofort mit der Verteidigungsplanung, statt erst mal genau zuzuhören.	Negativ: „Heute hat man von dir noch nichts Vernünftiges zu hören bekommen." Positiv: „Du hast recht abstrakt gesprochen und bist thematisch unvermittelt gesprungen. Die Leute brauchen aber Orientierung und konkrete Vorschläge."
3. Hinweisen auf Konsequenzen – positive oder negative. Einsicht in die Folgen ist die beste Voraussetzung für die Bereitschaft, Feedback auch anzunehmen.	Etwa: „Skeptische Bemerkungen machen andere unsicher, so dass sie ihre Vorschläge zurückhalten." Oder: „Ihre Informationen vereinfachen unsere Diskussion sehr, denn damit erweist sich die erste Alternative doch als realisierbar."
4. Bei Kritik möglichst auch konkrete und realisierbare Änderungsvorschläge machen. Ist hilfreich und vermittelt trotz Kritik eine wertschätzende Haltung.	Z. B.: „Wenn du dich kürzer fasst, hören dir die Leute besser zu." Oder: „Wenn dir gar nichts einfällt, kannst du immer noch um Erläuterung bitten und Zustimmung oder Ablehnung äußern."
5. Geeigneten Zeitpunkt wählen. Möglichst unmittelbar, evtl. aber abwarten; Gefühlslage (Erschöpfung, Niedergeschlagenheit usw.) beachten. Empfänger soll offen sein für Rückmeldung.	Also nicht etwa: „Ihr Einführungsreferat vorletzte Woche fand ich sehr interessant. Das wollte ich Ihnen schon damals sagen." Vielleicht einmal: „Dazu wollte ich Ihnen noch etwas sagen. Passt es Ihnen jetzt?"
B. Wie nehme ich Rückmeldung an?	*Zum Beispiel:*
6. Zunächst: Kritik in Ruhe anhören. Nicht sofort in Gegenkritik verfallen! Das macht Sie stärker und gibt Gelegenheit, etwas Wichtiges zu erfahren.	Nicht: „Das musst grade du sagen!" Lieber: „Gut, sag mal, was dich stört und wie du es dir wünschst."
7. Kritik in eigenen Worten wiederholen und Verständnisfragen stellen. Verhindert Aneinandervorbeireden und signalisiert Selbstsicherheit.	„Du meinst also ...? „Unklar ist mir aber ..."
8. Evtl. andere um Rückmeldung bitten. Oft wird negative Kritik relativiert.	„Mich interessiert, ob das andere auch so sehen."

eindeutig warst. Hast du selbst eine Idee, ob du verschiedenartige Signale ausgestrahlt hast?“ Dann könnte sich der Angesprochene etwa widersprüchlicher Gefühle bewusst werden.

Der Trainer sollte mit seiner eigenen Rückmeldung im Allgemeinen abwarten, bis alle Teilnehmer Gelegenheit hatten, sich zu äußern, um dann zu ergänzen, zu bestätigen oder Akzente zu setzen. War Rückmeldung bisher jedoch kein eigenständiges Thema, ist es besser, wenn der Trainer modellhaft selbst beginnt, um anschließend nach weiteren Ansichten in der Gruppe zu fragen. Zwischendurch kann man bestimmte Einzelpunkte der Regeln wieder hervorheben. („Versucht im Folgenden, immer mit einer kurzen, aber konkreten Beschreibung zu beginnen, nennt dann eure Bewertung und weist auf Konsequenzen hin bzw. macht Vorschläge.“) Am Ende äußert er sich zusammenfassend zum erreichten Ergebnis der Rückmeldungsübung.

Modelllernen

Auf diese Weise findet ein implizites und automatisches *Modelllernen* (vgl. Bandura 1976) am Trainer statt, weil die Gruppe das Trainerverhalten beobachtet und anfängt, sich nach ihm zu richten. Diese Form des Lernens (nicht zu verwechseln mit dem primitiveren „Imitationslernen“) kommt bei Erwachsenen sehr häufig vor und hat günstigen Einfluss auf die Gruppendynamik: Die Teilnehmer gehen entsprechend miteinander um. Mit einer Moderation der oben beschriebenen Art erhält das Üben von Feedback selbst eine ständige, hier nicht selten indirekte Rückmeldung. Vorteilhaft sind die oben aufgeführten Fragen auch deshalb, weil die beiden Ebenen „Diskussionsverhalten als Gegenstand der Rückmeldung“ und „Übung des Rückmeldens selbst“ für die Gruppe etwas überschaubarer bleiben. In Kap. 11 (Rollenspielmethodik) findet der Trainer weitere Ausführungen.

3.4 Übung: Personbezogene Partnerrückmeldung

Die folgende Übung eignet sich für Gruppen, die schon einige Tage miteinander gearbeitet haben, so dass hinreichende gemeinsame Erfahrungen vorliegen. Feedback bezieht sich jetzt auf Verhalten und allgemeine Eindrücke, die man von der Persönlichkeit des anderen gewonnen hat.

LERNZIELE: personbezogene Rückmeldung geben und annehmen

ARBEITSFORM: geregelte Rückmeldung bei fester Paarzuordnung

ZEIT: bei 12 Teilnehmern ca. 120 Min.

EINFÜHRUNG: „Im Beruf und privat ist es wichtig zu wissen, wie andere Menschen Sie wahrnehmen. Dadurch wird deren Verhalten stark gesteuert. In der folgenden Übung sind Rückmeldungen über die Eindrücke, die Sie bei anderen hervorrufen, vorgesehen. Auch im Seminar haben wir eine Menge an Eindrücken gesammelt und Erfahrungen miteinander gemacht. Das ist die Grundlage für das Feedback, das jeder einem anderen geben soll. Nachdem wir eine Aufteilung nach Paaren gemacht haben, überlegen Sie sich zu Ihrem Feedback-Partner in einer Vorbereitungsphase zwei positive und zwei negative Punkte, die Ihnen an ihm aufgefallen sind und die Sie ihm rückmelden wollen. Machen Sie sich dabei ruhig ein paar kurze Notizen."

DURCHFÜHRUNG: Die Stühle werden in zwei Reihen einander gegenüber aufgestellt, und die Gruppe nimmt zunächst Platz. Dann werden die Paarzuordnungen durch die Teilnehmer selbst vorgenommen. Erreicht werden soll, dass jeder einmal Rückmeldung gibt und einmal (von jemand anders) bekommt. Das folgende Verfahren enthält zwar zunehmend weniger Wahlfreiheiten, es ist aber wichtig, sowohl völlig zufällige als auch willkürliche Zuordnungen von Seiten des Trainers oder „Tanzstundeneffekte" zu vermeiden. „Nicht bei jedem fällt es uns gleich leicht, Rückmeldung zu geben, weil das auch von der Menge der Beobachtungsmöglichkeiten abhängt. Es soll aber jeder einmal drankommen, und Sie sollen sich Ihre Partner weitgehend selbst aussuchen können." Der Trainer bittet den Teilnehmer auf einem Außenplatz einer Seite, sich jemanden auf der gegenüberliegenden Stuhlreihe auszusuchen, dem er gerne Rückmeldung geben möchte. Anschließend sucht sich dieser wiederum jemand von der anderen Seite usw. Wer bereits gewählt wurde, kommt nicht mehr in Frage. So hat nur der Letzte keine freie Wahl mehr. Sollte dieser protestieren, kann man ihm zugestehen, zusätzlich noch einem beliebigen anderen Teilnehmer Feedback zu geben. Nachdem die Zuordnungen festgelegt wurden (Tafel?), folgt in Stillarbeit die Vorbereitung.

Anschließend beginnen die Rückmeldungen: Zunächst geben alle auf der einen Seite Feedback, dann die der anderen Seite (um zu vermeiden, dass jemand in beiden Rollen sofort nacheinander aktiv werden muss). Der Empfänger nimmt jeweils kurz Stellung im Sinne der Regeln 6–8. Er soll auch sagen, wie er sich dabei fühlt und ob er die Rückmeldung annehmen kann. Eine Diskussion findet nicht statt.

Der Trainer achtet darauf, dass jeweils zwei positive und zwei negative Punkte genannt werden, und gibt nach jeder Rückmeldung selbst kurzes Feedback auf die Realisierung der Regeln (nicht auf die Inhalte!). Dies sollte sehr sachlich und knapp geschehen. Am Ende spricht sich die Gruppe kurz über die dabei gemachten Erfahrungen aus.

3.5 Übung: „Das 7-Rollen-Spiel" – projektive personbezogene Rückmeldung

„Du bist doch ein geborener Gruppenleiter." – „Mit ihr könnte ich gut zusammenarbeiten." – „Er ist ein Kämpfer, aber ich weiß nicht, ob ich ihm meine Probleme anvertrauen möchte." – „Dich möchte ich näher kennenlernen."

Solche und ähnliche Aussagen können die Eindrücke wiedergeben, die man nach einigen Tagen gemeinsamer Gruppenarbeit voneinander hat. Sich darüber auszusprechen ist keine automatische Entwicklung eines Gruppenprozesses. Aber es liegt im Interesse der Lernziele „Selbsterfahrung" und „Rückmeldung geben und annehmen", dass nicht nur unmittelbar beobachtbare, in der Regel leistungsbezogene Verhaltensweisen zurückgemeldet werden, sondern auch ganzheitlichere Eindrücke, die wir über einen längeren Zeitraum voneinander gewinnen.

Die Übung setzt bei fiktiven Rollen an, die man sich gegenseitig zuschreibt. Sie beginnt also bei Bildern, die zur Projektion einladen, verlangt aber auch, dass die Rollenwahlen begründet werden durch konkretes Verhaltens-Feedback.en

LERNZIELE: personbezogene Rückmeldungen auf dem Wege der Rollenprojektion geben und annehmen: Eigenschafts- und Verhaltenszuschreibungen vornehmen und reflektieren. Selbst- und Fremdwahrnehmung reflektieren

MATERIAL: Teilnehmerpapier (s. u.)

ARBEITSFORM: Einzelarbeit und Gruppengespräch

ZEIT: für 12 Teilnehmer ca. 90–120 Min.

EINFÜHRUNG: (S. dazu auch den entsprechenden Abschnitt unter 3.4): „Mit dem 7-Rollen-Spiel können wir etwas über die Wirkung der eigenen Person in der Gruppe erfahren. Sie finden auf dem Blatt Rollen, mit denen ganz unterschiedliche Aspekte sozialer Beziehungen angesprochen werden. Tragen Sie bitte zuerst die Rolle ein, von der Sie glauben, dass die meisten in der Gruppe sie Ihnen zuordnen werden (passive Wahl). Notieren Sie dahinter die Gründe, warum Ihnen andere vermutlich diese Rolle geben.

Im zweiten Schritt ordnen Sie die Rollen den anderen Gruppenmitgliedern zu (aktive Wahl) und notieren sich dahinter Ihre Gründe." (Hinweis: Besteht die Gruppe aus mehr als acht Mitgliedern, werden einige Rollen doppelt vergeben.) „Manchmal fällt es schwer, sich zu entscheiden. Versuchen Sie es, so gut es geht. Die Rolle selbst ist letztlich nicht so wichtig, das ist nur eine Anregung. Uns interessiert vor allem die Begründung, also Verhaltensweisen und Persönlichkeitszüge, die Ihnen bei dem anderen aufgefallen sind. Sie haben jetzt einige Minuten Zeit, die Rollen zu verteilen. Danach wollen wir uns anhören, welche Rolle sich der Einzelne selbst zugeordnet hat und wie ihn die anderen in der Gruppe sehen." Eventuell muss näher begründet werden, warum es Einschränkungen für die Rollenverteilungen gibt: Gerade durch die gelegentliche Schwierigkeit, sich zu entscheiden, entsteht die Anregung, auch über Feinheiten der Beobachtungen nachzudenken, Sensibilität wird so eher gefördert.

DURCHFÜHRUNG: Der Trainer kann sich von der Übung ausnehmen, da er in erster Linie in seiner speziellen Seminarrolle wahrgenommen wird. Kleingruppen ohne Trainerbetreuung sind nicht zu empfehlen. Nach der Bearbeitung (bei 12 Teilnehmern können dazu ca. 20 Min. oder mehr nötig sein) beginnt der gruppenöffentliche Vergleich „Vermutetes versus tatsächliche Fremdbilder". Wenn es deutlich „schwerwiegende Gewissensentscheidungen" wegen der Beschränkung gegeben hat, kann man ankündigen, dass im Folgenden auch die als passender empfundene Rolle zusätzlich genannt werden kann.

Der erste Teilnehmer beginnt, indem er zunächst seine (vermutete) Passivwahl nennt und sie etwas erläutert. Anschließend nennen ihm die anderen reihum ihre Rollenzuweisungen (aktive

Wahlen) mit ihren Begründungen. Es können sich Anlässe für Nachfragen von Seiten des Rückmeldungsempfängers und kurze Erläuterungen ergeben. Zum Schluss wird er vom Trainer gefragt, wie er seine Einordnungen erlebt, ob er sie annehmen kann oder sich verkannt fühlt. Anschließend folgt der Nächste mit der Bekanntgabe seiner Passivwahl usw. Der Trainer achtet darauf, dass keine rechtfertigenden oder beschuldigenden Dialoge entstehen. Jeder hat ein Recht auf seine Wahrnehmung und damit seine subjektive Wahrheit.

Selbstbild, Idealbild, Fremdbild

Am Ende werden allgemeine Gesichtspunkte einbezogen: Fremdbilder sind etwas anderes als das Selbstbild oder gar das Idealbild, das jemand von sich hat. Das Fremdbild, das wir bei anderen über uns vermuten, kann sich von den tatsächlichen Fremdbildern unterscheiden, und diese müssen sich untereinander nicht ähnlich sein. Wer hat sich über seine Fremdbilder gewundert? Überwogen Übereinstimmungen oder Widersprüche mit den eigenen Erwartungen? Widersprüche sind Anlass für die Überlegung: Habe ich mich selbst falsch eingeschätzt? Habe ich mich hier anders gezeigt als sonst? Ist mein Selbstbild anders als meine Außenwirkung? Wenn die tatsächlichen Rollenzuweisungen für mich recht unterschiedlich waren: Habe ich vielleicht eher einen schillernd-vielfältigen Eindruck erzeugt, oder bin ich nur undeutlich in Erscheinung getreten?

Auch auf die Bedeutungshöfe der vorgegebenen Rollen kann eingegangen werden. Die vorgegebenen Rollen sollten als komplexe Bilder zur Projektion einladen: Wen kann ich mir in welcher Rolle am besten vorstellen? Das war einerseits leichter, als dessen Verhalten in Einzelheiten zu erinnern, zu beschreiben und zusammenzufassen. Es war manchmal schwerer, weil die zugedachten Rollen nicht immer nahtlos „passten". Die im Feedback gegebenen Begründungen sind bereits Ansätze zur Differenzierung der globalen Bilder gewesen. Zur Aufschlüsselung der Rollen können etwa folgende (positive) Attribute nachträglich zugeordnet und kurz diskutiert werden:

LEITER	führungsfähig, verantwortungsbewusst, aufgabenzentriert
GEFÄHRTE	offen, emotional zugänglich, kameradschaftlich, unkompliziert
BERATER	akzeptierend, wohlwollend, erfahren
PARTNER	kompetent, intelligent, kreativ

Teilnehmer-Papier

Das 7-Rollen-Spiel

Die 7 Rollen:

1. LEITER	für eine Arbeitsgruppe
2. GEFÄHRTE	auf einer einsamen Insel
3. BERATER	bei persönlichen Problemen
4. PARTNER	zum Ausdiskutieren ungewöhnlicher Ideen
5. MITARBEITER	zur Erledigung einer wichtigen Aufgabe
6. MITKÄMPFER	bei einer hitzigen Podiumsdiskussion
7. BEGLEITER	zu einem Kommunikationstraining, um ihn/sie besser kennenzulernen

Passive Wahl

Die meisten in der Gruppe
geben mir vermutlich die Rolle ....

weil ....

Aktive Wahlen Name

Rolle

LEITER ....

weil ....

GEFÄHRTE ....

weil ....

BERATER ....

weil ....

PARTNER ....

weil ....

MITARBEITER ....

weil ....

MITKÄMPFER ....

weil ....

BEGLEITER ....

weil ....

MITARBEITER	kooperativ, verlässlich, unterstützend
MITKÄMPFER	stark, mutig, unbeirrt, engagiert, konfliktfähig
BEGLEITER	sympathisch, persönliches Interesse an privatem Kontakt

4 Stress, Selbstsicherheit und Stressbewältigung

4.1 Anforderung und Können

B

Peter M. ist zum Vorstandsmitglied des Sportvereins gewählt worden. Peter gilt als hilfsbereit und freundlich, keiner hat etwas gegen ihn. Und er ist der beste 400-m-Läufer im Verein. Eigentlich wollte er ja nicht, aber er ließ sich von dem Vereinsvorsitzenden überreden. Dieser kennt seinen Vater, einen wohlhabenden Bauunternehmer, gut, der den Verein schon mit größeren Spenden unterstützt hat. Jetzt soll Peter auf der nächsten Jahreshauptversammlung als Versammlungsleiter tätig werden, „um sich für spätere Aufgaben schon einmal vorzubereiten", wie der Vorsitzende meint. Davor hat Peter Angst. „Ich habe noch nie vor so vielen Leuten geredet. Was soll ich machen, wenn sich einige Leute in die Wolle kriegen? Dafür bin ich nicht der richtige Typ. Aber ich muss dem Vorsitzenden doch zusagen. Sonst sieht das wie Feigheit aus! Was mache ich bloß? Vielleicht werde ich krank. Aber ich will auch nicht kneifen, ich will kein Drückeberger sein." Solche und ähnliche Gedanken gehen Peter M. durch den Kopf. Er fühlt sich gestresst und unsicher, schlicht überfordert.

Jeder von uns kennt solche Situationen, mit denen er meint, nicht fertig zu werden. Diese Stresssituationen rufen in uns Unsicherheit, Selbstzweifel und Versagensängste hervor, wir fürchten, nach dem möglichen Misserfolg uns selbst und anderen nicht mehr „in die Augen schauen" zu können.

Ursachen

Was machen eigentlich genau diese Unsicherheit und Selbstzweifel aus?

Selbstunsicherheit entsteht, wenn wir vor einer Situation stehen, die uns etwas abverlangt. Das kann eine Rede und Diskussion sein, wie bei Peter M., das kann ein erstes Rendezvous sein, ein Bewerbungsgespräch, die fällige Aussprache mit dem Partner, eine Rechtfertigung gegenüber dem Vorgesetzten, eine Prüfungssituation, eine Party mit lauter unbekannten Leuten usw. Wir müssen eine Leistung bringen, Wissen, Geschicklichkeit, gutes Auftreten oder was es auch immer sein mag. Psychologen sprechen hier von der Situationsanforderung oder Aufgabenschwierigkeit. Dies ist die eine Seite.

Die andere Seite sind wir selbst, sind unsere Fähigkeiten (so, wie wir sie einschätzen), mit der Situationsanforderung fertig zu werden. In unserem Fall schätzt Peter M. seine Fähigkeit oder Kompetenz niedrig ein, eine vielleicht turbulente Versammlung leiten zu können.

Zu unserer Kompetenz, eine schwierige Aufgabe zu bewältigen, gehören nicht nur Wissen, Können, Erfahrungen, sondern manchmal auch Dinge, die wir nur begrenzt oder überhaupt nicht beeinflussen können, wie z.B. körperliche Attraktivität, familiäre Herkunft, Nationalität usw. Eine attraktive Frau wird auf dem Fest eines Fußballvereins wahrscheinlich eher Kontakt bekommen als ein türkischer Gastarbeiter (auch wenn dieser besser Fußball spielt).

Unsere Sicherheit gegenüber einer Situation resultiert nun aus einem inneren Vergleich zwischen der vermuteten Situationsschwierigkeit und unserer vermuteten Fähigkeit, die Situation zu meistern. Unsere Fähigkeit können wir dabei zu einem gewissen Grad durch Anstrengung verbessern.

- Erscheint uns die Situationsanforderung geringer als unsere Kompetenz, fühlen wir uns sicher. Können wir das Problem ohne Anstrengung bewältigen (1), interessiert uns das nicht sonderlich, und wir machen das nebenbei.
- Können wir die Situation nur mit Anstrengung meistern, erleben wir sie als motivierende Herausforderung (oder auch als unangenehme Anstrengung) (2). Manche Menschen suchen ja gerade solche Herausforderungen, sei es im sozialen Bereich (etwa im Beruf) oder auch außerhalb (etwa bei riskanten Sportarten).
- Übersteigt jedoch die (vermutete) Aufgabenschwierigkeit unsere (vermutete) Fähigkeit, auch mit Anstrengung das Problem zu lösen (3), dann werden wir unsicher, erleben die Situation als Bedrohung, bekommen evtl. Angst.

Wir wollen diese drei Situationen grafisch veranschaulichen. Die Höhe der Rechtecke bezeichnet die wahrgenommene Schwierigkeit der Situationsanforderung (linkes Rechteck) bzw. das wahrgenommene Ausmaß der eigenen Kompetenz (rechtes Rechteck).

Die wahrgenommene Situationsanforderung bzw. Aufgabenschwierigkeit und andererseits die Einschätzung der eigenen

Kompetenz sind keine objektiven Urteile. Beides kann man über- oder unterschätzen. Im alkoholisierten Zustand z. B. erscheinen manchem die Schwierigkeiten geringer, als sie es tatsächlich sind. Gelegentlich sind wir uns auch unsicher, welchem Situationstyp wir eine bestimmte Situation zuordnen sollen. („Schaffe ich diese Prüfung mit der linken Hand oder ist das zu hoch für mich?") Die Einschätzungen ändern sich auch mit den sozialen Umständen. Menschen sind z. B. in Gruppen risikobereiter, trauen sich mehr zu, als wenn sie allein sein (zum Risikoschubphänomen vgl. Sader 1998, Kap. 1; allgemein zu Stress und Belastungssituationen: Cooper 1987; Cox u. a. 2005; Kaluza 2005).

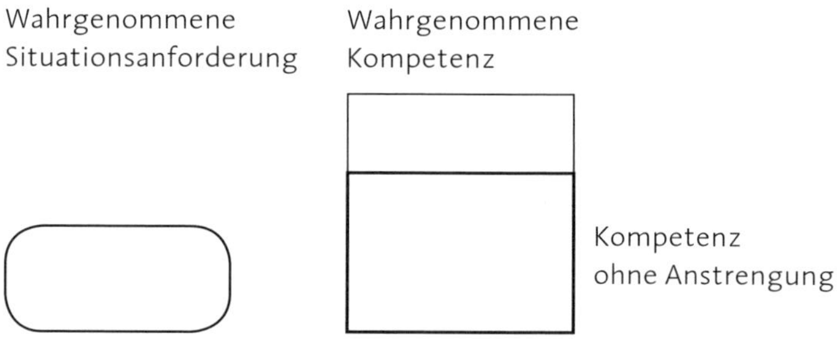

Abb. 3: Situationstyp 1: Situationsanforderung so niedrig, dass sie ohne Anstrengung bewältigt wird

Abb. 4: Situationstyp 2: Situationsanforderung so hoch, dass sie nur mit Anstrengung bewältigt wird

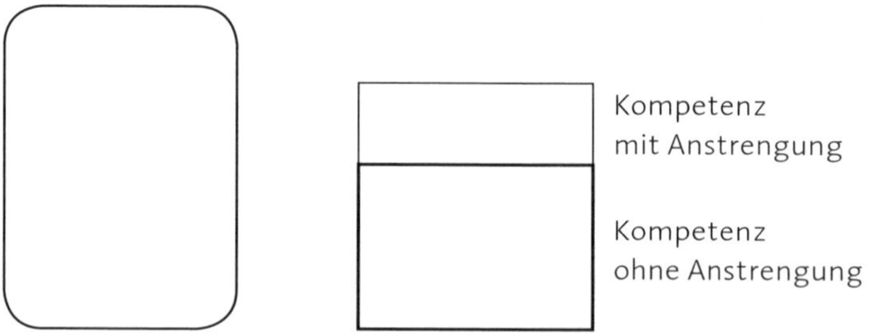

Abb. 5: Situationstyp 3: Situationsanforderung so hoch, dass sie auch mit Anstrengung nicht bewältigt wird

Erfolgs- oder Misserfolgserlebnisse können pauschal das Selbstbewusstsein und das Vertrauen in die eigenen Fähigkeiten heben oder senken: Stellen wir uns vor, wir gehen abends zu einer Party, nachdem uns am Nachmittag der Chef eine Beförderung oder aber die Entlassung mitgeteilt hat. Wir dürften uns sicher unterschiedlich selbstsicher fühlen.

In die bisher beschriebenen allgemeinen Situationsanforderungen fällt auch die körperliche Bedrohung (etwa: ein bissiger Hund läuft hinter Ihnen her). In unserer Gesellschaft spielen jedoch direkte körperliche Gefahren eine wesentlich geringere Rolle als bei unseren Vorfahren, die noch durch Wälder und Steppen streiften. Für Stresssituationen in dieser Umwelt, dem physischen Kampf und der Flucht, ist unser Körper aber immer noch konstruiert.

Viel wichtiger sind aber heute „soziale Gefahren“: Wir fürchten, gegenüber uns selbst und anderen als ungeschickt, dumm, hässlich, unmoralisch usw. dazustehen oder es gar zu sein. Das Bild, das wir von uns selbst haben (Selbstbild) und zu dem auch gehört, dass andere uns mögen, würde sich zum Negativen hin verändern. Dies erleben wir als soziale Bedrohung und Angst.

typische Bereiche sozialer Angst

Wissenschaftler haben nun versucht, die Bereiche empirisch zu finden, in denen soziale Ängste und Unsicherheiten am häufigsten auftreten (Ullrich/Ullrich 1989, 42):

1. Angst vor öffentlicher Beachtung, Versagen und Misserfolg
2. Angst und Befangenheit im emotionalen Kontakt
3. Angst, Forderungen und Bitten abzuschlagen, Schwierigkeiten beim Ablehnen und „Nein-sagen-Können“
4. Angst vor eigenen Ansprüchen oder Schwierigkeiten beim Formulieren und Durchsetzen eigener Ansprüche
5. Angst vor Verletzung der Normen und Anstandsregeln

Wir werden uns im nächsten Abschnitt (4.2) mit der Bedrohungssituation (Situationstyp 3) näher beschäftigen, psychologische Befunde dazu berichten und schließlich Strategien vorschlagen, wie man solche sozialen Stresssituationen erfolgreicher meistern kann. Wie der Erfolg uns selbstsicherer macht und wie wir uns erfolgreicher erleben können, ist Thema des Abschnitts 4.3. Ein Blick auf die fünf typischen Bereiche sozialer Ängstlichkeiten zeigt, welche große Bedeutung unser Wunsch nach Ansehen und Beliebtheit hat.

4.2 Besorgtheit und Aufgeregtheit: sechs Strategien, um soziale Anforderungssituationen besser zu meistern

Wissenschaftler unterscheiden zwei Anteile bei seelischen Vorgängen in angstvollen Stresssituationen: „Besorgtheit" bezieht sich auf Gedanken über mögliche negative Folgen, etwa: „Ich mache mir oft Gedanken, was passiert, wenn ich durch die Prüfung falle." „Aufgeregtheit" bezeichnet die Wahrnehmung körperlicher Anspannungssymptome, etwa: „Wenn ich zum Chef gerufen werde, schlägt mir das Herz bis zum Hals" (Schwarzer 2000). Andere Symptome der Aufgeregtheit können Schwitzen, flaues Gefühl im Magen, Hitze usw. sein. Versuchen Sie sich an dieser Stelle einmal an Stresssituationen zu erinnern. Fallen Ihnen körperliche Reaktionen als auch pessimistische, den Misserfolg vorwegnehmende Gedanken ein?

Aus psychologischen Untersuchungen weiß man z. B., dass es einen Zusammenhang zwischen Ängstlichkeit und Schulleistungen gibt. Die Unterschiede zwischen den Noten gehen zu etwa 10 % allein auf die Ängstlichkeit der Schüler zurück: Wer ängstlich ist, hat eher schlechtere Noten. Dabei gibt es noch einen Unterschied zwischen hochkomplexen und simplen Aufgaben: Im ersten Fall vermindert Ängstlichkeit die Leistung, im zweiten Fall jedoch sind Ängstliche überlegen (höhere Aktiviertheit). Die Aufgaben in der Schule und auch im sozialen Leben sind in der Regel jedoch komplex, so dass Ängstliche unterm Strich eher benachteiligt sind.

Dabei fand man, dass vor allem „Besorgtheit", weniger die „Aufgeregtheit" für die Leistungsminderung verantwortlich zu sein scheint. Also nicht so sehr die physiologische Erregung (bzw. ihre Wahrnehmung) ist problematisch, sondern das Denken an Dinge (z. B. negative Folgen), die für die augenblickliche Problemsituation, Aufgabenstellung eigentlich unwichtig sind. Zusammengefasst: Wichtig und richtig sind die Gedanken über die Aufgabe und ihre Lösung, störend dagegen Befürchtungen und Sorgen.

Die erwähnten Gedanken über negative Folgen sind nur ein Teil der Gedanken, die der eigenen Person gewidmet sind. Diese selbstbezogenen Gedanken bezeichnet man auch als „Selbstaufmerksamkeit". Interessant ist für uns, dass die öffentliche Selbstaufmerksamkeit (nicht aber die private) mit sozialer Ängstlichkeit zusammenhängt (bei Buss 1980, 45; r=0.30).

Zusammengefasst: Sozial Ängstliche sind so sehr mit ihrer Wirkung auf andere beschäftigt, dass sie sich nicht auf das konkrete Thema konzentrieren. Vielleicht kennen Sie selbst solche Gedanken aus Stressgesprächen (Prüfungen, Bewerbung, Vortrag): „Hat der nicht eben abfällig die Mundwinkel verzogen? Hoffentlich merken die Leute nicht, dass ich unter den Achseln so schwitze! Mein Mund ist ja schon ganz trocken. Mein Gott, was passiert, wenn ich kein Wort mehr herausbringe? Huch, was hat der mich gerade gefragt? Jetzt bin ich ganz durcheinander. Ich glaube, ich schaff's nicht mehr."

Wir werden uns in den Kap. 7 und 8 noch mit konkreten Maßnahmen zur Selbsthilfe in solchen Situationen beschäftigen. Hier soll es vorrangig um die prinzipielle und langfristige Vorbereitung und Auseinandersetzung mit solchen Anforderungssituationen gehen. Wir konzentrieren uns im Folgenden auf Gesprächssituationen, weil dies das Thema unseres Buches ist. Grundsätzlich sind die empfohlenen Strategien auch auf andere Situationen übertragbar.

Die sechs Strategien:

Vorbereitung

1. *Bereiten Sie sich gedanklich intensiv auf die zu erwartenden Gesprächsinhalte vor! Sie halten dadurch das Ausmaß des Unerwarteten und Überraschenden möglichst niedrig.*

Bei vielen Gesprächen kann man sich schon vorher ausrechnen, welche Themen auf den Tisch kommen, welche Fragen, Meinungen, ggf. Vorwürfe und Anschuldigungen geäußert werden. Sie sollten sich so weit wie möglich Antworten und Entgegnungen überlegen und auch laut formulieren. Evtl. können Sie selbst im Gespräch die Themen und den Gesprächsverlauf mitbestimmen (durch die Art der Entgegnung, Rückfragen, provokante Nebenbemerkungen etc.; s. Kap. 5–8).

Nützlich kann es auch sein, in einem Rollenspiel mit Freunden oder Verwandten das anstehende schwierige Gespräch durchzuspielen. Ziel dieser Vorbereitung ist es, das Komplexitätsniveau des Stressgespräches zu senken, indem möglichst viel Vorhersehbares dort auftaucht. Gerade wenn Sie aufgeregt und ängstlich sind, kommen Sie besser klar, wenn nicht gar zu viel Neues auf Sie einstürmt. Übrigens können Sie sich im Rollenspiel auch Fragen stellen lassen, deren Antwort Sie nicht wissen (etwa in der Vorbereitung auf ein Prüfungs- und Bewerbungsgespräch). Versuchen Sie zu lernen, wie man prinzipiell mit einer solchen Situation umgehen kann. Etwa: „Ich weiß das nicht. Können Sie mir vielleicht weitere Informationen geben?" Oder: „Eine auswendig gelernte Antwort weiß ich jetzt nicht. Aber ich könnte mir denken, dass ...". Es gibt noch viele andere Möglichkeiten, deren Zweckmäßigkeit von der jeweiligen Situation abhängt. Die Situation, in der man eine Antwort nicht kennt, kommt bestimmt – nobody is perfect. Wichtig ist nur, dass die Situation Sie nicht völlig unerwartet trifft, dass Sie damit umgehen können und nicht verunsichert werden. Wenn Sie sich geschickt aus der Affäre ziehen, können Sie trotz Nichtwissens bei Ihrem Gegenüber evtl. noch Pluspunkte sammeln. In Kap. 8 über Prüfungs- und Bewerbungsgespräche finden Sie eine Reihe konkreter Beispiele.

„Halb so schlimm"

2. *Sehen Sie mögliche negative Ereignisse nicht als so extrem schlimm und schrecklich an (Besorgtheit)! Umgekehrt sollten Sie etwas nicht so extrem attraktiv finden, was Sie evtl. nicht bekommen (z. B. einen Job, einen Partner).*

Die empfohlene Vorgehensweise ähnelt dem, was manchmal unter dem Stichwort „Rationalisierung" als Wahrnehmungsverzerrung bemängelt wird: Man interpretiert die Welt so, dass sie zu den eigenen Bedürfnissen passt. Der Fuchs in der Fabel sieht die süßen Trauben auf einmal als sauer an, weil er nicht an sie herankommt. Die hier empfohlene „Anti-Extremisierung" (Minderung extrem positiver oder negativer Wertigkeiten) kann jedoch auch eine Wahrnehmungskorrektur sein, denn Sachen (oder Personen), die man nicht bekommt, erscheinen einem oft besonders begehrenswert. („Warum will mich gerade dieser Mann nicht heiraten? Seitdem er mich verlassen hat, ist mir klar, dass ich nur ihn liebe.")

Reaktanz

„Dem Fritz hatte ich mein Buch über Katzenhaltung ausgeliehen. Bei anderen Büchern wär's mir nicht darauf angekommen, aber ausgerechnet das Buch muss er verschlampen!" In der Sozialpsychologie beschäftigt man sich unter dem Stichwort „Reaktanz" (Widerstand gegen Freiheitseinengung) mit diesem Phänomen (vgl. Dickenberger et al. 1993). Grundthese: „Was ich nicht darf (kriege, kann), macht mich gerade scharf."

Wenn die Wertigkeiten denkbarer Folgen geringer werden, sinkt die Wichtigkeit und Bedrohlichkeit der Situation und damit vermutlich auch das Erregungsniveau, man wird „cooler".

Ob freilich die Anti-Extremisierung die Korrektur einer verzerrten Wahrnehmung oder erst ihre Verzerrung (im Sinne einer Rationalisierung) darstellt, hängt vom Einzelfall ab und lässt sich auch kaum exakt beurteilen. Dazu müssten wir unsere gedanklichen Inhalte mit der „objektiven Wirklichkeit" vergleichen können (Wahrheitsproblem). Das geht oft nicht. Vermutlich lässt sich aber mit ein bisschen Anti-Extremisierung oder Rationalisierung besser leben. Dass ein gewisses Maß an Wahrnehmungsverzerrung für seelische Gesundheit nützlich ist, könnte man aus einer Untersuchung von Lewinsohn u. a. (1980) herauslesen: Normale Menschen nahmen ihre soziale Kompetenz, d. h. ihre Fähigkeiten im Umgang mit anderen Menschen, unrealistischer wahr (sie überschätzten sie), als dies Depressive taten.

3. Erinnern Sie sich an erfolgreiche Problemlösungen!

„Früher hab' ich das auch schon hingekriegt"

Unser Selbstvertrauen wird gestärkt, wenn wir uns an schwierige Situationen erinnern, die wir mit Anstrengung erfolgreich gemeistert haben. Wichtig ist die Schwierigkeit und die damit verbundene Anstrengung. Wenn Sie z. B. als routinierter Autofahrer drei Kilometer im innerstädtischen Berufsverkehr fahren, bedeutet dies nichts weiter. Bewältigt dagegen ein Fahrschüler diese Strecke ohne größere Fehler, wird sein Selbstvertrauen dadurch ansteigen.

Schon die bewusste Erinnerung an Ihre positiven Seiten und Stärken verbessert Ihr Selbstwertgefühl. In einer amerikanischen Untersuchung wurden Versuchspersonen aufgefordert, sich an ihre positiven Seiten zu erinnern. Anschließend beantworteten sie einen Fragebogen über ihr Selbstwertgefühl. Dieses zeigte einen bedeutsamen Anstieg im Vergleich zu einer anderen Gruppe von Versuchspersonen, die sich nicht an ihre positiven Seiten erinnert hatten (Gergen/Taylor 1969).

Das Selbstwertgefühl einer Person ergibt sich als Summe ihrer Selbsteinschätzungen. Diese enthalten die Bewertungen einzelner Aspekte der eigenen Person (Frey/Benning 1983, 149). Mit Selbstvertrauen meinen wir die Teilmenge des Selbstwertgefühls, das sich auf die positiv bewerteten Fähigkeiten der eigenen Person bezieht.

Wollen Sie in diesem Sinn Ihr Selbstvertrauen steigern, denken Sie z. B. an Schwierigkeiten, die Sie auf einer ungewöhnlichen Urlaubsreise, in einem Gespräch mit Ihrem Chef oder Kollegen, bei einem sportlichen Wettkampf usw. bewältigt haben. Fällt Ihnen keine ein (wirklich?), versuchen Sie sich zu erinnern, wie andere Menschen, denen Sie sich ähnlich fühlen, das Problem bewältigt haben. Schließlich können Sie sich auch durch Argumente plausibel machen, warum Sie eigentlich mit der Situation klarkommen müssten (vgl. Bandura 1977).

Stress in Maßen macht fit

4. *Versuchen Sie, Ihre körperliche Erregtheit zu Ihrem Nutzen zu beeinflussen!*

Die körperlichen Stressreaktionen sind prinzipiell vorteilhaft für eine Leistungssteigerung. Durch die Aktivierung des sympathischen Nervensystems und die Ausschüttung von Hormonen (Adrenalin, Noradrenalin) wird u.a. die Verdauung unterbrochen, und das Blut fließt vor allem ins Gehirn und in die Muskulatur. Wir sind zu größerer gedanklicher und körperlicher Leistung in der Lage. Übersteigt die Erregung jedoch ein bestimmtes Maß (z.B. „panische Angst"), wirkt das wieder leistungsmindernd. Es kommt also darauf an, das richtige physiologische Anspannungsniveau herzustellen.

Mit den hier dargestellten Methoden der gedanklichen Selbstbeeinflussung können Sie auch Ihr physiologisches Erregungsniveau steuern.

Bei Selbstunsicherheit sind wir eher übermäßig aktiviert. Deshalb sollen einige unserer Empfehlungen Sie gelassener machen. (Ein Entspannungstraining, bei dem Sie Ihre Gedanken direkt auf Ihren Körper konzentrieren, finden Sie in der Übung 4.10.)

Aber auch zu geringe Aktiviertheit ist manchmal das Problem. Wir können uns z.B. aus Trägheit nicht zu einer bestimmten Handlung aufraffen. Kommen Sie morgens etwa nicht aus dem Bett, sollten Sie sich ruhig mal die negativen Konsequenzen ausmalen, etwa dass der Chef wegen Ihrer Verspätung sauer ist.

Erfolgversprechende Stresssituationen aufsuchen

5. *Langfristig sollten Sie sich in Anforderungssituationen begeben, mit denen Sie gut klarkommen und bei denen Ihnen die Anstrengung Spaß macht.*

Das können je nach Geschmack und Obsession die unterschiedlichsten Bereiche sein: einen Vortrag über eine Urlaubsreise oder ein Hobby halten; Organisationsarbeit für einen Verein leisten; sportliche und künstlerische Leistungen erbringen usw. Die erfolgreiche Bewältigung dieser Anforderungssituationen (Anstrengung muss dabei sein) macht einen evtl. zuversichtlich, was die eigene Problemlösefähigkeit in anderen Bereichen anbetrifft. Zugespitzt: Erfolg kommt vom Erfolg. Wenn Sie das Problem bewältigen, merken Sie vielleicht, dass Stress einen auch positiv „anmachen" kann.

6. *Geben Sie nicht so viel auf die Meinung anderer; werten Sie stattdessen Ihr eigenes Urteil auf.*

„Auf mein Urteil kommt es an"

Halten Sie sich einmal vor Augen, wie unterschiedlich und einander widersprechend sich verschiedene Menschen über ein und dieselbe Person äußern. Zur selben Sache können aber nicht alle recht haben. Über unsere eigene Person hören wir auch sehr unterschiedliche Meinungen. Da kann man natürlich vieles auch nicht ernst nehmen. In bestimmten Situationen wissen wir sowieso über uns besser Bescheid als andere. Dabei kann sich die Umgebung in ihrer Meinung einig sein und trotzdem falschliegen.

B

Beispiele: „Meine Freunde und ich bewundern dich und Petra, dass ihr seit 5 Jahren eine so harmonische Ehe führt." „Ach, du hast noch gar nicht gehört, dass ich vor einer Woche zu meiner neuen Freundin umgezogen bin?"

Die beiden Prüfer nach der Prüfung zum Kandidaten: „Sie hatten doch offensichtlich die Theorie von Smith im Hinterkopf. Uns hat beeindruckt, wie geschickt und plausibel Sie dessen Gedankengänge in Ihre Ausführungen einfließen ließen." Der Prüfling lächelt erfreut und verschweigt, dass er diese Theorie gar nicht kennt.

Solche Beobachtungen sollten Sie veranlassen, manchmal freundlich über die Ansichten anderer zu schmunzeln und dort, wo Sie es besser wissen, sich auf Ihr eigenes Urteil zu verlassen. Geraten Sie bei einer Kritik oder einem Lob nicht gleich aus dem Häuschen! Revidieren Sie nicht sofort Ihr Selbstbild! Das heißt aber nicht, dass Sie sich nicht mit den Rückmeldungen anderer auseinandersetzen sollten. Es handelt sich ja nicht immer um eindeutig entscheidbare Sachverhalte wie in den beiden Beispielen, sondern auch oft um Wert- und Einschätzungsfragen. Wenn Sie z. B. eine Rede halten und mehrere Zuhörer sagen Ihnen, Sie benützten zu viele Fremdwörter oder redeten zu leise, dann sollten Sie sich in dieser Situation natürlich dadurch beeinflussen lassen. Es sei denn, es wollte Sie jemand auf den Arm nehmen. Sie kommen nicht darum herum, nach Ihrem eigenen Urteil zu entscheiden, was Ihnen plausibel erscheint.

Wir haben Ihnen jetzt einige „Strategien empfohlen" oder „Ratschläge gegeben". Dazu noch ein prinzipielles Wort: Die Empfehlungen, die wir Ihnen hier und in den folgenden Abschnitten geben, beruhen nicht auf einer geheimnisvollen Eingebung der Autoren, sondern wurden angeregt 1. durch wissenschaftliche Untersuchungen und 2. durch unsere praktischen Erfahrungen als Kommunikations- und Rhetoriktrainer. Und 3. enthalten sie auch unsere Wertvorstellungen. Sie als Leser sollten es deshalb nicht kritiklos und gläubig als Expertenwissen übernehmen, aber auch nicht voreilig als „Psycho-Spinnereien" abtun. Überlegen Sie, wie plausibel Ihnen unsere theoretischen Erläuterungen erscheinen, wie die Empfehlungen mit Ihrem Erfahrungshintergrund übereinstimmen und ob Ihnen unsere Art, an die Dinge heranzugehen, überhaupt zusagt. Wir sagen Ihnen, was wir richtig oder plausibel finden. Sie entscheiden aber letztlich darüber, was Sie übernehmen.

4.3 Anspruch, Leistung und Selbstbild: Sie werden selbstsicher, indem Sie sich als erfolgreich erleben

Unrealistisch hohe Ziele

Es gibt eine Strategie, sich effektiv selbst*un*sicher zu machen: Setzen Sie sich ein hohes Ziel oder Anspruchsniveau, das Sie gleich erreichen möchten. Hatten Sie schon Misserfolge, sollten Sie dieses Ziel besonders hoch ansetzen, um die vorangegangenen Misserfolge auszugleichen. Der entscheidende „Vorteil" dieser Strategie liegt in der simplen Tatsache, dass die Wahrscheinlichkeit, ein Ziel zu erreichen, desto geringer wird, je höher Sie es sich stecken. Der so programmierte Misserfolg wirkt sich negativ auf Ihr Selbstbild aus, insbesondere dann, wenn sich solche Misserfolge aufgrund überhöhten Anspruchsniveaus wiederholen. Der „Anspruchsvolle" sagt: „Ich schaffe dies nicht und ich schaffe das nicht", und es ist dann nicht mehr weit zu einer Verallgemeinerung wie: „Ich kriege gar nichts hin", „Ich bin eine Null" usw. (vgl. Hoffmann 1979, 178ff). Wenn Sie erst einmal Erfolge hatten, können Sie Ihre Ziele höher setzen. Denn höhere Ziele, soweit sie realistisch sind, führen zu höheren Leistungen. (Dies besagt die Zielsetzungstheorie; s. z. B. Weinert 2004, 214–220; s. a. Punkt 1 unten.)

Haben Sie erst einmal ein negatives Bild von sich selbst, dann verstärken weitere Misserfolge dieses Bild. Paradoxerweise können dann bei Ihnen auch Erfolge an dem Selbstbild nichts mehr ändern. Dies funktioniert folgendermaßen:

Pessimistische Ursachendeutung

Als Selbstunsicherer haben Sie sich eine grundlegende Überzeugung über sich bzw. über Ihre Fähigkeiten gebildet, etwa: „Ich bin ein Versager." Oder im Vergleich zu anderen Menschen:

„Ich kann weniger als die anderen." Widerfährt Ihnen nun wider Erwarten ein Erfolg, sehen Sie diesen nicht als aussagekräftig für Ihre eigenen Fähigkeiten an. Denn Sie interpretieren den Erfolg als zufällig („Auch ein blindes Huhn findet mal ein Korn") oder als Folge besonderer Anstrengung („Bei dem Aufwand hätte das doch jeder geschafft") oder durch die Einfachheit der Aufgabe bedingt („Das kann doch jeder"). Solche Interpretationsmuster oder Ursachenzuschreibungen (man spricht auch von „Kausalattributionen";vgl. Bierhoff 2006, Kap. 5) immunisieren das (eigene negative) Selbstbild gegen Korrekturen.

Es gibt auch den umgekehrten Fall: Ein selbstbewusster und von sich überzeugter Mensch erklärt alle Misserfolge durch Zufall oder geringe Anstrengung oder hohe Aufgabenschwierigkeit weg. Allerdings wird einen Menschen mit diesem Mangel an Selbstkritik und den damit verbundenen Realitätsverlust nicht selten das Leben strafen.

Die soziale Realität ist so komplex, so viele Bedingungen und Ursachen wirken mit, dass sich ganz unterschiedliche Erklärungen finden lassen. Man denke etwa daran, wie Politiker unterschiedlicher Parteien dasselbe Wahlergebnis erklären oder wie Ehepartner vor dem Scheidungsrichter die Ursachen für die Auflösung der Ehe darstellen. Trotzdem gibt es einen Druck der Realität, der eine Erklärung zunehmend plausibler, eine andere zunehmend abstruser erscheinen lässt. Eine letzte Sicherheit gibt es aber häufig nicht.

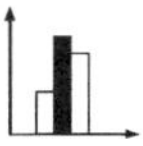

Wenn also bei einem Menschen ständig Erfolge und soziale Anerkennung auftreten, wird sich das in der Regel positiv auf sein Selbstbewusstsein auswirken. Dies zeigen z.B. Untersuchungen über Berufsanfänger und erfahrene Berufspraktiker in akademischen Berufen (Lehrer und Juristen): Nach einer Phase der starken Verunsicherung beim Berufseintritt bildet sich im Laufe zunehmender Berufserfahrung und Berufserfolge auch ein verbessertes Selbstbild (Günther/Massing 1980).

Umgekehrt können Lebenskrisen (z.B. schwere Krankheit, Arbeitslosigkeit, nicht bestandene Prüfung, Trennung vom Partner) zu Selbstunsicherheit und Depression führen (Filipp 1995). Untersuchungen des amerikanischen Psychologen Seligman (1995) zeigen: Menschen, die die Ursachen von Misserfolgen oft bei sich sehen, geraten bei einer Lebenskrise häufiger in eine anhaltende Depression als andere Menschen. Seligman sieht in der Neigung, Misserfolge ständig und in vielen Bereichen der eigenen Unfähigkeit zuzuschreiben, eine wichtige Ursache für Depressionen und das Gefühl der Hilflosigkeit.

Erfolgserlebnisse aufbauen

1. Setzen Sie sich Ihr nächstes Ziel so, dass Sie es zwar mit Anstrengung, aber hoher Wahrscheinlichkeit erreichen können!

Wenn Sie sich nicht anstrengen und sich ggf. selbst disziplinieren müssen, bringt das nichts fürs Selbstvertrauen („Ohne Fleiß kein Preis“ heißt es im Sprichwort. Das stimmt zwar nicht immer, hier aber schon). Umgekehrt ist es aber ausgesprochen schädlich, wenn Sie sich unrealistisch hohe Ziele setzen (s. o.). Wenn jemand etwa Schwierigkeiten hat, in einer Versammlung zu reden, dann sollte er sich z. B. nur einen kurzen Diskussionsbeitrag als Ziel stecken und nicht eine lange Rede, die die Grundüberzeugungen der Anwesenden erschüttert.

Ein überhöhtes Anspruchsniveau führt auch leicht zu Arbeitsstörungen. Die Arbeitshemmung stellt dann ein Ausweichen, ein Vermeiden der möglichen Erfahrung dar, dass man das sich selbst gesteckte hohe Ziel nicht erreichen kann. Sie können natürlich weiterhin ein hochgestecktes Endziel anvisieren. Wichtig ist nur, dass Sie immer ein realisierbares Zwischenziel für den nächsten Schritt festlegen.

Die bisher genannten Empfehlungen beziehen sich auf die Wahrnehmung der eigenen Person. Nun könnte man Folgendes entgegenhalten: Selbstunsicherheit, Schüchternheit, Redehemmungen werden doch gerade durch die befürchteten Negativurteile anderer Menschen hervorgerufen und hängen nicht von der Selbstwahrnehmung ab.

Dies stimmt jedoch aus zwei Gründen so nicht: Die Rückmeldung von anderen Menschen kann unterschiedlich interpretiert werden. Gemäß dem jeweiligen Selbstbild können entsprechende Deutungsmuster wie bei der Wahrnehmung eigener Erfolge und Misserfolge zur Anwendung kommen. Ein selbstbewusster Mensch wird vielleicht eine Kritik seiner Person als Problem des Kritikers deuten (über den Kritiker: „Der hatte Ärger mit seiner Frau und war deshalb so aggressiv“), während ein Mensch mit Minderwertigkeitsgefühlen sich sagt: „Dass ich von nichts eine Ahnung habe, habe ich mir eigentlich auch schon immer gedacht.“

Die Selbstwahrnehmung wirkt sich zunächst auf das eigene Verhalten aus (bei positivem Selbstbild selbstsichere „äußere Verhaltensweisen“) und damit auch auf andere Menschen und deren Rückmeldung.

Trotz dieser Einschränkungen ist das Urteil anderer Menschen eine ganz wichtige Quelle unserer Selbsteinschätzung. Dass wir es aber nicht so wichtig nehmen sollten, wollen wir im folgenden Abschnitt zeigen. Doch nun genug der Beschreibungen und Analyse: Wie hoch soll man nun konkret seine eigenen Ziele stecken, wie schätzt man seine eigenen Leistungen, Erfolge und Misserfolge richtig ein, um schließlich selbstsicherer zu werden?

Den richtigen „Maßstab“ wählen

2. *Vergleichen Sie Ihre jetzige eigene Leistung in erster Linie mit der früheren eigenen Leistung und nicht mit Spitzenkönnern!*

Ein Schüler, dessen Mathematikarbeiten bisher immer mit 5 benotet wurden und der jetzt eine 4 bekommt, sollte das bereits als ersten Erfolg verbuchen und nicht darüber deprimiert sein, dass er nicht die 1 des Klassenprimus erreicht hat.

Selbstlob ist erlaubt

3. *Klopfen Sie sich bei einem Erfolg auf die eigene Schulter, seien Sie auf sich stolz! Tun Sie es auch bei kleinen Erfolgen! („Junge, das hast du gut gemacht!“)*

Es wäre falsche Bescheidenheit, das stets als selbstgefällig und eitel abzutun. Sich auch mal gut zu finden, ist psychisch gesund. D. h. nicht, dass man wichtigtuerisch und prahlerisch vor anderen auftritt. Aber einem vertrauten Menschen kann man ein solches Gefühl des „Selbstgefallens“ ruhig anvertrauen. In diesem Zusammenhang gehört auch, Lob von anderen zu akzeptieren (falls es einem plausibel erscheint).

4.4 Über den Umgang mit Missbilligung

In diesem Buch sollen Ihnen Fertigkeiten vermittelt werden, wie Sie mit anderen Menschen besser zurechtkommen. Einiges wird vielleicht geeignet sein, Sympathie und Wertschätzung hervorzurufen. Es ist auch wichtig, mit anderen Menschen so umgehen zu können, dass sie einen sympathisch finden.

Das hat aber auch seine Grenze!

Wenn das Ziel, anderen zu gefallen, die einzige Richtschnur des Verhaltens ist, macht man sich von anderen Menschen völlig abhängig und muss die eigenen Prinzipien und Bedürfnisse ignorieren. Die Stärke des Bedürfnisses, sich vorrangig an anderen Menschen zu orientieren und ihnen gefallen zu wollen, ist möglicherweise eine Besonderheit unserer historischen Epoche und nichts „Ewigmenschliches“: Der amerikanische Soziologe Riesman (1958) behauptete z. B., der Menschentyp der Gegenwart –

er nennt ihn den „außengeleiteten" – sei spezifisch für die entwickelte Industriegesellschaft. Im 19. Jahrhundert hätten sich dagegen die Menschen vor allem an den moralischen Prinzipien und Normen orientiert, die ihnen in ihrer Kindheit vermittelt wurden, und wenig an ihrer Erwachsenenumwelt; Riesman spricht hier vom „innengeleiteten Typ".

Ein Konflikt ergibt sich, wenn wir es verschiedenen Menschen mit verschiedenen Erwartungen recht machen wollen. Zur inneren Freiheit, Gelassenheit und Selbstsicherheit gehört u. E., dass man sich unter Umständen auch mal unbeliebt machen kann. Aus Opportunismus ständig die eigenen Überzeugungen zu verleugnen, macht das (moralische) Rückgrat und die Selbstachtung kaputt. So kann man sich auch nicht durchsetzen.

Dies ist aber keine Aufforderung zu einem Handeln à la Michael Kohlhaas, der im Kampf gegen ein Unrecht sich selbst ruinierte und noch größeres Unrecht beging. Man sollte in der Regel das Ausmaß der Missbilligung, das man sich zuzieht, im Hinblick auf die objektiven Machtverhältnisse nuancieren. (Dem Chef gleich so massiv zu missfallen, dass er einen feuert, ist nicht unbedingt zu empfehlen. Irgendwann könnte aber auch mal dieser Punkt kommen!) Häufig sind wir von anderen objektiv gar nicht abhängig, z. B. bei einer Straßendiskussion mit Unbekannten, und abgesehen von der Missbilligung kann uns nicht viel passieren.

Bei ideologisierten und emotionalisierten Auseinandersetzungen kann man sich im Extremfall ausrechnen, bei völlig kontroversen Positionen sich den Hass der Gegenseite zuzuziehen. Im Hass steckt auch so etwas wie Respekt. Wir können nur den hassen, den wir auch ernst nehmen. Diese paradoxerweise im Hass enthaltende „Wertschätzung" hilft eventuell, die eigene Verunsicherung aufzufangen. Können Sie absehen, als entschlossener Vertreter einer Minderheitsposition massiv abgelehnt zu werden, empfehlen sich vorbeugende Maßnahmen:

Mit Ablehnung umgehen

a) Gehen Sie innerlich zu den Kontrahenten auf Distanz! Gegenüber Beleidigungen und Kränkungsversuchen sind Sie unverletzlicher und bleiben souveräner.

b) Überlegen Sie sich, wie Ihnen sonst noch Schaden zugefügt werden könnte, und treffen Sie so weit wie möglich Vorkehrungen!

c) Wenn Sie sich schon in eine stark abgelehnte Minderheitsposition begeben, sollten Sie es möglichst nicht als Einzelkämpfer tun. Erster Vorteil: Sie sind psychisch entlastet, wenn wenigstens noch ein anderer gegen die Mehrheit redet. Zweiter Vorteil: Es wirkt überzeugender, wenn mehr als einer die Minderheitsposition vertritt. Einen allein kann man leichter als Spinner abtun. Experimentelle Untersuchungen des französischen Sozialpsychologen Moscovici (1979) zeigen, dass eine geschlossen auftretende Minderheitsgruppe Beobachter stärker beeinflussen kann als eine Einzelperson in der Opposition und sogar größere Wirkung zeigt als eine in sich gespaltene Mehrheitsgruppierung. Nach Harkins/Petty (1981) sind mehrere voneinander verschiedene, aber gleichgerichtete Argumente dann am wirkungsvollsten, wenn sie nicht von einer, sondern mehreren Personen vorgebracht werden (Überblick bei Stroebe et al. 2002, 463–476).

Nicht immer wird Ihnen Hass entgegenschlagen, wenn Sie eine von der Allgemeinheit missbilligte Position vertreten. Man könnte auch versuchen, Sie der Lächerlichkeit preiszugeben. Im Gegensatz zum Hass fehlt hier der ungewollte Respekt. Eine Gegenmaßnahme besteht darin, die Normenverletzung so weit voranzutreiben, dass der Lächerliche zum Gehassten wird. Vom Wortsinn her ist Lächerlichkeit ein Merkmal des Abweichlers; die Alltagssprache enthält hier schon eine Ursachenzuschreibung oder gar Schuldzuweisung, denn der Lächerliche selbst ist für die Lächerlichkeit verantwortlich und nicht die Normen im Kopf des Beurteilers. Hass bezeichnet dagegen ein Merkmal (einen emotionalen Zustand) des Beurteilers. Ob diese Maßnahmen immer so günstig sind, mag mit Recht angezweifelt werden. Weniger aufwändig dürfte es sein, einzelne Personen (evtl. öffentlich) zu einer Diskussion über das missbilligte Verhalten zu bewegen, notfalls zu zwingen. Wenn man jemanden argumentativ kritisiert, ist es schwieriger, ihn zugleich lächerlich zu machen als etwa durch bloße Anspielungen gegenüber Gleichgesinnten. Diskussionen lassen sich durch dosierte aggressive Aufforderungen herbeizwingen, bei deren Ignorieren der Angesprochene sein Gesicht verlieren würde (z. B. „Fähigkeit zur feinsinnigen Ironie“, wenn der Verleumder plump verfuhr, „übertrifft offenbar Ihre Möglichkeiten einer sachlichen Begründung“).

Eine geringere Form der Missbilligung mag sich als Geringschätzung („ein kleines Dummerchen“) äußern. Wenn Sie zu diesem Ruf gekommen sind, können entweder Diskussionen der eben angeführten Art dem entgegenwirken und/oder Sie versuchen, durch überzeugendes sachliches Verhalten (Leistungen) den Ruf aufzubessern. Wie immer hängt alles von den konkreten Umständen ab.

Die hier geschilderten Arten, mit Ablehnung umzugehen, verlangen z. T. schon ein gerütteltes Maß an Stressresistenz und psychischem Durchhaltevermögen. Sie sollten damit erstmals in relativ harmlosen Situationen anfangen und dann den Schwierigkeitsgrad steigern.

Diese Überlegungen sollten auch nicht so verstanden werden, dass man sich nach dem Motto „Viel Feind, viel Ehr“ die ganze Welt zum Feinde macht. Ein bisschen Stress macht zwar munter und fit, aber zu viel darf es auch nicht werden. Irgendwo braucht man auch Leute, die einen mögen, oder wenigstens einen Menschen, an dessen Schulter man den kampfesmüden Kopf anlehnen kann. Im Jargon der Stressforscher heißt das „soziale Einbettung“ (vgl. Schwarzer 2000, 51ff), bei den Beatles: „I get by with the help of my friends“.

4.5 Merkmale selbstsicheren Verhaltens im Gespräch

Mancher Leser wird bei dieser Überschrift vielleicht sagen: Selbstsicherheit kommt von innen. Entweder ist man selbstsicher oder man ist es nicht. Sich die Äußerlichkeiten eines selbstsicheren Verhaltens anzueignen, würde nur eine falsche Fassade aufbauen. Und das setzt einen gerade wieder unter Stress und verunsichert. Diesen Gedanken haben wir im ersten, allgemeinen Teil dieses Kapitels erläutert. Aber das Selbstbild, die Einstellung zur eigenen Person sind nur ein Teil der Faktoren, die uns selbstsicher oder unsicher machen.

Denken Sie einmal daran, dass Ihr Selbstwertgefühl auch maßgeblich davon abhängt, wie andere Menschen auf Sie reagieren. Wenn andere Menschen Sie als selbstsicher wahrnehmen (und das hängt von Ihren sichtbaren Verhaltensweisen ab), dann wird dies auch Ihr „inneres“ Selbstvertrauen stärken. Wir möchten Ihnen deshalb eine Reihe von Verhaltensweisen und Regeln vorstellen, die für einen selbstsicheren Eindruck in Gesprächssituationen wichtig sind und die Sie beeinflussen können.

Sie werden aber gleich merken, dass sich solche Tipps und Empfehlungen nicht ohne Einschränkungen formulieren lassen. Letzten Endes kommt es darauf an, herauszufinden, was in welcher Situation in welcher Dosierung angemessen ist. Menschen, deren Selbstunsicherheit sich vor allem in Schüchternheit und nicht in unbeherrschter Aggressivität ausdrückt, dürften in der Regel die hier angesprochenen Verhaltensweisen viel zu selten zeigen. Die *kursiv gedruckten Einschränkungen* sollen allerdings deutlich machen, dass ein Zuviel der empfohlenen selbstsicheren Verhaltensweisen auch denkbar und unerwünscht ist.

Empfehlungen für selbstsicheres Verhalten

Körpersprache

1. Setzen Sie sich in einer Gesprächsrunde so, dass Sie von vielen anderen gesehen werden können. Verstecken Sie sich nicht!

Aber: Im Extrem kann das zu einer wichtigtuerischen „Seht her, jetzt komm ich!"-Attitüde führen, die belustigend oder nervig wirken kann.

2. Sehen Sie die anderen Menschen an!

Schauen Sie ihnen beim Sprechen meistens in die Augen! Betrachten Sie zwischendurch auch die Hände, die Körperhaltung oder was Sie an den anderen interessiert. Wenn ein anderer bemerkt, dass Sie ihn beobachten, wenden Sie Ihren Blick nicht sofort ab, sondern erst mit einiger Verzögerung.

Aber: In unserer Kultur gilt es als unhöflich, Menschen, die einem unbekannt oder wenig bekannt sind, lange anzuschauen. Das gilt dann als „Fixieren " oder „Anmache" (Günther 2004). Trotzdem: Ein bisschen länger schauen, das kann man schon. Das Merkmal selbstsicheren Verhaltens im Gespräch wird – richtig dosiert – eher als Zeichen von Selbstbewusstsein gedeutet. Werden Sie auch nicht unruhig, wenn andere Sie neugierig mustern.

3. Hantieren Sie nicht nervös mit Ihren Händen herum!

(Z.B. am Kopf kratzen, die Hemdknöpfe hin- und herdrehen usw.!)

Aber: Nicht jedes Herumspielen mit Gegenständen muss Unsicherheit signalisieren. Wenn Ihr sonstiges Verhalten Selbstsicherheit verrät, können andere das Herumspielen mit einer Streichholzschachtel z. B. auch als Ausdruck angespannter Konzentration, Gereiztheit oder auch Langeweile deuten.

Sprechen und Gesprächsinhalte

4. Versuchen Sie, sich an dem Gespräch zu beteiligen!

Wissenschaftliche Untersuchungen haben gezeigt, dass Personen, die häufig Gesprächsbeiträge einbringen, eher als kompetent und statushoch von den übrigen Gruppenmitgliedern eingestuft werden (Secord/Backman 1984, Kap. 9). Hinweise für Einstiegsmöglichkeiten in eine Diskussion finden Sie in Kap. 6. Warten Sie nicht zu lange mit Ihrem Gesprächsbeitrag, sonst hat vielleicht schon einer der Vielredner Ihre Idee zum Besten gegeben.

Aber: Reden kann kein Zweck an sich sein. Wir kennen alle geschwätzige und profilierungsbedürftige Mitmenschen, die auch dann etwas sagen, wenn sie eigentlich nichts zu sagen haben. Wenn Sie sich allerdings als einen zurückhaltenden Menschen einschätzen, dann reden Sie lieber einmal zu viel als zu wenig.

5. Sprechen Sie laut und deutlich!

Schüchterne neigen dazu, leise und undeutlich zu sprechen. Vielleicht fürchten sie, dass ihnen viele – und dazu noch aufmerksam – zuhören. Vermeiden Sie „Ähs"! Lassen Sie sich auch nicht unterbrechen, sondern verlangen Sie: „Lassen Sie mich bitte ausreden!"

Aber: Eine laute Aussprache muss situationsangemessen sein. Bei einem Rendezvous auf einer Parkbank im Mondschein wird eine laute und deutliche Aussprache nicht immer als stimmungsvoll erlebt. Auch bei einer öffentlichen Rede kann gerade das gezielte Leisesprechen die Aufmerksamkeit der Zuhörer auf sich ziehen.

6. Widersprechen Sie, wenn Sie anderer Meinung sind!

Widerspruch ist ein besonders effektives Mittel, um die Aufmerksamkeit auf sich zu ziehen. Er ist ein Ausdruck von Konfliktbereitschaft und damit Zeichen von Selbstsicherheit.

Aber: Wir können uns auch Widerspruch um des Widerspruchs vorstellen (aus Profilierungsbedürfnis, Trotz usw.). Im Extrem existiert dies auch als psychiatrisches Symptom („Negativismus"). Im Regelfall sollte Ihre Kritik sachlich begründet sein.

7. Falls Sie selbst kritisiert werden, verstummen Sie nicht eingeschüchtert, und fahren Sie auch nicht gleich aus der Haut!

Setzen Sie sich sachlich mit sachlicher Kritik auseinander! Zur Selbstsicherheit gehört auch, dass man berechtigte Kritik annimmt. Wenn Sie persönlich beleidigt werden, können Sie sich in Ihrer Antwort nicht allein auf die Sachargumente beschränken, sondern müssen auch auf die Beleidigung reagieren (s. dazu 5.5 „Rhetorische Tricks und ihre Abwehr").

8. Loben Sie, wenn Sie etwas gut finden!

Damit zeigen Sie, dass Sie eine eigene Meinung haben und sich ein Urteil zutrauen.

Aber: Loben Sie nicht jeden und alles! Beteiligen Sie sich nicht an Lobhudeleien, hinter denen Sie nicht stehen! Sie inflationieren sonst die Glaubwürdigkeit Ihres Lobs. Wer alles lobt, dem glaubt man nicht.

9. Äußern Sie Ihre Wünsche! Stellen Sie Forderungen!

Sie haben ein Recht, dass Ihre Bedürfnisse und Interessen berücksichtigt werden. Lehnen Sie umgekehrt Forderungen ab, wenn sie unzumutbar sind (zu taktischen Fragen s. Kap. 9: Verhandlungsführung).

Aber: Im anderen Extrem wäre es genauso falsch, wenn sich alle nur noch an Ihren Interessen auszurichten hätten. In menschlichen Gemeinschaften sollten in der Regel unterschiedliche Interessen berücksichtigt und ausgeglichen werden.

10. Übernehmen Sie nicht ständig die Rolle desjenigen, der sich zu rechtfertigen hat!

Versuchen Sie, den Blickwinkel zu wechseln und Fragen so zu stellen, dass auch mal ein anderer sich zu rechtfertigen hat. In der Argumentation spricht man auch davon, dem anderen die Beweislast zuzuschieben.

Aber: Das heißt nicht, dass Sie immer nur die Schuld bei den anderen suchen sollen. Weiterhin gibt es sicher auch genug Situationen, wo es Ihre Pflicht ist, Ihre Entscheidungen zu begründen und zu erklären.

Wir möchten Ihnen in einem Überblick (Tabelle 1) drei verschiedene Denk- und Verhaltensstile, ihre Hintergründe und Folgen darstellen. Wir folgen hier einer Typisierung der Amerikanerin Steinmetz (1977), die sich gut auf unsere Regeln und ihre mögliche Übertreibung anwenden lässt.

Den ersten Verhaltensstil bezeichnen wir als *passiv-schüchtern*. Mit unseren Regeln und den Übungen in Kap. 1 wollen wir helfen, problematisches Verhalten dieses Typs abzubauen. Der zweite Verhaltensstil kennzeichnet das erwünschte Verhalten:

Tab. 1: Drei Stile des Sozialverhaltens, ihre Hintergründe und Folgen (nach Steinmetz 1977)

	passiv-schüchtern	**selbstsicher**	**aggressiv**
Merkmale	Lässt andere für sich entscheiden. Versteckt seine Gefühle. Selbstverleugnend, gehemmt, verliert in Situationen, deren Ausgang zunächst einmal offen ist. Wenn er mit seinen Vorstellungen durchkommt, dann nur indirekt.	Entscheidet für sich selbst. Findet das rechte Maß an Offenheit. Direkt, hat Achtung vor sich selbst, bringt seine Interessen und Wünsche offen zum Ausdruck, aufrichtig. Ändert Situationen, deren Ausgang offen ist, so um, dass er gewinnt.	Entscheidet für andere. Ist unangemessen offen (taktlos). Sieht sich größer, als er in Wirklichkeit ist. Bringt seine Interessen und Wünsche zum Ausdruck. Ist abfällig. Gewinnt in Situationen, deren Ausgang zunächst einmal offen ist.
Eigene Gefühle beim Umgang mit anderen Menschen	Ängstlich, unbeachtet, hilflos, manipuliert.	Zuversichtlich, hat Achtung vor sich selbst, zielorientiert, geschätzt.	Gerecht, überlegen, geringschätzig, beherrschend. Später: möglicherweise schlechtes Gewissen.
Gefühle der anderen	Schuldig oder überlegen, frustriert	Geschätzt, geachtet.	Gedemütigt, abwehrend, verärgert, verletzt.

Fortsetzung auf Seite 99

Tab. 1: Fortsetzung

	passiv-schüchtern	**selbstsicher**	**aggressiv**
Wie der Betreffende von anderen gesehen wird	Mangel an Respekt. Misstrauen. Wird möglicherweise als jemand angesehen, der leicht zur Seite zu schieben ist. Hat keinen eigenen Standpunkt.	Respekt, Vertrauen, hat eigenen Standpunkt.	Rachsüchtig, ärgerlich, Misstrauen, Furcht.
Was der Umgang miteinander für die Beteiligten bringt	Andere erreichen ihre Ziele auf Kosten des passiven Menschen. Seine Rechte werden verletzt.	Das Ergebnis wird durch offene Verhandlung bestimmt. Die Rechte aller Beteiligten werden respektiert.	Erreicht sein Ziel auf Kosten anderer.
Zugrunde liegende Definition der eigenen Rolle	„Ich sollte niemandem zur Last fallen außer mir selbst."	„Ich trage Verantwortung dafür, meine eigenen Rechte zu schützen. Ich respektiere andere, wenn ich auch nicht notwendigerweise ihr Verhalten billige."	„Ich muss andere unterdrücken, um mich selbst zu schützen."

selbstsicher. Der dritte Verhaltensstil, der *aggressive*, wird in unseren Einschränkungen zu den Regeln angesprochen.

Diskutieren Sie in Ihrer Gruppe die Regeln und das Schema. In den folgenden Übungen können Sie sich verschiedene Aspekte selbstsicheren Verhaltens aneignen.

4.6 Übung: „Cocktailparty I“: sich in ein Gespräch einschalten

LERNZIEL: selbstsicherer Einstieg in ein Gespräch

ZEIT: 30–45 Min., davon 15 Min. Einführung

EINFÜHRUNG: Sie kommen auf eine Party und kennen niemanden außer dem Gastgeber. Der ist aber mit der Getränke- und Essensbeschaffung völlig ausgelastet. In dem Raum stehen überall kleine Gruppen herum, die sich untereinander zu kennen scheinen und sich angeregt unterhalten. Und nun wollen und sollen Sie sich in ein Gespräch einschalten! Bevor wir diese Situation in einer Übung nachspielen, überlegen wir uns zunächst, wie man sich in ein Partygespräch einschalten kann. Stellen Sie sich räumlich so zu einer Gruppe, dass Ihr Interesse am laufenden Gespräch deutlich wird. Dann versuchen Sie, einen Einstieg ins Gespräch zu finden (Hinweise in Kap. 6; vgl. auch Greif 1976, Teil I, 63–64), etwa in Form einer Frage, oder Sie erzählen eine eigene Erfahrung/Meinung je nach dem Thema. Eine wirkungsvolle, wenn auch problematische Möglichkeit, die Aufmerksamkeit auf sich zu ziehen, ist der Widerspruch. („Da bin ich anderer Meinung.“) Einfacher machen Sie es sich, wenn Sie jemanden in seiner Meinung unterstützen. („Das sehe ich genauso wie Sie!“ „Diese Erfahrung habe ich auch gemacht.“) Lassen Sie sich noch weitere Möglichkeiten einfallen, wie Sie in ein Partygespräch einsteigen können, und besprechen Sie das in Ihrer Gruppe. Versuchen Sie auch, die Merkmale selbstsicheren Verhaltens umzusetzen (vgl. 4.5).

DURCHFÜHRUNG: Die Gesamtgruppe wird in Dreiergruppen aufgeteilt (bei einem Rest: ein oder zwei Vierergruppen). Zwei Teilnehmer unterhalten sich bereits eine Minute (beliebiges Thema, z.B. über ein Hobby). Der dritte hat sich bisher etwas abseits gehalten und versucht, sich nun in das Gespräch einzuschalten. Die beiden „Redner“ zeigen sich zunächst abweisend und uninteressiert, erschweren dem Neuling den Einstieg. Erst nach und nach kommt dieser ins Gespräch. Nach 3 Minuten geht in allen Dreiergruppen einer der beiden Anfangsredner weg und versucht selbst, bei einer anderen Gruppe ins Gespräch zu kommen. Wieder nach 3 Minuten geht derjenige zu einer anderen Gruppe, der das bisher noch nicht gemacht hat.

Sie sollen sich hier aus Übungsgründen viel energischer, „aufdringlicher“, in ein Gespräch einschalten, als Sie das in der realen Situation für sinnvoll halten. Es geht ja darum, ungewohntes, „überzogenes“ Verhalten bei sich selbst kennenzulernen und in sein Verhaltensrepertoire für alle Fälle aufzunehmen. Erproben Sie verschiedene Möglichkeiten, die sich in ihrer Intensität unterscheiden! Versuchen Sie es zunächst mit den weniger intensiven!

Sie stellen sich bei dieser Übung üblicherweise vor, Sie wären auf einer Cocktailparty, bei der die Gäste in kleinen Gruppen herumstehen. Sie können sich aber auch andere Situationen auswählen, die Sie typisch finden, z. B. „Ein neuer Kollege kommt ins Büro“ oder „Ein Neuling am Stammtisch“.

AUSWERTUNG: Nach dem Ende der Übung sprechen Sie in der Gesamtgruppe über Ihre Lernerfahrungen und versuchen, allgemeingültige Punkte zu erarbeiten.

MÖGLICHE SCHWIERIGKEITEN: (Die Hinweise auf mögliche Schwierigkeiten wenden sich besonders an den Übungsleiter.) Die beiden Mitspieler in der Dreiergruppe dürfen das Schwierigkeitsniveau für den Neuling nicht zu hoch und nicht zu niedrig ansetzen. Am Anfang der 3-Minuten-Phase sollte es sehr schwierig sein und dann zunehmend leichter werden. Sie müssen auch stets das Verhaltensziel im Auge behalten und dürfen nicht in eine harmlose Plauderei abgleiten. Machen Sie auf diese Punkte bereits in der Instruktion aufmerksam!

4.7 Übung: „Cocktailparty II“: sich nicht unterbrechen lassen

LERNZIEL: Erlernen durchsetzungsorientierter Verhaltensweisen, um sich im Gespräch gegen Unterbrechungen wehren zu können

DAUER: ca. 45 Min.

EINFÜHRUNG: Wenn Sie jetzt dabei sind, etwas Interessantes auf der Party zu erzählen, kann sich ein vorlauter Zwischenfrager und Besserwisser dazwischenschalten und Sie aus dem Konzept bringen. Auch bei geübten Rednern (z. B. in Parlamentsdebatten) können Sie beobachten, dass diese sich durch aggressive Zwischenfragen verunsichern lassen. Erst recht wird ein weniger geübter Gesprächsteilnehmer den roten Faden verlieren und vielleicht sogar verstummen. Durchsetzungsorientierte Verhaltensweisen sind unter anderem:

- auf der Weiterführung des eigenen Gesprächsbeitrags beharren (z. B.: „Ich bin noch nicht fertig!" – „Lassen Sie mich bitte ausreden." – Neugier wecken: „Das wird Sie als ... sicher interessieren, was ich sagen möchte.")
- auf anschließende Möglichkeiten zur Meinungsäußerung hinweisen (z. B.: „Sie können gleich Ihre Meinung sagen.")
- unangemessene Bemerkungen zurückweisen (etwa: „Das gehört nicht hierher!"), auf später verweisen („Dazu werde ich später noch etwas sagen.")
- Fragen und Zwischenrufe, die einem ins Konzept passen, gleich aufnehmen (z. B.: „Da liefern Sie mir das richtige Stichwort ...")

Achten Sie auch auf Ihr Ausdrucksverhalten: laut und deutlich sprechen; die anderen anblicken; sich körperlich nicht von der Gesprächsrunde abwenden. Und machen Sie sich klar: Sie haben etwas zu sagen, und Sie haben den berechtigten Anspruch, dass man Ihnen zuhört. Setzen Sie sich in der Übung auch mal unrealistisch hart und aggressiv durch. Wenn Sie das bisher noch nicht gemacht haben, ist es für Sie eine wichtige Erfahrung, dass Sie das auch können.

Das Spektrum der Antwortmöglichkeiten geht natürlich hier wie anderswo bis in die grob-vulgäre Sprache, z. B. als Reaktion auf einen Zwischenfrager: „Verpiss dich!" Wir wollen uns hier allerdings auf einen zivilisierten Umgangston beschränken. Aber wenn Ihnen andere Menschen mit solchen Sprachgewohnheiten Schwierigkeiten bereiten, besprechen und üben Sie Verhaltensmöglichkeiten in Ihrer Gruppe.

DURCHFÜHRUNG: Als Einstiegssituation können Sie wieder die Cocktailparty nehmen. Zuvor sollten einzelne Teilnehmer konkrete Problemsituationen beschreiben, die sie selbst erlebt haben und die die anderen interessant finden (z. B. bei einer kleinen Ansprache durch Zwischenrufe unterbrochen werden; der Chef lässt Sie nicht richtig zu Wort kommen, als Sie ihm etwas erläutern wollen).

Bilden Sie Kleingruppen mit ca. 5 Teilnehmern. Einigen Sie sich in Ihrer Kleingruppe auf ein Thema. Einer ist dann der Redner und vier sind die Zuhörer. Eine Übungsphase dauert 3 Minuten, dann wechselt der Redner und so fort, bis jeder einmal der Redner war.

AUSWERTUNG: Anschließend besprechen Sie Ihre Erfahrungen im Plenum.

MÖGLICHE SCHWIERIGKEITEN:

a) Achten Sie darauf, dass nicht zu lange über das passende Rollenspielthema geredet wird. Führen Sie notfalls per Mehrheitsbeschluss eine Entscheidung herbei.

b) Hier besteht wie bei der „Cocktailparty I" die Schwierigkeit für die Mitspieler, den richtigen Schwierigkeitsgrad für den Redner zu finden.

c) Wenn die Zwischenbemerkungen zu zahlreich und zu aggressiv werden, dann gerät das Ganze ins Klamaukhafte und ist eigentlich für den Redner nicht mehr schwierig. Bei einem Durchgang kann Klamauk ganz lustig sein; achten Sie aber beim folgenden Durchgang auf Ernsthaftigkeit und Realitätsnähe, sonst wird es läppisch.

Weisen Sie in Ihrer Einführung auf die Punkte b) und c) hin.

4.8 Übung: Stress und Rechtfertigungsinterview

LERNZIEL: angemessenes Gesprächsverhalten in Stress und Rechtfertigungssituationen

ZEIT: 2–3 Std., kann sehr stark schwanken

EINFÜHRUNG: In den 60er-Jahren war viel die Rede von einem etwas geheimnisumwobenen Stressinterview für angehende Manager. Bei dem Auswahlgespräch wurden dem Kandidaten besonders gern moralische Dilemmafragen gestellt. Beispiel: „Sie können das Leben Ihres todkranken Kindes nur retten, wenn Sie ihm eine Ihrer Nieren spenden. Die Niere, die Sie behalten würden, ist aber bereits etwas leistungsschwach. Ihre Lebenserwartung würde im Falle der Organspende deutlich sinken. Wie entscheiden Sie sich?" Dilemmafragen wurden auch an junge Männer gestellt, die sich um eine Anerkennung als Kriegsdienstverweigerer bemühten: „Ein feindlicher Soldat will Ihre

Eltern ermorden. Sie sind im Besitz einer Waffe und können ihn niederschießen. Nur Sie können Ihre Eltern noch retten. Was würden Sie machen?" Egal, welche Antwort der Befragte gibt, es wird für ihn immer eine problematische Antwort sein. Auch die Verweigerung einer Antwort wird ihm in der Situation nichts nutzen. Übrigens bleibt es auch für die Fragesteller eine zweifelhafte Angelegenheit, welche Schlüsse sie aus Antworten auf Dilemmafragen ziehen wollen.

Auch im Alltag begegnen uns immer wieder Situationen, in denen wir uns kritischen Fragen stellen und uns rechtfertigen müssen. Beispiele: Ein Student muss auf dem Geburtstagsfest seiner Tante der Verwandtschaft erklären, warum er nach vier Semestern in ein völlig anderes Studienfach wechselt. Eine Verkäuferin von Großcomputern muss ihrem Chef erklären, warum sie einem großen Kunden extrem günstige Bedingungen zugesagt hatte, ohne dass dies ausdrücklich genehmigt war. Ein Schulleiter fragt einen Lehrer, warum dieser auffällig oft gerade montags krank ist. Ein Chef fragt einen Mitarbeiter, warum er sich ständig vor Überstunden drückt, obwohl die Firma auf ihn angewiesen sei. Die 70-jährige Mutter wohnt im Haushalt ihrer Tochter und wirft ihr vor, dass sie, die Tochter, berufstätig sei und sich nicht den ganzen Tag um ihre alte Mutter kümmere.

DURCHFÜHRUNG: Fragen Sie in Ihrer Gruppe nach selbst erlebten Rechtfertigungsgesprächen: Jeder Teilnehmer hat 2 Min. Zeit, sich eine solche Erfahrung in Erinnerung zu rufen und sich dazu Notizen zu machen. Anschließend trägt jeder kurz seine Problemsituation der Gruppe vor. Einigen Sie sich auf zwei bis drei typische, aber unterschiedliche Fälle, die für die ganze Gruppe interessant sind (etwa ein Fall aus dem beruflichen, einer aus dem privaten Bereich).

Der Teilnehmer, dessen Fall zuerst bearbeitet wird, schildert kurz die äußeren Umstände, die handelnden Personen und typische Argumente. Er kann unter den anderen Teilnehmern diejenigen aussuchen, die seiner Meinung nach seine Gegenspieler im Rollenspiel gut darstellen können.

Im ersten Durchgang des Rollenspiels wird das Problem dargestellt (falls möglich Video- oder Tonaufzeichnung). In der anschließenden Besprechung berät die Gruppe mit dem betreffenden Teilnehmer mögliche verbesserte Verhaltensweisen. Die Gruppe drückt ihm keine Patentlösung „aufs Auge", sondern beratschlagt sich mit ihm. Letztlich muss immer dieser Teilnehmer selbst entscheiden, was ihm angemessen und plausibel erscheint (Einzelheiten zur Technik des Rollenspiels in Kap. 11).

Es folgt ein zweiter Durchgang, in dem versucht wird, die besprochenen Verbesserungen im Rollenspiel umzusetzen. Hier kann auch der Teilnehmer zeitweise die Rolle seines Hauptwidersachers spielen. Das baut einerseits unnötigen Respekt vor furchteinflößenden Autoritäten ab. Andererseits kann man im Ernstfall die Denkweisen und Strategien des Gegenparts viel besser vorhersehen. Eine wichtige Technik des Rollenspiels ist das „Zurückspulen". Wenn in einem Abschnitt des Rollenspiels problematisches Verhalten auftritt, wenn der Teilnehmer nicht mehr das optimierte Verhalten praktiziert, das er sich vorgenommen hat, dann unterbricht man das Rollenspiel an diesem Punkt, bespricht, warum diese Probleme wieder auftraten, und überlegt noch einmal gemeinsam, wie sich das verbesserte Verhalten sicherer umsetzen lässt. Dann steigen Sie wieder in das Rollenspiel ein, aber erst an der Stelle, an der das problematische Verhalten einsetzte. Mit der Technik des „Zurückspulens" können Sie Ihre Übungsanstrengungen genau auf die Knackpunkte konzentrieren und vermeiden unnötige Wiederholungen.

Der Teilnehmer sollte am Ende die Übung mit einem Erfolgserlebnis abschließen. Das heißt, er sollte mehr und verbesserte Verhaltensmöglichkeiten in seinem Repertoire haben, um mit der Stresssituation umzugehen. Dies wird einen umso stärkeren Effekt auf die reale Problemlösung haben, je stärker es auf das Verhalten unseres Teilnehmers ankommt.

In dem oben angedeuteten Fall einer tyrannischen und moralisierenden 70-jährigen Mutter übten wir mit der Tochter eine Aussprache. Die Tochter setzte zu Hause ihre neuen Erkenntnisse gleich in einem Gespräch mit der Mutter um. In unserer nächsten Sitzung berichtete uns die Teilnehmerin überrascht, dass sich das Verhalten ihrer Mutter als auch ihr Verhältnis zu ihr wesentlich verbessert habe. Ihre Mutter würde sie offenbar eher akzeptieren, wenn sie (die Tochter) ihrer Mutter auch Grenzen aufzeigen würde.

Unsere Außendienstmitarbeiterin war dagegen stark von den Bedingungen des Großrechnermarkts abhängig und ihr Verkaufsgeschick war bei gut informierten Kunden nur ein Faktor unter anderen für ihren Verhandlungserfolg.

Bei dem Lehrer, der so gern montags krank wurde, machte es eigentlich nicht viel Sinn, ein Rechtfertigungsgespräch mit dem Schulleiter zu simulieren. Hier war es wichtiger, die Gründe für sein Krankfeiern, seine Einstellungen zu seiner Berufstätigkeit zu erörtern. Wie könnte er z.B. sein Interesse und Engagement für die Schule steigern? Und wenn dies erfolglos blieb, was wären berufliche Alternativen? Dies ist ein Beispiel dafür, dass in manchen Fällen nicht das vorgeschlagene Rollenspiel durchzuführen ist, sondern die motivationalen Hintergründe besprochen werden sollten.

MÖGLICHE SCHWIERIGKEITEN

a) Manchem fallen keine Rechtfertigungssituationen ein. Dann überlegen Sie sich eine, die Sie sich vorstellen können.

b) Achten Sie darauf, dass die Problemdarstellungen der einzelnen Gruppenmitglieder kurz bleiben: pro Teilnehmer max. 1 Min. Auch der Entscheidungsprozess, welche Fallbeispiele für das Rollenspiel genommen werden, sollte 5 Min. nicht übersteigen. (Nicht gewählte Fallbeispiele können eventuell bei späteren Übungen verwendet werden.) Lassen Sie ggf. die Mehrheit entscheiden. Bevor das gewählte Fallbeispiel gespielt wird, muss der zuständige Teilnehmer noch genauere Hintergrundinformationen geben (äußere Umstände; evtl. Charaktere der anderen Akteure und typische Argumente darstellen).

c) Das Rollenspiel ist besonders für den interessant (und auch anstrengend), dessen Problem gespielt wird. Der findet das nachher auch sehr praxisnah und hilfreich. Es besteht aber das Risiko, dass andere sich nach einiger Zeit langweilen. Vorbeugend sollen alle oder möglichst viele eine Rolle erhalten. Das wird häufig eine unspezifizierte Hintergrundrolle, wie z.B. bei einem Geburtstagsfest sein. Oft werden sich aber nur zwei oder ein paar mehr an dem Rollenspiel beteiligen können. Lassen Sie das Rollenspiel nicht zu lange laufen, wenn es nur noch dahinplätschert. Sie können auch eine Zeit vorgeben, z.B. 5 oder 10 Min. Wenn sich das Rollenspiel aber sehr spannend entwickelt und alle gebannt zuhören, wäre ein vorher fixierter Abbruch gerade das Falsche.

d) Auch das Gegenteil von Langeweile, nämlich Betroffenheit bis hin zu Tränen und Verzweiflung, kann beim Rollenspiel auftreten. Ermuntern Sie den Betroffenen, mitzuteilen, was ihn gerade bei diesem Aspekt so betroffen gemacht hat. Eine einfühlsame und verständnisvolle Gruppenatmosphäre ist hier absolute Voraussetzung. Versuchen Sie, behutsam eine gedankliche Verarbeitung und Reflexion einzuleiten. Falls der Betroffene sich im Augenblick überfordert fühlt, wird ihm die Aussprache zu einem späteren Zeitpunkt angeboten. Versuchen Sie nicht, mit unrealistischem Trost („Das werden Sie schon schaffen“, auch wenn er es aller Wahrscheinlichkeit nach nicht schaffen wird) oder barschen Aufforderungen („Nun reiß dich mal zusammen“) Ihre eigene Verunsicherung zu bewältigen. Intensive Gefühle und Betroffenheit sollten nicht unter den Teppich gekehrt werden, sondern sind gerade eine große Chance für eine intensive Beschäftigung miteinander. Nach einem klärenden Gespräch sollte der betroffene Teilnehmer versuchen, die Gesprächsergebnisse in dem weitergeführten Rollenspiel umzusetzen (vgl. 11.5).

4.9 Übung: Selbstsicherheitsübungen in realen Alltagssituationen

LERNZIEL: selbstsicheres Verhalten in realen Alltagssituationen

EINFÜHRUNG: Damit Sie nicht nur im Trainingsseminar selbstsicheres Verhalten zeigen, sollten Sie es auch in kleinen Alltagssituationen ausprobieren. Überlegen Sie sich, wo es Ihnen (und vermutlich anderen auch) schwerfällt, Ihre Wünsche und Forderungen vorzutragen und zu realisieren.

DURCHFÜHRUNGSMÖGLICHKEITEN

- Bitten Sie jemanden auf der Straße um 30 Cent, damit Sie von einem Münzfernsprecher telefonieren können. Sie hätten Ihr Handy und Ihr Portemonnaie nicht dabei.
- Lassen Sie sich vom Kellner im Restaurant genau die Speisen erklären. Als riskante Steigerung können Sie ggf. eine Speise zurückgehen lassen, wenn sie Ihnen zu kalt, angebrannt oder sonst mangelhaft erscheint. Wenn der Kellner aggressiv reagiert, können Sie es noch mit dem Geschäftsführer versuchen. Wenn das zu keinem Ergebnis führt, verlassen Sie das Lokal. (Verlangt man aus geringfügigem Anlass in einem preiswerten Restaurant eine neue Speise, muss man nach unseren Erfahrungen allerdings in der Regel das Lokal hungrig verlassen.)
- Gehen Sie in ein Bekleidungs- oder Schuhgeschäft. Lassen Sie sich viele Waren vorführen, probieren Sie sie an. Aber kaufen Sie am Ende nichts.
- Gehen Sie in eine Apotheke/Drogerie und bitten Sie um ein einzelnes Papiertaschentuch. Sie hätten schon wieder Ihr Portemonnaie vergessen.

- Fahren Sie mal per Autostopp.
- Bitten Sie Passanten, dass sie Ihnen beim Anschieben Ihres Autos helfen.

Lassen Sie sich weitere Möglichkeiten einfallen. Aber machen Sie sich es nicht zu schwer. Es sollte schon wahrscheinlich sein, dass Sie es schaffen. Überlegen Sie sich Erleichterungen, z. B. einen Begleiter mitzunehmen.

4.10 Übung: Stress und Entspannung

LERNZIEL: Erlernen einer Technik zur körperlichen Entspannung

ZEIT: ca. 30 Min.

EINFÜHRUNG: Die Übungen, die Sie kennengelernt haben und kennenlernen werden, sind meistens mit Anspannung und Anstrengung, eventuell auch mit Stress verbunden. Aber denken Sie daran, dass Sie heute nur deshalb relativ stressfrei und sicher mit Ihrem Auto durch den Straßenverkehr fahren können, weil Sie in früheren Jahren den Stress des Fahrschulunterrichts auf sich genommen haben. Allgemein gesagt: Mit Anstrengung und Stress erworbene Fertigkeiten sind die Voraussetzung dafür, dass man später in diesen Bereichen routiniert und ohne große Anstrengung handeln kann.

Wir bejahen einen *dosierten* Stress. Damit die Dosierung stimmt, müssen Sie auch zur Entspannung fähig sein. Wir stellen Ihnen hier eine Entspannungsübung (nach Peters/Benson 1979) vor, die Sie in der Gruppe oder auch allein durchführen können.

DURCHFÜHRUNG

1. Setzen Sie sich bequem und ruhig hin.
2. Schließen Sie die Augen.
3. Entspannen Sie völlig Ihre Muskeln. Beginnen Sie mit den Füßen. Gehen Sie nacheinander die einzelnen Körperpartien bis zum Gesicht durch.
4. Atmen Sie durch die Nase. Achten Sie auf Ihr Atmen. Sagen Sie sich still beim Ausatmen das Wort „eins“. Setzen Sie diese Abfolge fort: Atmen Sie ein … aus – „eins“ – ein … aus – „eins“ – und so weiter. Atmen Sie leicht und natürlich.

5. Setzen Sie das für 10 bis 20 Min. lang fort. Sie können die Augen aufmachen, um die Zeit zu kontrollieren; benutzen Sie aber keinen Wecker. Wenn Sie aufhören, bleiben Sie noch für einige Minuten still sitzen, erst mit geschlossenen, dann mit offenen Augen. Warten Sie einige Minuten, bevor Sie aufstehen.
6. Machen Sie sich keine Sorgen darüber, ob Sie einen tiefen Grad der Entspannung erreicht haben. Nehmen Sie eine passive Haltung ein, und versuchen Sie nicht, das Eintreten der Entspannung zu beschleunigen. Stellen sich störende Gedanken ein, versuchen Sie, sie zu ignorieren, indem Sie nicht bei ihnen verweilen und wieder dazu übergehen, „eins" vor sich hin zu sagen. Mit etwas Übung sollte die Reaktion ohne große Anstrengung eintreten. Üben Sie diese Technik ein- bis zweimal am Tag, aber frühestens zwei Stunden nach einer Mahlzeit, da die Verdauung anscheinend das Eintreten der Entspannungsreaktion behindert.

5 Logik, Argumentation und rhetorischer Bluff

5.1 Einleitung

Das Wort „Argument" stammt vom lateinischen Verb „arguere" (erhellen, beweisen) und bezeichnet ursprünglich, was der Erhellung und Veranschaulichung dient. Heute bedeutet Argument in der Umgangssprache einen Beweisgrund, der eine Behauptung stützen soll. Eine Argumentation ist dann eine Verknüpfung mehrerer Argumente, die zu einer Behauptung (oder These, Schlussfolgerung) führt und andere Personen von diesem Gedankengang überzeugen will.

Die Argumentation ist Kernelement jeder Rede, kontroversen Diskussion und Verhandlung, aber auch des vertrauensvollen Gesprächs.

1. Argumentieren wird umso wichtiger, je sachkundiger die Gesprächspartner sind. Mit durchschaubaren rhetorischen Tricks stellen Sie sich gegenüber kompetenten und kritischen Zuhörern selbst bloß.
2. Überzeugende Argumente gewinnen auch in einer Gesellschaft zunehmend an Bedeutung, die immer weniger nach bloßem Befehl und Gehorsam organisiert werden kann und organisiert ist. Das gilt in der Arbeitswelt ebenso wie im privaten Bereich (Osterdiekhoff 2001).

5.2 Logik der Argumentation

Wir wollen uns zunächst mit der Logik einer Argumentation auseinandersetzen. Denn nur wenn Sie deren Struktur überblicken, können Sie die Stärken und Schwächen Ihrer Argumentation oder die Ihrer Gesprächspartner schnell diagnostizieren. Wenn Sie das logische Grundmuster verstanden haben, wird es rasch trivial. Aber genauso wie für jeden Leser die Grundrechenarten trivial sind, so sind sie doch für jedes kaufmännische Handeln unerlässlich.

5.2.1 Logische Grundmuster

These und Begründung

Eine Argumentation, wie wir sie im Alltag vorfinden, besteht im Wesentlichen aus einer Schlussfolgerung oder These (T) und dem (den) sie begründenden Argument(en) (B). Die Argumente werden auch Prämissen genannt (Savigny 1993). Eine These kann z. B. erscheinen im Gewand:

- einer Tatsachenfeststellung: „Herr Schwan hat das Werkzeug gestohlen (T), denn nur er hatte in der fraglichen Zeit Zugang zu der Werkstatt (B)."
- einer Prognose: „Herr Türk hat sich als Sachbearbeiter herausragend bewährt (B). Er wird auch als Vorgesetzter seine Sache gut machen (T)."
- einer verallgemeinernden Feststellung: „Die Japaner sind einfach fleißiger als wir (T). Ich habe das während eines einjährigen Aufenthalts in Japan beobachten können (B)."
- einer Handlungsaufforderung: „Lassen Sie uns die Zukunft der Firma sichern (B)! Stimmen Sie diesem Investitionsvorhaben zu (T)!"
- einer moralischen Forderung: „Auch Embryos sind menschliches Leben (B). Deshalb allgemeines Abtreibungsverbot (T)!"
- einer Vorschrift: „Wegen Unfallgefahr (B) sind stets die Sicherheitsschuhe zu tragen (T)."

In der natürlichen Sprache kann die These vor oder nach der Begründung stehen. Thesen/Schlussfolgerungen sind an Verknüpfungswörter wie „deshalb, folglich, darum" zu erkennen oder diese ließen sich einfügen. Auf Begründungen/Argumente weisen Wörter wie „denn, weil" hin.

Ob eine Aussage Argument (Begründung) oder Schlussfolgerung (These) ist, hängt allein von der Stellung in dem Argumentationszusammenhang ab, nicht aber vom Inhalt der Aussagen. So ließe sich die Aussage des Beispielsatzes „Herr Türk hat sich als Sachbearbeiter herausragend bewährt" selbst als fragliche These diskutieren. Es wären konkrete Verhaltensweisen, Arbeitsergebnisse usw. zu bewerten, die dann den Charakter von Argumenten hätten.

Was sind typische Schwachstellen einer Argumentation, auf die Sie besonders achten sollten?

1. Richtigkeit der allgemeinen Sätze

In der Alltagssprache – dies gilt auch für unsere Beispielsätze – sind Begründungen meistens unvollständig, weil bestimmte Argumente vom Sprecher nicht angeführt werden, wenn sie ihm zu selbstverständlich oder problematisch erscheinen oder ihm einfach unklar sind.

So gehört zu einer Begründung ein allgemeiner Satz (oder mehrere), der den allgemeinen Zusammenhang zwischen Argument und These herstellt. (Dies gilt für das propositionale Schlussfolgern, auf das wir uns hier beziehen; vgl. Hussy 1998.) Diese allgemeinen Sätze sind einmal logische Prinzipien, mit denen jeder umgeht, ohne sie sich unbedingt bewusst zu machen. Sie sind auch häufig empirische Verallgemeinerungen. Nehmen wir unser Beispiel b): „Wenn ein Sachbearbeiter sich hervorragend bewährt, dann wird er auch Aufgaben als Vorgesetzter gut meistern." Diese Hintergrundannahmen sollten bei einer kritischen Analyse genau untersucht werden. („Glauben Sie wirklich, dass ein herausragender Sachbearbeiter auch ein guter Vorgesetzter sein muss?")

Wenn-Dann-Aussage

Der allgemeine Satz lässt sich, wie wir sehen, als Wenn-Dann-Aussage formulieren (Prim/Tilmann 2000, Kap. 8). Der Wenn-Teil umfasst in allgemeiner Form das konkrete Argument, der Dann-Teil enthält in allgemeiner Form die Schlussfolgerung.

Noch einige kritische Fragen zu den allgemeinen Sätzen in unseren Beispielen: zu c) „Kann man aufgrund der eher zufälligen und unsystematischen Beobachtungen während eines einjährigen Aufenthalts zuverlässig eine solche Verallgemeinerung vornehmen?"; zu d) „Sichern diese oder vergleichbare Investitionsvorhaben die Zukunft unseres Unternehmens?"; zu e) „Darf menschliches Leben unter keinen Umständen getötet werden?"; zu f) „Sind Sicherheitsschuhe geeignet, die Unfälle zu verhüten?"

2. Richtigkeit der speziellen Sätze

Die speziellen Sätze benennen den konkreten Fall, auf den sich der Wenn-Teil des allgemeinen Satzes bezieht. Die speziellen Sätze selbst können zweifelhaft oder falsch sein. Mit ihnen fällt auch die gesamte Argumentation. Als kritische Fragen zu einigen unserer Beispiele formuliert: zu a) „Konnte wirklich nur Herr Schwan in der fraglichen Zeit in die Werkstatt gelangen?"; zu e) „Sind Embryos als menschliches Leben zu betrachten?" usw.

3. Richtigkeit der Schlussfolgerung

Was ist falsch an dieser Schlussfolgerung? „Die meisten Rauschgifthändler sind Türken. (Argument) Also sind die meisten Türken

Rauschgifthändler (Schlussfolgerung).“ Oder: „Alle Inhaber eines endgültigen PKW-Führerscheins in Deutschland sind mindestens 18 Jahre alt. Alle Fußballspieler in Alte-Herren-Mannschaften sind mindestens 18 Jahre alt (Argumente). Also besitzen alle Fußballspieler in Alte-Herren-Mannschaften einen PKW-Führerschein (Schlussfolgerung).“ Im zweiten Beispiel ist der (syllogistische) Schluss erkennbar falsch; die These des ersten Beispiels kann man gelegentlich als Vorurteil hören. Unterstellen wir einmal die Richtigkeit der Prämissen. Der logische Fehler: Die Inhaber von PKW-Führerscheinen (Rauschgifthändler) sind eine Teilmenge der mindestens 18-Jährigen (Türken). Die beobachtete Gemeinsamkeit zur Gesamtmenge (mindestens 18-Jährige/türkische Nationalität) lässt nicht den Rückschluss zu, dass die übrigen Elemente der Gesamtmenge mit der Teilmenge identisch sind.

Falsche allgemeine oder spezielle Sätze führen, wie wir oben besprochen haben, auch zu falschen Schlussfolgerungen. Je dogmatischer der Denkstil und je emotionalisierter ein Thema, desto leichter werden logische Ungereimtheiten produziert und akzeptiert (Günther 1987).

Tipps

1. Analysieren Sie die Argumentation Ihrer Gesprächspartner: Was ist eigentlich die These? Mit welchen Argumenten wird sie begründet? Sind die Argumente akzeptabel? Ist die Schlussfolgerung zwingend? Sie wissen dann, wo Sie mit Ihrer Kritik ansetzen können.
2. Bauen Sie Ihre eigene, möglichst wasserdichte Argumentation auf:
   a) Machen Sie sich zunächst sachkundig! Überlegen Sie sich möglichst viele Argumente für Ihre These (z.B. Ziel usw.), oder entwickeln Sie verschiedene Schlussfolgerungen aus einer gegebenen Situation (also Argumenten).
   b) Überprüfen Sie Ihre eigenen denkbaren Argumentationen nach denselben Maßstäben wie bei Ihren potenziellen Gesprächspartnern!
3. Haben Sie sich für bestimmte Argumentationen entschieden, überlegen Sie, was an Gegenargumenten und Einwänden kommen könnte. Wappnen Sie sich mit denkbaren Erwiderungen! Modifizieren Sie eventuell Ihre Argumentation!

4. Denken Sie daran, dass die Überzeugungskraft einer Argumentation nicht allein von ihrer logisch-inhaltlichen Stärke abhängt. *Ihr praktisches Vorgehen* muss nicht nur die Logik, sondern auch die Psychologik von Menschen und Situationen berücksichtigen (s. Kap. 6–9). Dazu gehören das soziale Umfeld und die konkreten Verhaltensweisen Ihrer Gesprächspartner.

5.2.2 Übung: Argumentationen analysieren und angreifen

Stellen Sie eine Liste von 10 Aussagen zusammen. Sie sollen zum kleineren Teil allgemeiner Art, zum größeren Teil Beispiele aus dem Berufsfeld der Teilnehmer sein. Die Teilnehmer analysieren in Stillarbeit These und Begründung. Sie überlegen sich zusätzliche Pro- und Kontra-Argumente (10 Min. Stillarbeit). Dann ruft der Trainer ohne feste Reihenfolge einen Teilnehmer auf. Dieser trägt seine zusätzlichen Argumente zur These vor. Jetzt benennt der einen weiteren Teilnehmer, der aus dem Stand die Gegenposition zu begründen hat. Je nach Zeitbedarf ist eine Replik und Gegenreplik möglich. Auf diese Weise werden alle Aussagen durchgegangen.

Themenbeispiele für Diskussionsthesen (mit einer erläuternden Begründung): „Nur bei einer kostenneutralen Verlängerung der wöchentlichen Arbeitszeit können wir in Deutschland international wettbewerbsfähig bleiben.“ „Der Kunde sollte auch am Sonntag einkaufen können. Nur dann hat man die nötige Muße, die man für größere Einkäufe wie z.B. für Möbel braucht.“ „Die Mitarbeiterbeurteilungen durch den direkten Vorgesetzten sind nicht aussagekräftig. Der besitzt nicht die nötige Distanz und Objektivität.“

5.2.3 Übung: Eigene Argumente finden und ordnen

Eine beliebte Methode, um Einfälle in einer Gruppe zu produzieren, ist das Brainstorming („Gedankensturm“). Diese Kreativitätstechnik lässt sich, entsprechend abgewandelt, auch in der Einzelarbeit anwenden. Folgende Regeln gelten:

1. Lass dir zu dem vorgegebenen Thema möglichst viele Ideen einfallen! Menge ist wichtiger als Qualität!

2. Kein Einfall darf während des Brainstormings bewertet und erst recht nicht kritisiert werden.
3. Auch abwegig und abstrus erscheinende Ideen werden genannt und aufgeschrieben.
4. Bereits genannte Einfälle können weiterentwickelt, in anderen Bereichen angewendet werden usw.

Phase 1: Wählen Sie ein beliebiges Thema bzw. Szenario, bei dem möglichst niemand in der Gruppe Experte ist, aber in das sich jeder hineindenken kann. Beispiel: Sie sind dabei, mit einer Gruppe Gleichgesinnter ein Programmkino zu eröffnen. Hier wollen Sie künstlerisch anspruchsvolle Filme, auch älteren Datums, einem interessierten Publikum zeigen. Sie überlegen nun, mit welchen Werbemaßnahmen Sie in Ihrer Stadt auf Ihr Kino und Ihr Programm aufmerksam machen können. Notieren Sie alle Einfälle (nur Stichworte) für die Gruppe gut sichtbar auf einer OH-Folie, Wandzeitung oder Tafel. Und es werden nur die Einfälle aufgeschrieben, es wird nichts diskutiert. Lassen Sie die Brainstorming-Übung so lange laufen, bis kaum noch Ideen kommen (erfahrungsgemäß ca. 10 Min.).

Phase 2: Die Teilnehmer sollen nun in Stillarbeit (jeder für sich) eine systematische Gliederung der verschiedenen Ideen zur Programmkino-Werbung erstellen (5 Min. Zeit) (falls möglich jeder auf OH-Folie oder Kärtchen für Flipchart). Bei der anschließenden Präsentation soll sich der jeweilige Referent vorstellen, man würde dem Kulturausschuss des Stadtrates unter anderem das Werbekonzept vorstellen, um preisgünstige Räumlichkeiten in einem stadteigenen Gebäude anmieten zu können. Die zuhörenden „Stadträte" können auch kritische Fragen stellen. Die Präsentation von 2 bis 3 Teilnehmern genügt in der Regel (sonst zu viel Wiederholung). Nach jedem Durchgang (ca. 5 Min.) gibt die Gruppe Feedback. Abschließend können noch ganz neuartige Gliederungen interessierter Teilnehmer kurz (1 Min.) skizziert werden. Bei den Feedback-Diskussionen sollte klar werden, auf was es bei Gliederungen ankommt (Nichtüberschneidung einzelner Abschnitte; logisch und rhetorisch plausible Abfolge der Abschnitte; Nummerierung der Abschnitte usw.).

Alternative oder Vertiefung zu Phase 2: Die Gruppe einigt sich auf 2 bis 3 interessierende Themen. Jeder wählt sich ein Thema aus (darauf achten, dass auch jedes Thema genommen wird), führt ein individuelles Brainstorming durch und gliedert seine

Einfälle (10 Min. Zeit für die Stillarbeit). Hier, besonders bei Pro- und Kontra-Themen, können die Fünf-Satz-Figuren verwendet werden (vgl. 5.3.2). Anschließend (Ablauf wie bei Phase 2) 2 bis 3 Präsentationen zu jedem Thema (falls möglich Szenario erfinden; macht Präsentation meistens spannender und realitätsnäher).

5.2.4 Übung: Schlagfertiger Austausch von Argumenten

In realen Gesprächen spielt nicht nur die Qualität von Argumenten eine Rolle, sondern auch die Schnelligkeit, mit der man Argumente anderer parieren und eigene vorbringen kann. Zum Training dieser Schlagfertigkeit empfiehlt sich die „Amerikanische Debatte". Zu einer Meinungsaussage (wie oben) wird eine Pro- und eine Kontra-Gruppe gebildet. Die tatsächliche Meinung spielt dabei keine Rolle. Jede Gruppe diskutiert 5 Min. ihre Position, überlegt sich die eigenen und mögliche gegnerische Argumente, verteilt evtl. zentrale Argumente auf einzelne Gruppenmitglieder. Bei der anschließenden Pro- und Kontra-Diskussion äußern sich abwechselnd und hintereinander in festgelegter Reihenfolge (in der Regel nach der Sitzordnung im Zick-Zack-Verfahren) je ein Pro- und ein Kontra-Vertreter. Der Disputant muss aus dem Stand vorbereitete mit reaktiven Argumenten kombinieren. Anschließend können die Argumentationen gemeinsam besprochen werden (Tonaufzeichnung). Man kann die Debatte auch ohne Vorbereitung beginnen lassen. Die Diskussionsbeiträge sind dann stärker improvisiert, aber häufig auch unqualifizierter, gelegentlich unernst.

5.3 Argumente organisieren

Vielleicht ist es Ihnen in Versammlungen schon einmal aufgefallen: Da meldet sich jemand zu Wort und bringt es nicht fertig, seinen Beitrag zur Geltung zu bringen, obwohl er etwas zu sagen hat und Aufmerksamkeit verdient hätte. Freilich kann das am Auftreten oder an der Stimme liegen. Doch oft sind es die Art der Formulierung und die ungeschickte Präsentation der Gedanken. Da kommt ein anderer und macht Effekt mit alten Hüten und inhaltlichen Wiederholungen. Die Entwicklung erscheint aber eingängig und plausibel ... Offenbar kommt es nicht nur darauf an, Argumente zu haben, sondern sie so anzuordnen und zu verbinden, dass der Hörer einen Gedankengang als konsistent, eingängig und „logisch“ erlebt. Im günstigsten Fall wird er das Bedürfnis verspüren, zu sagen: „So ist es“, oder beifällig zu nicken. Im Folgenden konzentrieren wir uns auf die Gedankenführung und dementsprechend den Aufbau von Argumenten zu einer Argumentation in der Form eines Redebeitrags.

Fünf-Satz

Der **Fünf-Satz** ist eine Argumentationsfigur, mit der sich Denk- und Sprechschulung betreiben lässt. In etlicher einschlägiger Literatur wird er als Übungsfigur oder Gliederungsthema angeboten (vgl. z.B. Geißner 1978; Tusche 1998: dort verkürzt als „Wenn-Dann-Schema“ der Argumentation; Hierhold 2005: dort eher als Gliederungsprinzip für größere Strukturen wie Präsentationen oder Fachvorträge).

Der Fünf-Satz in der hier dargestellten erweiterten Form ist selbstverständlich nur eine Möglichkeit, rhetorische Wirkung zu erzielen. Im Alltag wird so etwas selten, geschweige denn lupenrein, zu hören sein. Doch hier soll es auf die bewusste und gezielte Planung und Umsetzung eines Schemas zu einem Redebeitrag ankommen, das sich in Varianten auf verschiedenste Inhalte anwenden und mit einigermaßen vorhersagbaren Wirkungen einsetzen lässt.

5.3.1 Einige logische Grundbegriffe

Elemente der Aussagenlogik

Zunächst jedoch etwas „Propädeutik“ (griech.: Vorunterweisung) zu einigen Grundbegriffen der Aussagenlogik:

B

> Zur Frage, ob wir eigentlich wissen können, ob wir und die Welt, die wir wahrnehmen, wirklich existieren oder ob alles vielleicht nur eingebildet ist wie ein Traum, hat der französische Philosoph der Aufklärung, Descartes, gesagt: „Cogito, ergo sum.“ (Ich denke, also bin ich.) Das heißt, wenn ich schon über so etwas nachdenke, muss ich erst mal existieren, und damit ist diese Frage auch schon positiv beantwortet. Wir wollen hier aber nicht weiterphilosophieren, sondern den Satz unter formalem Aspekt betrachten.

„Ich denke, also bin ich.“
→

Schlussfolgern

Zwei Einzelaussagen verknüpft durch die Konjunktion (Bindewort) „also“. Welche Beziehung besteht zwischen den Aussagen? Die zweite folgt aus der ersten, die erste führt zur zweiten: Es handelt sich um eine dicht formulierte **Schlussfolgerung**. Sie sieht genauso aus wie das Verhältnis von

Ursache	→	Wirkung
oder Ereignis	→	Folge
Hier heißt es: Prämisse	→	Schlussfolgerung

Die *Prämisse* (Vorannahme) ist stets die Erkenntnis, die Aussage, Behauptung, Meinung etc., die wir, logisch gesehen, zuerst haben, um daraus dann die Schlussfolgerung zu ziehen. Genau genommen steckt, ausgesprochen oder nicht, immer auch noch ein Drittes drin: ein „allgemeiner Satz“ bzw. eine „Gesetzesaussage“, die die logische Schlussfigur erst komplettiert (vgl. dazu 5.3.2). Nicht jede Schlussfolgerung ist richtig, nicht jede zwingend. Formal richtige Schlussfolgerungen können zu falschen Ergebnissen führen, wenn z. B. die Prämissen falsch sind. (So denken etwa Wahnkranke oft messerscharf und logisch und sind von ihren Schlussfolgerungen, von ihrem nicht selten komplexen Erkenntnissystem sehr überzeugt, nur – die Prämissen sind halt nicht richtig ...)

Begründen

Drehen wir den Spieß von Descartes einmal um. Dann müssen wir auch eine andere Konjunktion einsetzen:

„Ich bin, weil ich denke.“
←

Dieser Pfeil zeigt, dass die logische Folge gleich geblieben ist, auch wenn sich die chronologische Abfolge geändert hat. Immer noch folgt aus der (jetzt) zweiten Aussage die erste; anders gesagt, die zweite begründet die erste: Eine **Begründung** ist sozusagen eine Schlussfolgerung, die zeitlich umgedreht ausgesprochen wird! Hätten wir die Konjunktion stehen lassen, wäre auch der Sinn umgedreht worden:

„Ich bin, also denke ich.“
→

Auch hier haben wir es übrigens mit einer ernst gemeinten Behauptung zu tun: Für diesen Satz könnte der deutsche Philosoph des Idealismus, Hegel, stehen (wenn auch nicht als direkter Widerspruch, sondern auf anderer Ebene). Wieder könnte durch Umkehrung der Aussagen und Einsetzen der Konjunktion „weil“

aus der Schlussfolgerung eine Begründung gemacht werden, die wiederum nach wie vor im Gegensatz zu derjenigen von Descartes stünde. Versuchen Sie es ... Weitere Abwandlungen können darin bestehen, dass wir die begründende Struktur beibehalten („weil“), aber nach vorne verlegen, ohne dass logisch etwas umgestellt wird. Welcher Satz steht für welchen Philosophen?

„Weil ich bin, denke ich.“
←
„Weil ich denke, bin ich.“
←

Darüber hinaus haben wir sprachlich verschiedene Möglichkeiten, Folgerungen oder Begründungen auszudrücken. „Ich denke, also bin ich!“ Setzen Sie mal probeweise ein: „folglich, deshalb, daher, also, und so“. Diese Konjunktionen sind logisch austauschbar und geben uns so die Möglichkeit zur Abwechslung.

Es ist zwar eine Sache des Sprachgefühls, aber die genannten Möglichkeiten scheinen in der Reihenfolge ihrer Aufzählung auch eine abnehmende Kraft des logischen Zusammenhangs zu enthalten. „Und so“ klingt schon recht schwach, es gibt eine Möglichkeit zum Missverständnis: „Völlig übermüdet ging ich nach Hause, und so übersah ich den Radfahrer.“ Das wirkt noch schlussfolgernd. Aber: „Völlig übermüdet ging ich nach Hause, und so sah ich dann am Morgen noch aus.“ Jetzt wirkt „und so“ wie eine Aufzählung (die Ursache für den Morgen könnte jetzt sein, dass ich zu wenig geschlafen habe).

Auch für die Begründung gibt es verschiedene Konjunktionen. Setzen Sie probeweise in das zweite Beispiel zu Descartes ein: „weil, denn, schließlich“. Dabei fällt uns auf: „schließlich“ schließt rückwärts(!) und zeigt, dass eine Begründung eine umgedrehte Schlussfolgerung ist: „Ich konnte mir kein Schulheft kaufen. Schließlich gibst du mir zu wenig Taschengeld.“ So viel zu logischen Verknüpfungen, bei denen zwischen Aussagen ein Herleitungsverhältnis besteht.

Nun etwas ganz anderes:

„Du bist, aber du denkst nicht!“
↔

Gegensatz und Widerspruch

Wir haben es mit einem **Widerspruch oder Gegensatz** zwischen zwei Aussagen zu tun. Erst die Konjunktion „aber“ macht klar, dass die Erwartung des Sprechers oder des Hörers eine andere ist, als die zweite Aussage ausdrückt. Auch zum „aber" gibt es sprachliche Alternativen: „obwohl, jedoch, dennoch, trotzdem". (Letzteres leitet wie „schließlich" stets Hauptsätze ein!)

Eine ganze Klasse von **anderen Beziehungen** zwischen Aussagen nehmen wir mal als „Mustopf für Verschiedenes". Damit sind gemeint:

- Aufzählungen („und", „sowohl – als auch", „weder – noch")
- Zusammenfassungen („Der gemeinsame Nenner scheint mir zu sein …")
- Hervorhebungen („… und gerade das scheint mir wichtig.")
- Spezifikationen („Das heißt insbesondere …")

Hier handelt es sich, den ersten Fall ausgenommen, um rednerische Akzentsetzungen, die gewöhnlich mit typischen Floskeln bewerkstelligt werden … Damit kennen wir die Voraussetzungen zur Beschreibung von Fünf-Satz-Strukturen.

5.3.2 Der Fünf-Satz und seine Varianten

allgemeine Struktur

Was ist denn nun ein Fünf-Satz? Unsere Argumentationsfigur besteht aus fünf gedanklichen Schritten (nicht unbedingt Sätzen im grammatikalischen Sinn), die einen Gedankengang argumentativ zu einem Ziel, dem Zwecksatz, hin steuern. Er ist bei dieser Figur immer der letzte Satz. Wieso gerade fünf „Sätze" und nicht vier oder sechs? Natürlich geht das auch, aber fünf Schritte entsprechen ungefähr dem, was der Hörer „in einem Zug" aufnehmen kann. Sie bieten andererseits genug Raum für die Entwicklung eines zusammenhängenden Gedankengangs. Wichtig ist nun die Feststellung, dass ein Fünf-Satz gedanklich „von hinten aufzuzäumen" ist: **Die Planung verläuft genau umgekehrt wie die Durchführung!**

Den **Zwecksatz** überlegt man zuerst. Er soll die Kurzrede zuspitzen auf eine These, einen Appell oder auch auf eine Frage. So wird verhindert, dass der Beitrag sich nicht verliert oder ausfasert. Er bekommt eine Pointe: Der Fünf-Satz wird redewirksam.

Der **Mittelteil** der Figur besteht aus einem Dreischritt und bereitet den Zwecksatz vor: so kurz wie möglich, aber so ausführlich wie nötig wird begründet, gefolgert, erläutert und veranschaulicht. Das geschieht oft in einer vollständigen logischen Schlussfigur oder in einem dialektischen Dreischritt (s.u.).

Durch die Beschränkung auf drei stichhaltige Argumente im Mittelteil wird die gedankliche Prägnanz gefördert: So zwingt der Fünf-Satz zur Sparsamkeit und gewinnt Zielführung.

Eine **logische Schlussfigur** besteht aus einer Prämisse (Aussage zu einem konkreten Fall), einem allgemeinen Satz („Gesetzesaussage") und einer Folgerung. Dabei wird der allgemeine Satz selbst oftmals gar nicht gesagt, sondern stillschweigend eingeführt. Ein Alltagsbeispiel: „Hörst du? Es regnet" (Prämisse). „Wo Wasser hinfällt, wird es nass" (stillschweigende „Gesetzesaussage"). „Wir sollten schnell mal die Wäsche hereinholen" (Schlussfolgerung). Ein anderes Beispiel: „Wir produzieren einfach zu teuer. Deshalb müssen wir rationalisieren." (Der implizite allgemeine Satz lautet etwa: „Zu teure Produkte können wir nicht verkaufen.") Fazit: Der Fünf-Satz unterstützt mit logischen Schlussfiguren als Kern eine logisch-plausible Argumentationsweise.

Dialektik

Dialektik: Sie ist eine traditionsreiche scharfsinnige Denkmethode, und der dialektische Dreischritt stellt ihren logisch-formalen Kern dar. Er besteht zunächst aus einem Paar von Sätzen, die sich widersprechen: „These" und „Antithese". Die Leistung der Dialektik besteht nun darin, den Gegensatz nicht etwa durch einen Kompromiss zu „entschärfen" (das geht oft gar nicht), sondern quasi auf einer höheren Ebene zu überwinden, nämlich in der „Synthese". Diese führt zu einer neuen Erkenntnis, indem sie den (an sich fortbestehenden) Gegensatz aus der „Sicht einer höheren Ebene" aufhebt.

B

Dazu ein Beispiel aus einem Beratungsgespräch, in dem gleich drei Sprecher zusammen eine dialektische Figur produzieren: Mutter (These): „Als seine Eltern wollen wir für ihn doch nur das Beste!" Vater (Antithese): „Ja, aber der Junge widersetzt sich leider bei jeder Gelegenheit." Erziehungsberater (Synthese): „Das Gutgemeinte ist eben nicht immer auch das Günstigste." – Beachten Sie, dass er nicht argumentiert hat: „Der Junge sieht das eben anders als Sie." Auf diese platte Bestätigung der antithetischen Beziehung zwischen Eltern- und Kindeswillen würden die Eltern wahrscheinlich so fortfahren: „Er kann doch noch gar nicht wissen, was für ihn gut ist" o.Ä. Stattdessen wurden nicht die Wünsche der Eltern, sondern ihre Einflussnahme als solche angesprochen. Der (stillschweigende) Perspektivwechsel, der in dieser Synthese liegt, macht nicht den Gegensatz oder gar einseitig das Verhalten des Jungen zum Problem, sondern verweist auf die Gefahr der Gängelung …

Erst ganz zum Schluss überlegt man den **Einstiegssatz**: Er sollte die Hörer in der Regel „abholen“, d. h. dort ansetzen, wo sie sich gedanklich gerade befinden. Manchmal kann man darauf verzichten, wenn der Beitrag sich inhaltlich unmittelbar anschließt. Bei Themenwechseln aber oder wenn man den Blick der Hörer zurück oder nach vorn lenken möchte, ist es nur sinnvoll, dafür den Einstieg zu nutzen. Indem man die Sprechsituation einfängt, den Hörer einbezieht, am Vorredner anknüpft usw., erhält der Fünf-Satz eine situative Steuerung: So kann der eigene Beitrag begründet, eine Frage gestellt, eine Behauptung aufgestellt werden o. Ä.

Solch ein Schema stellt Anforderungen. Sie haben aber den Vorteil, dass wir gezwungen sind, eine Reihe von Fehlern zu vermeiden, wie umständlichen Satzbau, konfusen Gedankengang und Weitschweifigkeit. Andererseits erlaubt die Gestaltung des Mittelteils viele Variationen. Letzten Endes erhöht sich die Prägnanz der Kurzrede, und deshalb kann der Beitrag stärker wirken (vgl. dazu auch das Thema Verständlichkeit; 7.1).

Wirkung durch Form

Was wir bis jetzt besprochen haben, war also *nicht* der Inhalt, sondern die Form. Sie kann den Inhalt unterstützen und verstärken, im ungünstigen Fall aber auch abschwächen oder verwässern! Wenn es zuerst nicht leichtfällt, sich darauf einzulassen, liegt es an der ungewohnten Betrachtungsweise. Wir achten normalerweise auf den Inhalt und seine Wirkung, die Gefühle und vielleicht auch auf die vermuteten Absichten. Die Form aber ist eines der Geheimnisse rhetorischer Wirkung …

Stopp! Wie haben eigentlich die letzten Textabsätze beim Lesen auf Sie gewirkt? Jeder Absatz bildete eine Fünf-Satz-Konstruktion (einmal war es ein „Sechs-Satz“)! Zum Teil gab es aber auch gedankliche „Binnenstrukturen“ mit zusätzlichen Gedanken. Da musste man schon etwas konzentrierter mitlesen. Sie können das nach dem Ende dieses Kapitels ja noch mal durchgehen.

In Abb. 6 folgen **verschiedene Varianten** (angelehnt an Geißner 1978), die sich als oft einsetzbar und effektiv erwiesen haben (man könnte auch andere konstruieren). Skizzen zeigen die logische Struktur. Dabei bedeuten

→ Schlussfolgerung	$ Begründung
↔ Gegensatz	— eine „andere Beziehung“

Weil nicht der Inhalt entscheidend ist, genügt es, als Beispiel immer nur den Anfang eines Satzes für jeden der fünf Schritte anzuführen. Beachten Sie jedoch, dass bei der Variante „Dialektischer Aufbau“ ausnahmsweise die inhaltliche Qualität (ist es eine echte Synthese?) entscheidend ist.

Wann wirkt was wie?

Stringenz

Die „Indikationsfrage“: Die Varianten des Fünf-Satzes unterscheiden sich u. a. durch ein unterschiedliches Ausmaß an **formaler Stringenz**. Damit ist die innere Spannung zwischen den einzelnen Schritten gemeint: So wirkt eine Aufzählung („—“) schwach, eine Begründung („$“) schon stark, eine Schlussfolgerung („→“) vielleicht noch etwas stärker (wenn die Folgerung am Ende überrascht). Gegensatz oder Widerspruch („↔“) wirken stark in eher unangenehmer Weise, denn sie bedeuten einen Konflikt. Auf der Ebene der Figuren: Ein Kompromiss (D) etwa besänftigt, weil er eine Einigungsmöglichkeit aufzeigt, und eine dialektische Figur (E) wirkt vielleicht überraschend und erhellend, wenn eine Problemlösung damit vorangebracht wird.

Wenn Sie das berücksichtigen, können Sie klarer und prägnanter reden und dennoch die psychologische Situation pflegen: mildernd, verschärfend, vermittelnd, zuspitzend usw.: Wir werden in Kap. 7 Rhetorik als „angewandte Hörerpsychologie“ definieren (s. dazu auch 7.1 „Verständlich reden“). Sie müssen also nicht auf zweifelhafte Weise umständlich drum herumreden, um abzuwiegeln. Sie können in sachlichem Ton klar Position beziehen und die Bereitschaft zur Einsicht beim Hörer fördern, anstatt mit Methoden, die die Beziehung belasten, aufzutrumpfen usw. Die Antwort auf die Indikationsfrage sollte Situation und Zielsetzung berücksichtigen.

Die Kette (A) ist recht spannungslos. Sie hat geringe formale Stringenz, weil sie nur aneinanderreiht. Sie wird die Gemüter eher besänftigen, wenn es bereits „hoch hergeht“: Man kann also einen Konflikt zwischen zwei Positionen in einer entdramatisierenden Weise darstellen, anstatt ihn etwa mit anderen Mustern (B), (C) oder (F) zu verstärken. (Es versteht sich, dass andere Gestaltungsmittel wie der Tonfall dies jeweils unterstützen sollten.)

B

Beispiel: „Nun, wir sehen verschiedene Seiten der Sache, und die einen betonen eben die Kosten. Diese müssen auch beachtet werden. Für die anderen steht der Nutzen im Vordergrund, und wir müssen uns fragen, wie er zu beziffern ist.“ Verwenden Sie die Kette aber nicht, wenn Aufmerksamkeit oder Konzentration der Zuhörer schon schlecht sind. Dann ist Anregung gefragt!

Der Fünf-Satz in sechs Varianten

A. DIE KETTE mit streng chronologischen oder logisch abhängigen Gliedern, etwa so:

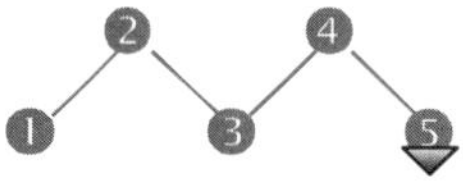

1. Die Sachlage ist bekannt: …
2. Und wir sind uns einig, dass …
3. Dabei ist es wichtig …
4. So haben wir die Möglichkeit …
5. Jetzt müssen wir nur noch …

B. VOM ALLGEMEINEN ZUM BESONDEREN GEHEN

1. Im Allgemeinen kann man hier …
2. Im vorliegenden Fall jedoch …
3. Denn wir brauchen jetzt …
4. Außerdem haben wir …
5. Deshalb …

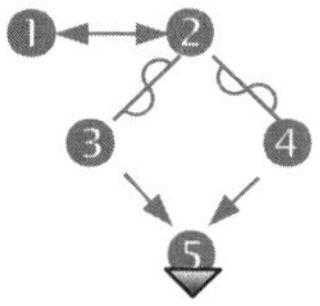

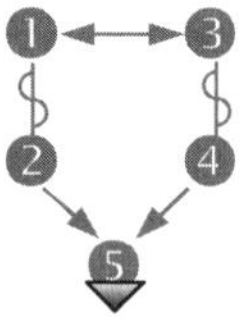

C. ZWEI POSITIONEN VERGLEICHEN

1. Die Befürworter sagen …
2. Sie stützen sich dabei auf …
3. Die anderen halten dagegen, dass …
4. Sie verweisen auf …
5. Ich kann darin nicht die einzigen Alternativen sehen, sondern …

D. EINEN KOMPROMISS SUCHEN

1. Der Vorstand verlangt, dass …
2. Einige wehren sich mit dem Argument …
3. Nun ist uns gleichermaßen wichtig, dass …
4. Hier sehe ich eine Einigung, denn …
5. Wir sollten uns also darauf konzentrieren …

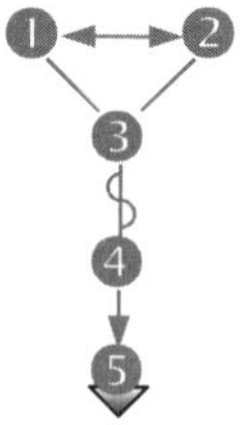

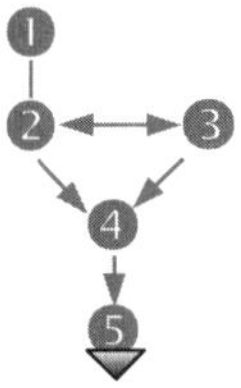

E. DIALEKTISCHER AUFBAU

1. Das war eine interessante Analyse …
2. Aufgehorcht habe ich bei dem Punkt …
3. Hier muss man jedoch hinzufügen, dass …
4. Berücksichtigt man das, wird es nötig …
5. Damit stellt sich die Frage aber neu: …

F. AUSKLAMMERN EINER ANSICHT (die allgemeine?)

1. In der Öffentlichkeit hört man dazu …
2. Im Vordergrund steht dabei …
3. Es wird jedoch nicht gesehen, dass …
4. Denn entscheidend ist hier, ob …
5. Deshalb fordern wir, dass …

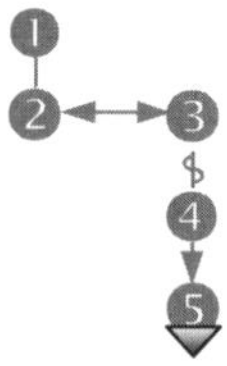

Abb. 6: Der Fünf-Satz in sechs Varianten Beachten Sie: Die dialektische Qualität (E) muss inhaltlich begründet sein (echte Synthese!), während in (D) zwischen veränderbaren Positionen vermittelt werden soll. Das können die Satzanfänge und die Skizze nicht wiedergeben!

Vom Allgemeinen zum Besonderen gehen (B) sollte man, wenn die Meinungsbildung noch unklar ist: So ziehen Sie klare Grenzen und machen eine Vorgabe, die, gut begründet, zur Übernahme Ihrer Position einlädt. Zuweilen ist es falsch, sich zu lange bei Gegenpositionen aufzuhalten. Sparen Sie sie nicht aus, wenn die Anhänger der Gegenposition sehr angriffslustig und unbeherrscht sind!

Beispiel: „Von Ausländern wird nicht selten geglaubt, sie seien krimineller als Deutsche. Die Statistik kann das nicht belegen. Wir müssen bedenken, dass z. B. Asylbewerber meistens in sozial schlechten Verhältnissen leben. Sie sind deshalb fairerweise mit Deutschen in ähnlicher Lage zu vergleichen. Also sollte man gewisse Behauptungen kritisch betrachten."

Der Vergleich zweier Positionen (C) dient in einer unübersichtlich gewordenen Situation der Klärung, Straffung und eigenen Positionsbestimmung. Gerade dadurch, dass den Meinungen, die man nicht teilt, zunächst Raum gegeben wird, fühlen sich deren Vertreter ernst genommen und sind eher bereit, Ihnen erst mal zuzuhören.

Beispiel: „Die Radfahrer unter uns beklagen sich über rücksichtslose Autofahrer. Sie können oft aus eigener Erfahrung berichten, dass sie von Abbiegern geschnitten werden. Dagegen werfen die Autofahrer Radlern vor, sich nicht an Verkehrsregeln zu halten. Denn die größere Beweglichkeit verführe dazu, sich durchzuschlängeln. Ich denke, dass die schlechtere Wahrnehmbarkeit und die leichtere Verletzbarkeit der Radfahrer im Verkehr von beiden Seiten verlangt, für den anderen mitzudenken."

Haben Sie einen Kompromiss vorzuschlagen (D), sind die übersichtlich gegliederte Darstellung des Konflikts und die Begründung des Vermittlungsvorschlags ratsam: Emotional belastete Kontrahenten werden eher zuhören, und Sie selbst werden in der Rolle des Maklers eher akzeptiert.

Beispiel: „Sie, Frau Klein, werfen also Ihrer Kollegin vor, dass sie sich ständig in Ihre Angelegenheiten einmische. Frau Groß gibt an, dass sie oft Anrufe für Sie entgegennehmen muss, wenn Sie nicht da sind. Dabei haben Sie doch beide das gemeinsame Interesse, dass Sie Ihre Arbeit gut machen. Könnten Sie nicht ausmachen, dass Anrufe für die andere grundsätzlich sofort aufgeschrieben und vielleicht notwendige Entscheidungen ebenso mitgeteilt werden? Dann weiß jede von Ihnen Bescheid, und Sie haben sich nichts vorzuwerfen." Gerade in Entscheidungsdiskussionen ist es besonders wichtig, gemeinsame Nenner zu finden.

Die dialektische Figur (E) dient der gedanklichen Weiterführung: So können Sie neue Ideen oder Sichtweisen, die das Bisherige berücksichtigen, effektvoller und plausibler präsentieren. Fragen Sie sich aber auch, ob Sie wirklich eine den Widerspruch von These und Antithese aufhebende, echte Synthese anzubieten haben. (So war das unter (C) angeführte Beispiel nicht dialektisch!)

Beispiel: „Das Problem der Gewalt in Computerspielen wird oft zerredet: Fachleute warnen vor Enthemmung durch brutale Modelle und Gewalteinübung in immer realistischerer Virtualität, besonders bei labilen, hochaggressiven Menschen, die sich aussichtslos sehen; und Politiker fordern Verbote. Fans und Spielehersteller behaupten, jeder wisse zwischen Spiel und Realität zu unterscheiden und Amokläufer wären auch ohne Vorbilder gewalttätig geworden. Ich meine, die geschehenen Katastrophen zwingen uns, wissenschaftlich saubere Ergebnisse vorurteilsfrei zu betrachten, unabhängig von Folgerungen. Deshalb bin ich für eine wissenschaftliche Metastudie und unabhängige Forschung zur Gewinnung einer rationalen Ausgangsbasis!" (Der dialektische Perspektivwechsel heißt hier: weg von Wunsch- und Angstdenken, hin zu wissenschaftlicher Klärung.)

Die Methode des Ausklammerns einer Ansicht (F) verwendet man am besten, wenn es nicht lohnt, sich länger damit zu beschäftigen. Diese Figur steuert den Diskussionsverlauf in eine gewünschte Richtung, lenkt ihn auf ein Ziel. Das ist besonders dann sinnvoll, wenn eine Situation reif dafür geworden ist: In Entscheidungsdiskussionen kann so eine „abstimmungsfähige Konsequenz" begründet werden, und hier muss man sich ja auf Handlungsalternativen einigen.

Beispiel: „Zur Frage der Produktionskapazitäten haben wir jetzt etliche Meinungen gehört. Bisher wurde allerdings nur die Auslastung der Fertigungsabteilung problematisiert. Die Voraussetzung für jedwede Neuorganisation liegt aber in der

Lösung der Raumfrage. Solange wir kein Konzept für den Neubau haben, können wir nicht konkreter werden. Deshalb sollten wir heute die Bildung eines Teams beschließen, das sich mit der Bauplanung und ihren Erfordernissen beschäftigt."

5.3.3 Übung: Der Fünf-Satz im Seminar

Zum Schluss einige Hinweise für den Trainer zur Umsetzung des Fünf-Satzes in Übungen: Je nach Gruppengröße sollten Teilnehmerlösungen vollständig besprochen werden oder nur exemplarisch, wenn die Zeit nicht reicht oder die Geduld der Teilnehmer bei dieser anstrengenden Arbeit zu sehr auf die Probe gestellt wird.

Nach einer **vorbereitenden Behandlung logischer Grundbegriffe** (s. 5.3.1) kann man entweder gleich die Abbildung (5.3.2) besprechen oder erst einmal einige mündliche Beispiele produzieren lassen, um das Gefühl für die Fünfgliedrigkeit und die Orientierung auf das Ziel zu vermitteln: Man gibt einen Zwecksatz vor und lässt die Figur vervollständigen, ohne sich bereits mit den Varianten zu belasten: „Der Angeklagte ist deshalb freizusprechen." „Also muss der Angeklagte verurteilt werden." „Ich bitte, meinem Antrag zuzustimmen." „Wir sollten daher fortfahren mit einer Pause." Hier dürfen Inhalte und Argumente noch frei fantasiert werden.

Nach der Besprechung der Varianten des Fünf-Satzes folgt eine **Übung „Konstruieren und Analysieren von Fünf-Sätzen":** Jeder sucht sich bei freier Themenwahl eine der Varianten aus und entwirft in Stillarbeit schriftlich einen Redebeitrag in dieser Form. Dabei sollen natürlich die Beispiel-Satzanfänge aus der Tabelle vermieden werden. Anschließend werden nacheinander die Produkte vorgestellt: langsames Vorlesen des ganzen Fünf-Satzes, dann schrittweises Vorlesen von je zwei Schritten (Satz 1 und 2, Satz 2 und 3 usw.). Die Gruppe überlegt jeweils, welche Beziehung gegeben ist, und der Trainer (später ein Teilnehmer) fertigt nach ihren Angaben schrittweise eine Tafelskizze in der Art wie oben grafisch dargestellt an. Oft stellt sich heraus, dass es sich nicht um die Reinform einer der Varianten handelt. Häufig sind es auch zu viele „Sätze". Am Ende verrät der Teilnehmer, welche Variante er beabsichtigt hatte.

Typische Schwierigkeiten:

Der Fünf-Satz hat **keine eindeutig definierte Analyseeinheit:** (Was ist ein „Schritt“ oder „Satz“? Ähnlich haben wir schon in Kap. 2 gefragt, was eigentlich eine „Nachricht“ sei.) Im Extremfall könnte ein Fünf-Satz in einem einzigen Schachtelsatz untergebracht sein. Umgekehrt könnte auch die Gliederung einer längeren Rede Fünf-Satz-Charakter haben. Am deutlichsten wird die Struktur jedoch, wenn jedem gedanklichen Schritt ein Satz vorbehalten bleibt.

Zu viel verwischt Struktur: Zusätzliche Aussagen werden hineingepackt (weitere Begründungen, Einschübe etc.). Prüfen Sie gemeinsam, ob auf Information verzichtet werden kann, um die Prägnanz zu erhöhen. Ggf. kann man sich klarmachen, dass eine Lösung, die keinen Fünf-Satz im engeren Sinn darstellt, ihre eigene Qualität haben kann.

Es gibt mehr Beziehungen: Oft wird den Teilnehmern dann auch bewusst, dass solche Skizzen nicht alle Beziehungen wiedergeben. Ist die formale Struktur dann nicht wieder völlig beliebig? Zeigen Sie, dass zwischen fast allen Gliedern Beziehungen herstellbar wären, dies aber nicht nützlich ist. Eine „vollständige“ Struktur verliert ihren Wert, weil sie den Blick auf das Wesentliche verstellt! (Vgl. dazu auch Kap. 2.2.)

Unterscheidung expliziter und impliziter Beziehungen: Schaffen Sie Klarheit. Eine Kette kann inhaltlich schon stark folgernd wirken, obwohl dafür typische Konjunktionen (wie „deshalb“) fehlen. Implizite (hier: inhaltliche) Beziehungen müssen von den expliziten unterschieden werden, um Konfusion zu verhindern: Beim Fünf-Satz geht es um die Anordnung und die formalen Verknüpfungen von Aussagen, um deren rhetorische Wirkungen zu erkennen. *Argumente organisieren heißt: Die sprachliche Form wird eingesetzt, um den Inhalten zur Geltung zu verhelfen.*

5.4 Soziales Umfeld und Überzeugungskraft von Argumenten

Die Überzeugungskraft von Argumenten hängt nicht allein von ihrer inhaltlich-logischen Stärke ab, sondern auch von der Beziehung zwischen den Kommunikationspartnern und nichtlogischen Merkmalen der Nachricht.

Bewertung des Senders

Die *Bewertung eines Senders* ist ein erster wichtiger Punkt für die Relevanz des sozialen Umfeldes. Beispiel: Vergleichende Warentests, wie sie von Stiftung Warentest oder auch einschlägigen Zeitschriften durchgeführt werden, beeinflussen im Vergleich zu Werbebotschaften Konsumentenentscheidungen relativ stark (Raffée/Fritz 1985). Offenbar spielt die vermutete Glaubwürdigkeit der Quelle, hier in puncto Objektivität und Interessenunabhängigkeit, eine entscheidende Rolle.

Auch in sozialpsychologischen Experimenten (Überblick bei Günther 2003) bewirken hochglaubwürdige Sender deutlich stärkere Einstellungsänderungen beim Empfänger als mäßig glaubwürdige. Argumente von neutral oder negativ eingeschätzten Sendern haben zwar kurzfristig keinen, aber mittel- bis langfristig einen Überzeugungseffekt; dieser sog. *Schläfer-Effekt* ist vermutlich durch das Speichern des Inhalts, aber Vergessen der Quelle bedingt. Bei einem negativ bewerteten Sender kann allerdings ein *Bumerang-Effekt* eintreten: Je mehr er verlangt, desto weniger erreicht er. Generell ist ein *Reaktanz-Phänomen* zu beobachten: Je stärker sich ein Empfänger argumentativ unter Druck gesetzt fühlt und seine Freiheit bedroht sieht, desto stärker reagiert er mit Widerstand; allerdings scheint Reaktanz eher kurzfristiger Natur zu sein. Soziale Rollen, die in einem hierarchischen Gefüge Verantwortungsdelegation suggerieren, fördern dagegen bei Druck den *Gehorsam*. Allerdings setzen auch hier konkrete Umstände, Zeitgeist und Persönlichkeit Grenzen (Günther 1997).

Bei einer Nachricht haben die Argumente am Anfang und am Ende eine größere Wirkung als die in der Mitte *(Anfangs- und Endeffekt)*. Bei direkten Verhandlungen empfiehlt es sich, die stärksten Argumente an das Ende der Präsentation zu setzen (Dommann 1996, 54ff). Liegt ein längerer Zeitraum (Tage/Wochen) zwischen Darlegung der Argumente und Entscheidung der Zuhörer, ist der Anfangseffekt wichtiger, d.h., hier sind die stärksten Argumente am Anfang vorzubringen.

Die vom Empfänger wahrgenommene *Ähnlichkeit* zwischen ihm und dem Sender (z.B. Alter, Geschlecht, Region, Meinungen) erhöht in der Regel die Überzeugungswirkung. Dies wurde insbesondere bei Verkäufer-Käufer-Beziehungen beobachtet (Engels/Timaeus 1983, 346ff).

5.5 Rhetorische Tricks und ihre Abwehr

Rhetorische Tricks können in unzähligen Varianten auftreten. Denn die konkreten Anknüpfungspunkte für unsachliche Angriffe und Pressionsversuche sind in jedem Einzelfall anders. Trotzdem lassen sich verschiedene Grundmuster erkennen, die wir hier darstellen möchten. Wenn Ihnen diese Grundmuster und die Gegenstrategien geläufig sind, können Sie auch im konkreten Einzelfall leichter die Angriffsrichtung erkennen und parieren.

Die im Folgenden beschriebenen Tricks sind häufig eine Mischung aus Argumentation und Rhetorik. Nicht selten handelt es sich um eine Pseudoargumentation, die das persönliche Kosten-Nutzen-Kalkül des Angesprochenen zu beeinflussen sucht. Da bei den Tricks die Grenzen zwischen Argumentation und bloßer Manipulation unscharf sind und beides oft gemeinsam auftritt, wollen wir diese Tricks auch umfassend ansprechen. Auch der scheinbar nur Gefühle ansprechende rhetorische Trick enthält ein argumentatives Element, das die logische Verknüpfung mit einem durch die Formulierung verdeckten Ziel herstellen soll. Wir verstehen hier das Rhetorische als den umfassenderen Bereich, der als Teilkomponente die Argumentation enthält (Literatur zur rhetorischen Argumentation: z.B. Lay 2003, 2006; Rother 1988; Weidenmann 1980).

Umgang mit rhetorischen Tricks

Wir möchten Ihnen hier faule rhetorische Tricks vorstellen, deren Anwendung wir nicht für wünschenswert halten. Denn sie erschweren Gesprächsergebnisse, die beide Seiten für fair und befriedigend halten. Da sich aber nicht alle Menschen an Fairnessregeln halten (und das oft nicht einmal merken), sollten Sie gewappnet sein und sich zu wehren wissen. Dazu soll Ihnen dieser Abschnitt helfen.

Die Grenzen zwischen einem geschickten, aber noch fairen Schachzug in einem Gespräch und einem faulen Trick sind natürlich fließend. Sie hängen maßgeblich von den sachlichen Gegebenheiten und dem Aggressivitätsniveau der Auseinandersetzung ab. Wenn Sie jemand beleidigt, müssen Sie anders reagieren als bei einer sachlichen Meinungsverschiedenheit.

B

Beispiel: Jemand sagt zu Ihnen: „Meiner Meinung nach ist Ihr Vorschlag nicht akzeptabel." Sie antworten: „Was sind Ihre Gründe für diese Meinung?" Das ist bei einem sachlichen Gespräch völlig in Ordnung. Wenn aber jemand zu Ihnen sagt: „Sie sind ein totaler Idiot!", und Sie antworten: „Was sind Ihre Gründe für diese Meinung?", ist das nur noch komisch – und zwar auf Ihre Kosten. Sie kommen im Regelfall nicht um eine aggressive Replik herum (Zurückweisung, Gegenangriff, Gesprächsabbruch usw.). Trotzdem können Sie, nachdem Sie Ihre Konfliktfähigkeit demonstriert haben, wieder anbieten, das Gespräch auf eine sachliche Ebene zu bringen, falls Ihnen das Gesprächsziel wichtig ist.

Also: Im Normalfall sollten Sie Ihre Kenntnis argumentativ-rhetorischer Tricks nur benutzen, um sich ihrer zu erwehren. Falls aber andere eine Auseinandersetzung immer mehr zuspitzen (Beispiel Beleidigung), kommen Sie vielleicht im Notfall nicht um die Anwendung rhetorischer Tricks herum.

Weil in einer Äußerung mehr als nur ein Trick anklingen kann, enthält die Kategorienbildung eine gewisse Beliebigkeit, die aber für praktische Zwecke nicht weiter problematisch ist. In der Systematik folgen wir einem in der Kommunikationspsychologie üblichen Schema: Sender (im unmittelbaren Gespräch = Sprecher), Nachricht und Empfänger (Zuhörer).

Bei den folgenden Kategorien argumentativ-rhetorischer Tricks werden zunächst einige Beispiele zur Veranschaulichung angeführt, dann die Wirkungsweise beschrieben und schließlich Gegenstrategien dargestellt.

5.5.1 Der Sender macht sich wichtig: Beeindrucken

Der Sprecher macht sich mit Informationen über seine eigene Person wichtig, die nicht direkt etwas mit dem eigentlichen Thema zu tun haben.

Durch Wissen imponieren

Beispiele

a) „Dazu hat ja auch Stanley Millwood in seinem letzten Buch etwas geschrieben. Aber das ist ja eigentlich von seinen Fachkollegen Bayes und Fisher schon widerlegt worden.“
b) „Selbst der Bürgermeister ist von dieser Firma geschmiert worden. Die Einzelheiten werden aber erst in einer Woche in der Zeitung stehen.“

Wirkungsweise

Experten- oder Insiderwissen, das für den Argumentationszusammenhang bedeutungslos ist oder dessen Relevanz unbewiesen bleibt, lässt man nebenbei einfließen, um zu imponieren. Bei so viel vermeintlicher Kompetenz erscheint Widerspruch psychologisch riskanter.

Gegenstrategie

Führen Sie das Gespräch auf das eigentliche Thema zurück, z. B. (zu a): „Was sind nun *Ihre* Argumente?" „Was trägt das zur Lösung unseres Problems bei?"

Durch Status- und Prestigesymbole beeindrucken

Beispiele

a) „Neulich kritisierte ich in einer Diskussion diese Konzeption gegenüber dem Bundeswirtschaftsminister. Aber er wich auf seine altbekannten Argumente aus."

b) „Da ich jahrelang in der Funktion X tätig war, weiß ich, was es heißt, wenn ..."

c)„Nur meinem Porsche habe ich es zu verdanken, dass ich noch rechtzeitig zu der Verabredung mit dir gekommen bin. Und nun, liebe Gabi, wirst du mir doch auch einen kleinen Wunsch erfüllen ..."

Wirkungsweise

Hier versuchen die Sprecher anstelle von Wissen mit Kontakten, sozialen Positionen, Luxusgütern Eindruck zu machen. Nicht immer müssen solche Bemerkungen unsachlich sein; sie sind es dann nicht, wenn sie in einem inhaltlichen Zusammenhang zum Gesprächsthema stehen. Das lässt sich nur im konkreten Gespräch beurteilen. Außerdem: Andere Menschen mit den äußeren Zeichen von Erfolg, Prestige und Reichtum oder aber auch körperlicher Attraktivität zu beeindrucken, wird immer eine Größe in der zwischenmenschlichen Kommunikation sein. Dahinter stehen nicht nur gesprächstaktische Absichten, sondern auch grundlegende menschliche Bedürfnisse nach Beachtung, Anerkennung und in der Regel auch Wertschätzung.

Gegenstrategie

Ironie

Hier gilt das Gleiche wie in der vorigen Kategorie über Angeberei mit Wissen. Wenn jemand gar zu dick aufträgt, kann man auch mit Ironie und Spott darauf reagieren, (zu b): „Bei Ihrer Erfahrung wird Ihnen vielleicht nicht entgangen sein, dass ..."

5.5.2 Pseudoplausibilität der Nachricht: Suggestionstechniken

Informationen und Meinungen werden so präsentiert, dass sie auf der Ebene des Sachinhalts argumentativ zwingend erscheinen sollen, ohne tatsächlich eine Begründung zu liefern.

Meinungen als Tatsachen ausgeben

Beispiele – als Floskeln

a) „Lassen Sie mich mal sagen, wie es wirklich ist."

b) „Die Tatsachen sehen doch so aus ..."

c) „Lassen Sie sich nichts vormachen! Die Fakten sprechen für sich."

Weniger floskelhaft

d) „Hansens Aussprüche auf unserem letzten Vereinsfest beweisen eindeutig, auch wenn er noch so angesäuselt war, dass er für den Vorstand absolut nicht in Frage kommt."

Wirkungsweise

Fakten sind im Hinblick auf Bewertungen und Entscheidungen oft ganz unterschiedlich zu interpretieren. Denken Sie zum Beispiel an die Ergebnisse von Landtags- und Bundestagswahlen (zumindest bei uns unbestrittene Fakten) und wie sie von Politikern verschiedener Parteien am Wahlabend vielfältig gedeutet werden.

Variante 1: Ohne Beweisversuch wird eine Meinung als Tatsache formuliert. Beispiel: „Es ist eine Tatsache, dass unsere Partei ohne unseren Spitzenkandidaten lange nicht so viele Stimmen erhalten hätte." Solange keine weiteren Belege vorliegen, kann man genauso gut das Gegenteil behaupten: „Es ist beachtlich, dass die Partei trotz dieses Spitzenkandidaten dieses Ergebnis erzielen konnte."

Variante 2: Ein Faktum, das als Einzelereignis bestätigt ist, wird auch in verallgemeinerter Form als Faktum ausgegeben. Beispiel: „Der Angeklagte hat bereits vor 2 Jahren das Gericht belogen. Deshalb wird er immer wieder lügen." Gerade emotionalisierende Ereignisse, die als Beispiele angeführt werden, üben auf Zuhörer eine stark suggestive Wirkung aus, auch wenn sie die generelle Aussage nur illustrieren, aber nicht beweisen. Beispiel: „Seitdem mein Klient sich ausreichend mit Pornofilmen versorgen kann, belästigt er keine Frauen mehr. Wenn das kein Beweis ist, dass die Freigabe der Pornografie die Zahl der Sexualdelikte senkt!" Der berichtete Einzelfall ist sicher kein Beweis. (Das schließt natürlich nicht aus, dass die These richtig ist, nur ist sie nicht bewiesen.)

Gegenstrategien

Gegenthese als plausible Option

Decken Sie auf, dass es sich um unbewiesene Behauptungen handelt. Zeigen Sie, dass sich die Gegenbehauptung genauso plausibel formulieren lässt. Weisen Sie ggf. auf die Unzulässigkeit von Übertragungen bzw. Verallgemeinerungen hin. Ein oder einige Beispiele beweisen noch keine allgemeine Aussage. Bringen Sie Gegenbeispiele. Übrigens kann Ihr Diskussionsgegner auch umgekehrt eine Äußerung von Ihnen so verallgemeinern, wie Sie sie gar nicht gemeint haben, wie er Sie aber besser angreifen kann. Stellen Sie dann noch einmal den Geltungsbereich Ihrer Aussage klar.

Auf Autoritäten berufen

Beispiele

a) „Nicht ich sage das, sondern von X (Autorität) stammt die Auffassung, dass ..."

b) „Sie werden doch nicht Ihrem eigenen Parteivorsitzenden widersprechen, der kürzlich behauptet hat, ..."

c) „Ihnen ist sicherlich folgende höchstrichterliche Entscheidung bekannt: ..."

Wirkungsweise

Dem Kritiker will man die Last aufbürden, gegen eine von ihm anerkannte Autorität zu argumentieren. Der Sprecher muss selbst nicht unbedingt die Autorität akzeptieren; auf jeden Fall müssen aber der oder die Angesprochenen an sie glauben. Die Autorität muss keine Person sein, sondern es kann sich auch um eine Institution (z.B. Bundesregierung, Vatikan, Fernsehen) oder einen Text (z.B. Grundgesetz, Bibel, Marx-Engels-Werke) handeln.

Gegenstrategie

anderslautende Aussagen zitieren

Überlegen Sie sich, ob die Aussage der Autorität wirklich für die konkrete Situation gemeint war. Meistens lässt sich das anzweifeln. Manchmal kann man auch die Gegenposition mit Zitaten der Autorität belegen (z. B. Bibel, Bundesregierung, Gesetze).

Prüfen Sie die Übertragbarkeit auf den konkreten Fall: „Heute (oder: in diesem Fall) sind die Bedingungen ganz andere."

Bezweifeln Sie ggf. die spezielle Kompetenz: „Prof. Meier ist zwar eine Kapazität als Jurist, aber auf dem Gebiet des Sicherheitsrisikos von Atomkraftwerken weiß er nicht mehr als jeder Durchschnittsbürger."

Wenn für Sie die Autorität gar keine ist, können Sie diese auch direkt angreifen: „Wie zuverlässig die Prognosen von X sind, zeigt ja seine völlig falsche Einschätzung von …"

Sprichwörter und Bonmots

Beispiele

a) „Es ist noch kein Meister vom Himmel gefallen."

b) „Was Hänschen nicht lernt, lernt Hans nimmermehr."

Wirkungsweise

Solche Sprüche haben eine unmittelbare Plausibilität. Manche sehen in Sprichwörtern über viele Jahrhunderte gewonnene Volksweisheiten. Bonmots sind auf ihre Weise treffend formuliert. Doch lassen sich oft Bonmots und Sprichwörter finden, die mit derselben suggestiven Wirkung das Gegenteil behaupten (s. „Hänschen" und „Meister").

Gegenstrategie

gegenteiliges Sprichwort zitieren

Versuchen Sie, ein gegenteiliges Sprichwort zu finden.

Zeigen Sie die Unzulässigkeit der Analogisierung und Verallgemeinerung auf. Nennen Sie konkrete Beispiele.

Andeuten

Beispiele

a) „Abgesehen davon, dass sich das nicht realisieren lässt …"

b) „Fast hätte ich gesagt, das ist eine Lüge."

c) „Meine Damen und Herren, ich möchte Sie nicht damit langweilen, die vielen Fehler und Ungenauigkeiten meines Vorredners aufzuzeigen. Die haben Sie wohl selbst schon bemerkt. Stattdessen …"

Wirkungsweise

Man will eine Meinung oder Person in Zweifel ziehen, ohne es direkt zu begründen, und hofft, dass erstens nicht dagegen argumentiert wird und zweitens doch etwas bei den Zuhörern hängen bleibt.

Der Kritikinhalt wird eventuell als so selbstverständlich dargestellt, dass man die Zuhörer (als die Dritten) nicht mit einer Begründung langweilen möchte.

Gegenstrategie

Andeutung so nicht stehen lassen

Lassen Sie eine solche Andeutung nicht unwidersprochen. Fordern Sie zur Präzisierung auf, (zu a): „Warum lässt sich das Ihrer Meinung nach nicht realisieren?“, (zu b): „Sagen Sie klar, ob Sie das eine Lüge nennen wollen!“

Sie können dies auch mit etwas Ironie würzen, (zu c): „Wenn Sie schon so viele Fehler in meiner Rede entdeckt haben, wird es Ihnen sicher nicht schwerfallen, wenigstens einige zu belegen.“ Ist der Angesprochene dazu nicht in der Lage, hat er schlechte Karten („ein Schwätzer“), und Sie können ihm verleumderische Absichten vorwerfen, denn um so etwas handelt es sich ja.

Versteckte Ablehnung: Ja-aber-Technik

Beispiele

a) „Ich finde den Grundansatz Ihrer Idee sehr einleuchtend. Aber in diesem konkreten Fall sollte man doch …“

b) „Ich bin ja auch für eine Erleichterung der Prüfungen. Aber wohin soll das führen? Am Ende schicken wir jedem auf Anfrage das Diplom per Post nach Hause.“

c) „Ihr Vorschlag hört sich überzeugend an. Aber aus einer bestimmten Ecke kann ich mir folgende Kritikpunkte vorstellen …“

Wirkungsweise

Zuerst wird der Gesprächsteilnehmer mit einer scheinbaren Zustimmung eingelullt. Er soll sich in der trügerischen Hoffnung wiegen, der andere sympathisiere mit seiner Idee. Dann folgt aber hintenherum eine sich verständnisvoll gebende Ablehnung, die man entweder anderen in die Schuhe schiebt (Bsp. d) oder durch eine extremisierende Übertreibung begründet (Bsp. b, mit dem gedachten Zusatz: „Und das wollen wir doch beide nicht!“)

oder die nur ausnahmsweise für den konkreten Fall gelten soll (Bsp. a).

Auf Außenstehende wirken diese Ja-aber-Kritiker besonders unvoreingenommen und verständnisvoll.

Aber: Bei den angeführten Beispielen handelt es sich allerdings nur dann um einen faulen Trick, wenn die Sprecher nicht aufrichtig sind und lediglich aus taktischen Gründen so argumentieren. Wenn z. B. jemand tatsächlich eine gute Idee im konkreten Fall als nicht anwendbar ansieht, dann ist das natürlich eine legitime Äußerung.

Gegenstrategien

Bitten Sie um eine Präzisierung, (zu a): „Was finden Sie am Grundsatz gut? Was spricht gegen seine Anwendung im konkreten Fall?"

inneren Widerspruch nutzen

Zeigen Sie den inneren Widerspruch in der Ja-aber-Äußerung auf, z. B. (zu b): „Am Anfang sind Sie für Prüfungserleichterungen, am Ende dagegen. Sie können doch aber nur für eines sein!"

5.5.3 Zuckerbrot und Peitsche für den Empfänger: Belohnung und Bestrafung

Der Person des Empfängers wird für den Fall der Zustimmung Angenehmes (z. B. Komplimente) bzw. die Vermeidung von Unangenehmem (z. B. Tadel) in Aussicht gestellt, oder er wird, falls er bereits Kritik geübt hat, durch Angriffe auf seine Person unter Beschuss genommen; in jedem Fall geht es um die Person des Empfängers und nicht so sehr um die Sache.

Bonbon in Aussicht stellen: zustimmungsabhängige Belohnung

Beispiele

a) „Sie haben bisher stets moderne Lösungen unterstützt, auch wenn die Mehrheit noch nicht so weit war. Ich bin mir deshalb sicher, dass Sie auch meinen Vorschlag …"

b) „Aus Ihrer 5-jährigen Tätigkeit als Betriebsratsvorsitzender wissen Sie, was unserem Unternehmen nottut. Schon von daher dürfen wir mit Ihrer Unterstützung für unsere neue Regelung rechnen, dass …"

c) „Ich freue mich, dass Sie die Einladung zu unserer Party heute angenommen haben und gekommen sind ... Vielleicht können wir uns noch schnell über folgende Punkte einigen: Ihre Sekretärin ist ja durch die Reorganisation Ihrer Abteilung weniger ausgelastet ..." (gekürzt).

Wirkungsweise

Nur für den Fall der unterstellten Zustimmung wird das in der Äußerung enthaltene Lob, die Schmeichelei realisiert. Andernfalls ist es in Frage gestellt.

Eine besondere Variante besteht in der Technik des Einwickelns: Es werden eine freundschaftliche Atmosphäre geschaffen und Gefälligkeiten erwiesen, die eine vage Verpflichtung enthalten können; die Ablehnung eines Vorschlags, auch wenn er mit der augenblicklichen Situation in keinem Zusammenhang steht, erscheint dann als unhöflich (z. B. in der Rolle des Gastes) und erschwert das Nein (Bsp. c).

Gegenstrategien

Einwicklungstaktik abblocken und sich auf die Sache beziehen, (zu a): „Vielen Dank für Ihr Kompliment. Früher haben Sie das leider nicht so gesehen. Aber um zur Sache zu kommen ..."

Begründungsumkehr

Lob aufgreifen und für Gegenargumente in die Waagschale werfen (Begründungsumkehr), z. B. (zu b): „Gerade aus meiner 5-jährigen Tätigkeit als Betriebsratsvorsitzender muss ich erhebliche Bedenken gegenüber Ihrem Vorschlag anmelden ..."

(Zu c) Auf spätere Besprechung im sachlichen Rahmen verschieben: „Ich würde mich freuen, wenn wir das übermorgen im Betrieb besprechen könnten, so dass ich Sie jetzt nicht so sehr von Ihren Gastgeberpflichten abhalten muss." Im Einzelfall überlegen, auf wen man sich einlässt und welche „Anträge" in geselliger Runde an einen herangetragen werden könnten. *Aber:* Sie sollten nun nicht ständig mit Argwohn im Herzen Einladungen zu Essen, Partys usw. folgen. Bei Verhandlungen z. B. kann es auch in beiderseitigem Interesse liegen, einmal in einer anderen, weniger förmlichen Umgebung miteinander zu reden.

Verstecktes Drohen: zustimmungsabhängige Vermeidung von Bestrafung

Beispiele

a) „Getraust du dich, uns in dieser Sache zu unterstützen?"

b) „Da müsste man ja von gestern sein, wenn man diesen Entwurf nicht annimmt."

c) „Befürworten Sie nicht auch eine Gleichbehandlung der Geschlechter?"

Wirkungsweise

Die Äußerungen sind so konstruiert, dass jemand, der ablehnt, in negativem Licht erscheint. Im Bsp. c wird zudem jemandem – als scheinbare Konsequenz einer Aussage – eine Position unterstellt, mit der er eigentlich nicht identifiziert werden möchte; er kann jetzt umso besser unter Druck gesetzt werden.

Gegenstrategien

Unterstellung ansprechen

Lassen Sie sich keine Angst einjagen, sondern sprechen Sie die Unterstellung direkt oder ironisch an. Ordnen Sie, falls möglich, dem bei Ihnen kritisierten Verhalten eine für Sie günstige Bedeutung zu.

Zu a): „Das hat nichts mit Mut zu tun. Im Gegenteil: …"

Zu b): „Vielleicht bin ich von gestern, aber …"

Korrigieren Sie ggf. eine verzerrte Darstellung Ihrer Position, (zu c): „Hier geht es nicht um …"

Eigene Person an das Argument hängen

Beispiele

a) „Ich habe dieses Fach 5 Jahre an der Uni studiert, und Sie wollen mir doch nicht weismachen, dass ich mich da irre."

b) „Sie werden mich doch nicht als reaktionär bezeichnen wollen!"

c) „Ich habe jetzt einen Monat an dieser Sache gearbeitet. Soll das alles falsch sein?"

Wirkungsweise

Das Argument wird so formuliert, dass eine Ablehnung des Arguments auch eine Ablehnung oder Abwertung der Person bedeutet. Damit werden die sozialen „Kosten" für den Kritiker durch das aufgezwungene Ad-personam-Argument erhöht. Der Ton kann zwischen drohend und bittend variieren.

Gegenstrategie

Argument von Person trennen

Trennen Sie das Argument von der Person und sprechen Sie die Sache gezielt an, z.B.: „Zur Diskussion steht nicht die Qualität Ihrer Universitätsausbildung. (Die möchte ich nicht anzweifeln.) Nur glaube ich nicht, dass Sie in diesem speziellen Punkt recht haben."

Der hier besprochene Trick macht natürlich nur Sinn, wenn der Empfänger eine Kränkung oder gar einen Abbruch des Kontakts vermeiden möchte. Sonst könnte man den rhetorischen Schwung auf den Sender zurückwirken lassen. Etwa als Antwort auf Bsp. a: „Ich frage mich auch, was Sie die ganze Zeit an der Uni gemacht haben."

Kritiker verunsichern und diskreditieren

Beispiele

a) „Sie halten das für unrealistisch? Machen Sie's doch erst mal besser, bevor Sie kritisieren."

b) „Wie alt sind Sie denn? ... Dann sind Sie auch zu alt (jung), um das zu kapieren."

c) „Sie riechen ja schon nach Erde!"

d) „Nach dem letzten Reinfall, den wir mit dir erlebten, würde ich den Mund nicht so aufreißen."

e) „Sind Sie sich da ganz sicher?"

Wirkungsweise

Es wird nicht auf den Inhalt eingegangen, sondern die Person selbst wird als unglaubwürdig oder inkompetent dargestellt und unsicher gemacht.

Gegenstrategien

Zu inhaltlicher Stellungnahme auffordern

Wenn Sie auf einer sachlichen, unpolemischen Ebene bleiben wollen, dann weisen Sie darauf hin, dass nicht auf Argumente eingegangen wurde. Fordern Sie dazu auf, sich Ihren Argumenten zu stellen. Z.B. (zu e): „Sie sollten sich mehr auf meine Argumente als auf meine persönliche Einschätzung verlassen."

Vielleicht fallen Ihnen auch witzige Repliken ein, z.B. (zu a): „Man muss nicht Eier legen können, um festzustellen, dass eins faul ist." Wenn Sie dieselbe Killerphrase immer wieder hören, überlegen Sie sich im stillen Kämmerlein eine passende Antwort und servieren Sie sie bei der nächsten passenden Gelegenheit. Schlagfertig wirkende Antworten kann man für absehbare Situationen schon vorproduzieren.

5.5.4 Übung: Reaktionen auf rhetorische Scheinargumente

Die Teilnehmer ordnen die rhetorischen Scheinargumente auf der folgenden Liste zunächst der entsprechenden Kategorie zu. Dann schreibt jeder in Stillarbeit eine geeignete Antwort auf die rechte Seite. Wichtig ist der Trainerhinweis, dass sowohl ein Nachgeben als auch bloße Gegenaggression zu vermeiden sind (Stillarbeit ca. 5 Min.). Anschließend können im Plenum die notierten Antworten (etwa 3–4 pro Statement) auf ihr soziales Bedeutungsumfeld hin analysiert werden. Bei einer dynamischeren Variante fordert der Teilnehmer a den Teilnehmer x (zufällig bestimmt) auf, das vorgegebene Statement (Scheinargument) vorzulesen. Teilnehmer a reagiert mit seiner notierten Antwort. Nun reagiert x mit einer Stegreifreplik auf die Antwort von a. Es folgt eine Besprechung dieser kleinen Wechselrede und dann weiterer schriftlicher Repliken anderer Teilnehmer. Entsprechend wird mit den übrigen Statements verfahren.

Rhetorische Scheinargumente und Ihre Reaktion?

Rhetorische Äußerung	*Antwortmöglichkeit*
1) Ich bin hier schon lange als Verkäufer tätig. Aber ich sage, ich habe nur wenige Kunden kennen gelernt, die sich so gut auskennen wie Sie. Ich bin mir deshalb ziemlich sicher, dass auch Sie das Gerät Delta 2000 als das zurzeit beste auf dem Markt beurteilen.	
2) Aber der Papst hat doch etwas ganz anderes zur Sexualmoral gesagt als das, was Sie als praktizierender Katholik jetzt von sich geben!	

Rhetorische Äußerung	*Antwortmöglichkeit*
3) Nur ein Depp kann daran zweifeln, dass Bayern München deutscher Meister wird!	
4) Wieso soll der junge Hübner vertrauenswürdiger als sein Vater sein? Der Apfel fällt nicht weit vom Stamm.	
5) Reinhold Messner ist der größte Bergsteiger aller Zeiten. Du willst ihn kritisieren und kannst nicht einmal den vierten Schwierigkeitsgrad klettern!	
6) Ich habe 22 Jahre Berufspraxis. Sie können mir deshalb getrost glauben, wenn ich Ihnen das sage!	
7) Bleiben wir doch bei den Fakten! Es ist eine Tatsache, dass die Amerikaner in den nächsten 10 Jahren ihr Haushaltsdefizit nicht beseitigen werden!	
8) Lassen Sie sich diese Frechheit bieten?	
9) Wir haben seit fünf Jahren vertrauensvoll und zur beiderseitigen Zufriedenheit Geschäfte miteinander gemacht. Sie werden mich doch jetzt nicht als Lügner bezeichnen wollen!	
10) Solange du als mein Sohn deine Füße unter meinen Tisch stellst, hast du gefälligst zu parieren!	
11) Ich möchte ja nicht direkt sagen, dass Sie unsauber gearbeitet haben. Aber wenn ich das so vergleiche!	

6 Diskussion, Besprechung und ihre Leitung

Diskussionen können Sie auf folgenden Ebenen analysieren und ggf. beeinflussen:

1. Argumentation
2. Inhaltlicher Gesamtablauf
3. Gruppenprozesse

Mit Argumentation meinen wir hier die logische Feinstruktur, die Plausibilität der einzelnen Aussagen. Der inhaltliche Gesamtablauf bezeichnet die thematische Grobstruktur einer Diskussion, bei der einzelne Argumentationen nur Teilelemente unterschiedlicher Wichtigkeit darstellen. Mit Argumentation haben wir uns im vorangegangenen Kapitel beschäftigt. Bei ihr steht der einzelne Sprecher oder er und sein Gegenüber im Blickfeld. Der Gesamtablauf einer Diskussion und die Gruppenprozesse, insbesondere ihre Steuerung, sind das Thema des folgenden Kapitels (zum Punkt „Meinungsbildung in Gruppen" vgl. 5.4 und 8.2.1).

6.1 Die sachlich-logische Dimension: die entscheidenden Weichenstellungen für einen effizienten Ablauf

Diskussionen, Arbeitsgruppensitzungen, Besprechungen, Konferenzen laufen häufig langatmig und unstrukturiert ab. Die Ergebnisse sind nicht selten von zweifelhafter Qualität. Firmen und Behörden geben deshalb viel Geld aus, um ihre Mitarbeiter in einer effizienten Führung von Gruppengesprächen zu schulen (Ennen/Günther 1996).

Die folgenden Fragen und Tipps sollen helfen, eine Diskussion zielorientiert zu strukturieren. Anschließend geht es um die Steuerung von Gruppenprozessen. Schließlich wollen wir Empfehlungen für Besprechungen und Konferenzen spezifizieren. Die folgenden Fragen können Sie als Prüfliste benutzen, um aktuelle Diskussionen zu überprüfen und ggf. einzugreifen.

1. Um was geht es genau? Was ist das Hauptthema? Was sind Nebenthemen? Was sollte ergänzt werden? Was soll ausgeklammert werden?

Manchmal ist es Meinungssache, was zum Wesentlichen und was zum Unwesentlichen gehört. In der Regel wird ein Diskutant die Bereiche als Hauptthemen festlegen wollen, in denen er meint, besonders viele Pluspunkte sammeln zu können.

B

Beispiel: Ein Anhänger der Regierungspartei wird die Themen oder die Aspekte eines Themas bevorzugen, bei denen die Regierung gut abschneiden dürfte. Ein Anhänger der Opposition wird dagegen Misserfolge und Skandale der Regierung in den Vordergrund rücken wollen. Bei einem Dissens über eine Themenabgrenzung müssen die unterschiedlichen Themenwünsche zur Sprache kommen können. Falls dies nicht möglich ist (z.B. wegen Zeitdruck), muss man sich thematisch oder zeitlich (Redezeitbegrenzung) beschränken (ggf. über Mehrheitsbeschluss) oder die Diskussion zu einem späteren Zeitpunkt fortführen.

Konzentration auf das Wesentliche

Häufig ist jedoch das Abschweifen auf Nebenthemen durch mangelnde geistige Disziplin von Rednern oder durch ihre fehlende Übersicht über das Themengebiet bedingt. Konkretheit im Gespräch fördert die Verständlichkeit und die Übersicht (Günther/Groeben 1978).

2. Themenabfolge klären: Was soll zuerst, was anschließend diskutiert werden?

erst Ziel, dann Weg

Wenn man z.B. noch keine generelle Entscheidung getroffen hat, soll man noch nicht über praktische Details einer noch nicht gewählten Option diskutieren. Beispiel: Wenn zwei Menschen gemeinsam verreisen wollen, brauchen sie sich noch nicht über den Reiseweg zu einem Urlaubsziel zu streiten, solange dieses nicht feststeht. Gelegentlich kann allerdings die Einsicht in große Realisierungsschwierigkeiten einer Option in einer logischen Schleife zu einer neuen und anderen allgemeinen Entscheidung führen. Wenn man in unserem Beispiel etwa erfährt, dass eine geplante Autoreise in den Kaukasus mit sehr großen Versorgungsproblemen verbunden ist, kann man wieder zu einer logisch früheren Phase zurückkehren und ein anderes Reiseziel in Betracht ziehen.

Eine systematische Anleitung zur Strukturierung von Problemlösungsdiskussionen bietet das kybernetische Modell (s. 6.3.3).

3. Reichen die Informationen aus? Wo fehlen noch wichtige Informationen? Wie sind sie zu beschaffen? Wie zuverlässig sind vorhandene Informationen? Wo soll eine weitere Informationsbeschaffung abgebrochen werden, da sie unergiebig oder überflüssig ist?

Informationsvoraussetzungen klären

Diskussionen sind ineffektiv, wenn wichtige Informationen fehlen, die beschafft werden können. Beispiel: Man streitet sich in einer Firma, was zu tun wäre, wenn die Gesetzeslage so wäre oder aber andersherum (etwa: Einfuhrvorschriften in ein Ausland). Hier ist die Diskussion zu vertagen, bis die relevanten Informationen vorliegen.

Aber auch in der Diskussionsrunde selbst sind durch Fragen andere wichtige Informationen zu erhalten. Wenn Sie bei einer Diskussion einen unterschiedlichen Gebrauch von Begriffen bemerken, dann bitten Sie um eine Erläuterung und beschreiben ggf. Ihre Begriffsverwendung. Eine definitorische Einigung ist nicht unbedingt erforderlich (Zeitaufwand), man muss nur wissen, was der andere meint. Wir wollen aber nicht blauäugig Fragen als in jedem Fall problemlos darstellen. Bei bestimmten Fragen (z.B. nach einem Fachausdruck) wird der Fragesteller von manchen als inkompetent angesehen. Bei einer guten Gruppenatmosphäre dürfte das nicht vorkommen. Aber da diese nicht immer gegeben ist, muss man sich auch da zu helfen wissen. In diesem Fall etwa: „Der Begriff x wird unterschiedlich verwendet. Können Sie bitte erläutern, wie Sie ihn verstehen?“

4. Was sind die zentralen Thesen und Argumente einer Position? Sind die Kerngedanken klar? Was sind die wichtigsten Gegenargumente?

Um sich die Logik einer Position klarzumachen, sollten Sie sie nach dem Muster der Fünf-Satz-Strukturen gliedern (vgl. 5.3). Hier wird deutlich, was These und Begründung sind und was die Gegenposition besagt.

Anwalt des Teufels

Gerade wenn innerhalb einer Gruppe ein hohes Maß gemeinsamer Überzeugungen besteht, ist das Risiko hoch, dass man die Gegenargumente zur eigenen Position, zum eigenen Plan übersieht. Man spricht dann von Gruppendenken (Janis 1972, 1982). Eine Gegenmaßnahme ist die Rolle des Advocatus diaboli (Anwalt des Teufels). Ein Gruppenmitglied erhält die Aufgabe, möglichst viele und gute Argumente gegen die allgemein akzeptierte Position vorzubringen. Er braucht dabei selbst nicht von diesen Argumenten überzeugt zu sein. Weitere Maßnahmen gegen Gruppenborniertheit: Die Gruppe teilt sich zeitweilig in zwei

Untergruppen, die das Problem unabhängig voneinander diskutieren. Ist in einer Organisation der Vorgesetzte der Diskussionsleiter, sollte er oder sie sich zunächst mit Bewertungen zurückhalten und zur Äußerung unterschiedlicher Meinungen ermuntern. Sachkundige außenstehende Personen können gelegentlich zur Diskussion eingeladen werden.

5. Was sind die eigenen Ziele? Welche der Ziele stehen eventuell in Konflikt miteinander? Wie sollen dann die Prioritäten aussehen? Was sind die Ziele und Interessen anderer Diskussionsteilnehmer? Wie wirken sich bestimmte Positionen und Maßnahmen auf die Ziele der Gruppe oder einzelner Mitglieder aus? Oder: Cui bono? (Wem zu Nutzen?)

Bei dieser Abfolge der Prüfliste nehmen wir den Fall an, dass Sie inhaltlich noch nicht festgelegt in eine Diskussion gehen. Sie versuchen zunächst, sich die Sachverhalte und Positionen klarzumachen (siehe oben). Dann überlegen Sie sich Ihre Ziele und treffen dann unter Berücksichtigung der unten stehenden Punkte Ihre Entscheidung. Bringen Sie dagegen selbst einen Vorschlag ein, steht in der Vorbereitung Ihres Beitrags Ihre Zielbestimmung am Anfang (vgl. Planung und Durchführung des Fünf-Satzes, 5.3.2).

Zielkonflikte und -prioritäten

Bei der Zielbestimmung reicht es nicht immer, wünschenswerte Ziele aufzulisten. Denn nicht selten verhindert die Berücksichtigung eines Zieles die Erreichung eines anderen. So können Moral und Effizienz in Konflikt stehen. Öffentliches und privates Interesse können sich widersprechen: Ein Industrieunternehmen, das mit großem Aufwand seine Umweltbelastung vermindert, nutzt dem öffentlichen Interesse, gerät aber in Konflikt mit dem Ziel, seinen Ertrag zu steigern. Deshalb müssen konfligierende Ziele analysiert und anschließend nach ihrer Wichtigkeit beurteilt werden.

6. Formulieren und bewerten Sie mehrere alternative Handlungsmöglichkeiten (Optionen)! Die Handlungsmöglichkeiten sind die Mittel zur Zielerreichung. Überprüfen Sie die Handlungsmöglichkeiten auf ihre unterschiedlichen Effekte, auf Ihre verschiedenen Ziele. Mit anderen Worten: Analysieren Sie ihre Vor- und Nachteile! Beurteilen Sie Aufwand und Realisierungschancen einer Option! Reichen die eigenen Mittel aus? Werden eigene Möglichkeiten gut genutzt?

Handlungsalternativen herstellen

(Dieser und die folgenden Punkte beziehen sich auf eine Entscheidungsdiskussion, wie sie typischerweise in einer Konferenz, einem Team usw. abläuft). Wenn man mehrere Handlungsmöglichkeiten vergleichen kann, lassen sich in einer Entscheidungsdiskussion die Vor- und Nachteile besser erkennen, als wenn man auf einen einzigen Weg fixiert ist. Psychologisch fühlt man sich vielleicht auch freier, wenn man nicht nur eine einzige Option vor sich sieht. Dieser Vergleich offenbart möglicherweise auch Spannungsbeziehungen zwischen Ihren Zielen.

Nutzwertanalyse

7. Treffen Sie eine Entscheidung! Abstrakte entscheidungstheoretische Modelle geben ganz exakt an, wie man zu einer Entscheidung kommen sollte: Gewichten Sie die einzelnen Ziele (Nutzen) nach ihrer Wichtigkeit, multiplizieren Sie das mit der Realisierungswahrscheinlichkeit des Ziels (im Hinblick auf eine Option), und summieren Sie diese Produkte zu einem Gesamtnutzen auf. Dann können Sie die Gesamtnutzen der einzelnen Optionen vergleichen und zu einer exakten Entscheidung kommen. (Die Methode wird deshalb auch „Nutzwertanalyse" genannt.) Aber in der Theorie ist das einfacher als in der Praxis. Denn wie soll man den Nutzen eines einzelnen Ziels genau festlegen. (Vielleicht ist auch der subjektive Nutzen morgen anders als heute?) Und wie soll die Erfolgswahrscheinlichkeit im Hinblick auf einzelne Ziele eingeschätzt werden? Aber versuchen Sie es trotzdem einmal! Dieses Vorgehen fördert sicherlich die Übersichtlichkeit der entscheidungsrelevanten Aspekte. Eine systematische Darstellung der Entscheidungsmethodik liefert Brauchlin (1995). Eine praxisnahe Anwendung findet sich in dem Buch von Theiß und Volz (1994) über „Bewerbertraining". Thema: Auswahl eines Arbeitsplatzes bei mehreren Angeboten.

8. Wie ist die praktische Umsetzung der Entscheidung zu sichern? Achten Sie darauf, dass konkrete Aufgaben verteilt und Erledigungstermine festgelegt werden!

Realisierung festlegen

Richtige Entscheidungen gewährleisten noch keinen Erfolg. Für die Realisierung ist die eindeutige Übernahme von Realisierungsschritten durch einzelne Gruppenmitglieder wichtig. Die Aufgaben sollten nach Interessen, Fähigkeiten und zeitlichen Möglichkeiten verteilt werden.

6.2 Die soziale Dimension: Analyse und Steuerung des Gruppenprozesses

Eine erfolgreiche Diskussion und Besprechung usw. hängen nicht nur von einer inhaltlich-logischen Strukturierung ab. Die Analyse und Steuerung des Gruppenprozesses ist einerseits Voraussetzung für die Durchsetzung einer zielorientierten Strukturierung, andererseits auch wichtig für eine befriedigende Gruppenatmosphäre und zufriedene Gruppenmitglieder. Sie finden im Folgenden analysierende Fragen und Tipps für die Steuerung.

Wie beteiligen sich die Gruppenmitglieder an der Diskussion? Wie kann überhaupt die Diskussion in Gang gebracht werden?

Ein Sachkundiger kann kurz in das Thema einführen. Notfalls kann der Diskussionsleiter selbst in das Thema einführen. Er muss aber darauf achten, dass die Diskussion nicht auf ihn fixiert wird. Bei kontroversen Themen sollten die Kontrahenten schon zu Beginn ihre gegensätzlichen Positionen erläutern können. Wer zu einem Thema vermutlich etwas Wichtiges beizutragen hat, den sollten Sie ansprechen. („Frau Grabowski, mich würde hier Ihre Meinung interessieren, weil …")

Schweiger

Wie lassen sich Schweiger motivieren? Inwieweit ist das sinnvoll? Bei ihnen kann auch mit Ansprechen operiert werden. Dabei darf sich aber niemand bloßgestellt oder ertappt fühlen. Negativbeispiel: „Ich habe genau beobachtet, dass Sie die ganze Sitzung noch nichts gesagt haben. Was ist denn mit Ihnen los?" Positivbeispiel: „Herr Stiller, ich weiß, dass Sie sich mit dem Thema X beschäftigt haben. Wie sehen Sie das in diesem Zusammenhang?" (vgl. auch 2.1.4: „Fassadentechniken").

Konflikte erkennen und steuern

Wir unterscheiden hier zwischen Meinungs-, Sach- und Interessenkonflikten. Meinungskonflikte sind für das unmittelbare Handeln der Diskutanten in der Regel irrelevant (z.B. VHS-Kurse: Gibt es intelligentes Leben auf anderen Planeten? War die Nobelpreisverleihung an XY eine richtige Entscheidung?). Sachkonflikte sind für das unmittelbare Handeln relevant, aber nicht unbedingt von eigenen Interessen abhängig, sondern durch unterschiedliche Vorstellungen von Mittelwirksamkeit und Zielewertigkeit bedingt (z. B. Stadtverwaltung: Sollen wir bei Schnee die Straßen mit Streusalz oder mit Granulat bestreuen?). Bei Interessenkonflikten sind persönliche Interessen unvereinbar. (Ehepaar: Wer bekommt heute das Auto? Beide brauchen es unbedingt.) Die Unterscheidung zwischen Sach- und Interessenkonflikt ist im konkreten Fall oft nicht durchzuhalten, weil der Interessenbegriff dehnbar und die Interessenlage nicht immer erkennbar ist.

Chancen und Risiken von Konflikten

Vorteile von Konflikten: Sie fördern die Aufmerksamkeit und erhellen Meinungs- und Interessenunterschiede. Die Auseinandersetzung mit kritischen Argumenten wird erzwungen und dadurch eventuell die Qualität einer Entscheidung verbessert.

Nachteile: Durch Emotionalisierung können sich die Diskussionsteilnehmer auf bestimmte Argumente fixieren und neue Aspekte übersehen; es erfolgt dann nur noch eine ritualisierte Argumentationsabfolge. Konflikte innerhalb der Gruppe können auch ein einheitliches Vorgehen erschweren und Energien an nutzlose Auseinandersetzungen binden.

Konfliktsteuerung: Wiederholen Sie die Konfliktpunkte in versachlichender Sprache. Geben Sie das Wort an Neutrale weiter! Führen Sie im Fall absehbarer Konflikte Vorgespräche (und ggf. auch Nachgespräche). Dies gilt speziell für dauerhafte Gruppen (Teams etc.), nicht für Ad-hoc-Diskussionsgruppen. Im letzten Fall ist nur eine Kanalisierung erforderlich, etwa in der Art, dass zwei Streithähne nicht die ganze Diskussion an sich ziehen (s. auch Kap. 9 über Verhandlungsführung; allgemein: Regnet 2007; Rüttinger 2000).

Steuerung des zeitlichen Verlaufs

Wann ist ein Thema in der Diskussion zu vertiefen? (Die entscheidenden Fragen dazu finden Sie im Abschnitt über die sachlich-logische Dimension.) Wann ist der Gesprächsverlauf zu straffen?

Signale: Ein Thema leiert sich aus, Wiederholungen treten häufig auf; ein kleines Nebenthema wird über Gebühr ausgewalzt; die Informationslage lässt die Diskussion nicht sinnvoll erscheinen.

Bei einer Straffung sollten Sie auf die Akzeptanz achten: Erkennbares Desinteresse in der Gruppe, Zeitknappheit vermindern das Interventionsrisiko. Sonst widerspricht die Gruppe evtl. dem Diskussionsleiter. („Uns erscheint aber gerade dieser Punkt wichtig.“ „Dieser Beitrag ist ausgesprochen informativ und interessant und keineswegs zu lang." „Sie sollen die Diskussion moderieren, uns aber nicht vorschreiben, wem wir wie lange zuhören.")

Vielredner

Wie lässt sich der Ablauf straffen? Formal besteht die Möglichkeit eines Antrags zur Geschäftsordnung: Ende der Rednerliste oder der Debatte. Weniger formal und eventuell eleganter wäre es, z.B. bei Kontroversen gegnerische Positionen zusammenzufassen und zur Abstimmung zu bringen. Bei Langatmigkeit/Vielrednerei bietet sich eine Palette von sanften bis harten Maßnahmen an. Versuchen Sie es zunächst sanft, etwa: „Darf ich bei diesem Punkt einhaken? Er scheint mir wichtig zu sein und sollte in der weiteren Diskussion nicht untergehen. Ich glaube, Frau Schmidt hat hier eine engagierte Meinung. Bitte sehr, Frau Schmidt!" Oder: „... untergehen. Wer möchte sich dazu äußern?" (Lob als Sedativum). Oder bei einem bestimmten Punkt: „Was meinen die anderen dazu?" Bei Wiederholungen eines Redners: „Ich glaube, Ihre Position ist uns klar geworden. Sie betonen ..." (freundliche Zusammenfassung). Oder Hervorheben eines Aspekts, der einem für die weitere Diskussion wichtig erscheint: „Darf ich an dieser Stelle einen Aspekt aufgreifen, den Sie vorhin erwähnten und der mir besonders wichtig zu sein scheint ..."

Es sind auch Widerstände des Vielredners einzukalkulieren. Etwa: „Sie brauchen mich hier nicht zu wiederholen. Das, was ich zu sagen habe, ist hinreichend klar. Aber ich will zur Vertiefung folgenden Punkt ausführen." Oder: „Lassen Sie mich doch erst mal ausreden! Dann erübrigt sich vielleicht die Diskussion zu diesem Punkt." Vielleicht trifft das sogar zu. Falls man den Betreffenden weiterreden lässt, und der Optimismus erweist sich als falsch, muss man den sanften Druck intensivieren: „Kommen Sie bitte zum Ende! Ich habe noch (Zahl) Wortmeldungen auf der Rednerliste stehen." Weiter: „Ich glaube, uns ist klar, was Sie sagen wollen. Wünscht jemand, dass Herr Sigrist mit seinen Ausführungen fortfährt?" Sie sollten sich allerdings sicher sein, dass das Publikum den Redner nicht weiter hören will.

Am Ende der Interventionsskala steht der Entzug des Wortes. In extremen Fällen, etwa bei politischen Versammlungen, kann auch ein Redner, der mehrmaligen Aufforderungen, aufzuhören, nicht nachkommt, auch mit mehr oder weniger sanfter Gewalt von Saalordnern vom Mikrofon getrennt werden.

Auf den gesamten Ablauf einer Entscheidungsdiskussion bezogen ist es sinnvoll, bei der Eröffnung eines Themas zunächst eine größere Breite zuzulassen (mehr unterschiedliche Aspekte und Argumente fließen ein), gegen Mitte und erst recht gegen Ende das Gespräch zu straffen und auf entscheidbare Alternativen zu führen.

6.3 Anwendung auf die Leitung von Besprechungen und Konferenzen

Die allgemeinen Aussagen zur Steuerung von Diskussionen werden in diesem Abschnitt für die Leitung von Besprechungen und Konferenzen konkretisiert und erweitert. Zur begrifflichen Unterscheidung: Diskussionen bezeichnen üblicherweise Gespräche, in denen unterschiedliche Informationen und Ansichten eingebracht werden. (Bei der Debatte ist der Gesichtspunkt der Kontroverse noch verstärkt.) Die drei Begriffe Arbeitsgruppensitzung, Besprechung, Konferenz benennen zielorientierte Gruppen, in denen meistens die Diskussion eine wichtige Rolle spielt. Die Arbeitsgruppe (oder Team) ist in der Regel über eine bestimmte gemeinsame Aufgabe definiert. Eine Untergruppe ist die Projektgruppe, in deren Rahmen neuartige, komplexe und zeitlich befristete Aufgaben bearbeitet werden. Besprechungen und die förmlichere Konferenz sind weniger auf eine konkrete Aufgabe begrenzt und haben häufiger eine hierarchische Struktur (wenn z. B. der Vorgesetzte die Besprechung leitet).

6.3.1 Die Aufgaben eines Besprechungsleiters

1. Sie *eröffnen die Besprechung* und stellen das Thema vor. Die Einführung in das aktuelle Thema kann auch ein kompetentes Gruppenmitglied übernehmen.
2. Sie schlagen *Regeln für den Arbeits- und Gesprächsablauf* vor, falls diese unklar sind. Vermeiden Sie hier langatmige „Geschäftsordnungsdebatten". Diese demotivieren meistens. Versuchen Sie bei Widerspruch, rasch einen konsensfähigen Kompromiss zu formulieren.
3. Sie sorgen für die *Einhaltung der vereinbarten Regeln*. Achten Sie dabei auf die Akzeptanz Ihres Vorgehens. Vermeiden Sie herablassende Zurechtweisungen. Fordern Sie lieber freundlich auf. Betonen Sie den Gruppenkonsens.
4. Falls mehrere gleichzeitig reden wollen, *erteilen Sie das Wort* in der Reihenfolge der Meldung. Machen Sie deutlich, dass Sie die Redewünsche registriert haben (z. B. „Zuerst Herr Wag-

ner bitte, dann Herr Schmidt, anschließend Herr Schulz!"). Das Bewusstsein, dass man noch drankommt, vermindert die Neigung zum Dazwischenreden.

5. *Erleichtern Sie zurückhaltenden Gruppenmitgliedern* den Weg zur *aktiven Mitarbeit* (z.B. besonders aufmerksames Registrieren von Wortmeldungen; bei besonderer Sachkenntnis ansprechen). *Langatmige Beiträge* ohne erkennbaren Bezug zum Thema sollten Sie *zum baldigen Ende bringen*.
6. Versuchen Sie, das *Thema* zu *strukturieren*. Dies kann durch Fragen, durch kurze Zusammenfassungen, Herstellen von Beziehungen zwischen Argumenten usw. geschehen. Sehr hilfreich ist hier die Visualisierung.
7. Versuchen Sie, in Abstimmung mit den Teilnehmern zu einem *Arbeitsergebnis* zu kommen, ggf. *Entscheidungen* herbeizuführen, dann eine *Aufgabenverteilung* als auch *Terminfestlegungen* zu erreichen.

Was Ihre Aufgaben nicht sind

8. Sie sind *nicht der Experte*, der zu jeder Frage eine Antwort geben muss. Geben Sie eine Frage an die Gruppe oder einen tatsächlichen Experten weiter.
9. Sie sind nicht der Oberlehrer der Gruppe und *bewerten* deshalb *nicht die einzelnen Beiträge*. Wenn Sie etwas inhaltlich kritisieren wollen, tun Sie dies, aber taktvoll.

In diesem Sinn stimmen Sie sich auf Ihre Aufgaben als Besprechungsleiter ein.

6.3.2 Vorbereitung einer Besprechung

Eine gute Vorbereitung einer Besprechung ist der halbe Weg zu ihrem Erfolg.

1. Um welche *Art* von Besprechung handelt es sich: Information? Problemlösung? Entscheidungsfindung? Aufgabenkoordination? Was ist die genaue inhaltliche *Zielsetzung* der Besprechung? Können der Auftraggeber (falls vorhanden) oder andere die Zielsetzungen präzisieren? Falls Sie sich selbst die Ziele setzen, machen Sie diese deutlich. Überlegen Sie sich auch mögliche Probleme, Risiken, Gefahren, die Sie vermeiden wollen.

2. Wer kommt als *Teilnehmer* der Besprechung in Frage (Zuständigkeit, Sachwissen, soziale Kompetenzen, organisatorische Einbindung, zeitliche Verfügbarkeit usw.)?
3. In welchem *zeitlichen Rahmen* sind Ergebnisse vorzulegen? Versuchen Sie, Zwischenziele zu formulieren, und überprüfen Sie deren Erreichung.
4. *Organisation:* Sind die Einladungen rechtzeitig verschickt worden? Ist der Raum frei? Stehen Arbeitsmittel (OH-Projektor usw.) zur Verfügung?
5. Liegen allen Teilnehmern die für die Besprechung wichtigen *Informationen* schriftlich vor?
6. Sind noch *offene Punkte der letzten Besprechung* zu bearbeiten?
7. Welche *Arbeitsziele* können für die nächste Besprechung festgelegt werden?
8. Gibt es Punkte, die besser *vor der Besprechung im Einzelgespräch* geklärt werden müssten (z.B. Bitte um Vorarbeiten, Anbahnung eines Kompromisses zwischen zwei Kontrahenten)?
9. Sind im Vorfeld *Gespräche mit Personen außerhalb der Gruppe* erforderlich (z.B. Informationen von Kollegen, Vorgesetzten, Kunden usw.)?
10. Sollte ein (oder mehr) Teilnehmer im Voraus um die *Vorbereitung eines Berichts* gebeten werden?

6.3.3 Durchführung einer Besprechung

kybernetisches Modell

Die folgenden Punkte beziehen sich auf eine problemlöseorientierte Besprechung, die sowohl Ideenfindung, Strukturierung, Entscheidung als auch Umsetzung enthält. Eine problemorientierte Besprechung lässt sich logisch nach dem kybernetischen Modell strukturieren:

A. Zielbeschreibung (Soll-Zustand)

Was sollte sein? Wie sind die Ziele zu konkretisieren? Widersprechen sich einzelne Ziele (z.B. Perfektion kontra geringen Aufwand)? Wie sind die Ziele zu gewichten?

B. Situationsbeschreibung (Ist-Zustand)

Was ist? In welchen Punkten weicht der Ist-Zustand vom Soll-Zustand ab (Probleme)? Wie konnte es dazu kommen (Ursachenanalyse)? Was sind die Auswirkungen dieser Abweichungen (z.B. Kosten, Terminverzug)? Wo besteht Handlungsbedarf?

C. Maßnahmen

Welche Maßnahmen kommen zur Anpassung des Ist-Zustandes an den Soll-Zustand in Frage? Was sind ihre Vor- und Nachteile? Mit welcher Wahrscheinlichkeit führen sie zum Ziel? Nach der Entscheidung für eine oder mehrere Maßnahmen: Welche Personen führen welche Maßnahmen womit bis wann durch? Wie ist die Umsetzung zu kontrollieren? Bei der praktischen Durchführung der Besprechung beachten Sie bitte folgende Punkte:

Moderieren einer Maßnahmendiskussion

1. Lassen Sie zu Beginn eines problembezogenen Gesprächs am Anfang breit und divergierend diskutieren *(Ideensammlung)*.
2. Versuchen Sie auch vorsichtig, die *Meinung schweigsamer Teilnehmer* zu erfragen (evtl. wichtige Ideen; Vorbeugung gegenüber einer inneren Kündigung).
3. Die Ideensammlung protokolliert ein Teilnehmer für jeden sichtbar an einer *Wandtafel* (oder Flipchart, OH-Projektor) (dokumentiert gruppenöffentlich Arbeitsfortschritte, strukturiert, verschafft Überblick).
4. Kommen keine oder kaum noch neue Aspekte, beginnt die Phase der *Strukturierung*. Die verschiedenen Einfälle sind in eine Ordnung zu bringen, der letztlich die Gruppe zustimmen soll. Hier muss diszipliniert und am Thema diskutiert werden (sonst endlose Debatte).
   - Einigungen (Entscheidungen), auch vorläufiger Art, notiert der Protokollant an der Tafel (fördert Konsenserlebnis, vermindert überflüssige Diskussionswiederholungen).
   - Umstrittene Punkte, die relativ unwichtig sind, werden zurückgestellt (erledigen sich später manchmal von allein).
5. Anschließend überlegen und *planen* die Gruppenmitglieder *die Durchführung*.
   - Einzelne Mitglieder übernehmen umrissene Aufgaben (im Protokoll notieren). Ihnen wird ein persönlicher Spielraum bei der Durchführung zugestanden (erhöht Zustimmungsbereitschaft).
   - Verlieren Sie sich deshalb in der Diskussion nicht in Einzelheiten, die der Einzelne bei der Durchführung selbst

entscheiden kann. Aber die individuelle Ausgestaltung muss mit dem Gruppenkonzept übereinstimmen.

6. Bei der Durchführung, die einer *eindeutigen Koordinierung* bedarf, übernimmt ein Mitglied diese Aufgabe (Beispiel „Regisseur“). Achten Sie aber bei straffer Führung auf mögliche Brüskierungen!
7. Bei einer termingebundenen Aufgabe (Zeitdruck) sollten Sie auch *Zeitspannen* für die Diskussionsphasen „Ideensammlung“, „Strukturierung“, „Durchführungsplanung“ festlegen (hier etwa eine Drittelung; hängt aber von Aufgabe und persönlicher Einschätzung ab).
   - Denken Sie auch daran, dass in der Phasenabfolge zurückgesprungen werden kann. Dies ist zeitaufwändig (führt aber im positiven Fall zu sachlichen Verbesserungen).
   - In der Regel wird in der Anfangsphase einer Entscheidungsdiskussion zu großzügig mit der Zeit umgegangen.

6.4 Übung: „Presseinterview und Redaktionskonferenz“

LERNZIELE:

1. Fragen zu einem vorgegebenen Gesprächsthema ausarbeiten und ein entsprechend strukturiertes, aber auch flexibles Interview führen
2. aus dem Stegreif einen bisher unvertrauten Standpunkt stichhaltig vertreten (in der Rolle des Interviewten)
3. anhand von Notizen einen Bericht vortragen und gegenüber kritischen Fragen vertreten

ZEIT: je nach Teilnehmerzahl 2–3 Std.

EINFÜHRUNG: Einleitende Information, Themenvorstellung und Paarbildung: Die Teilnehmer führen als Journalisten zu einem Generalthema Interviews durch, die als Serie in einer Zeitung oder Zeitschrift erscheinen sollen. Zugleich sind sie in einem anderen Durchgang Gesprächspartner eines „Journalisten“. Das Plenum wird in zwei Hälften geteilt. Im ersten Durchgang stellt die Gruppe A die Journalisten, die Gruppe B die Interviewten. Nach der Festlegung des Generalthemas und der Zeitung/Zeitschrift überlegen sich die einzelnen Mitglieder der Gruppe B (Interviewte) Rollen, die zum Thema passen. Der Trainer schlägt in der Regel auch Rollen vor. In einer späteren

„Redaktionskonferenz" stellen die „Journalisten" ihr Interview möglichst interessant der Redaktion dar, damit ihr Beitrag in die Artikelserie gelangt.

Für den Trainer ist es einfacher, sich vorher ein Thema zu überlegen. Es lassen sich auch 2 oder 3 Themen zur Auswahl stellen. Vorteil: Der Trainer kann sich schon Rollen für die Interviews ausdenken und überlegen, welche Rolle für welchen Teilnehmer eine interessante und nützliche Herausforderung wäre (vgl. Kap. 11 über Rollenspiel).

Themenbeispiel: Artikelserie „Aids heute" in der Illustrierten „Stern". Mögliche Rollen: nicht infizierter Homosexueller, CSU-Politiker, Mitarbeiter einer Aids-Beratungsstelle, Krankenschwester, die Aidskranke betreut, HIV-infizierter Fixer, Diskobesucher mit rasch wechselnden sexuellen Beziehungen, katholischer Priester, Mutter eines aidserkrankten Bluters, Prostituierte; Mann, der wissentlich ohne Schutz mit HIV-infizierter Freundin schläft, usw.

Der Trainer kann aber auch die Gruppe um Themenvorschläge bitten. Bei der Themenauswahl ist wichtig, dass jeder durchschnittlich Informierte etwas zu dem Thema sagen kann. Also nicht: „Massaker in Burundi: tödliche Stammeskonflikte zwischen Watussis und Hutus". Das Thema sollte möglichst spannend, emotionalisierend und kontrovers sein. Also nicht: „Die Europäische Union. Aufbau ihrer wichtigsten Institutionen". Dann lieber: „Nationale Identität – was heißt es für Sie, Deutscher und Europäer zu sein?" (bei ausländischen Teilnehmern ist die jeweilige Nationalität einzusetzen). Bei der Interessantheit eines Themas kommt es letztlich auf die Anwesenden an. Das Generalthema muss sehr allgemein gehalten sein, um viele Aspekte und Ausschnitte auch bei mittelmäßigem und schlechtem Kenntnisstand anzubieten.

Gelegentlich fühlen sich manche Teilnehmer überfordert, ihnen völlig fremde Rollen zu spielen (andere scheinen das aber gerade auszuleben). Möchte jemand z.B. nicht einen aidsgefährdeten Strichjungen im Interview spielen, kann der Trainer ihn fragen, ob er als Bruder oder Vater des Strichjungen Rede und Antwort stehen möchte (Verminderung der Fremdheit der Rolle). Falls ein Teilnehmer überhaupt keine andere Rolle spielen kann oder will, ist er im Interview er selbst. Die „Journalisten" werden reihum gefragt, wen sie als Interviewpartner wünschen. Die Wahlfreiheit nimmt für die später Gefragten entsprechend ab.

Die Skizzierung und Zuordnung der Rollen im Plenum darf sich nicht zu lange hinziehen (maximal 5 Min.). Der Interviewer kann sich aber vom Interviewten in einem 1- bis 2-minütigen Vorgespräch die Rolle und evtl. die mutmaßliche Argumentationsrichtung umreißen lassen (vergleichbar dem Aktenstudium eines Journalisten vor dem Interview).

DURCHFÜHRUNG: Vorbereitung und Durchführung der ersten Interviewphase: „Journalisten“ und Interviewte bereiten sich 5 Min. lang in Stillarbeit auf das Gespräch vor. Die „Journalisten“ notieren und strukturieren die Themenbereiche, die sie ansprechen möchten, die Interviewten überlegen sich ihre Positionen, Argumentationslinien und ggf. Botschaften, die sie in dem Massenmedium dargestellt sehen möchten. Nach der Vorbereitungszeit treffen sich die Interviewpartner zeitlich parallel in Zweiergruppen und führen das Gespräch. Es dauert ca. 15 Min. (bei redegewandten oder thematisch engagierten Gruppen kann es 5 Min. länger dauern, im entgegengesetzten Fall auch 5 Min. kürzer). Die „Journalisten“ machen sich Notizen.

Besprechung, Vorbereitung und Durchführung der zweiten Interviewphase: Nach der ersten Interviewphase werden im Plenum die neuen oder alten Rollen festgelegt und zugeordnet. Diesmal sind die bisherigen „Journalisten“ die Interviewten und umgekehrt. Gleiche Paarbildungen sind zu vermeiden. Vorbereitung und Durchführung der zweiten Interviewphase entsprechen der ersten. Im Anschluss empfiehlt sich eine Pause.

Redaktionskonferenz (mit Videoaufzeichnung): Der Trainer erläutert die Lernziele des Übungsteils. Sie können allgemeiner Art sein, z. B.:

1. Berichten Sie strukturiert und informativ über Ihr Interview.
2. Machen Sie deutlich, warum Ihr Interview in die Artikelserie gehört.

Es können auch einzelne Punkte des Beurteilungsbogens (vgl. Kap. 7) als Verhaltensziele vorgegeben werden. Der Trainer kann auch individuelle Lernziele anregen (z. B. ein Teilnehmer mit logisch korrektem, gut strukturiertem, aber trockenem Stil soll sich auf eine anschauliche und spannende Präsentation konzentrieren, oder vice versa).

Zunächst hat jeder „Journalist“ 5 Min. Zeit, um anhand seiner Notizen seinen Bericht für die Redaktionskonferenz zu skizzieren. Er überlegt sich zugleich einen Titel für seinen Artikel (Lernziel: thematische Verdichtung unter dem Kriterium Interessantheit).

In der Redaktionskonferenz stellt jeder „Journalist" in einem 1-minütigen Kurzbericht sein Interview möglichst interessant vor. Nach dem Kurzbericht äußern sich Chefredakteur und gelegentlich auch Kollegen kritisch zur Eignung des Beitrags für die geplante Artikelserie. Der vortragende „Journalist" verteidigt seinen Beitrag.

Der Trainer spielt einen kritiklustigen, manchmal auch aggressiven Chefredakteur, der meistens herummäkelt und nur selten lobt. (Er kann sich auch nach einiger Zeit von seinem „Stellvertreter", einem geeigneten Teilnehmer, ablösen lassen.) Ob die „Journalisten" in der Rolle von freien Mitarbeitern oder fest angestellten Redakteuren antreten, legt der Trainer bei Bedarf fest.

Achtung: Die Diskussion der einzelnen Beiträge darf sich nicht zu lange hinziehen (Videobesprechung!). Faustregel: nach dem 1-minütigen Bericht im Durchschnitt 2 Min. Diskussion. Der „Chefredakteur" muss eine angemessene Schärfe ins Gespräch bringen: Forsche Berichterstatter sollen ins Schwitzen kommen, unsichere müssen auch mal ermutigt werden.

AUSWERTUNG: Kurzbericht und Diskussion eines Teilnehmers werden nacheinander vorgespielt und besprochen (s. obige Lernziele sowie Auswertungstechniken von aufgezeichneten Rollenspielen in Kap. 11). Bei Bedarf kann auch der Interviewablauf angesprochen werden (Interviewten mit einbeziehen).

VARIANTEN: Kürzung: Es findet nur eine Interviewphase statt, also nur die Hälfte der Teilnehmer lernt die Journalistenrolle kennen. Vielleicht kann bei einer anderen Übung die Interviewtenhälfte eine aktivere Rolle spielen.

Ohne Video: Nach jedem Beitrag plus Diskussion wird das Rollenspiel „Redaktionskonferenz" unterbrochen und Feedback gegeben. Diese Unterbrechungen können aber die erlebte „Echtheit" und Dynamik der „Redaktionskonferenz" stören.

6.5 Übung: „Englische Debatte"

LERNZIELE:

1. In einem vorbereiteten Kurzstatement ist eine umstrittene Position darzulegen.
2. Der Diskutant geht flexibel auf Argumente der gegnerischen Seite ein.

DURCHFÜHRUNG: Zu einem kontroversen Thema werden eine Pro- und eine Kontra-Partei mit je zwei Vertretern gebildet. Beiden Parteien werden je zwei Beobachter zugeordnet, die das Verhalten ihrer Zielpersonen genau beobachten und nach der Debatte zurückmelden; dazu benutzen sie den im Folgenden abgedruckten Beurteilungsbogen für Rede- und Diskussionsbeiträge. Die beiden Parteien haben 5 Min. Zeit, sich in ihrer Zweiergruppe vorzubereiten (Austausch von Argumenten, Vorbereitung auf mögliche Gegenargumente, Verteilung thematischer Schwerpunkte). Der Diskutant Pro 1 beginnt mit seinem Statement (maximal 1 Min.), Kontra 1 antwortet. Es folgen Pro 2 und Kontra 2. Dann wird die Debatte frei weitergeführt, wobei sich allerdings Pro- und Kontra-Beiträge abwechseln. Nach Abschluss der Debatte berichten die Beobachter ihre Eindrücke, eine Aussprache folgt.

VARIANTEN: Die Pro- und Kontra-Redner können sich entsprechend ihrer oder gegen ihre Überzeugung einer Partei anschließen. Wollen Sie Ernsthaftigkeit und Emotionalität der Debatte fördern, dann sollen die Diskutanten ihre „wahre" Meinung vertreten (Risiko: Für manche Positionen finden sich keine Vertreter). Sollen geistige und argumentative Flexibilität, das Hineinversetzen in andere Denkweisen geübt werden, empfiehlt sich die Verteidigung der eigentlich abgelehnten Position (Risiko: Unechtheit und Albernheit).

Wenn man das rasche gedankliche Umschalten trainieren will, dann bietet sich folgende anspruchsvolle Variante an: Es sitzen sich nur ein Pro- und ein Kontra-Debattierer gegenüber. Die beiden beginnen ihre Diskussion. Auf ein Zeichen des Trainers (z.B. Vertauschen des Pro- und Kontra-Schildes) muss sofort (ggf. mitten im Statement) die entgegengesetzte Position vertreten werden. Aus dem Pro- wird der Kontra-Redner, aus dem Kontra- wird der Pro-Redner. Dieser Wechsel kann mehrmals durchgeführt werden.

6.6 Übung: „Gründung einer Kneipe mit Kulturprogramm"

LERNZIELE: Leitung einer entscheidungs- und ergebnisorientierten Diskussion

DURCHFÜHRUNG: Szenario: 5–7 Leute wollen eine Kneipe mit Kulturprogramm gründen. Für die Gründung bringt jeder

10 000 Euro ein. Diskussionsthemen u. a.: künstlerisch-kulturelle Absichten (z. B. Musikgruppen, politisches Kabarett, Dichterlesung, Bilderausstellung); Marktanalyse; Realisierungsmöglichkeiten und -schritte wie Räumlichkeiten und ihre Gestaltung, Kontakte zu Künstlern und Agenturen, zur Stadt, Lokalzeitung, mögliche Subventionen, Personalfragen ...).

Ein Teilnehmer übernimmt für 10 Min. die Rolle des Diskussionsleiters, erhält anschließend von der Gruppe und vom Trainer Feedback. Dann übernimmt der nächste Teilnehmer für 10 Min. die Diskussionsleitung usw. Der Trainer stellt dem Diskussionsleiter evtl. eine Aufgabe für seinen Vorsitz (z. B. augenblickliches Diskussionsthema „Veranstaltungsangebot“ zum Ende zu bringen). Der Diskussionsleiter kann sich auch selbst eine Aufgabe stellen. Videoeinsatz für Feedback möglich, aber sehr zeitaufwändig und starke Diskussionsunterbrechung. Hier werden die Regeln zur Durchführung einer Besprechung angewandt.

THEMENVARIANTEN: Das „Gründungsthema“ können Sie je nach Teilnehmerzusammensetzung variieren. Bei Datenverarbeitungsspezialisten könnte es etwa lauten: „Wir gründen ein Softwarehaus“ oder „Unsere EDV-Abteilung wird Profitcenter“ (vgl. dazu den Seminartyp bei Günther/Knöll 2003).

ERWEITERUNG DER ÜBUNG (VIDEOSPOT): Die Teilnehmer erhalten die (Projekt-)Aufgabe, ihre Kneipe (Firma, Organisation usw.) in einem Werbespot auf Video vorzustellen. Die Gruppe erhält etwa folgende Anleitung für ihre konzeptionelle Diskussion und die Filmrealisierung.

„Überlegen Sie sich in der *ersten* Besprechungsphase Ihre *Ziele:* Wen wollen wir erreichen? Was soll unser Angebot sein? usw. Protokollieren Sie hier und im Folgenden gruppenöffentlich Ihre Arbeitsergebnisse auf einer Pinnwand (oder Tafel). In der *zweiten* Besprechungsphase diskutieren und entscheiden Sie, mit welchen *Mitteln* (argumentativ, optische Präsentation ...) Sie im Film arbeiten wollen (kurze Statements, Tafelbild etc.). Sie stellen ein kleines Drehbuch zusammen. In dem Film (Dauer 1–5 Min.) sollen alle Gruppenmitglieder in irgendeiner Form auftreten. In der *dritten* Phase realisieren Sie den Werbespot mit der Videokamera. Für die beiden Besprechungsphasen stehen 60 Min., für das Drehen des Films 15 Min. zur Verfügung.“

Verteilen Sie zu Beginn folgende Rollen: 2 Besprechungsleiter (für je eine Phase), 1 Protokollant, 1 Regisseur, 1 Kameramann. Bei einer größeren Teilnehmerzahl lässt sich die Übung in zwei selbständige Gruppen durchführen. Ist nur eine Videokamera vorhanden, filmt zuerst die Gruppe, die zuerst drehbereit ist; die andere Gruppe pausiert bei der Filmaufnahme der ersten Gruppe und anschließend umgekehrt.

Zur Auswertung werden die Videospots gemeinsam betrachtet und kommentiert. Noch wichtiger ist die Analyse der vorangegangenen Besprechung und Dreharbeiten. Sie orientiert sich an der Frage: Was haben die Besprechung und das Arbeitsergebnis gefördert und was behindert? Die Gesamtdauer der Videospot-Übung beträgt ca. 2 Std., bei Verlängerungsbedarf auch 3 Std.

MÖGLICHE SCHWIERIGKEITEN BEI DER VIDEO-SPOT-ÜBUNG: Die Aufgabe ist zunächst sehr unstrukturiert, da viele Inhalte und Realisierungsmöglichkeiten denkbar sind. Am Ende muss aber ein konkretes Arbeitsergebnis, ein „Produkt", stehen. Das setzt die Gruppe unter einen großen Zeitdruck. Bei den Leitungsaufgaben ist deshalb ein anspruchsvoller Wechsel zwischen Flexibilität/Offenheit und Straffheit (bei gleichzeitiger Sicherung der Akzeptanz) erforderlich. Geben Sie als Trainer ggf. zwischendurch Tipps, wie man rascher vorankommt. Verlängern Sie bei Bedarf, aber nur ungern, die Arbeitszeit der Gruppe.

6.7 Übung: „Konferenz-Zoo" – über den Umgang mit schwierigen Teilnehmern

drei Ebenen

Die Leitung von Konferenzen, Besprechungen und Diskussionen erfordert Kompetenzen auf drei Ebenen. Dabei spielt es eine nachgeordnete Rolle, ob wir von einem Diskussions-, einem Konferenzleiter oder von einem Moderator sprechen: Während die *inhaltliche Ebene* Kenntnisse und argumentative Fähigkeiten verlangt, ist auf der *formalen Ebene* die Beherrschung von Regularien der (impliziten oder expliziten) Geschäftsordnung notwendig. Darüber hinaus, in vielen Fällen zuallererst, kommt es darauf an, auch die *Gruppendynamik* im Auge zu haben und über Handlungskonzepte zur Steuerung auch in motivationaler Hinsicht zu verfügen.

Diese gruppendynamische Seite wird im Folgenden thematisiert. Die Übung entstand aus der Praxis im Umgang mit einer vielfach anzutreffenden Karikatur, die in mancherlei Varianten in verschiedenen Schulungsmaterialien zirkuliert. Die Originalfassung aus Kelber (1977, 139) gefällt uns von allen am besten. Wir verzichten dabei auf die Vorgabe von Ergebnissen zugunsten einer relativ induktiven und teilnehmergesteuerten Erarbeitung.

LERNZIELE: Kennenlernen einer projektiven Verhaltenstypologie von Teilnehmern an Besprechungen, Konferenzen oder Diskussionen. Selbsterfahrungselemente durch Zuordnungen von Sympathie, Antipathie und Selbstbild; Beschreibung und Analyse problematischen Teilnehmerverhaltens und Erarbeitung angemessenen Diskussionsleiterverhaltens

MATERIAL: vorbereitete Wandzeitung oder Flipchart (Abb. 7), OH-Folie und Teilnehmerpapier (jeweils Abb. 8), leere Folien oder Flipcharts für die Gruppen

ARBEITSFORM: dreifache Ein-Punkt-Abfrage i. S. d. Moderationstechnik und weitgehend induktiv geführte Diskussion darüber, welche Teilnehmertypen positiv oder negativ gesehen werden. In Kleingruppen: Exemplarische Erarbeitung von Verhaltensempfehlungen für Konferenzleiter. Im Plenum: Präsentation und Diskussion der Ergebnisse

ZEIT: ca. 2 1/2 Std. bei ca. 12 Teilnehmern

VORBEREITUNG: Auf hinreichend großer Fläche (Flipchart oder Wandzeitung) zeichnen Sie mit schwarzem Faser- oder Wachsstift die Skizze in Abb. 7 mit neun Sektoren, entsprechend der Sitzordnung der Tiere auf dem Arbeitsblatt.

DURCHFÜHRUNG: Phase 1: „Neben den formalen und inhaltlichen Aspekten der Leitung von Besprechungen, Konferenzen und Diskussionen gibt es auch die gruppendynamische Seite, d. h. den Umgang mit dem Verhalten und den Beziehungen in der Besprechungsgruppe. Auch das ist ein Stück Führungstechnik, Teilnehmer motivieren und steuern zu können. Nun sieht der Umgang mit ‚schwierigen' Teilnehmern aus der Perspektive des Konferenzleiters manchmal so aus … (OH-Folie mit der Tierrunde in Abb. 8 zeigen). Können Sie das nachvollziehen? Kommen Ihnen evtl. einige der Typen bekannt vor?"

Projizieren

„Das ist der Zoo, mit dem man es zu tun haben kann …" Im Folgenden werden alle Tiere (Hund als Streiter, Pferd als Positiver, Affe als Alleswisser, Frosch als Redseliger, Reh als Schüchterner, Igel als Ablehnender, Nilpferd als Uninteressierter, Giraffe als „hohes Tier“ und Fuchs als Ausfrager) mit Namen genannt und kurz als Diskutantentypen beschrieben. Das Eingehen auf manche Details der Zeichnung (z. B. Handhaltungen, Bezug zu Notizenmaterial etc.) fördert die humorvolle Einführung in die Situation. Mit der Giraffe ist ein „Teilnehmer mit einem in der Runde herausragenden höheren Sozialstatus“ gemeint, nicht jemand, der sich nur so gibt.

Attribuieren

Phase 2: „Nehmen Sie sich bitte ein Papier und schreiben Sie auf: ‚A) …‘ Schreiben Sie dahinter den Namen des Tieres, das Ihnen (als Konferenzleiter) spontan am sympathischsten von allen ist …“ – „Schreiben Sie jetzt darunter bitte: ‚B) …‘ und das Tier auf, das Ihnen spontan am unsympathischsten ist …“ – „Jetzt schreiben Sie bitte: ‚C) …‘, und sehen Sie sich noch einmal um: Versuchen Sie, sich selbst zu finden! Welches der Tiere stellt von den vorhandenen am ehesten Sie selbst dar, wenn Sie Teilnehmer einer Konferenz sind?“ – „Jetzt hat jeder seinen persönlichen ‚Favoriten‘, seinen ‚Angstgegner‘ und näherungsweise sich selbst eingeordnet. Wir können uns ganz schnell das Ergebnis unserer Blitzumfrage verdeutlichen.“ Die Wandzeitung wird aufgehängt und ihre Struktur im Vergleich mit dem OH-Bild kurz erläutert: A) für die innere Plus-Sphäre, B) für die äußere Minus-Sphäre und C) für die mittlere „Ich“-Sphäre (Buchstaben dabei noch mit an den Rand schreiben, um Missverständnisse zu vermeiden). Anschließend kommen alle nach vorne und setzen in jeder Sphäre einen roten Klebepunkt oder mit einem Stift genau ein Kreuz, und zwar in den betreffenden Sektor für das aufgeschriebene Tier.

Analysieren

Phase 3: Es folgt eine kurze Bestandsaufnahme. Didaktischer Hinweis: Dabei sollten Einzelergebnisse und auch summarische Zusammenfassungen des Folgenden jeweils auf mehreren Ebenen nacheinander angesprochen werden. Am besten geht man jeweils von der Projektion „Tier“ aus, eruiert die affektiven Haltungen zu ihm und konkretisiert dann auf der Ebene von Verhaltensbeschreibungen, vermuteten Stärken und Schwächen und evtl. Verhaltenskonsequenzen (etwa so: „Das Pferd sieht fleißig und brav aus, wirkt aber auch etwas hölzern, langweilig? Beteiligt sich, ist vorbereitet und konstruktiv, macht keine Schwierigkeiten … Kann so ein Pferd auch kritisch denken, sind Ideen zu erwarten? Mitarbeit und Unterstützung wird man leicht bekommen … Es trägt zum Arbeitsklima bei, vielleicht weniger zur Stimmung …“).

Konkrete Nachfragen können es offenlassen, ob Teilnehmer durch ihre Antworten auch ihre „eigenen Karten aufdecken“

wollen. („Hat jemand eine Vermutung, warum das Nilpferd einmal als Minus-Tier angegeben wurde?") Je mehr das Ganze humorvoll gehandhabt wird, desto leichter entsteht offene Kommunikation über die Rollenattributionen (und Selbstbilder).

„Wie sieht hier in unserer Gruppe die Sympathieverteilung für bestimmte Typen von Konferenzteilnehmern aus? Wo sitzen die Lieblinge?" (Meistens wird das Pferd als Favorit angegeben.) Evtl. kann nachgefragt werden, aus welchen Gründen Einzelnennungen zustande kamen (Hund?).

Ebenso werden die „Unsympathen" erörtert. Was macht sie schwierig, destruktiv, gefährlich? Welche Tiere wurden gar nicht aufgeführt? Sind unscheinbare Teilnehmer die farblosen? Werden sie leicht vernachlässigt? Gibt es ambivalente Typen, bei denen z.B. eine negative Einschätzung überwiegt, die aber trotzdem wünschenswerte Merkmale enthalten (z.B. Affe, Fuchs)? Gibt es Tiere (Sektoren), für die Nennungen gleichzeitig in der Plus- und Minus-Sphäre vorkommen? Wie ist das zu erklären? Schließlich werden die Selbstetikettierungen der Ich-Sphäre besprochen: „So sehen sich also die meisten hier selbst ..."

„Eines müssen wir uns noch klarmachen für unsere Zoo-Perspektive: Die Tiere sind für uns bloße Projektionsmuster für den Einstieg gewesen. Mehr sind sie nicht. Sie sind also keine Charaktere! Das Verhalten von Menschen, auch in Konferenzen, hängt nämlich weitgehend davon ab, wie sie behandelt werden und wie die Situation insgesamt aussieht. So kann ein Kollege, der als ‚Hund' in Erscheinung tritt, in einer anderen Situation ein ‚Pferd' sein, und ein ‚Reh' kann in seinem eigenen Fachgebiet zum ‚Affen' werden ... Das heißt aber auch, dass wir überlegen können, wie die verschiedenen Verhaltenstypen behandelt werden müssen, damit die Runde gut zusammenarbeiten kann."

Reagieren

Phase 4: Jetzt werden drei Kleingruppen gebildet mit dem Auftrag, für je drei der Tiere (linkes, mittleres, rechtes Drittel der Darstellung) in kurzen Stichworten Empfehlungen für Konferenzleiter zu entwickeln. Die Arbeitsfragen lauten für jedes Tier:

1) Welche Verhaltensweisen sind erwünscht, welche unerwünscht?
2) Gibt es Vermutungen, was die Gründe für die typischen Verhaltensweisen sein können?
3) Wie sollte sich ein Konferenzleiter ihnen gegenüber verhalten, um die erwünschten Verhaltensweisen zu verstärken, welche, um die unerwünschten zu dämpfen?

Skizze für Wandzeitung „Konferenz-Zoo“

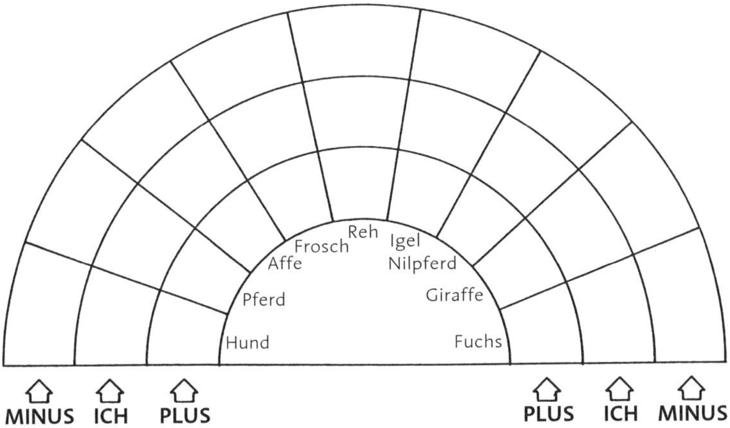

Abb. 7: Skizze für Wandzeitung „Konferenz-Zoo“

Konferenz-Zoo: Der Umgang mit „schwierigen“ Teilnehmern

Streiter	Positive	Alles-wisser	Red-selige	Schüch-terne	Ableh-nende	Un-interes-sierte	„Das große Tier“	Aus-frager

Abb. 8: Folie und Teilnehmer-papier Konferenz-Zoo (Kleber 1977)

Was tun – als Konferenzleiter?

Streiter:

Positive:

Alleswisser:

Redselige:

Schüchterne:

Ablehnende:

Uninteressierte:

„Große Tiere“:

Ausfrager:

Dazu werden jetzt die Teilnehmerpapiere verteilt. In jeder Gruppe soll zuerst ein Protokollant bestimmt werden, der die Ergebnisse festhält und aufbereitet, entweder auf einer leeren OH-Folie oder auf einem Flipchart. Ferner soll festgelegt werden, wer (Protokollant oder jemand anders) nachher im Plenum das Gruppenergebnis vorstellt und erläutert.

Phase 5: Nach einer Pause folgt im Plenum die Präsentation der Gruppenarbeiten. Der Trainer gibt dabei dem Vortragenden jeweils ein kurzes Feedback, und eine kurze Diskussion der Ergebnisse schließt sich an. Die Empfehlungen bei Kelber (denen wir an dieser Stelle nichts weiter hinzufügen möchten) lauten übrigens:

- Streiter: Sachlich und ruhig bleiben. Die Gruppe veranlassen, seine Behauptungen zu widerlegen.
- Positive: Ergebnisse zusammenfassen lassen. Bewusst in die Diskussion einschalten.
- Alleswisser: Die Gruppe auffordern, zu seinen Behauptungen Stellung zu nehmen.
- Redselige: Taktvoll unterbrechen. Redezeit festlegen.
- Schüchterne: Leichte, direkte Fragen stellen. Sein Selbstbewusstsein stärken.
- Ablehnende: Seine Kenntnisse und Erfahrungen anerkennen.
- Uninteressierte: Nach seiner Arbeit fragen. Beispiele aus seinem Interessengebiet geben.
- „Das große Tier“: Keine direkte Kritik üben. „Ja-aber“-Technik.
- Ausfrager: Seine Fragen an die Gruppe zurückgeben.

6.8 Übung: „Besprechungsleitung nach einem Bericht“

LERNZIELE: Der Teilnehmer führt durch einen Bericht strukturiert in ein Besprechungsthema ein. Er steuert die Kurzbesprechung zielorientiert und fasst das Ergebnis zusammen.

ZEIT: Einführung 10 Min., Vorbereitung des Berichts 10 Min., Videoaufnahme und Besprechung pro Teilnehmer ca. 15 Min.

DURCHFÜHRUNG: Jeder Teilnehmer überlegt sich ein (möglichst aktuelles) Besprechungsthema. Er hat 10 Min. Zeit, um einen 1-minütigen einführenden Bericht vorzubereiten. Dabei sollen Visualisierungsmedien (OH-Folien, Flipcharts usw.) zur Präsentation vorbereitet werden. Vor dem Rollenspiel erklärt der jeweilige Teilnehmer die Situation, d. h., vor welchen Menschen er spricht, was typische Probleme sind und auf was er besonders achten will (evtl. macht der Trainer zum letzten Punkt Vorschläge).

Der „Besprechungsleiter" führt in seinem 1-minütigen Bericht in das Thema ein und macht klar, was er von der Gruppe will (z. B. Vorschläge zu einer Problemlösung, Koordinationsabsprache). In der anschließenden 2-(oder 3-)minütigen Kurzbesprechung realisiert der „Besprechungsleiter" in den für ihn relevanten Aspekten die Regeln zur Besprechungsleitung. Der „Besprechungsleiter" achtet bei dieser Übung besonders auf folgende Punkte:

1. Er regt die Gruppenmitglieder zu Beiträgen an.
2. Er sorgt für einen geordneten Ablauf:
   - er erteilt das Wort;
   - er strukturiert durch eigene Bemerkungen den inhaltlichen Ablauf;
   - er lässt eventuell wichtige Beiträge auf einer Tafel (oder Ähnlichem) notieren.
3. Er fasst am Ende die Besprechungsergebnisse zusammen.

Je nach Art der Besprechung kann er auch Abstimmungen herbeiführen, Aufgabenverteilungen festhalten usw. Bericht und Kurzbesprechung werden auf Video aufgezeichnet und nach der Durchführung in der Gruppe besprochen (vgl. Kap. 11).

MÖGLICHE SCHWIERIGKEITEN: Die Einführung in die jeweilige Rollenspielsituation darf nicht zu lange dauern (im Regelfall nicht länger als 1 Min.). Bei homogenen Gruppen (z. B. Arbeitskollegen) erübrigt sich diese Einführung häufig. Die Gruppe muss aber so viel wissen, dass sie nach dem Bericht eine (möglichst kritische) Diskussion führen kann.

Was die wichtigen Verhaltensweisen des jeweiligen „Besprechungsleiters" sind, hängt vom Besprechungspunkt und von der Person ab. Bei der Rollenspieleinführung kann der Trainer hier spezifizierte Verhaltensziele setzen. Die Unterschiedlichkeit der Verhaltensziele zwischen den einzelnen „Besprechungsleitern" macht die Breite des Spektrums wichtiger Punkte deutlich und wirkt Ermüdung und Ausleiern der Übung entgegen.

7 Rede, Vortrag und Präsentation

Beim Stichwort Rede fallen uns leicht große Männer, große Politik und große Anlässe ein. Wenn wir von solchen besonderen Situationen einmal absehen (sie sind für die meisten von uns praktisch nicht bedeutsam): Was sind die Bedingungen und Anforderungen, und was die wünschenswerten Fähigkeiten zur Gestaltung einer Rede oder eines Vortrags? In diesem Kapitel erörtern wir zunächst die Merkmale und Übungsmöglichkeiten der Verständlichkeit (7.1) und des Umgangs mit den Zuhörern (7.2). Praktische Übungsarrangements für das Training von Kurzreden und Repliken sollen dem Trainer Anregungen bieten (7.3). Praktische Tipps zur Vorbereitung und Durchführung eines Vortrags bzw. einer Präsentation und zum Einsatz von Visualisierungsmedien folgen (7.4). Zuvor werfen wir jedoch einen kurzen Blick auf „das Erbe der Vergangenheit".

Die **Rede** ist das klassische Gebiet der Rhetorik. Vor allem die freie Rede und ihre verschiedenen Unterformen wurden in der griechischen und römischen Redekunst entwickelt. Der Orator (lat.: „Redner";der bekannteste ist Cicero) verstand sich vor allem als politischer Redner. Prosasprache in mündlicher Form fand ihren Höhepunkt im öffentlichen Raum.

Zielsetzung

Die Zielsetzung der Rede liegt in einer Einflussnahme auf die Hörer: Ihre Meinung oder Gesinnung soll sich ändern, oder sie sollen gar zu einer Tat bewegt werden. Im Gegensatz dazu liegt der Zweck eines Vortrags im Berichten, Darlegen oder Belehren.

Heute beschäftigen sich die Kommunikations- und Sprachwissenschaften mit der *Rhetorik*. Aus unserer psychologischen Sicht definieren wir: **Rhetorik** *ist „angewandte Hörerpsychologie"*. Alles rednerische Handeln (auch der Diskussionsbeitrag, auch das Schweigen) wird unter einem pragmatischen Aspekt der Rezeption gesehen. Wann können welche Hörer was und wie viel aufnehmen und verstehen? In welcher Weise sind ihre Aufmerksamkeit, Erwartungen und Interessen beteiligt, wie bewerten sie den „Sender" Redner, und wie treten sie mit ihm in Wechselwirkung?

Während Dialog, Gespräch und Diskussion breiten Raum einnehmen, ist die „Solorede" vor Publikum zu einem eher speziellen

Unterpunkt praktischer Beredsamkeit geworden. In vielen Fällen lehnt auch sie sich eher an eine dialogische Gesprächshaltung an. Die einseitige Kommunikationsweise eines Predigers oder politischen Redners ist, von eng umschriebenen Anwendungssituationen abgesehen, nicht mehr zeitgemäß. Dagegen werden freies Reden und Diskussionsfähigkeit als wichtig angesehen.

Antike

Die antike Rhetorik kannte noch fünf „Tätigkeiten": die „Stoffsammlung" (inventio), die „zweckmäßige Gliederung" (dispositio), die „stilistische Ausgestaltung" (elocutio), die „Aneignung" (memoria) und den „Vortrag" (actio). Das „Aneignen", gar im Sinne von Auswendiglernen, erscheint heute als ziemlich überholt. Eher sollte der Redner, durchaus vorbereitet, in der Lage sein, in Tuchfühlung mit seinen Hörern zu bleiben, auf Zwischenrufe angemessen zu reagieren usw. Das entspricht unserem heutigen Demokratie- und Bildungsverständnis.

Kommunikationskompetenz

Redefähigkeit an sich ist eine erstrebenswerte Kommunikationskompetenz. Unsere Schulen legen erst in neuerer Zeit mehr Wert darauf, und inzwischen gibt es sogar überregionale Redewettbewerbe. Traditionellerweise wird im britischen Bildungswesen die Kunst der freien Rede hoch geschätzt (Institutionen wie der Hyde Park und universitäre Wettbewerbe zeugen davon). Es war auch der englische Parlamentarismus, in dem sich die moderne politische Rede maßgeblich entwickelte.

Formen und Anlässe

Die **Formen vorbereiteten Redens** sind vielfältig und fließend. Sie ergeben sich aus ihren Funktionen. Beispiele sind:

- der **Vortrag** als längere themenbezogene Darlegung (hier der Einfachheit halber der „Rede" untergeordnet)
- das **Referat** als sachbezogene und fachspezifische Informierung, an die sich üblicherweise eine Aussprache oder Diskussion anschließt
- die **Präsentation** als Form eines Kurzreferats/Fachvortrags unter intensiver Verwendung von Visualisierungsmethoden, die typischerweise zur Darstellung von Arbeitsergebnissen (oder Produkten) eingesetzt wird (vgl. 7.4)
- die (kürzere) **Ansprache** als Mittelpunkt eines zumeist feierlichen Anlasses

Je nach Anlass und Thematik wird auch unterschieden nach politischer Rede, Gerichtsrede, Predigt oder Kanzelrede, Laudatio („Lobrede" anlässlich einer Preisverleihung oder Würdigung), Begrüßungsrede usw. bis hin zu rituellen Kurzformen wie dem „Toast" (Trinkspruch).

Für uns dürfte das wichtigste praktische Unterscheidungsmerkmal der Grad der Vorbereitung sein. Während ein **Referat** in vielen Fällen weitgehend vorformuliert sein kann, variiert eine politische Rede je nach Situation. Eine **Replik** dagegen wird zumeist aus dem Augenblick heraus formuliert: Diese Form der zuspitzenden, oppositionellen Kurzrede ist oft Bestandteil einer Meinungsdiskussion oder Debatte (Beispiel: Bundestag).

Rhetorisch gesehen ist die nur kurz vorbereitete oder aber ganz **frei gehaltene Rede** am interessantesten, geht es doch darum, inmitten einer sich entwickelnden Situation die Aufmerksamkeit angemessen zu verteilen zwischen Denken und Sprechen, aber auch Zuhören und Beobachten. Schlagfertigkeit und Umgang mit Zwischenrufen können ebenso erforderlich sein (vgl. 7.2) wie ein aus dem Augenblick heraus zu gestaltender formaler Aufbau.

Als praktische Übungsform ist die **Stegreifrede** in Rhetoriktrainings beliebt: Sie muss nicht lange dauern und ist bezüglich der verschiedenen Bedingungen und Zielsetzungen des Lernens in Gruppen sehr variabel (vgl. 7.3). Eine weitere Möglichkeit liegt mit der Übung von **Präsentationen** nahe: Mit Hilfe der verfügbaren Medien können z.B. Arbeitsgruppenergebnisse dem Plenum vorgestellt werden, um daran Aussprachen und Diskussionen anzuschließen (s. 7.4). Da die Vortragsform der vorbereiteten „Präsentation" durch die Entwicklung der Technik (Computer, Beamer, Präsentationssoftware) weite Verbreitung gewonnen hat, wird „Präsentationstechnik" heute an Schulen, Hochschulen und in der beruflichen Weiterbildung gelehrt. Dabei verdrängt die computergestützte Präsentation zunehmend Flipchart und andere Medien wie Overheadprojektor, Plakate u.Ä., wobei diese jedoch mit spezifischen Funktionen ihre Berechtigung behalten. Auf Besonderheiten von Präsentationen gehen wir später ein (7.4.3, 7.4.4). Im Folgenden wenden wir uns zuerst der elementaren Ebene zu, die für alles Reden bedeutsam ist.

7.1 Verständlich reden

Der Mangel an sprachlicher Verständlichkeit stellt die typische Störungsquelle auf der „Sachebene der Nachrichten" in der zwischenmenschlichen Kommunikation dar (vgl. 2.1.4). Sie kann durchaus zu weitergehenden Störungen, z.B. auf der sog. „Beziehungsebene", führen. Dabei spielt es meistens keine Rolle, ob jemand nicht in der Lage oder nicht willens ist, sich hinreichend verständlich zu machen. Verständlichkeit gehört zu den elementaren Kommunikationskompetenzen in der geschriebenen und gesprochenen Sprache; für Rede, Vortrag oder Diskussion zählt sie zu den rhetorischen Grundfertigkeiten. In den folgenden Beispieltexten geht es um:

Vier Gütemaßstäbe der Verständlichkeit

1 einfach	statt	kompliziert
2 übersichtlich gegliedert	statt	zusammenhanglos unübersichtlich
3 kurz und prägnant	statt	weitschweifig
4 anregend-anschaulich	statt	trocken

Diese Kriterien nicht zu beachten bürdet dem Hörer einiges auf: Fehlt es an notwendiger Einfachheit, wird er damit beschäftigt, Kompliziertes zu entschlüsseln. Das blufft, schüchtert ein und demotiviert. Fehlt es an hinreichender Übersichtlichkeit, wird dem Zuhörer die Denkarbeit des Gliederns und Ordnens fremder Gedanken überlassen. Das strengt an und desorientiert. Ist Wichtiges von Unwesentlichem nicht genügend unterscheidbar und in langatmiger Weitschweifigkeit vergraben, muss der Hörer die Arbeit des Filterns, Bewertens und Einordnens selbst übernehmen, und zwar augenblicklich. Das kostet Geduld und Konzentration. Trockene Darstellungen schließlich nötigen ihn, sich selbst zu motivieren.

Verständlichkeit der Sachinhalte von Redebeiträgen oder schriftlichen Texten ist mit den genannten Gütemaßstäben beschreibbar.

Sie entsprechen den „Dimensionen der Verständlichkeit", die in wissenschaftlichen Untersuchungen gefunden wurden (Langer et al. 2006; Schulz v. Thun et al. 1987). Achten Sie beim Lesen des Kastentextes über Verständlichkeit einmal genau auf die Verständlichkeit.

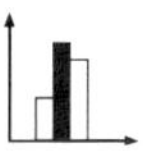

Verständlichkeit ...
Besonders verständlich wird Ihr Sprechstil, wenn Sie einfach, übersichtlich, kurz und anregend sprechen. Was heißt nun Einfachheit? Es heißt, einfache oder geläufige Begriffe und Formulierungen zu benutzen. Es bedeutet, den Satzbau nicht kompliziert zu machen, sondern einfache und kurze Sätze zu bilden. Schließlich sollten Sie einfache und anschauliche Beispiele verwenden.
(Das war ein ***einfach*** *formulierter Text.)*

Die Informationsverarbeitung beim Rezipienten hängt nämlich nicht unerheblich davon ab, inwieweit der Sprecher die Kriterien der Einfachheit, soweit inhaltlich adäquat, der Kürze, im Rahmen des Möglichen, der Übersichtlichkeit bezüglich des formalen Aufbaus und der Gedankenführung sowie der Anregung durch Konkretisierung und rhetorische, unter anderem nonverbale Ausdrucksmittel zu gestalten in der Lage ist.
(Das war nicht einfach, das war ***kompliziert****.)*

Der zweite Punkt ist die Übersichtlichkeit. Will man mehr Übersichtlichkeit erreichen, sind vier Dinge zu beachten:

1. Die Entwicklung des Beitrags sollte erkennbar gegliedert sein nach Haupt- und Nebenpunkten.
2. Die einzelnen Gedanken sollten der Reihe nach ausgeführt werden.
3. Sie sollten sich logisch folgerichtig ergeben und schließlich sollte
4. Wichtiges hervorgehoben werden.

Erhöhen kann man die Übersichtlichkeit auch, indem man seine Gliederung vorneweg skizziert und zwischendurch einzelne Abschnitte an- und abkündigt, d. h. Strukturhinweise gibt.
(Das war ***übersichtlich****.)*

Wenn Sie zum Beispiel so monoton reden, oder jemand erzählt alles durcheinander, kommt man auch schnell durcheinander, und Sie sind es wahrscheinlich dann auch. Und irgendwelche Nebensächlichkeiten werden nicht von ziemlich wichtigen Dingen unterschieden. Manche Menschen reden einfach konfuses Zeug, und das ist doch klar, dass man lieber etwas Geordnetes hören möchte, als so zu tun, als käme man davon nicht durcheinander, sondern wir hätten es kapiert.
(Das war ***ungegliedert, voller Gedankensprünge und unerwarteter Bezugswechsel****.)*

Zum Dritten: Sprechen Sie kurz. So werden Sie prägnanter, weil Sie sich auf Wesentliches beschränken müssen. Zuhörer nehmen weniger Informationen leichter auf und verstehen Sie besser. Übertreiben Sie's nicht bei schwierigen Inhalten.
(Das war ***kurz****.)*

Man kann wohl ohne Umschweife behaupten, dass viele Redner das Gebot der Kürze nicht genügend beachten. Stattdessen findet man bei festlichen Anlässen ebenso wie in Diskussionen weitschweifige Darlegungen, die die Geduld und Konzentration des armen Auditoriums arg strapazieren. Weitschweifigkeit ist ein Markenzeichen recht vieler Redner, nicht nur ungeübter. In vielen Fällen wäre es bestimmt besser, sich kürzer zu fassen, da man das Wichtige meist auch in weniger Worten sagen kann. Überflüssige Wiederholungen sind kein guter Stil, abgesehen von schwer verständlichen Dingen. Nun sind ausufernde Beiträge durchaus nicht immer ein Zeichen von Eitelkeit. Nein, in nicht wenigen Fällen zeigt sich, dass der Sprecher einfach noch nicht zu Ende gedacht hatte und seine Argumente erst entwickelt (die dann auch noch durcheinanderpurzeln). Wer nicht schneller denken kann, als er spricht, sollte sich seine Gedanken lieber vorher zurechtlegen. Trotzdem scheinen das einige Leute wirklich zu können, die wahren Sprechdenker! Naja, so mancher überschätzt sich da aber auch … Andere haben ein Problem mit der sprachlichen Formulierung und reden deshalb länger als angemessen: Dann ist man besser beraten, sich um einfachen Satzbau zu bemühen oder vorher nach geeigneten Wendungen zu suchen, zumindest für seine Eckpunkte.
*(Das war nicht kurz, das war **weitschweifig**.)*

Zum Schluss muss auch noch ein Geheimnis guter Redner verraten werden: Sie verstehen es, beliebige Inhalte, ja selbst die trockenste Materie anregend darzustellen und damit interessant zu machen! Nehmen wir als Beispiel einen guten Lehrer. Der wird nicht in der Klasse stehen und Stoff heruntererzählen … „Stellt euch mal vor", sagt er, vielleicht mit abwechslungsreichen Betonungen und unterstreichenden Gesten, „es gäbe von heute auf morgen kein Geld mehr! Nicht in eurem Geldbeutel, nicht in Vaters Brieftasche, nicht in der Bank, in der Ladenkasse oder irgendwo sonst. Was würdet ihr machen, wenn ihr Hunger habt?" Um seinen Schülern zu verdeutlichen, dass an sich wertloses Geld einen symbolischen Wert hat, der verdient werden muss, und dass es den Tauschhandel ersetzt, regt er ihre Fantasie an: Sie sollen sich in eine Situation versetzen, die sie nicht kennen. Sie sollen begreifen, was Zahlungsmittel sind. „Wer das nicht kennt, kann sich ja von den Alten einige Geschichten erzählen lassen …"

Auf prinzipiell gleiche Art mit den jeweils angemessenen Mitteln machen auch Sie Ihre Inhalte lebendig! Und schon zeigen die Hörer mehr Interesse und Aufmerksamkeit. Und wenn auch einmal gelacht wird, sind Sie – vielleicht – schon ein beliebter Redner!
*(Dieser Absatz hat **hohen Anregungsgehalt**, wird dadurch aber länger.)*

Wer nicht auf Anregung in der Rede achtet, belastet die Konzentration der Hörer, da sie sich selbst zum Zuhören motivieren müssen. Trockene Sprache ist in manchen Fällen nicht ganz zu vermeiden (wenn strikte Sachlichkeit geboten ist) oder bleibt erträglich (wenn die Beiträge kurz und übersichtlich sind). Die Möglichkeiten der Anregung eines

Redebeitrags sind jedoch vielfältig: Nonverbale Ausdrucksmittel wie Betonungen, Stimmanhebungen sowie mimische und gestische Begleitungen und auch kunstvolle Pausen setzen Interpunktionen im Redefluss. Abwechslungsreiche Formulierungen wie Frage- und Ausrufesätze oder typische Redefiguren wie bildhafte Vergleiche erzeugen Überraschung und erhöhen die Aufmerksamkeit. Konkrete Beispiele und gelegentliche(!) Anekdoten schließlich regen die Fantasie an und entlasten so die Hörer. Sie behalten die Inhalte besser.
*(Das war **trocken**.)*

Die vier Faktoren der Verständlichkeit sind nicht ganz unabhängig. Als Redner kann man schwerlich anregend sein (Dimension 4, zusätzliche Stimulanz) und gleichzeitig sehr kurz und prägnant bleiben (1). Ein Mittelweg wäre, „die Stimulanz-Elemente selbst kurz“ zu halten „und auf das Lehrziel“ zu konzentrieren (Langer et al. 1974).

Struktur an- u. abkündigen

Auch Übersichtlichkeit (2), z. B. durch „strukturierende An- und Abkündigungen“ (sog. „advanced organizer“) verlängert den Beitrag etwas, und bei komplexen Sachverhalten ist ein gewisses Maß an Redundanz (3) durchaus notwendig …

Wo liegt dann das Optimum? Die angemessene Mischung hängt stets vom Thema, von der Situation und von der Wachheit, Interessiertheit und Vorbildung der Hörer ab. Unter dieser Voraussetzung formulieren wir dann:

- so einfach wie nötig
- so übersichtlich wie möglich
- im Allgemeinen kurz und prägnant
- in mittlerem Maß anregend und anschaulich

Zum Training der Verständlichkeit gibt es ausführliche Programme mit Übungen, die helfen, die „vier Verständlichmacher“ **Einfachheit, Gliederung/Ordnung, Kürze/Prägnanz** und **Zusätzliche Stimulans** unterscheiden und einschätzen zu lernen und zu trainieren: Sprach-, Sprech- und Schreibstil sind damit verbesserbar. (Trainingsprogramme finden sich u. a. bei Langer et al. 1974, 2006 und Schulz v. Thun et al. 1987. Auch in Greif 1976 gibt es dazu einige Beispiel- und Übungstexte.) Wir können uns hier nicht ausführlich damit befassen, in einigen Übungen wird jedoch Bezug darauf genommen (vgl. 2.4, 2.6, 5.3).

ÜBUNGSHINWEISE FÜR TRAINER

Übungsmöglichkeiten

Vorher: Entwerfen kurzer schriftlicher Übungstexte mit deutlich positiver bzw. negativer Ausprägung nur je eines der vier Merkmale. Bereitstellen von Texten, die Mischformen enthalten.

Besprechen der vier Verständlichkeitskriterien anhand des obigen Textes (vorlesen lassen und anschließend Vorlage in schriftlicher Form).

Analysieren der Übungstexte gemeinsam und dann in Zweiergruppen: Welche Merkmale sind hoch, mittel, niedrig ausgeprägt? Es sollte stets konkret belegt werden, wie man zu seinen Einschätzungen gekommen ist. Oft werden die Meinungen auseinandergehen. Deshalb sollte „hart am Text" begründet werden. Gewisse Abweichungen der Urteile dürfen bestehen bleiben. Werden extreme Einschätzungen bevorzugt, kann man dazu auffordern, den Text demonstrativ noch mehr zu extremisieren. („Ist es eigentlich noch kürzer formulierbar, ohne inhaltlich Wichtiges wegzulassen?")

Schriftliches „Übersetzen" von Negativbeispielen in verständlichere Texte. Zu achten ist darauf, dass keine Information verloren geht und dass keine neue Information (etwa Interpretationen) unterschoben wird, es sei denn, es geht um Anregung.

Kurze Übungsphasen innerhalb rhetorischer Übungen: Man kann eine Video- oder Tonbandaufzeichnung stoppen und eine Stelle ad hoc neu formulieren lassen, vielleicht von mehreren nacheinander, um die Verständlichkeit zu optimieren.

7.2 Der Umgang mit Zwischenrufen und das Geheimnis der Schlagfertigkeit

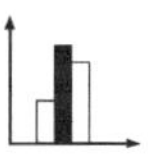

Zwischenrufe sind die Angst des Redners, Zwischenrufe sind das Salz in der Suppe langatmiger Veranstaltungen, Zwischenrufe können beleben und anregen, und sie können stören und zerstören. Während die Fähigkeit, überhaupt Zwischenrufe machen zu können, Gegenstand von Selbstsicherheits- und Diskussionstrainings wurde (Greif 1976), ist umgekehrt die Fähigkeit, mit Zwischenrufen angemessen umgehen zu können, ein erstrebenswertes Ziel für den Redner (Tusche 1998). Politische Redner, etwa bei Wahlkampfveranstaltungen, scheinen darin ein beliebtes Feld für Abwechslung zu sehen. (Es soll bestellte Stichwortgeber für Pointen geben, die dann regelmäßig als Antworten auf den „Zwischenruf“ erfolgen.)

Angst

Ein vorgeordneter Punkt scheint wesentlicher Teil des Problems zu sein: die Angst vor dem Zwischenruf selbst. Das ist die Angst, den Faden zu verlieren, die Lacher gegen sich zu haben, bloßgestellt zu werden, o. Ä. Solche Ängste werden manchmal gar nicht eingestanden, etwa wenn sich jemand weigert, als Redner oder Diskussionsteilnehmer aufzutreten. Ist man nicht letztlich eben doch darauf angewiesen, einen kreativen Gedanken zu haben, und vor allem schnell reagieren zu können?

Wichtig ist es zunächst, sich mit dieser Angst auseinanderzusetzen. Nicht jeder Zwischenrufer führt Übles im Schilde. Wer sich bei Kritik nicht stets persönlich angegriffen fühlt und zu integrieren in der Lage ist, kann mit Zwischenrufen besonders selbstbewusst umgehen. Es ist aber auch ratsam, sich ein Repertoire an Reaktionsmöglichkeiten anzueignen. Schon das Bewusstsein, mehrere Mittel zu kennen, ist geeignet, Hemmungen abzubauen. Dazu soll unsere unten folgende Methodensammlung beitragen. Sie kann als Teilnehmerpapier zur Übung genutzt werden.

Schlagfertigkeit und verbale Kreativität

Zwischenrufe zu machen, mehr noch, sie zu parieren hat oftmals mit Schlagfertigkeit zu tun. Wir werden öfters gefragt, wie man Schlagfertigkeit lernen kann. Viele wünschen sich geistige und geistreiche Wendigkeit und möchten wohl auch etwas wie Waffen an die Hand bekommen. Schlagfertigkeit ist aber zu sehr an Einzelsituationen gebunden, als dass man sie etwa durch das Erlernen einzelner Antworten erwerben könnte. Trotzdem wurden ganze Bücher dazu geschrieben (Weller 1978: Dieses „Trainingshandbuch mit 600 Beispielen und Anekdoten“ ist eher eine systematisierte Sammlung mit den Pointen zum Nachschlagen.) Es gibt auch keine Tricks dafür (aber manchmal stehen einige der in 5.5 aufgeführten Arten rhetorischer Tricks ganz in der Nähe schlagfertiger Antworten).

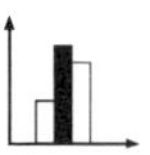

Andererseits fanden sich empirische Hinweise, dass geeignete Trainingsprogramme für bestimmte Kommunikations- resp.

Argumentationsfiguren bzw. „Witztechniken“ die Fähigkeit zur schnellen und treffsicher-originellen Antwort erhöhen können (Nonnast 1994).

Wir wollen hier aber **einige theoretische Gedanken** zu der Frage anführen, wovon Schlagfertigkeit abhängen könnte: Schon die Alltagserfahrung zeigt, dass sprachlich gewandte und verbal erfahrene Menschen eher schlagfertig sein können als schweigsame. Wer generell häufiger kommuniziert, also Sprachliches produziert und aufnimmt, sammelt langfristig ein größeres Repertoire an Erfahrungen, er eignet sich Sprache intensiver an. Die Teilnahme an Gesprächen, Diskussionen, Debatten bietet ein ständiges Lernfeld durch Beobachtungsmöglichkeiten und Herausforderungen. Zu solchen Lerninhalten gehören interessante Wendungen, ungewöhnliche Begriffe und Pointen ebenso wie Fehlleistungen, Versprecher usw. Dieses Anregungspotenzial dürfte auf den Spieltrieb des Sprachinteressierten wirken: Nicht nur die Menge an Erfahrung, sondern auch die Motivation spielt eine Rolle.

verbale Kreativität lernen

Die Hypothese ist nun, dass diejenigen höhere Schlagfertigkeit entwickeln, die eine kreativ-lustvolle Einstellung zur Sprachproduktion haben und eine Menge an alltäglichen, aber oft verborgenen „Vorarbeiten“ für ihre plötzlich schlagfertigen Antworten leisten. Die bewunderten Antworten, die so treffend oder belustigend wirken, fallen eben nicht vom Himmel, sondern sind erarbeitet: spielerische Arbeit, die nicht als Anstrengung empfunden wird, sondern als kreative Betätigung einfach Spaß macht. Solche Menschen gehen mit Gehörtem und eigenen Einfällen innerlich produktiv um, gerade auch dann, wenn sie schweigen! Währenddessen ahnt der daneben nicht, dass etwas passiert mit dem, was er selbst kaum beachtet: Ein gehörter Satz wird zum Anlass, ihn umzudrehen, zu verfremden, zu ergänzen, eben irgendetwas mit ihm zu machen. Da versetzt sich jemand in den Sprecher hinein und agiert in der Vorstellung an seiner Stelle. Ähnliches oder Gegensätzliches aus anderen Gelegenheiten wird erinnert, damit verknüpft und weitergeführt. Da wird häufig innerlich Stellung bezogen zu dem Gehörten so, als ob er tatsächlich sprechen würde. Schweigend Sprache zu formulieren ist durchaus nicht selbstverständlich für alle Menschen (manche geben sogar an, z.B. Gefühle oder Wünsche so gut wie niemals „wörtlich“ in sich präsent zu haben).

Wo ein (für Kreativität generell wichtiges) „förderndes Klima“ in Bezug auf Sprache herrscht, ist eine gute Voraussetzung für solche Lernprozesse gegeben. Es muss gerade nicht um irgendwelche Ernsthaftigkeit gehen, sondern um eine lustvolle Einstellung, auch am „Blödeln“. Kinder haben Entwicklungs-

Lernklima

Teilnehmermaterial

WIE KANN MAN MIT ZWISCHENRUFEN UMGEHEN?

Zunächst fragen Sie sich, was Ihr Interesse ist: Wollen Sie Dialog (also Zwischenfragen, Nachfragen) und wann, oder wollen Sie Störungen (Zwischenrufe) verhindern?

Unterscheiden Sie bei der Wahl Ihrer Mittel Grundsituation und aktuellen Anlass. Grundsituation: Ist sie kompetitiv und konkurrenzorientiert oder kooperativ? Während die klassische Redesituation oftmals die Notwendigkeit der Durchsetzung beinhaltet, sind z.B. Arbeitssitzungen an den Normen der Teamarbeit und damit der Kooperation orientiert. Konkreter Anlass: Schätzen Sie schnell ein, was der Zwischenrufer mit seinem Verhalten beabsichtigt, und stellen Sie auch das in Rechnung.

Wenn es auf Durchsetzung ankommt

Seien Sie bereit, Aggressionen mit aggressiven Formen abzuwehren, wenn es Ihnen angemessen erscheint. Dosieren Sie aber richtig (nicht mit Kanonen auf Spatzen schießen). Oft macht es sich gerade gut, wenn Sie aggressive Absichten ignorieren und stattdessen sachlich-konstruktiv auf den Inhalt eingehen. So zeigen Sie Souveränität. Ein Rezept dafür gibt es nicht, aber Sie sollten über beide Möglichkeiten verfügen.

Wenn Kooperation wichtiger ist als Wettstreit

Nur Zwischenrufe, die eindeutig destruktiv gemeint sind, sollten Sie ggf. auch mit aggressiven Mitteln abwehren. Oft sind hier aber aktive (oder auch passivere) Formen zu bevorzugen, die den Zwischenrufer zumindest als Person nicht herabwürdigen. Die enthaltenen Argumente sollten in der Regel nach sachlichen Gesichtspunkten behandelt werden (Ausnahmen sind die beiden letzten Punkte in der folgenden Systematisierung).

Zehn Methoden, mit Zwischenrufen umzugehen, in ansteigender Schwierigkeit für verschiedene Situationen

1. **Schon vorher Zwischenfragen ansprechen** und entweder auffordern, diese gleich zu stellen, oder bitten, sie bis zum Ende zurückzustellen. Aktiv, vorausplanend: Besonders geeignet bei Fachreferaten, wo Sie am Dialog interessiert sind. So können Sie Unerwartetes in Ihre Planung einbeziehen. Bei kontroversen Debatten ist Ihnen wohl eher daran gelegen, nicht gestört zu werden.
2. **Zwischenruf ignorieren** (ebenso Publikumsreaktionen) und einfach fortfahren. Passiv: Mit wenig Aufwand realisierbar, manchmal effizient, aber kaum mehrmals empfehlenswert. Spätestens beim dritten Mal muss man sich in einer der folgenden aktiven Formen stellen. Als Mittel während kürzerer Diskussionsbeiträge wichtig.

3. **Zwischenruf durch knappe Geste abwehren** und nach kurzer Pause fortfahren. Fast passiv: Gelegentlich anwendbar bei deutlich unqualifizierten Zwischenrufen und wenn das Publikum den Zwischenruf missbilligt. Aber Vorsicht vor dem schnell entstehenden Eindruck, autoritär zu sein! Nicht anwendbar bei qualifizierten Einwürfen.
4. **Antwort für kurze Zeit später ankündigen** und fortfahren. Aktiv, kurzfristig entlastend, aber mittelfristig verpflichtend: sinnvoll, wenn der angesprochene Punkt sowieso behandelt werden soll. Zwischenruf dann zitieren.
5. **Auf Zwischenrufer eingehen,** nicht auf Zwischenruf; um Geduld bitten. Aktiv, ohne sofort inhaltliche Antworten parat haben zu müssen: Höflich geäußert, bekommt man leicht Verständnis. Zeit, sich Entgegnungen zu überlegen. Ungünstig: Zweiergespräche im Anschluss anbieten. Besser: am Ende die Hörerschaft zur Aussprache einladen. Erscheint der Zwischenrufer spitzfindig, aggressiv, und haben Sie die Gegenargumentation eh schon parat, können Sie ihn am Ende auffordern, seine Behauptungen zu wiederholen.
6. **Zwischenruf inhaltlich aufnehmen und ggf. Nachfrage stellen.** Aktiv, mit der Bereitschaft, das eigene Konzept für eine kürzere Zeit zu verlassen: meist nur angebracht, wenn thematisch passend und weiterführend. Behalten Sie Ihr Konzept und Ihre Zeitplanung im Auge.
7. **Zwischenrufer kritisieren.** Aktiv, aggressiv und auch gefährlich: Nur gelegentlich machbar, wenn man das Publikum hinter sich weiß, der Zwischenrufer sich unhöflich oder kritisierbar verhalten hat und wenn man sich inhaltlich sicher fühlt. Andernfalls entsteht der Verdacht, dass Sie von der Schwäche der eigenen Position ablenken wollen!
8. **Das enthaltene Argument kritisieren.** Aktiv und anspruchsvoll, da sofort ein Gegenargument parat sein muss: Das kann und sollte man machen, wenn man gute Antworten zur Verfügung hat. Hemmt mögliche weitere Zwischenrufer. Nicht zu sehr auf Anschlusseinwände einlassen!
9. **Das enthaltene Argument scheinbar ernsthaft aufgreifen und damit Zwischenrufer spöttisch kritisieren.** Aktiv, aggressiv und effektvoll: Wenn man sich seiner Sache sicher ist und sich Störungen vom Hals halten will, kann man das einmal machen, um z.B. einen Einwand ad absurdum zu führen und einem Kritiker einen Schuss vor den Bug zu setzen. Vermeiden Sie lieber regelrechte Demütigungen, denn das macht Feinde.
10. **Zwischenruf mit kurzer, möglichst schlagfertiger Antwort parieren** und so Zwischenrufer und Einwand in geistreicher, vielleicht auch ironischer Weise abwehren. Aktiv, anspruchsvoll aggressiv und effektvoll, nicht leicht zu realisieren: Wenn es mit Belustigung, besser, Humor geschieht, wird man als sicher, stark und kompetent eingeschätzt, was künftige Zwischenrufer hemmt. Will man nicht arrogant erscheinen, kann gleichzeitig Verständnis oder Anerkennung signalisiert werden.

phasen, in denen man die „Funktionslust" an der Sprache gut beobachten kann: Bei ganz Kleinen kann es die Veränderung von Worten oder Lauten sein, bei Älteren die spielerische Konstruktion von aussagenlogischem Unsinn. „Unsinn" zu reden heißt noch nicht, Unsinniges zu tun. Es könnte sich um eine Tätigkeit zur Erweiterung der sprachlichen Flexibilität handeln. Und Flexibilität ist neben der Wort- und Sprachflüssigkeit eine der wichtigsten Teilfähigkeiten verbaler Kreativität.

Schlagfertigkeit steht nicht auf Kommando zur Verfügung. Sie wird aber umso wahrscheinlicher, je mehr sie das Ergebnis eines langfristigen Lernprozesses im Bereich der Sprache ist. Will man sie im Erwachsenenalter entwickeln, sollte man nicht von kurzfristigen Erfolgserwartungen ausgehen. Zuerst müssen Sie sich wohl den eigenen Umgang mit Gehörtem klarmachen und Wert legen auf häufigere Produktionen ohne äußeren Zweck, d. h. auf das Spielerische. Man muss anfangen, anderen bei ihrer Schlagfertigkeit genau zuzuhören. Die unten enthaltene Teilübung des Replikenmachens (vgl. 7.3) stellt eine Möglichkeit dar, qualifiziert Zwischenrufe zu üben.

7.3 Übung: Kurzrede und Replik

Das folgende, ziemlich komplexe Übungsarrangement ist exemplarisch gemeint. Abwandlungen und Vereinfachungen dieses Grundmusters lassen sich leicht erstellen. Hier sollen möglichst viele Zielsetzungen „unter einen Hut" gebracht werden. Das macht die Übung allerdings eher zeitintensiv: Individualisierung (jeder kommt dran) wird ebenso ermöglicht wie Fokussierung (der Einzelne führt seine Aufgabe vor Publikum aus). Die Auswertung der Videoaufzeichnung kann dem Einzelnen gerechter werden als eine Gruppendiskussionsübung. Möglichst alle werden mehrfach aktiviert, aber Anforderungen und Anspruchsniveau sollen im Einzelfall flexibel handhabbar sein: Jeder soll nach seinen Voraussetzungen gefordert werden.

LERNZIELE: Halten einer Kurzrede, entweder aus dem Stegreif oder mit kurzer Vorbereitung; Beachtung rednerisch-verbaler und -nonverbaler Gestaltungsmöglichkeiten; ggf. Umgang mit Zwischenrufen; Umgang mit einer Replik; Ad-hoc-Kurzübungen von Ausschnitten (Coaching, Alternativenproduktion, Optimierungen)

MATERIAL: Videoanlage, Tafel

ARBEITSFORM: Plenum bis maximal 12 Teilnehmer, sonst Kleingruppen mit je einem Trainer und einer Videoanlage

ZEIT: insgesamt pro Teilnehmer mindestens 20 Min. (!) bei ca. 3 Min. individueller Redezeit, d. h. 4 bis 5 Std. bei 12 Teilnehmern

VORBEREITUNG: Die Ankündigung „Wir halten Reden und machen davon Videoaufnahmen" führt bei Anfängern ebenso wie bei schon recht fortgeschrittenen Teilnehmern zu gespannter Erwartung. Jetzt wird der Einzelne im Mittelpunkt stehen und muss sich bewähren. Lampenfieber und Stress nehmen zu, das Bedürfnis, sich positiv zu präsentieren, wirkt sich ggf. sogar auf die „Kleiderordnung" aus. Es sollten vorher keine unnötigen Ängste ausgelöst werden (manche berichten offen, vor Aufregung in der Nacht nicht gut geschlafen zu haben). Genügend viele Schwierigkeitsvarianten sollen jedem eine Möglichkeit bieten, die Anforderung zu bewältigen. In der Einführung können unvermeidliche Ängste in den Rahmen einer positiven Herausforderung gestellt werden: Die Aufgabenstellung bietet individuelle Wahlmöglichkeiten für die Teilnehmer. Die wichtigsten Stichworte der Einführung schreibt man am besten an die Tafel.

EINFÜHRUNG: „Die Kurzrede ist eine gut geeignete Form, um jedem Gelegenheit zu geben, einmal für kurze Zeit im Mittelpunkt zu stehen und sich rhetorisch zu präsentieren. Anders als etwa bei kürzeren Diskussionsbeiträgen hat er die ungeteilte Aufmerksamkeit und wird für sein Publikum deutlicher wahrnehmbar als sonst: als Sprecher, der seine Gedanken und Botschaften formuliert, als Redner, der sich an seine Zuhörerschaft wendet und mit ihr umgeht, und auch als Person, die sich selbst darstellt.

verbale und nonverbale Gestaltung

Neben den verbalen Botschaften und Wirkungen (d. h. dem, *was* gesagt wird) gibt es ja auch die Kommunikationsebene der „nonverbalen Sprache". Hier finden sich vielfältige Gestaltungsmöglichkeiten: Die **Mimik** umfasst alle Ausdrucksbewegungen des Gesichts (ebenso natürlich ihr Fehlen), die **Gestik** besteht vor allem aus den Ausdrucksbewegungen der Hände und Arme, und auch die verschiedenen Haltungen des Körpers spielen eine Rolle (**Haptik**).

Zum nonverbalen Bereich, den wir gar nicht abstellen, sondern höchstens ungenutzt lassen können, gehört auch der Gebrauch unserer Stimme. Gemeint sind ihre sozusagen „musikalischen“ Ausdrucksmöglichkeiten. Um nur einige zu nennen: Die **Artikulation**, also die klare oder „genuschelte“ Aussprache, der abwechslungsreiche oder monotone **Tonfall**, die natürliche oder gekünstelte **Sprachmelodie** mit hohen, mittleren und tiefen Tonlagen, die **Dynamik** mit unterschiedlicher oder gleich bleibender Lautstärke, die **Phrasierung**, d.h. der Umgang mit Pausen zwischen und innerhalb der einzelnen Sätze, das **Sprechtempo** usw. Wir wollen hier nicht alle diese Aspekte im Einzelnen behandeln und üben, aber wir sollten uns bewusst machen, dass sie sehr zur Wirkung des Redens beitragen. In der Auswertung können wir uns später ansehen, welche Wirkungen entstanden sind und wie sie verbessert werden können.

Nehmen wir aus dem sprachlichen Bereich die **Formulierung** der Sätze unter Beachtung der Grammatik- und auch der Verständlichkeitsregeln, die **Entwicklung der Gedanken** und **Argumente** sowie die **Gestaltung** des gesamten Aufbaus dazu, sieht es schon sehr kompliziert aus.

Es hätte nicht viel Zweck, wenn wir versuchen würden, andauernd ein Dutzend Punkte zu beachten, weil man da den Überblick für das Wesentliche verliert. Aber es ist gut, sich vor Augen zu führen, wie vielfältig die Wirkungsebenen einer Rede sind. Wer von sich selbst schon weiß, worauf er besonders achten will, kann sich das vornehmen (evtl. Zielsetzungen nennen lassen).

Nun zur Aufgabe: Sie ist eigentlich sehr kurz. Jeder soll Gelegenheit haben, drei Minuten zu reden. Das ist wenig, die Zeit sollte nicht unterschritten werden. Wird sie überschritten, werde ich ein Signal geben. Dann kommen Sie bitte umgehend zum Schluss. Brechen Sie aber niemals einfach im Satz ab, sondern führen Sie zumindest den Gedanken zu Ende. Sie haben die Auswahl zwischen drei Varianten der Aufgabe, die Sie vielleicht als unterschiedlich schwierig empfinden. Jeder darf wählen, was ihm mehr liegt oder was er gerne einmal ausprobieren möchte.

drei Varianten der Kurzrede

- *Variante 1:* **Vorbereitete Kurzrede zu einem vorgegebenen Thema.** Sie können sich zwischendurch, eventuell auch draußen, vorbereiten. Wenn Sie es schriftlich tun wollen, machen Sie auf jeden Fall nur kurze und wenige Stichworte. Legen Sie den Zettel nachher wieder weg und sprechen Sie frei! Das Thema wird Sie allerdings in eine Minderheitsposition versetzen und gibt eine etwas schwierige Zielsetzung vor. Es heißt: Warum mein Hobby eigentlich für jeden zur Pflicht gemacht werden sollte (anschreiben). Vorteil dieser Variante: Sie wählen sich Ihr persönliches Hobby aus, wo Sie als Experte viel zu sagen haben. So können Sie sich auf die Gestaltung Ihrer Kurzrede konzentrieren und versuchen, zu überzeugen. Weichen Sie nicht ab von der Forderung, dass gerade Ihr Hobby zur Pflicht für alle werden soll.

- *Variante 2:* Wenn es Sie aber reizt, einmal unvorbereitet ins Wasser zu springen, können Sie auch ein **Thema auf Zuruf** erhalten (anschreiben). In diesem Fall werde ich Ihnen ein Thema zurufen, und Sie stehen sofort auf, gehen nach vorne und beginnen darüber zu sprechen. Es könnte sein, dass Sie vom Thema überrascht sind. Dann lassen Sie sich nicht irritieren und legen einfach los! Es ist bei dieser Variante wichtig, dass Sie sprechen und auch eventuelle kurze Denkblockaden überspielen; es kommt weniger darauf an, dass Sie immerzu Tiefschürfendes zu sagen haben.
- *Variante 3:* Wollen Sie Ihre ‚Stressresistenz testen', dann haben wir noch eine ‚verschärfte Version' in petto: Sie sprechen wie bei der zweiten Variante über ein **Thema auf Zuruf, aber mit Zwischenrufen**! Das Publikum kann Ihnen also ein paar Mal ins Wort fallen, und Sie sollen versuchen, damit in geeigneter Weise umzugehen (anschreiben). ‚Ihre Reaktionsmöglichkeiten sind …' (Sinngemäßes zu dem in 7.2 Dargelegten, falls die Liste nicht vorher verteilt und besprochen wurde.) Wichtig ist hier die Disziplin der Zuhörer: Bitte machen Sie im Publikum nicht den Fehler, aus lauter Lust an der Sache zu viele Zwischenbemerkungen zu machen. Bitte achten Sie darauf, in den drei Minuten nicht mehr als höchstens dreimal dazwischenzugehen!

Nun gibt es aber auch noch **Aufgaben für die Zuhörer**: Unmittelbar nach jeder Rede nimmt irgendjemand (wer sich als Erster meldet) dazu ganz kurz Stellung: Er macht eine sogenannte **Replik**. Das ist eine kurze, zugespitzte Erwiderung oppositioneller Natur. Sie widersprechen dem Redner kurz und prägnant! Beschränken Sie sich dazu auf einen oder höchstens zwei Punkte. Die Replik sollte nicht mehr als etwa drei Sätze umfassen. Daraufhin gibt der Redner noch eine kurze (!) Erwiderung und kehrt zu seinem Platz zurück (auch hier Stichworte aufschreiben).

Jetzt müssen wir noch die **Abfolge** der Kurzreden und der Repliken klären: Mit den Kurzreden verfahren wir nach der Reihenfolge der Meldungen. Alle kommen dran. Diejenigen, die Variante 1 (vorbereitete Kurzrede) wählen, möchten vielleicht etwas mehr Zeit zur Vorbereitung haben. Dann können Sie sich einfach entsprechend später zur Replik melden. Wer denkt denn daran, diese Variante zu wählen? (Überblick verschaffen.) Bei den Repliken geht es genauso: Jeder macht genau eine Replik, und die Abfolge ergibt sich nach dem ‚Müller-Prinzip', d.h. durch einfache Wortmeldung nach jeder Stegreifrede. So wird jeder einmal ein Redner sein und einmal als Zuhörer eine Replik machen. Ich selbst werde auf die Zeit achten, die Videoaufnahmen machen und Ihnen für die Varianten 2 und 3 Themen zurufen. Haben Sie noch Fragen?" (Die Hauptpunkte noch einmal zusammenfassen.)

DURCHFÜHRUNG: Die Struktur wurde in der Einleitung bereits deutlich. Vor Beginn muss jeder genau den Ablauf verstanden haben. Die Frage, wer sich für Variante 1 interessiert, dient ebenfalls dieser Klärung. Diesen Teilnehmern wird angeboten, sich nach Belieben ungestört draußen vorzubereiten.

Situationsgestaltung

Wo werden die Kurzreden gehalten? Nicht vom Sitzplatz aus, sondern stehend und möglichst ohne Tisch oder Pult! Das ist schon videotechnisch sinnvoller, um gute Beobachtung zu ermöglichen. Schaffen Sie also vorher den entsprechenden Platz frei. Kündigen Sie das dabei auch an, und begründen Sie es. Auf Einwände, das sei so doch niemals nötig oder man möge Ausnahmen zulassen, erwidern Sie, dass es nicht auf eine perfekte oder irgendwelche „realistische" Simulation ankomme, sondern darauf, dass die Redner und die Gruppe Gelegenheit haben, auch Tendenzen der Körpersprache unter einer Stressbedingung leichter erkennen zu können.

Aufnahmetechnik

Während Sie die Kamera vorbereiten, hat die Gruppe Zeit, sich auf die Aufgabe einzustellen. Wählen Sie einen entfernten Standort, am besten aus einer Ecke des Raumes, wo der Redner bei maximaler Weitwinkelstellung des Zooms schräg von vorne in der Totale mit etwas Umgebung aufgenommen werden kann. Machen Sie auch unbedingt eine kurze Probeaufnahme und -wiedergabe. Es gibt nichts Frustrierenderes als eine Videoaufnahme, die nachher nicht auswertbar ist. Die Gruppe soll sich so setzen, dass Sie mit Schwenks auch alle Zuhörer erfassen können. Während der Aufnahme fahren Sie mit dem Zoom beliebig heran. Wenn Ihnen Besonderheiten wie Fußstellung, Handhaltung usw. auffallen, können Sie sie kurz in Großaufnahme erfassen. So werden meist unbewusste Verhaltensweisen der Auswertung zugänglich. Übertreiben Sie es aber nicht mit „voyeuristischer" Kameraführung. Ein gelegentlicher Schwenk ins Publikum kann Reaktionen dokumentieren. Sie können **einem Teilnehmer die Kameraführung übertragen**, der eine kurze Einweisung erhält (Start/Stopp, Zoom, Schwenk; nach Aufnahmestart drei Sekunden vergehen lassen, bevor die Aktion beginnt). Der „Operateur" gibt jeweils das Handzeichen.

Vor dem ersten Beitrag folgt noch eine Instruktion: „Ihre Aufgabe beginnt, sobald Sie von der Kamera das Zeichen bekommen. Dann stehen Sie auf und gehen nach vorne. Abgeschlossen ist sie erst, wenn Sie nach Ihrer Schlussantwort auf die Replik Ihren Platz wieder eingenommen haben. Auftritt *und* Abgang gehören also dazu!"

Kontrolle

Während der Durchführung sollten Sie auf die Zeit achten (Uhr mit Sekundenanzeige, besser eine Digitaluhr, die nach Ablauf piept) und notieren: Redner, Variante, Thema (Varianten 2, 3) fortlaufend und erste Stichworte zur Auswertung (großzügig, je eine halbe Seite mindestens). Es hat sich als sinnvoll erwiesen, zuerst alle (vorbereiteten) Reden der Variante 1 durchzuführen und danach die übrigen Kurzreden.

Stegreifthemen

Der für den Trainer schwierigste Teil besteht darin, **schnell geeignete Themen zu finden** (Varianten 2 und 3). Folgende Richtlinien haben sich in der Praxis als günstig herausgestellt: Da es weniger auf den inhaltlichen Anspruch als auf die flexible und flüssige rednerische Produktion sowie auf den Umgang mit Unerwartetem ankommt, können Sie versuchen, sogar etwas bizarre, aber dadurch vielleicht auch unterhaltsame Vorgaben zu machen. Die im Grunde angespannte Haltung wird so wieder lockerer. Urplötzlich „das Liebesleben der Eintagsfliege" erörtern zu müssen oder sich darüber auszulassen, „was Sie von Rhetoriktrainings halten", gibt einigen Spielraum für Erfindungen und Humor oder auch für ernsthafte Betrachtungen. Anspruchsvoller, aber auch spannender wird es, wenn Sie sich rednerbezogene und etwas(!) ironisch-provozierende Themen einfallen lassen. Das hängt davon ab, inwieweit Sie sich schon ein Bild von den individuellen Merkmalen der Teilnehmer gemacht haben. Berücksichtigen Sie auch die Gesamtstimmung und die Gruppendynamik.

So könnte jemand, der sich heute besonders „in Schale geworfen hat", das Thema „Ein gepflegtes Äußeres ist der Schlüssel zum Erfolg" erhalten. Ein Teilnehmer, bekannt für seine Neigung zum Kritisieren, könnte über „Kritisches Denken als Zeichen geistiger Reife" sprechen. Ein Teilnehmer mit entsprechender äußerer Ähnlichkeit bekam das Thema „In der Kneipe musste ich schon Autogramme für Manfred Krug geben!“. Ein zurückhaltender oder ein vorlauter Teilnehmer könnte Stellung beziehen zu „Ist Bescheidenheit eine Zier?“. Zeigte jemand deutliche Anzeichen der Lust und Eifrigkeit, sich der Herausforderung einer Kurzrede auf Zuruf zu stellen, kann er begründen, „warum an mir ein Volksredner verloren gegangen ist“. Ein Teilnehmer, der durch die mehrfache Selbstdarstellung entsprechender Kompetenzen und Kenntnisse aufgefallen war, durfte erläutern, „warum ich Bewerbungstrainings anbiete“ (er tat es tatsächlich natürlich nicht). Ein Angehöriger eines Technischen Hilfswerks bekannte, „als Retter bei Katastrophen fühlt man sich so richtig wertvoll“.

Keines dieser Beispiele ist natürlich unbesehen übertragbar. Es kommt darauf an, einzuschätzen, wie viel an Provozierendem zumutbar ist. Haben Sie eine Beziehung des „Augenzwinkerns“ zu Ihren Teilnehmern, können Sie sich etwas mehr erlauben. Denken Sie aber daran, dass jeder darüber spekulieren wird, warum gerade er dieses Thema bekommen hat! Es darf also nicht der Eindruck entstehen, dass jemand „in die Pfanne gehauen“ wird. Dass Sie nicht immer sofort den passenden Einfall haben, darf die Gruppe ruhig merken. Denken Sie etwas nach, man wird mit Spannung auf das Thema für den Nächsten warten. Zeigen Sie, dass es Ihnen Spaß macht, eine Überraschung zu produzieren. Wenn Ihnen mal nichts einfällt, bitten Sie einfach die Gruppe, mit einem Vorschlag einzuspringen, den Sie dann ohne Diskussion sofort übernehmen. Auch damit signalisieren Sie, dass Sie vorher nichts „Gemeines ausgekocht“ haben.

situatives Coaching

Fast immer sind weitere **Ad-hoc-Instruktionen** notwendig: Ein Redner hat plötzlich vergessen, dass eine Replik auf ihn wartet, und will schnell zu seinem Platz zurück, ein Replikgeber redet zu lange oder produziert gar keinen Widerspruch, Zuhörer machen zu viele Zwischenrufe usw. Geben Sie dann kurze Signale zur Erinnerung. Bricht jemand nach dem Zeitsignal mitten im Satz ab, ermuntern Sie zu einem abschließenden Wort (sich beim Publikum für seine Aufmerksamkeit bedanken). Sollte es passieren, dass jemand den Faden völlig verliert und nicht weiterweiß, lassen Sie es zuerst einige Zeit geschehen und greifen dann mit einer aufmunternden Zwischenfrage ein, die den Anschluss ermöglicht.

Will jemand mal wirklich die Flinte ins Korn werfen, akzeptieren Sie es nicht sofort. Machen Sie Mut, und geben Sie zu bedenken, dass ein Abbruch hinterher eine größere Enttäuschung bedeutet als eine vielleicht mit Mühe zustande gekommene Leistung. Zwingen Sie aber niemanden, und weisen Sie auf das Freiwilligkeitsprinzip hin. Im Grunde sollten Hilfestellungen solcher Art weder zu schnell kommen (das Erleben einer Panne ist nichts, was Sie vermeiden oder zudecken müssten!) noch sollte Hilfe ganz ausbleiben (ein vollständiges Misserfolgserlebnis nützt niemandem).

AUSWERTUNG: Der inhaltliche Ertrag der Übung und die Zufriedenheit der Gruppe hängen entscheidend mit der Auswertung zusammen. Erst hier kann die Flut von Informationen, Gefühlen und Erlebnissen verarbeitet und eingeordnet werden. Unmittelbar nach Abschluss lässt man die Gruppe allgemein Stellung nehmen. Das hat eher die Funktion einer emotionalen Entlastung, aber auch den Effekt, dass alle voneinander erfahren, wie bedeutungsvoll die Sache war: Wie wurde die Übung empfunden? War es schwer, leicht, anstrengend, sinnvoll? Es sollte bei kurzen und eher globalen Bewertungen bleiben. Einzelheiten werden beim Auswerten der Aufnahmen besprochen.

Videoauswertung

Grundsätzliche Verfahrensweise, Abfolge und Gesprächsführung der **Auswertung einer Videoaufnahme** werden in Kap. 11 (Rollenspiel) erörtert, dessen Lektüre hier noch einmal empfohlen sei. Im Allgemeinen wird man je einen Beitrag in voller Länge abspielen und dann besprechen. Lassen Sie zuerst den Redner selbst zu Wort kommen: Wie findet er sich? Ist er eher zufrieden oder unzufrieden mit sich? Was genau und warum findet er gut, schlecht?

Rückmeldung

Befolgen Sie die **Regeln zur Rückmeldung** (vgl. Kap. 3) cum grano salis. Durch Nachfragen steuern Sie auch die Gruppe entsprechend. Beachten Sie, dass unterschiedliche Bewertungen erlaubt, aber in jedem Falle konkret zu begründen sind. (Erinnerung: Es gibt irrationale Mitleids- und Beschwörungseffekte, also etwa billiges Lob oder radikale Selbstverurteilung!) Ziel ist eine **realitätsgerechte Auswertung.** Gerade weil die Konfrontation mit der „objektiven" Gesamtwirkung der eigenen Person als sehr bedeutungsvoll erlebt wird und hohe Betroffenheit erzeugt, darf es keine pauschalen Schönfärbereien wohlgesonnener Zuhörer, aber auch keine Unterwerfungsrituale selbstunsicherer Redner geben! Die notwendige emotionale Unterstützung erreichen Sie mit einer positiven und verständnisvollen Grundhaltung. Wenn Sie irrationales Teilnehmerverhalten nicht durchgehen lassen, sondern sachlich Nachfragen stellen und selbst einfach demonstrieren, wie Sie mit Ergebnis und Redner umgehen, setzen Sie sehr schnell den Maßstab.

Achten Sie bewusst auf positive Leistungsanteile, gerade dann, wenn es insgesamt unglücklich aussieht. Modifizieren **Sie Anspruch und Maßstäbe** je nach Leistungsniveau (das können Sie durchaus auch sagen). Bei vergleichsweise guten Rednern erhöhen Sie das Anspruchsniveau. Unterforderte oder pauschal positiv bewertete Teilnehmer werden nämlich anschließend unzufrieden: Sie haben dann nur die Bestätigung eines positiven Selbstbildes erhalten und empfinden die Anstrengung nicht als lohnend. Da Visuelles viel stärker wirkt als die Tonaufzeichnung, neigt die Gruppe (und vielleicht auch Sie?) dazu, die Aufmerksamkeit zu sehr der Körpersprache zuzuwenden. Achten Sie deshalb auf Gedankenführung, Argumentation und Gesamtaufbau.

Notizen rechtzeitig

Entwickeln Sie eine durchdachte **Arbeitstechnik des Notizenmachens** (während der Wiedergabe eines Beitrags). Auch 3-minütige Beiträge enthalten mehr Besprechenswertes, als man sich unmittelbar merken kann. Es ist wichtig, sich mit kurzen Zitaten (einem bis drei Stichworten) auf die angesprochenen Textstellen beziehen zu können. Vielleicht gewöhnen Sie es sich an, sofort beim Aufschreiben mit Zeichen wie „+, –, ?, !, →“ Bewertungen oder Zusammenhänge festzuhalten. So können Sie beim Abruf Ihrer Notizen schnell sehen, wo die Plus- und wo die Minuspunkte sind (Feedback-Regel 1). Wenn Sie darin keine Übung haben, sind Sie sonst leicht mit dem Feedback überfordert.

Gliedern Sie die Besprechung in Ihrer eigenen Stellungnahme bzw. durch Impulsfragen an das Publikum nach verschiedenen Ebenen, z.B.: „Gesamteindruck – Körpersprache – Sprachliche Formulierung – Gedanklich-argumentativer Aufbau – Umgang mit Zwischenrufen“.

Coaching, Optimierungen

AD-HOC-WIEDERHOLUNGEN UND PUNKTUELLE ÜBUNGEN: Es ist wünschenswert und lerntheoretisch sinnvoll, Übungen zu wiederholen. Das wird aus Zeitgründen oft zum Problem. Sie können deshalb in der Auswertung einen Teil der Rede herausgreifen und kurz wiederholen lassen (achten Sie auf zeitliche Konsequenzen!). So geht die Besprechung fließend über in die Demonstration von Alternativen oder die ausschnittweise mehrfache Nachübung („*Coaching*“ – im spezifischen, ursprünglichen Sinn). Falls der Betreffende sich dazu nicht in der Lage fühlt, bitten Sie jemand anders, zu zeigen, wie man es noch machen könnte. Oder machen Sie selbst vor, wie Sie sich das vorstellen. Bitten Sie dann ebenfalls um Feedback. Auch als Trainer müssen Sie nicht von vornherein perfekt sein. Wenn Teilnehmer

Sie auch kritisieren dürfen, ist das gruppendynamisch eher günstig!

Bei speziellen Punkten kann die Gruppe nach möglichst vielen verschiedenen Lösungen suchen, um eine Spannbreite von Möglichkeiten aufzuzeigen. Zum Beispiel könnten alle reihum kurze Alternativäußerungen produzieren, wenn jemand besondere Probleme damit hatte: einen Begrüßungssatz; die prägnantere Formulierung einer These; einen Satz, der unabhängig vom Inhalt Zustimmung oder Ablehnung darstellt, Empörung ausdrückt, Verwunderung zeigt, eine Forderung enthält, einem Zwischenruf entgegnet, ein Dankeswort zum Schluss ausdrückt, usw. Bisher war nur die Rede von der Auswertung der Rede. Da gibt es ja noch die *Replik*. Damit die Besprechung nicht zu ausladend wird, können Sie sich vielleicht auf eine kurze eigene Stellungnahme zur jeweiligen Replik beschränken.

VARIANTEN

- **Aufgabenstellung ändern:** Sie können Replik und Erwiderung weglassen, um Zeit zu sparen. Damit geht aber ein Stück Gruppenaktivierung verloren. Wer seine Rede bereits hinter sich hat, wird nicht noch einmal im Mittelpunkt stehen. Die Erfahrung hat jedoch gezeigt, dass auch eine mehrere Stunden dauernde Auswertung in den allermeisten Fällen gut akzeptiert wird. Teilnehmer bekundeten auf Nachfragen immer wieder, dass es ihnen *nicht* zu lange dauerte oder langweilig sei. Sie würden auch aus der Besprechung der Reden anderer vieles für sich lernen.
- **Thematik ändern:** Geben Sie ein (zum Widerspruch reizendes) Thema für den ersten Redner vor – mit oder ohne Vorbereitung. Günstig ist eine aktuelle, öffentlich kontrovers diskutierte Frage. Jeder Folgeredner setzt sich kritisch mit dem zuvor Gesagten auseinander und führt die Erörterung weiter. Vorteile: Sie müssen sich nicht so viele Themen einfallen lassen, und es entsteht eine kohärente Kette von Beiträgen. Nachteile: Mit Fortschreiten der Übung kann der Stoff ausgehen, was gerade für zurückhaltende Teilnehmer, die sich erst später melden, erhöhte Unsicherheit bedeuten kann. Dann sollten Sie rechtzeitig ein zweites Thema zur Hand haben.
- **Art und Funktion der Kurzrede ändern:** Wissenschaftler oder Teilnehmer, deren Arbeitsgebiet fachlich recht speziell ist, können ein Kurzreferat aus ihrem speziellen Gebiet halten mit dem Anspruch, in der kurzen Zeit das Wesentliche so zu

sagen, dass es wirklich jeder Laie versteht (eine anspruchsvolle Aufgabe, für die eine Vorbereitung nützlich sein kann!). Andere Aufgaben könnten sein, eine Begrüßungsrede für ein „großes Tier" zu halten, das im Seminar anwesend ist (fiktiv). Ein Vorgesetzter könnte eine motivierende Ansprache zur Eröffnung eines Projekts an seine Mitarbeiter halten. Jemand könnte einen Trinkspruch an die Teilnehmer zur Halbzeit des Seminars ausbringen und dabei auf den Verlauf Bezug nehmen. Ein anderer könnte von Ihnen (als Interviewer) eine globale Frage gestellt bekommen, die er über zwei Minuten vor der Kamera beantwortet. Jemand könnte einen Kurzvortrag als Bestandteil eines „Verkaufsgesprächs" zu einer Ware halten, wenn das z. B. sein berufliches Tätigkeitsfeld sein sollte. Auch hiermit schaffen Sie viel Abwechslung und Individualisierung.

Bei solchen situationsspezifischen Aufgabenstellungen muss jeweils vorher abgesprochen werden (Tafelliste machen): An wen richtet sich die Rede, vor welchem Hintergrund findet sie statt? Welcherart sind das Projekt, die Ware etc.? Unterschiede im Zweck der Kurzrede sind zu klären, die Zielsetzung zu formulieren – in der Auswertung sind jeweils aufgabenadäquate Maßstäbe anzulegen.

- **Durchführung und Auswertung anpassen:** Man kann jeweils eine oder zwei Reden aufnehmen und sie sofort besprechen. Vorteile: Die Durchführung bleibt abwechslungsreicher. Nachfolgende Redner können Auswertungsergebnisse für sich nutzen. Die Erinnerung ist noch frischer (obwohl das Gedächtnis durch die Videoaufzeichnung in der Regel gut aktualisiert wird). Nachteile: Der letzte Redner muss wesentlich länger auf seinen Auftritt warten. Sie müssen das Band oft zurückspulen. Wollen Sie nicht überspielen, müssen Sie genau auf das Zählwerk achten. Drückt man stets neu die „Memory-Taste" zu Beginn einer Serie, wird es leichter. Probieren Sie es vorher aus! Noch leichter wird es natürlich bei einer Digitalkamera mit Festplatte, wo Sie Einzelaufnahmen direkt ansteuern können.

  Aufnahmen kann man zurückspulen, um sie ganz oder teilweise zu wiederholen (kostet aber Zeit und setzt genaue Notierung der Zählwerksstände voraus!). Die Pause-Taste kann verwendet werden, um Kurzkommentare, Beobachtungshinweise oder sogar eine Teilbesprechung einzuschieben. Solche Überlegungen müssen Sie vorher im Detail anstellen und proben. Zwischendurch ist es günstig, sich bei der

Gruppe zu versichern, ob sie noch mit dem gewählten Verfahren einverstanden ist oder ob sie vielleicht schon Sättigungseffekte zeigt. Dann sollten Sie die Auswertung straffen.

7.4 Einen Vortrag halten oder präsentieren – praktische Tipps

Für die meisten sind Redegelegenheiten an fachlich-berufliche Situationen gebunden: Fachvorträge, Referate, Berichte, Präsentationen u. Ä. sind die häufigsten Anforderungssituationen. Dazu führen wir im Folgenden Merklisten für Seminarteilnehmer zur Vorbereitung und Durchführung und zum Einsatz von Medien auf. Ihre einzelnen Punkte sollten je nach Art des Vortrags und seiner Umstände beachtet werden. So wird man bei einer Präsentation besonderen Wert auf Visualisierungsmethoden legen, oder bei Referaten auf das Verhältnis von Hörer-Vorkenntnissen und Stoffkomplexität bzw. Darstellungsniveau. Für Fragen des Aufbaus sollten auch der Fünf-Satz und seine Varianten (vgl. 5.3) beachtet werden, da diese Mikrostrukturen der Rede für viele Vorträge als Muster dienen können.

Weitere Anregungen können Sie in einschlägigen Büchern finden, wie Alteneder 1996, Hoster 1986, Neumann 1995, Hierhold 2005 oder Witte o. J.

7.4.1 Vorbereitung und Durchführung eines Vortrags

In der folgenden Merkliste sind viele Punkte enthalten, die in Trainingsseminaren nur besprochen werden können, da sie sich auf längerfristige Vorbereitungen beziehen. Eine Diskussion darüber kann z. B. durch Rückgriff auf die Aufgaben und die Arbeitsweise der Teilnehmer erweitert werden: Wie sieht die bisherige Praxis aus? Welche Arbeitstechniken werden verwendet? Was könnte in Zukunft nutzbar gemacht werden? Einzelne Elemente des Auftritts können reihum geübt werden: eine Begrüßung, ein Kurzüberblick, eine Abschluss-Sequenz.

Merkliste: Vorbereitung und Durchführung eines Vortrags

Bereich	Leitfragen und Ziele	Antworten und Möglichkeiten
Meine Hörer	Welche Kenntnisse und Vorerfahrungen haben sie?	Niveau der Darstellung klären: weder trivial noch überfordernd
	Welche Interessenlage, welche Einstellungen zum Thema haben sie?	Auswahl, Abfolge der Argumente u. Beispiele ausrichten. Erfahrungshorizont („abholen")
	Größe des Auditoriums?	Medienauswahl darauf abstimmen
	Verfassung der Zuhörer zur Vortragszeit?	Ggf. Konzentration, Müdigkeit, Sättigung berücksichtigen
Situativer Rahmen	Dauer?	Stoffmenge abschätzen (Hauptfehler: zu viel)
	Räumlichkeit? Verfügbare Medien?	Technisch und didaktisch berücksichtigen
	Veranstaltungsrahmen?	Leiter stellt Referenten vor, ist für Organisation zuständig
	Anschlussdiskussion?	Mutmaßliche Fragen und Antworten darauf überlegen (Einzelheiten, Methodisches etc. hier bereithalten, Einsatz nach Bedarf)
Ziele setzen	Was will ich bewirken?	Informieren, überzeugen oder auffordern zum Handeln?
	Wie genau ist das Thema vorgegeben?	Auswahl und Proportionierung der Unterthemen danach ausrichten
Stoff sammeln	Informationen sammeln	Gespräche, Literatur usw., Arbeitsplan erstellen
	Kreativitätstechniken	Etwa Brainstorming

Bereich	Leitfragen und Ziele	Antworten und Möglichkeiten
Auswählen und Gliedern	Vortragselemente nach Wichtigkeit, innerer Schlüssigkeit und eigenen Zielen auswählen (s. o.)	Was ist unverzichtbar, was ist weniger wichtig, was kann kürzer dargestellt werden? Was kann entfallen?
	Reihenfolge überlegen: zumeist eine logische Struktur …	a) Ist-Zustand und seine Ursache: Wie es ist, wie es dazu kam b) Soll-Zustand: Was wir wollen/sollen c) Maßnahmen zur Erreichung des Soll-Zustands: Was wir jetzt machen müssen
	… bei einem wissenschaftlichen Vortrag etwa so:	a) Fragestellung/Forschungsstand b) Empirisches Design/Methoden c) Durchführung d) Ergebnisse und Interpretation e) Ausblick u. (Anwendungs-)Folgen/Perspektiven
	und/oder: eine dramatische Struktur	a) Aktueller/anekdotischer Einstieg b) Provokante These aufstellen; überraschendes Ergebnis vorwegnehmen; „Beweis“ ankündigen c) Beweisführung/Gang der Ereignisse darlegen; kontraintuitive Ergebnisse/Ereignisse eigenen Erwartungen gegenüberstellen (rhetorisch evtl. in „Wir“-Form)
	Medieneinsatz parallel dazu und genau planen	Was wann wo einsetzen? Merkliste Medien: nicht hier verzetteln!

Bereich	Leitfragen und Ziele	Antworten und Möglichkeiten
Proben ...	Vortrag mehrmals in freier Rede mit Manuskript, Uhr, ggf. Spiegel/Video üben, auch Mediengebrauch üben	Formulierungsflüssigkeit herstellen, Zeit registrieren (Detailversessenheit ist hier nützlich!)
... und sich wappnen	Kasuistik aufstellen (advocatus diaboli?)	Gute Antworten auf erwartbare Fragen vorformulieren
Einleitung	Die Hörer abholen und	Begrüßung (ggf. Danksagung), Thema nennen, begründen;
	ihr Interesse wecken,	etwa: aktuelles Ereignis/persönliches Erlebnis anführen; Zitat (oder etwas Witziges) bringen; überraschenden Vergleich anstellen; rhetorische Frage stellen
	sie thematisch einstellen	Inhaltl. Vorschau für gedankliche Einordnung: neugierig machen
Hauptteil	Aufmerksamkeit der Hörer binden,	In kleinen Schritten vorgehen, überschaubare Einheiten bilden; logische Reihenfolge beachten
	... die Inhalte plausibel machen	Neues mit Bekanntem durch anschauliche Bilder, Beispiele, Vergleiche verknüpfen
	Darstellungsdramaturgie beachten ...	Zwischendurch Erholungspausen durch humorvolle Einflechtungen; zugkräftige u. wichtige Argumente am Anfang und am Schluss, weniger wichtige in der Mitte
	... und für den Überblick sorgen: „strukturierende An- und Abkündigungen" für einzelne Abschnitte	An Nahtstellen der Gliederung letzten/nächsten Punkt benennen, Zwischenzusammenfassung geben, rhetorische Frage stellen etc.
Schluss	Zusammenfassen, zuspitzen, abrunden, Horizont weiten; Vortrag abschließen und formell beenden	Knapp Wesentliches hervorheben; Ausblick geben, Praxisrelevanz verdeutlichen; bedanken; ggf. Diskussion eröffnen

Bereich	Leitfragen und Ziele	Antworten und Möglichkeiten
(Bald) nach dem Vortrag	Qualifizierte Rückmeldung bei vertrauenswürdigen/vertrauten Hörern holen	Konkret nachfragen; bei negativen Aussagen Alternativen/bei positiven Begründungen erfragen

7.4.2 Visualisierungsmedien: Vor- und Nachteile

Der Umgang mit Medien kann einen Vortrag wesentlich beleben, aber auch durch Pannen und Ungeschicklichkeiten ziemlich verderben. Eine bedachte Auswahl verfügbarer Medien muss im Einzelnen genau geplant sein, sonst zieht ihre Handhabung so viel an Aufmerksamkeitskapazität an sich, dass Lampenfieber und Stress überhandnehmen. Gute Referenten haben immer eine Alternativvariante in petto, wenn ein technisches Hilfsmittel einmal ausfallen sollte …

Medienkunde

Vorhandene Geräte können im Seminar gemeinsam untersucht und bedient werden, falls damit keine Erfahrungen vorliegen. Wenn Übungen irgendwelcher Art den Einsatz von Medien nahelegen, können sie einbezogen werden (Kurzpräsentationen von Kleingruppenergebnissen etwa).

Merkliste: Visualisierungsmedien: mit ihren Vor- und Nachteilen

Medium	Vorteile	Nachteile
Tafel	Große Fläche, gut sichtbar. Ständig verfügbar. Nicht störanfällig. Text und Grafik korrigierbar.	Vorbereitendes Anschreiben nur vor Ort. Keine Aufbewahrung für Text und Grafik. Blickkontakt erschwert.
Tageslichtprojektor (Overhead, Polylux)	Vorbereitung, Wiederverwendung leicht möglich. Folien können abgedeckt u. aufeinandergelegt werden. Guter Blickkontakt.	Technische Probleme möglich. Nicht immer verfügbar. Projektionsgröße und Darstellungsformat müssen passen (Lesbarkeit!).

Medium	Vorteile	Nachteile
Stecktafel	Vorbereitung andernorts möglich. Große Flexibilität in der Handhabung. Diskussionsprozesse leicht visualisierbar (Kartentechnik).	Transport und Archivierung umständlich (ggf. Packpapierbogen mit Karten zu bekleben). Materialverbrauchskosten evtl. von Belang.
Flipcharts (auf Ständer)	Vorbereitung andernorts möglich. Transport: nur Papier. Ad-hoc-Änderungen vor Ort möglich wie bei Tafel. Rasche Abfolge möglich.	Aufwändigere Vorbereitung. Transport/Archivierung wie Stecktafel. Schwierig zu korrigieren. Für größeres Auditorium nur bedingt geeignet.
Diaprojektor	Bild scharf, plastisch. Für großformatige Darbietung von Fotos optimal. Rasche Abfolge möglich.	Aufwändige Herstellung. Störanfällige Technik. Nicht veränderbar. Abdunklung nötig.
Handouts (Umdrucke)	Publikum kann Information mitnehmen. Ergänzende Notizen möglich. Individuelle Informationsaufnahme. Nachsehen möglich, wenn unklar.	Verteilung der Papiere während Vortrag kann stören. Bei Verteilung vorher evtl. schwierig, aktuelle Stelle zu finden. Abschweifendes Lesen der Zuhörer.
Computergestützte Projektion per Beamer (mit Software wie PowerPoint oder impress)	Projiziertes Rechnerdisplay mit allen Darstellungsmöglichkeiten wie bewegten Bildern, Film, Ton: bes. Softwarepräsentation. Vorbereitet, druckbar, änderbar. Externe Medien (Stick, CD) mit Inhalten, ggf. auch Programm u. Betriebssystem. Oder: Website wiedergeben.	Störanfällig. Genaue Abklärung von Hard- u. Softwareumgebung nötig. Auf Gastrechner erproben: Software, Betriebssystem, Konfiguration usw.! Entfällt bei bootbarem Wechselmedium mit install. Software (unabh. vom Gastrechner!). Auflösung ggf. schlechter als bei OH oder Dia. Ggf. Internetverbindung nötig.

7.4.3 Gestaltung und Verwendung von Folien (OH und Computer)

Der Overheadprojektor und die Computerprojektion via Beamer sind die am häufigsten benutzten Medien.

Keine Orgien bitte!

„Folienorgien" sind bei Zuhörern aber ebenso unbeliebt wie unfachmännischer Umgang damit. Die Merkliste ist als Teilnehmermaterial gedacht (u.a. mit Vorschlägen nach Stangl 2007): Ihre Aspekte gelten fast durchgängig sowohl für den OH-Projektor als auch für die Computerprojektion (auch engl.: „computer projection", nicht etwa „beamer projection"!). Gelegenheiten zum Einsatz bieten sich in verschiedenen Übungen (wobei im OH-Fall mit speziellen Folienstiften auch kurzfristig Vorlagen erstellt werden können). Wir stellen die Verwendung beider Medien parallel dar; der Umstieg mag so vielleicht leichter fallen.

Merkliste: Gestaltung und Verwendung von Folien (OH und PC)

Herstellung: Ihre Folien sollten rechtzeitig für die Generalprobe einige Tage vor dem Vortragstermin fertig sein, keinesfalls erst am Tag des Vortrags.

Format: Verwenden Sie das Querformat. Vorteile: Sie beschränken sich in der Informationsmenge; die Folien sind leichter zu positionieren, bes. in niedrigen Räumen. Bei Präsentationssoftware achten Sie auf die Einstellung „Quer" für die Seitenorientierung.

Aufbau: Erstellen Sie eine Titelfolie mit Ihrem Namen und dem Thema des Vortrags. Alle Folien sollten einen wiederkehrenden Standardaufbau haben („Masterfolie" mit den gemeinsamen Merkmalen zuerst erstellen und diese für die Einzelfolien weiter verwenden bzw. durch Programm zuweisen lassen).

Einheitlichkeit: Gestalten Sie gleiche Sachverhalte gleich, d.h. gleiche Schriften, gleiche Symbole, gleiche Rahmen und Schattierungen für ähnliche Inhalte. Benutzen Sie als Überschrift einen Querbalken mit leichter Schattierung.

Lesbarkeit: Die Schrifthöhe sollte etwa 6 mm (auf der OH-Folie) betragen, der Helligkeitskontrast maximal sein. Wählen Sie also große Schriften, d.h. mindestens 20 pt für Fließtext und größer für die Überschriften. Keine Schrift kleiner als 16 pt (5 mm für kleine, 7 mm für große Buchstaben). Wählen Sie gut lesbare Schriften, am besten serifen- und schnörkellose. Die erscheinende Schriftgröße ist auch vom

Projektionsabstand abhängig! Verwenden Sie handschriftliche OH-Folien in besonderen Fällen, z. B. für kleine informelle Arbeitsgruppen zur Visualisierung ihrer aktuellen Gruppenergebnisse. Testen Sie vorher die Lesbarkeit vom anderen Raumende.

Umfang pro Folie: Höchstens 11 Zeilen bei DIN-A4-Querformat bei Ausnutzung der ganzen Seite, höchstens 15 Zeilen beim nicht(!) empfohlenen Hochformat.

Übersichtliches Layout: Sie können einzelne Wörter oder Wortgruppen durch Unterstreichung, Kursivdruck, Farbe, versch. Schriftgrößen usw. hervorheben. Lassen Sie ausreichend Platz. Verwenden Sie höchstens drei verschiedene Schriftattribute! Vermeiden Sie schwache Kontraste: Schrift in Schwarz, Blau oder Grün (nicht auf Rot, Gelb) etc.

Verständlichkeit: Vermeiden Sie unbekannte Abkürzungen, Fremdwörter usw. Sprechen Sie in gleichen Begriffen wie auf der Folie, in gleicher Folge.

Formulierung: Stichwörter oder kurze (Halb-)Sätze sind besser als ausformulierte Sätze. Die Zuhörer sollen nicht ablesen müssen; Folien sind als Aufmerksamkeitsstützen gedacht, um Erläuterungen zu ergänzen und zu illustrieren. Verwenden Sie Verben (wirken dynamischer als Hauptwörter).

Grafiken: können, gut gemacht, sehr informativ sein, die Verständlichkeit erhöhen und anregen. Rein Dekoratives nur sehr sparsam verwenden.

Informationsmenge: Jede Folie sollte ein eigenes Thema haben, das als solches zu erkennen ist. Reduzieren Sie Informationen auf das Wesentliche. Lieber mehr Folien mit weniger Informationen nehmen.

Nicht zu viel: Eine Überflutung ist zu vermeiden („Folienorgie"). Daumenregel: Zeit (in Minuten) geteilt durch zwei ergibt maximale Folienzahl. Das hängt zwar letztlich vom Inhalt der Folie ab, aber es ist utopisch, in einem (guten) 40-minütigen Vortrag mehr als 20 Folien auflegen zu wollen. Manche raten zu deutlich weniger …

Umdruck (Handout): Ergänzen Sie bei Bedarf durch ein Handout mit weiteren Informationen. Achtung: Nur die Folien, evtl. mehrere pro Seite, auszudrucken ist wenig sinnvoll, da solche Unterlagen (für späteren Gebrauch) selbsterklärend bleiben sollten.

Präsentationsrhythmus: Folien ausreichend lange zeigen. Vollständig erläutern. Folienwechsel immer ankündigen, bevor Sie ihn vornehmen! (Weniger überrascht das Neue, als dass einem beim Studieren der Grafik plötzlich die Folie weggezogen wird.)

Koordination von Wort und Bild: Projektionsfläche nicht verdecken. Angesprochene Passagen markieren (etwa mit Kugelschreiber), an der OH-Folie mit dem Gesicht nach vorn, nicht an der Wand (daher „Overhead"). Wenn Sie mit Laserpointer, Stab oder Hand auf die Wand weisen, stets „mit dem Rücken zur Wand".

Dynamische Präsentation: Sie können Informationen schrittweise geben, indem Sie eine abgedeckte OH-Folie erst nach und nach aufdecken *(Enthüllungstechnik)*; indem sie Folien passgenau aufeinanderlegen oder an den Kanten zusammenkleben, um sie dann Schritt für Schritt hochzuklappen *(Klapptechnik). Die Präsentationssoftware ermöglicht Darstellungen abschnittweise und bewegt. Bleiben Sie aber sehr sparsam mit den Möglichkeiten des „Einfliegenlassens" u. Ä. Sie können zur Weiterschaltung auch eine Fernbedienung (Presenter) verwenden.*

Wichtige Kleinigkeiten: Denken Sie an Folgemarkierungen (kleine Nummern in einer Ecke). OH-Folien kleben durch elektrostatische Aufladung: Zwischenblätter einlegen. Proben Sie alle notwendigen Handgriffe.

Überprüfung der Präsentationstechnik: Testen Sie rechtzeitig vor Ihrem Auftritt die Technik. Während der OH-Projektor ziemlich zuverlässig das Folienbild an die Wand wirft, scheitert eine Computerprojektion nicht selten, besonders dann, wenn Sie mit einem Gastrechner und -beamer arbeiten. Vorsichtige Leute bringen bei wichtigen Vorträgen zusätzlich OH-Folien mit. Bildfläche dunkel? Computerbildschirm und Beamer sind zwei parallele Grafikausgaben, die beide ein- oder ausgeschaltet sein können: also vier Möglichkeiten, die mit einer (gerätespezifischen) Tastenkombination in Reihe durchgeschaltet werden!

7.4.4 Anmerkungen zur Präsentationstechnik

neue Redesituation

Die Praxis der **Vortragsform Präsentation**, also Reden mit Medienunterstützung, hat heute weite Verbreitung erreicht, wobei neben OH-Folien überwiegend computergestützte, visuelle Projektionen eingesetzt werden. Dadurch haben sich Vorbereitung, Durchführung und Bedingungen solcher (Fach-)Vorträge verändert: Inhalte können wesentlich anschaulicher und vielfältiger vermittelt werden als durch reine Rede.

Die Vorteile technischer Unterstützung fordern andererseits eine Menge an praktisch-technischem Wissen und Know-how für einen störungsfreien Einsatz. Hinzu kommen Anforderungen an die grafischen Gestaltungsfähigkeiten eines Autors/Redners, der nicht mehr nur eine Rede konzipiert, sondern gleichzeitig evtl. umfangreiche und komplexe visuelle Materialien und ihre dynamische Steuerung entwirft.

Auch wenn die eingesetzte Präsentationssoftware immer mehr nützliche (aber auch fragwürdige) Möglichkeiten sowie beispielhafte Gestaltungsmuster („Vorlagen") bietet, ist der präsentierende Redner letzten Endes darauf angewiesen, sich Kompetenzen und Konzepte der „visuellen Kommunikation" anzueignen: Sich mit Gespür aus der Flut von Möglichkeiten stilsicher (d. h. immer auch sparsam) geeignete Gestaltungselemente auszuwählen, muss ebenso gelernt werden wie die rhetorischen Fähigkeiten selbst. Auch für dieses Gebiet existiert ein breites Feld von Ratgeberliteratur (Stangl 2007; Seifert 2007) mit einer Vielzahl von Ansätzen auf unterschiedlichem Niveau.

Vielleicht führen PowerPoint und ähnliche Präsentationsprogramme zu einem Verlust an kognitiver Differenziertheit. So kann etwa die für diese Programme typische Auflistung von Punkten („bullet points") zu einem simplifizierenden Denkstil verleiten, bei dem komplexere Zusammenhänge verloren gehen. Dies ist die engagierte Meinung des Yale-Professors und Visualisierungsexperten Edward Tufte (2006). Er führt sogar den Absturz der Columbia-Raumfähre auf ungenaue PowerPoint-Präsentationen von NASA-Ingenieuren zurück (Tufte 2005).

Und tatsächlich: Nicht nur bei Anfängern ist zu beobachten, dass oft ganze Listen nur aus Stichwörtern bestehen, die einer Gliederung der Präsentation entnommen scheinen, also auf der Folie abstrakt und inhaltsleer bleiben. Die eigentlichen konkreten Inhalte können dabei durchaus verbal vorgetragen worden sein. Was aber bleibt bei uns „Augen-Tieren" haften? In erster Linie die visuellen Inhalte. Wenn wir uns dann auch noch der Möglichkeit bedienen, von der Software ein „Handout" (vgl. 7.4.2, 7.4.3) für das Publikum zu drucken, das nur noch aus den verkleinerten Wiedergaben der Folien besteht, ist die Wahrscheinlichkeit groß, dass nur inhaltsleere Gerüste eines vielleicht substanzreichen Vortrags übrig bleiben.

Präsentation: primär Rede!

Eine systematische Abhandlung der softwaregestützten Computerpräsentation würde den Rahmen dieses Buches sprengen. Aber es soll klar gesagt werden, dass eine Präsentation eben nicht – wie es bei Anfängern gerne so gesehen wird – eine Multimediashow ist, mit einer mehr oder weniger anonymen Kommentarstimme aus dem halbdunklen „Off“. Auch eine Präsentation ist primär Rede: der Vortrag einer konkreten Person, die sichtbar und hörbar wird für ihr Publikum, die sich auch selbst präsentiert und die die modernen technischen Mittel zur Unterstützung ihres Vortrags einsetzt.

Weil auch mit Computer und Beamer die Rezeptionsbedingungen des Auditoriums (vgl. „Hörerpsychologie“) gelten, haben wir für die Gestaltung von Präsentationen und die Folientechnik auf viele Aspekte verwiesen, die für beide Medien gelten (vgl. 7.4.2, 7.4.3).

Software

Abschließend einige Hinweise zur Software für Präsentationen: Von den eingesetzten Programmen ist PowerPoint aus der Bürosoftware-Suite MS Office von Microsoft mit Abstand am weitesten verbreitet, was mit der großen Verbreitung der Windows-Betriebssysteme zu tun haben dürfte. Es gibt aber gleichwertige Alternativen: Die weitgehend vergleichbare und kostenlose Bürosoftware-Suite OpenOffice.org (ein quelloffenes „Open-Source“-Projekt) enthält das Präsentationsprogramm Impress. Diese Suite ist multiplattformfähig, läuft also nicht nur unter Windows, sondern auch unter Betriebssystemen wie Linux, Apple Mac OS X sowie Solaris. Ihre Dateiformat-Familie (OpenDocumentFile, .odf) ist bereits ISO-Standard (der als internationaler Standard für Büroanwendungen etabliert werden soll) und wird von mehreren Office-Paketen unterstützt. Sie können von der Textverarbeitung (entsprechend Word) bis zur Präsentation auch Dokumente in den proprietären MS-Dateiformaten erstellen, diese konvertieren bzw. im- und exportieren. In paralleler Entwicklung zu OpenOffice.org wird die Suite StarOffice von Sun mit zusätzlicher Ausstattung (mehr Vorlagen, Grafiken etc.) kommerziell vertrieben. Es gibt darüber hinaus eine ganze Reihe anderer, z. T. kostenloser, z. T. auch webbasierter Präsentationsprogramme (wenn Sie wirklich alles im Internet schreiben und speichern wollen).

8 Gesprächssteuerung aus der schwächeren Position: Prüfungs- und Bewerbungsgespräche

Bei Vortrag und Rede hat man selbst das Heft in der Hand und bestimmt, wann welches Thema drankommt. Bei Prüfungs- und Bewerbungsgesprächen sieht es für den Prüfling und Bewerber ganz anders aus. Diese Gesprächssituationen, die über den weiteren Lebensweg entscheiden, sind durch ein hohes Maß an Abhängigkeit gekennzeichnet. Der Prüfer und der Arbeitgeber haben in der Regel die Situation in der Hand und können den Ablauf bestimmen. Ist der Prüfling oder der Bewerber tatsächlich der Situation völlig ausgeliefert oder kann er nicht die soziale Interaktion mitbestimmen? In Grenzen (die sich aus den Personen und dem Kontext ergeben) geht das schon. Wie? Das ist das zentrale Thema dieses Kapitels.

8.1 Das Prüfungsgespräch

8.1.1 Zeitplanung und Arbeitsstörungen bei der Prüfungsvorbereitung

Der Erfolg einer Prüfung und auch eines Bewerbungsgesprächs hängt stark von einer guten Vorbereitung ab. Es hieße die Möglichkeiten der aktuellen Gesprächsführung in diesen Stresssituationen zu überschätzen, ließe man sich ohne Vorbereitung darauf ein.

Selbstkontrolle

- Machen Sie sich einen täglichen, wöchentlichen und monatlichen Arbeitsplan!
- Kontrollieren Sie, was Sie davon erreicht haben!
- Setzen Sie sich im Zweifelsfall niedrigere Arbeitsziele!
- Versuchen Sie, Teilabschnitte Ihrer Arbeit zu beenden, bevor Sie Pausen machen! Sie fühlen sich dann besser.
- Sorgen Sie dafür, dass Sie über einen längeren Zeitraum ungestört arbeiten können! Machen Sie sich am besten unerreichbar!

Selbstmotivierung

Wenn Sie total durchhängen, mit der Arbeit überhaupt nicht vorankommen und das Leben keinen Spaß mehr macht:

- Trösten Sie sich damit, dass es vielen anderen auch so geht! Und trösten Sie sich, wenn Sie das früher schon mal erlebt und gemeistert haben!
- Kümmern Sie sich um Ihre guten Freunde! Davon hat man nur wenige.
- Überlegen Sie sich, was Ihnen Spaß macht! Machen Sie es!
- Schreiben Sie ein Tagebuch. Das fördert die Reflexion über Ihre Ziele und Anstrengungen als auch die gedankliche und emotionale Verarbeitung.
- Sprechen Sie mit interessierten Leuten über Ihre Arbeit! Ein interessantes Gespräch motiviert.

Arbeitsplan

Damit ein täglicher Arbeitsplan für Sie beispielhaft konkreter wird, hier einige Erläuterungen:

Wenn Sie keinen festen Zeitplan vorgegeben haben (z. B. als Student während der Prüfungsvorbereitung, als Freiberufler, als Arbeitsloser), dann machen Sie sich einen. Sonst zerrinnt einem gar zu leicht die Zeit zwischen den Fingern. Ohne Plan vertrödelt man leicht seine Zeit und hat weniger echte Freizeit.

Schneidern Sie den Plan nach Ihrem individuellen Passivitäts-Aktivitäts-Rhythmus. Nicht wann Sie eine Arbeit machen, sondern dass Sie sie machen, zählt am Ende. Von Winston Churchill ist bekannt, dass er morgens liebend gern lange im Bett blieb (kann das mancher Leser nachempfinden?) und die ersten Mitarbeitergespräche von dieser Position aus führte.

Wenn Sie ein Nachtmensch sind und abends nicht arbeiten, dann legen Sie bei Ihrem Tagesplan gleich fest, wann Sie abends ins Bett gehen. Sonst bleiben Sie zu lange in der Kneipe oder ziehen sich noch den Spätkrimi rein und morgens kommen Sie nicht aus den Federn.

Möglicher Tagesplan

- 23.00 (Uhrzeit)

Bettruhe. Wenn Sie nicht einschlafen können, lesen Sie kein spannendes Buch, sondern versuchen Sie, sich zu entspannen, z. B. durch Musik oder etwas anderes, das Sie ruhig und müde macht. Hier können Sie es auch mit der Entspannungsübung in Abschnitt 4.10 versuchen.

- 7.00

Aufstehen

- 9.00

Arbeit. Falls Sie daran zweifeln, ob Sie zu diesem Zeitpunkt schon am Arbeitsplatz sitzen, können Sie, je nach den äußeren Umständen, den Druck auf sich erhöhen. Legen Sie Termine, bei denen andere Menschen auf Sie warten, auf einen frühen Zeitpunkt. Nehmen wir an, Sie arbeiten als Student in der Bibliothek; verabreden Sie mit einem Kommilitonen, dass Sie ihm um 9 Uhr dort ein Vorlesungsskript geben. Sie können auch Termine, die nichts mit der Arbeit zu tun haben, so früh wählen, dass Sie danach immer noch rechtzeitig mit der Arbeit anfangen (z.B. Termine bei Ärzten, Kfz-Werkstatt).
Kleinere Pausen. Legen Sie diese so, dass Sie schon einen Arbeitsabschnitt abgeschlossen haben. Das gibt Ihnen ein gutes Gefühl, und Sie müssen sich nach der Pause nicht noch einmal in den speziellen Zusammenhang hineindenken.

- 13.00

Mittagessen und Pause. Gönnen Sie sich nach dem Essen eine Pause (z.B. Spaziergang), da Ihr Körper mit der Verdauung beschäftigt ist und sich dies mit anstrengender geistiger Arbeit schlecht verträgt.

- 13.30

Arbeit

- 18.00

Ende der Arbeit, Abendessen, Freizeit.

Wenn Sie unter großem Zeitdruck sind, können Sie natürlich auch am Abend weiterarbeiten. Lassen Sie es aber nicht einfach offen, sondern entscheiden Sie sich dafür oder dagegen oder spezifizieren Sie die Bedingungen, unter denen Sie weiterarbeiten wollen. („Wenn ich bis 18.00 Uhr diesen Abschnitt noch nicht geschafft habe, hänge ich heute Abend noch zwei Stunden dran") Lassen Sie es einfach offen, riskieren Sie am Abend ein schlechtes Gewissen, obwohl Sie am Tag effektiv gearbeitet haben. Sind Sie ein Morgenmuffel, können Sie auch nachts mit open end arbeiten. Falls Sie nicht alleinstehend sind, klären Sie Ihren Zeitplan auch mit Ihrem Partner oder Ihrer Familie ab. Das kann eine Konfliktquelle sein, im günstigsten Fall aber auch eine Kraftquelle.

Sehr differenzierte Vorschläge zum Zeitmanagement finden sich in einschlägigen Büchern wie Seiwert (2005), allgemeine Hinweise zur Prüfungsvorbereitung und -durchführung bei Barthel (2001).

Texte schreiben

Falls Sie selbst Texte schreiben müssen. Dies gilt für schriftliche Leistungen zu einer Prüfung (Examensarbeit/Diplomarbeit):

- Erst alle Einfälle und Assoziationen zum Thema in Stichwörtern aufschreiben (1. Blatt)! Wenn Sie keine Einfälle und Ideen haben: Unterhalten Sie sich mit anderen Leuten über das Thema! Lesen Sie in der Literatur herum (aber nur quer und vorzugsweise solche, die Sie interessant finden)! Lesen Sie unterhaltsame Literatur, die mit dem Thema zu tun hat! Oder historische Darstellungen, die die Sache interessant machen! Versuchen Sie, möglichst viele Kritikpunkte zu dem zu formulieren, was Sie gelesen haben! Probieren Sie es mit der Brainstorming-Technik!
- Versuchen Sie dann, eine Gliederung zu machen (2. Blatt)! (Dabei werden Ihnen neue Einfälle kommen. Schreiben Sie sie auf das 1. Blatt!)
- Schreiben Sie Ihre Gedanken in Sätzen auf, aber ohne auf Stil und inhaltliche Feinheiten zu achten (3. Blatt)!
- Lesen Sie den Text durch und ergänzen Sie, was Ihnen an Details einfällt! Verschieben Sie bei Bedarf Textpassagen! Fügen Sie stilistische Verbesserungen ein, soweit sie Ihnen gleich einfallen! Notieren Sie umfangreichere Veränderungen, zu denen Sie im Augenblick keine Lust haben, auf einem Extrazettel (4. Blatt)! Ebenso Veränderungen, zu denen Sie sich noch Informationen beschaffen müssen! Und ebenso Einfälle, bei denen Sie noch nicht wissen, wo Sie sie einbauen!
- Lassen Sie den Text für einen oder mehrere Tage liegen und freuen Sie sich, dass Sie schon die erste Fassung fertig haben!
- Machen Sie eine Pause!
- Bearbeiten Sie den folgenden thematischen Punkt entsprechend!

8.1.2 Wie man als Prüfling das Prüfungsgespräch steuern kann

Wer in einer Prüfung oder bei einer Bewerbung das Gespräch zu steuern hat, d. h., die Abfolge der Themen, den Stil der Interaktion festzulegen hat, ist eigentlich klar. Das sind die Prüfer, Personalleiter usw. Sie sind im Normalfall in der stärkeren Position, denn die Prüflinge und Bewerber wollen etwas von ihnen und nicht umgekehrt. Oder? Auch die andere Seite hat Interessen, auf die wir noch zu sprechen kommen. Nichtsdestotrotz ist es für Prüflinge und Bewerber ungleich schwieriger, den Gesprächsverlauf zu beeinflussen, aber doch in gewissem Umfang möglich.

zwei Arten von Prüfungsfragen

Betrachten wir zunächst die logische Grundstruktur einer Prüfung aus der Sicht des Prüflings. Vereinfacht gesehen gibt es zwei Arten von Fragen. Erstens solche, bei denen man Bescheid weiß, und zweitens solche, bei denen man nicht Bescheid weiß. Genauer sind das eigentlich die Endpunkte eines Kontinuums. Denn man kann eine Antwort auch mehr oder weniger gut wissen. Wir wollen in die erste Kategorie auch solche rechnen, die man zwar nicht perfekt, aber gut beantworten kann, und in die zweite solche, zu denen man etwas, aber nur Dürftiges zu sagen weiß. Die zwei Grundstrategien bestehen nun darin,

- den ersten Fall möglichst oft und den zweiten Fall möglichst selten auftreten zu lassen (Strategie A);
- im ersten Fall einen möglichst großen Nutzen zu erzielen und im zweiten Fall den Schaden zu begrenzen (Strategie B).

Die beiden Grundstrategien erscheinen in dieser allgemeinen Form selbstverständlich. Aber ihre konkrete Umsetzung ist nicht so einfach.

Die Strategie A wird traditionellerweise dadurch befolgt, dass sich der Prüfling gut auf die Prüfung vorbereitet. Diese wichtige, aber auch triviale Vorgehensweise haben wir oben schon besprochen. Im Prüfungsgespräch selbst kann man am Ausmaß seiner Vorbereitung nichts mehr ändern und muss sehen, wie man durchkommt. Jedoch hat der Prüfling begrenzte Möglichkeiten, den Gesprächsverlauf zu steuern.

zu einer Frage motivieren

Nicht selten stellt der Prüfer eine Frage, die in den Nachbarbereich eines Gebietes fällt, bei dem ich mich als Prüfling besonders gut auskenne. Würde ich nun dieses spezielle Wissen sofort an den Mann oder die Frau bringen, hieße es: „Frage nicht beantwortet/verfehlt“. Ich kann aber durch meine Antwort einen Anreiz geben, so dass der Prüfer in seiner nächsten Frage das anspricht, wozu ich besonders sachkundig etwas sagen kann. Man gibt also zunächst auf die direkt gestellte Frage, so gut man kann, eine Antwort und lässt dann eine aufsehenerregende Nebenbemerkung einfließen. Beispiel: „Hier in diesem Zusammenhang sind auch die Aussagen von Müller und Schmidt interessant. Mir erscheint die Meinung dieser oft zitierten Autoren falsch. Aber das gehört nicht direkt zu Ihrer Frage. Deshalb will ich das hier ausklammern.“ Bei routinehaften Prüfungen reagieren die Prüfer meistens dankbar auf Abwechslung, und Sie haben gute Chancen, dass Ihnen eine entsprechende Frage gestellt wird. Etwa: „Was finden Sie da bei Müller und Schmidt falsch?“

Jetzt haben Sie Ihre Chance. Aber jetzt müssen Sie auch Kompetenzen zeigen und Ihrem selbst formulierten Anspruch gerecht werden, dass Sie sich da auskennen. Sonst erscheinen Sie als Wichtigtuer ohne Niveau. Hier wie auch anderswo gilt: Je besser Sie das Prüfungswissen (und auch Hintergrundwissen) beherrschen, desto mehr Spiel- und Manövriermöglichkeiten stehen Ihnen auch im unbekannten Gelände zur Verfügung.

Bei routinehaften Prüfungen behandelt der Prüfer ein von ihm festgelegtes Themenbündel, auf das sich jeder Prüfling gleichermaßen vorbereiten muss. Bei einem anderen Prüfungstyp geht es beim Prüfungsgespräch um ein zwischen dem Prüfling und dem Prüfer vereinbartes Spezialgebiet. Hier kommt es häufiger vor, dass der Prüfer selbst nur oberflächliche Kenntnisse hat (abhängig von der Innovationsbereitschaft des Prüfers bei der Themenfestlegung) und ein guter Prüfling ganz oder teilweise der Experte ist (z.B. bei einer Bachelor- oder Masterarbeit). Wenn Sie solche Unterthemen in dem Prüfungsgespräch herausfinden, bei denen der Prüfer sich nicht oder kaum auskennt, ist das eine gute Möglichkeit, den weiteren Gesprächsverlauf zu steuern. Fragen Sie z.B.: „Soll ich diesen Punkt weiter ausführen?“ Der lernwillige Prüfer wird das gern bejahen. Und er ist positiv beeindruckt, wenn Sie mehr wissen als er. Denn in seiner Sicht weiß er ja schon sehr viel. Und wenn Sie dann noch mehr wissen, dann müssen Sie was können. Übrigens können Sie auch oft an den Fragen des Prüfers seinen Kenntnisstand ablesen. (Das gilt entsprechend für Interviewerfragen im Bewerbungsgespräch.)

Interessengebiete erkunden

Versuchen Sie schon vor der Prüfung, die Arbeits- und Interessengebiete des Prüfers zu erfahren. Sollten Sie versehentlich in dieses unübersichtliche Terrain seiner Spezialthemen geraten, sind zwei Prüferreaktionen denkbar. Erstens: Der Prüfer stellt (ungewollt) besonders schwierige Fragen. Denn er kann sich nicht vorstellen, dass andere Menschen in diesem wichtigen Gebiet nicht wenigstens grundlegende Kenntnisse besitzen. Zweitens: Der Prüfer sieht sein Interessengebiet selbst als exotisch oder avantgardistisch an und freut sich über einen anderen Interessenten, auch wenn dieser Neuling ist.

Böswillige Studenten sollen sogar mit erfundenen Publikationen ihren Prüfer beeindrucken (oder verunsichern) wollen: „In einem Artikel, ich glaube von Ruthers und Witherspoon (diese Autorennamen nur wählen, wenn man das ‚ti äitsch' gut aussprechen kann), heißt es ..." Wenn der Prüfer dann sachkundig nickt, scheint er doch nicht so sachkundig zu sein. Wenn er Unkenntnis ausdrückt („Wo wurde dieser Artikel veröffentlicht und was schreiben die Autoren genau?"), ist seine Sachkenntnis nicht auszuschließen. Aber bei dieser großen Publikationsflut ist es verständlich, wenn der Student sich nicht mehr an die genaue Quelle erinnern und der Professor die Existenz eines solchen Artikels nicht ausschließen kann.

Die hier erwähnte Vorgehensweise ist die Umdrehung einer heimtückischen Taktik von (hoffentlich ganz wenigen) Prüfern (oder auch Personalleitern), die den Prüfling reinlegen wollen. Prüfer: „Wie beurteilen Sie das neue x-Verfahren der Firma y zur z-Technik?" Der Prüfling druckst herum und reimt sich eventuell etwas zusammen. Entweder sagt der Prüfer gar nichts und geht kommentarlos zur nächsten Frage über oder aber: „Das war ein kleiner Fantasietest. Denn leider gibt es weder die Firma noch das Verfahren." Wir raten sowohl Prüflingen als auch Prüfern dringend davon ab, den anderen in dieser Weise reinzulegen. Der Prüfling ist eh unten durch, wenn der Prüfer das Betrugsmanöver erkennt. Aber auch wenn dieses Risiko gering ist, sollten Sie als Prüfling so eitel sein, die Prüfung zwar clever, aber ohne Betrug bestehen zu wollen. Für den Prüfer gilt, dass – abgesehen von der Unfairness der Methode – er nicht die Fähigkeit des Kandidaten, kleine Demütigungen er ertragen, sondern dessen Leistung erfassen sollte.

höhere Ebene ansteuern

Eine andere Steuerungsstrategie besteht darin, konkrete Fragen möglichst rasch auf eine allgemeine Ebene zu bringen, auf der man sich gut auskennt. Dies können methodische, gesellschaftspolitische Fragen oder aktuelle Kontroversen sein. Dies hängt vom jeweiligen Sachgebiet und der Institution ab, in denen die Prüfung stattfindet. Entscheidend ist nur, dass der Prüfer Feuer fängt. Wir können uns an einen Studienkollegen erinnern, der leider verhindert war, sich – wie sonst üblich – zwei bis drei Monate auf die sechs mündlichen Vordiplomprüfungen vorzubereiten. Er musste sich mit einer Woche Vorbereitung begnügen. Zu dieser Zeit wurden wissenschaftstheoretische und erkenntnisphilosophische Fragen heftig diskutiert, und das war gerade das Steckenpferd unseres Prüflings. Schon an die ersten speziellen Prüfungsfragen hängte der Kandidat brillante wissenschaftstheoretische Kommentare, auf die die Prüfer interessiert (oder weil sie sich dem Zeitgeist verpflichtet fühlten) eingingen. In fünf Fächern erhielt er überdurchschnittliche Noten. Nur im sechsten Fach war der Prüfer schwer zu handhaben. Er kehrte zähflüssig immer wieder zu seinen fachspezifischen Fragen zurück, denn von Wissenschaftstheorie schien er nicht so viel zu verstehen. Außerdem musste bei ihm jeder Prüfling eine bestimmte Anzahl von Fragen beantworten, die er per Zufall aus einem Kartenstapel gezogen hatte. Unser Kandidat schaffte mit Mühe noch eine ausreichende Note. Wir lernen aber: Der Prüfungsablauf lässt sich umso besser beeinflussen, je offener (unstrukturierter) der Prüfer seine Prüfung durchführt.

Denkfähigkeit erkennen lassen

Kommen wir zur Strategie B. Es ist hier (aber auch schon oben) nützlich, möglichst viel über Prüfervorlieben und sein Verhalten zu wissen. (In einigen Bildungseinrichtungen kann man als Zuschauer andere Prüfungen beobachten. Machen Sie davon, falls möglich, auf jeden Fall Gebrauch.) Manche Prüfer möchten nachprüfen, ob der Kandidat „denken kann". D. h.: Ist der Prüfling in der Lage, auch dann, wenn er eine Antwort nicht sofort weiß, aufgrund der ihm zur Verfügung stehenden Kenntnisse sich eine Antwort zu erschließen? Das bloße Abspulen von auswendig gelernten Fakten wird als nachrangig angesehen. (Eigentlich eine vernünftige Ansicht.) Stellt ein solcher Prüfer eine Frage, die er für kompliziert und nachdenkenswert hält, sollte man nicht sofort mit der Antwort herausplatzen, auch dann, wenn man sie weiß. Das würde den Prüfer nur frustrieren, weil er sein Prüfungsziel (Denkfähigkeit testen) vereitelt sieht. Besser: „Da muss ich einen Augenblick nachdenken. Also erstens gehe ich davon aus, dass ..." Entwickeln Sie unter sichtbaren Zeichen angestrengten Nachdenkens Ihre Gedanken in mehreren Schritten bis zum gewünschten Ergebnis.

bei Nichtwissen antworten

Sollten Sie tatsächlich keine Antwort auf eine Frage wissen, dann verfahren Sie genauso. Nur dass dies jetzt unter den vom Prüfer gewünschten Bedingungen abläuft. Fällt Ihnen in Ihrem Gedankengang eine Information nicht ein, dann fragen Sie einfach danach: „Mir fällt jetzt nicht ein, wie ... Können Sie mir in diesem speziellen Punkt weiterhelfen?" Ein Denkfähigkeitsprüfer wird Ihnen häufig die Information geben. Bei einem Faktenprüfer kann einem auch anderes passieren: „Dass Ihnen das nicht einfällt, stelle ich auch mit Bedauern fest. Aber leider gehört es zum Prüfungsstoff." Wichtig für das Prüfverhalten ist hier auch, inwieweit das Wissenselement als zentral oder peripher für das Prüfungsgebiet angesehen wird. Im letzten Fall bekommt der Prüfling problemloser seine Information.

Damit haben wir schon eine Möglichkeit der Schadensbegrenzung bei schwierigen Fragen, nämlich sich aus erinnerlichen Kenntnisstücken an eine Antwort heranzubewegen.

Fällt Ihnen partout nichts zu einer Frage ein, dann müssen Sie sofort weitere Informationen aus dem Prüfer herausholen. Sie können ihn zu einer anderen Frageformulierung anregen. Entweder ganz direkt: „Ich habe diese Frage noch nicht verstanden. Können Sie die Frage vielleicht etwas erläutern?" Oder indirekter: „Mir ist noch nicht klar, wie hier ... zu verstehen ist." Dies kann auf einen Begriff, eine Aussage oder etwas anderes bezogen sein. Falls der Prüfer dies erläutert, haben Sie schon ein paar Informationen mehr. Geben Sie aber acht, dass der Prüfer nicht den Eindruck gewinnt, Sie hielten seine Frage für ungeschickt formuliert.

Ein sturer Prüfer kann auch sagen: „Das müssen Sie selbst wissen." Falls Sie irgendeine Idee haben, fahren Sie dann fort: „Ich gehe jetzt davon aus, dass ..." Oder: „Ich verstehe jetzt diesen Begriff so, dass ..." Ihre Antwort deutet eine leichte, aber zumutbare Rüge für die Unhöflichkeit des Prüfers an, der sich unter intelligenten Menschen doch wirklich etwas weniger stur verhalten könnte.

Bei all diesen Tipps mögen Sie vielleicht denken: „Mein Gott, in der Prüfung bin ich ja viel zu aufgeregt, um das alles beachten zu können!" Damit dies besser wird, sollten Sie vor der Prüfung in Ihrer Vorbereitungsgruppe oder mit einem sachkundigen Freund im Rollenspiel die Prüfungssituation *oft* durchgehen. Formulieren Sie immer neue Listen von Fragen, die der Prüfer stellen könnte. (Das fördert auch die gedankliche Verarbeitung des Prüfungsstoffs.) Dann gehen Sie diese (oder einen Teil davon) im Rollenspiel durch. Variieren Sie in der Rolle des „Prüfers" denkbares Prüferverhalten: Seien Sie mal streng und abweisend, mal freundlich-unterstützend. Fragen Sie mal oberflächlich Fakten oder insistieren Sie auf Problemverständnis in einem Punkt usw.! Versuchen Sie, Ihren realen Prüfer, so weit bekannt, nachzuahmen! Reden Sie nach dem Rollenspiel nicht nur über den Stoff, sondern auch über die Antworttechniken des Prüflings! In der Rolle des „Prüfers" lernen Sie verstehen, welche Prüflingsantworten welche Nachfragen nach sich ziehen; Sie können dann später als Prüfling besser vorhersehen, was im Kopf eines Prüfers vor sich geht und wie Ihr Verhalten sein Verhalten beeinflusst.

Fassen wir zusammen: Sie können als Prüfling den Ablauf eines Prüfungsgesprächs umso wirksamer beeinflussen,

- je besser Sie den Prüfungsstoff beherrschen
- je offener oder unstrukturierter die Prüfung durchgeführt wird
- je weniger in der Prüfung reines Faktenwissen abgefragt, sondern auch eigenständiges Denken geprüft wird
- je intensiver Sie im Rollenspiel die Verhaltenstechniken geübt haben

Unser Thema war bis hierher die Gesprächssteuerung im Prüfungsgespräch. Gelten die Gesprächstechniken auch für das Bewerbungsgespräch?

Generell kann man das Bewerbungsgespräch als Spezialfall des Prüfungsgesprächs betrachten. Denn es wird die Eignung eines Bewerbers für einen Arbeitsplatz geprüft. Im Vergleich zum Prüfungsgespräch im engeren Sinn (und das meinen wir hier immer) gelten jedoch für das Bewerbungsgespräch einige Besonderheiten.

Zunächst eine Anpassung unserer beiden Grundstrategien auf das Bewerbungsgespräch: Auch hier gibt es vereinfacht zwei Klassen von Fragen und Situationen: solche, mit denen man eher Pluspunkte sammeln kann („Was haben Sie in Ihrer Lehre gemacht? Wie haben Sie abgeschlossen?“, und Sie haben ein Einser-Zeugnis), und solche Fragen und Situationen, bei denen Sie eher schlecht dastehen („Wieso hat Ihnen Ihr letzter Arbeitgeber fristlos gekündigt?“). Die beiden Grundstrategien lauten dann entsprechend:

a) Versuchen Sie, den ersten Situationstyp möglichst oft herbeizuführen und den zweiten möglichst zu vermeiden.
b) Versuchen Sie, einen möglichst großen Nutzen aus Fragen und Situationen des ersten Typs zu ziehen und den Schaden beim zweiten Typ zu begrenzen.

Wie das im Einzelnen läuft, dazu später mehr. Hier noch ein paar allgemeine Unterschiede zwischen Prüfungs- und Bewerbungsgespräch.

Die beiden letzten Punkte der Liste (Offenheit/Unstrukturiertheit des Gesprächs; weniger Prüfung von Faktenwissen als von Denkfähigkeit) kennzeichnen viel stärker das Bewerbungsgespräch als die mündliche Prüfung. Man will ja etwas über zeitlich stabile Merkmale des Bewerbers (z. B. Umgang mit anderen Menschen, Leistungsbereitschaft, Zuverlässigkeit) herausfinden. Wissen und fachspezifische Fertigkeiten dokumentieren bereits die Zeugnisse. Die Zielsetzungen des Gesprächsführers (also hier des Interviewers) sind in der Regel vager und abstrakter. Damit eröffnen sich dem Bewerber mehr Möglichkeiten der Gesprächssteuerung. Geschicktes Gesprächsverhalten spielt hier für den Gesamteindruck in der Regel eine viel größere Rolle als das Faktenwissen. Wir haben mit der Gesprächssteuerung in der mündlichen Prüfung insofern die schwierigere Situation beschrieben. Die Vorhersehbarkeit von Fragen im Bewerbungsgespräch ist viel größer als im Prüfungsgespräch. Deshalb lassen sich für das Verhalten im Vorstellungsgespräch auch typische Interviewerfragen formulieren und „vorbeantworten" (wir beschäftigen uns im Folgenden damit). Bei der Prüfung sind die konkreten Fragen trivialerweise spezifisch für das jeweilige Prüfungsgebiet. Da die Personwahrnehmung und die damit verbundenen Verzerrungen im Bewerbungs- und Personalausleseprozess größere „Entfaltungsmöglichkeiten" haben, werden wir sie in diesem Zusammenhang besprechen.

8.2 Das Bewerbungsgespräch

In dem Wust von Empfehlungen zum Thema „Stellenbewerbungen" lassen Sie sich am besten von folgender Überlegung leiten (also eine Empfehlung über den Umgang mit Empfehlungen und Ihren eigenen Einfällen): Welche Informationen führen zu welchen Eindrücken und welchen Entscheidungen bei den konkreten Adressaten (Arbeitgebern)?

8.2.1 Personwahrnehmung, Wahrnehmungsverzerrung und ihre Bedeutung für das Bewerbungsgespräch

Das Problem liegt darin, dass ein und dieselbe Verhaltensweise eines Bewerbers je nach Interviewer auf der anderen Seite zu ganz unterschiedlichen Eindrücken und Entscheidungen führen kann. Die Sozialpsychologie untersucht solche Phänomene unter dem Stichwort „Personwahrnehmung". Das folgende Modell geht auf die beiden amerikanischen Sozialwissenschaftler Secord und Backmann (1984, Kap. 2) zurück und wurde für unseren Zweck im Hinblick auf die Bewerbungssituation verändert:

Wahrgenommene Merkmale und Verhaltensweisen des Bewerbers →

Merkmale des Interviewers und der Situation →

Resultierender Eindruck, Meinungsbildung und Entscheidungsfindung beim Interviewer

Wahrgenommene Merkmale und Verhaltensweisen des Bewerbers sind alle Informationen, die die Interviewer über den Bewerber zu besitzen glauben. Die wichtigsten Merkmalsgruppen sind (in beliebiger Reihenfolge):

1. äußere Merkmale wie Alter, Geschlecht, Nationalität, körperliches Aussehen, Kleidung
2. sprachliches und nichtsprachliches Verhalten
3. Ausbildung und berufliche Erfahrung, Karrierepläne
4. Psychologische Merkmale wie soziale Einstellungen, Intelligenz, Leistungsmotivation
5. Erfahrung und Training als Bewerber
6. Einschätzung und Bewertung von Stelle, Firma, Interviewer usw. (ähnlich bei Schmitt 1976 und Arvey/Campion 1982)

Dass ein falsch wahrgenommener oder falsch interpretierter Sachverhalt genauso in die Entscheidung einfließt, liegt auf der Hand. Umgekehrt finden *nicht* wahrgenommene Bewerbermerkmale (z.B. irgendwelche Qualifikationen oder Defizite) keine Berücksichtigung. D.h.: Für die Eindrucksbildung und Entscheidungsfindung spielt nur das eine Rolle, was der Interviewer glaubt, wahrgenommen zu haben. Wenn der Bewerber z.B. bestimmte Qualifikationen nicht in irgendeiner Form zur Kenntnis bringt, wird das für die Entscheidung dann auch keine Rolle spielen. Die notwendige Begrenzung der Meinungsbildung auf das vom Interviewer subjektiv Wahrgenommene schließt zwei Fehlermöglichkeiten ein: einmal, dass er bestimmte, möglicherweise wichtige Informationen nicht erfragt oder übersieht, zum anderen, dass er meint, Dinge wahrgenommen zu haben, die gar nicht aufgetreten sind. Natürlich ist die Wahrnehmung des Bewerbers nicht losgelöst von der Wirklichkeit, nicht total beliebig. Wie nahe sie an der Wirklichkeit liegt, das macht die Qualität des Interviewers aus.

Merkmale des Interviewers und der Situation: In der Persönlichkeit und in den Einstellungen (Attitüden) der Interviewer spiegeln sich vergangene Erfahrungen, Menschenbilder, aktuelle Einschätzungen usw. wider. Menschen haben unterschiedliche Vorstellungen, was sie überhaupt wünschenswert finden.

Eine übermäßig verallgemeinerte und vereinfachte Einstellung, die auch durch praktische Erfahrung nicht veränderbar ist, nennt man Stereotyp. Es überrascht, dass sich solche Stereotype auch bei Personalleuten mit langjähriger Erfahrung finden. Etwa: „Einser-Kandidaten sind reine Theoretiker und schweben über den Wolken. In der Praxis bringen sie nichts." Es gibt keine empirischen Belege, dass Bewerber mit einem Einser-Zeugnis im Beruf unterdurchschnittliche Leistungen bringen. Zwar ist der Zusammenhang zwischen Zeugnisnoten und Berufserfolg nicht sehr eng (Korrelation bei ca. 0.15), geht aber in die Richtung, dass gute Zeugnisnoten berufliche Erfolge wahrscheinlicher machen (Schuler 2006a).

Auch die momentane Befindlichkeit des Interviewers spielt eine Rolle. Ist er z. B. konzentriert oder schon so müde, dass er nicht mehr richtig hinhört? Waren besonders brillante Bewerber vor einem an der Reihe, und der Interviewer weiß längst, wen er will und (übersieht vielleicht einen noch besseren)?

Oder war der Bewerber vor mir so dürftig, dass ich mit einer mittelmäßigen Präsentation in den Augen des oder der Interviewer noch glänze? Solche Reihenfolgeeffekte in Richtung Kontrastierung wurden gelegentlich in wissenschaftlichen Untersuchungen (z. B. Rand/Wesley 1975), aber nicht immer nachgewiesen. Der Kontrasteffekt wirkt sich besonders bei mittelmäßigen Bewerbern aus, die übertrieben unterschiedlich zu ihrem vorangegangenen sehr guten oder sehr schlechten Bewerber wahrgenommen werden.

Für die Wahrnehmung und das Verhalten des Interviewers (aber auch des Interviewten) ist auch die Situation und der allgemeine Kontext wichtig: Wie dringend braucht die Organisation einen neuen Mitarbeiter? Sind Arbeitskräfte mit der gewünschten Qualifikation leicht oder schwer zu finden? Wie hoch ist die Auswahlquote? Aber auch: Sind mehrere Interviewer anwesend? Wie ist die räumliche Ausstattung des Gesprächszimmers usw.?

Resultierender Eindruck, Meinungsbildung und Entscheidungsfindung: Die eben beschriebenen Unterschiede zwischen Interviewern und Situationen führen dazu, dass dasselbe Verhalten eines Bewerbers in ganz unterschiedlichen Gesamteindrücken und Bewertungen resultieren kann. Die Übereinstimmung von Interviewern über die Eignung von Bewerbern ist demzufolge oft erschreckend gering, auch wenn die Interviewer sich in ihrem Urteil sicher fühlen (Überblick bei Arvey/Campion 1982). Dies gilt besonders für unstrukturierte Interviews. Weiterhin können bei einem Einstellungsverfahren die betreffenden Entscheidungsträger in der Organisation unterschiedliche Meinungen über die Anforderungsmerkmale an den zukünftigen Stelleninhaber haben. Bei der Entscheidungsfindung kann die Angst vor einem „zu guten" neuen Kollegen eine Rolle spielen (möglicher Konkurrent). Oder ein Bewerber mit einer spezifischen Kompetenz soll die diesbezügliche Zuständigkeit einer anderen Abteilung für die eigene herüberziehen. Diese verdeckten, zum Teil unbewussten Meinungsbildungs- und Entscheidungsprozesse gelten sowohl für die Beurteilung der schriftlichen Bewerbungen als auch des Verhaltens im Vorstellungsgespräch.

Praktische Konsequenzen für den Bewerber: Versuchen Sie, möglichst viele Informationen über den zweiten Variantenblock, nämlich Interviewermerkmale, -interessen, -erwartungen usw. zu erhalten. Dann können Sie viel besser einschätzen, wie welche Informationen von Ihnen wie ankommen. Bemühen Sie sich um Kenntnisse über die Organisation (Firma, Behörde, Verband usw.). Einiges steht bereits in der Stellenanzeige, anderes erfahren Sie evtl. beim Arbeitsamt oder Personalberater. Über Wirtschaftsunternehmen informieren Sie Branchenführer; die „Frankfurter Allgemeine Zeitung" gibt einen solchen heraus. Schauen Sie sich die Selbstdarstellungen der Unternehmen oder die Bemerkungen anderer im Internet an. Vielleicht haben Sie auch Bekannte, die in der Organisation arbeiten; fragen Sie dann die!

Zu den von der Organisation gewünschten Qualifikationsmerkmalen: Die unmittelbare Informationsquelle ist die Stellenanzeige (falls dies auf Ihren Fall zutrifft). Zum Teil direkt, zum Teil aus der Art der Formulierung lassen sich die erwünschten Bewerbermerkmale erkennen.

schwer erfassbare Anforderungen

Bei schwer erfassbaren Anforderungsmerkmalen wie Teamfähigkeit, Flexibilität, Ehrlichkeit, Zielstrebigkeit usw. erscheint es günstiger, nicht direkt oder nicht nur direkt zu sagen, man habe genau die verlangten Qualifikationen. Das kann schließlich jeder behaupten, und Sie wirken leicht als Aufschneider. Liefern Sie lieber die Hinweise und Indizien, aus denen die anderen die von Ihnen gewünschten Schlussfolgerungen ziehen. Wenn die Leute das als ihre eigenen Schlussfolgerungen betrachten, sind sie von deren Richtigkeit auch überzeugt. Beispiel: Wenn von

Ihnen als Bewerber Zielstrebigkeit verlangt wird, dann sagen Sie nicht bloß: „Ich bin ausgesprochen zielstrebig“, sondern geben Sie einen Beleg an, z. B.: „Ich habe mein Studium in der Regelstudienzeit abgeschlossen, was in meinem Fach die Ausnahme darstellt. Sie können das als Indiz für Zielstrebigkeit werten.“

Auch die Reihenfolge, in der Sie Informationen präsentieren, spielt eine Rolle. In einem klassischen Experiment der Sozialpsychologen wurde Studenten eine Liste mit Eigenschaftswörtern wie „warmherzig, ehrgeizig, scharfsinnig usw.“ vorgelegt. Die Studenten sollten sich eine solche Person vorstellen und in einem kurzen Essay beschreiben. Bei verschiedenen Studentengruppen hatte der Experimentator (Salomon Asch) die Eigenschaftswörter in unterschiedlichen Reihenfolgen, aber sonst identisch vorgegeben. Die Studenten hatten keine Probleme, eine Person anhand minimaler Informationen zu beschreiben. Weiterhin zeigt sich – und das interessiert uns hier besonders –, dass der inhaltliche Trend systematisch mit dem ersten Wort auf der Liste zusammenhing. War der erste vorgegebene Begriff positiv getönt, dann war auch im Durchschnitt die Personenbeschreibung positiver. Bei einem negativen ersten Eigenschaftswort war der Trend erwartungsgemäß umgekehrt.

primacy effect

Man spricht hier vom „primacy effect“ (= prägende Wirkung des allerersten Eindrucks).

Eine solche Dominanz des ersten Eindrucks illustrieren Bemerkungen von Personalleitern, die stolz berichten, nach den ersten Minuten wüssten sie, was sie von einem Bewerber zu halten haben. Solche Einstellungen sprechen zwar nicht gerade für die diagnostischen Qualitäten des Interviewers, kennzeichnen aber die Einstellungen und damit die Bedeutung der ersten Eindrücke. Auch systematische Untersuchungen bestätigen, dass häufig Entscheidungen schon sehr früh, etwa in den ersten vier Minuten des Interviews getroffen werden (z. B. schon Springbett 1958).

Was Sie also in Ihrem Bewerbungsschreiben an den Anfang rücken oder was im Vorstellungsgespräch zuerst zur Sprache kommt, kann bei dem Arbeitgeber eine prägende Voreinstellung schaffen, nach der er alle weiteren Informationen einordnet. Versuchen Sie, zunächst positive Botschaften hinüberzubringen (aber Achtung, dass es nicht nach Aufschneiderei und Selbstüberschätzung aussieht). Fangen Sie im Vorstellungsgespräch nicht an: „Zunächst möchte ich erklären, warum ich die Regelstudienzeit um die Hälfte überzogen habe“, sondern: „Ich schloss mein Studium der xy (Fach) mit der Note ‚gut‘ ab. Besonders intensiv habe ich mich mit den Bereichen a und b beschäftigt, wie sich das auch in den entsprechenden Teilnoten niederschlug (usw.). Da ich einerseits mein Studium zum größeren Teil selbst finanzierte, andererseits auch einen überdurchschnittlichen Abschluss anstrebte – die Note habe ich ja bereits erwähnt – musste ich die Regelstudienzeit überschreiten."

Nun sollten Sie aber einen Problempunkt auch nicht als Letztes ansprechen. Neben dem „primacy effect" gibt es nämlich auch noch einen „recency effect": Das, was zuletzt mitgeteilt wird, bleibt auch wieder gut im Gedächtnis. Wenn Sie also etwas sagen müssen, das sich die Empfänger aber nicht so genau zu merken brauchen, dann packen Sie es in die Mitte Ihres Schreibens oder Gesprächs.

recency effect

Für die Interviewer scheint Folgendes zu gelten: Bei unstrukturierten Gesprächen wirkt eher der erste Eindruck (der Interviewer kann das Gespräch so weiterführen, dass der erste Eindruck nur noch verstärkt wird). Bei strukturierten Interviews, bei denen der Interviewer nach jedem Gesprächsabschnitt eine Bewertung vornimmt, dominiert anscheinend der letzte Eindruck das Gesamtbild des Bewerbers (Farr/York 1975).

Wir haben hier auf die Bedeutung des ersten Eindrucks hingewiesen. Eine prägende Voreinstellung können bereits Stereotype oder Vorinformationen anderer hervorrufen. Diese Vorinformationen sind bei organisationsinternen Bewerbungen die Regel, sei es als Personalakte, sei es in Form mündlicher Mitteilungen von Vorgesetzten usw.

Warum ändern sich solche Voreinstellungen manchmal nur schwer oder gar nicht im Bewerbungsgespräch?

Interviewer neigen dazu, Vorstellungsgespräche so zu führen, dass ihre Vorstellungen bestätigt werden. So zeigen empirische Untersuchungen von Bewerbungsgesprächen (vgl. Dipboye 1982): Wenn die Interviewer den Interviewten bereits zu Beginn als geeignet ansehen, führen sie eher längere Interviews und stellen häufiger Fragen, bei denen sich dieser Bewerber positiv darstellen kann. Bei positiven Entscheidungen werden weniger Fragen gestellt und finden mehr Problemlösungsgespräche statt als bei negativen Entscheidungen. Im ersten Fall wird der Bewerber in der Tendenz auf die gleiche Ebene wie der Interviewer gestellt.

Die menschliche Wahrnehmung ist so konstruiert, dass nicht einfach objektiv die Realität abgebildet wird. Hierfür ist sie zu vielfältig und zu komplex. Sondern die Abbildung der Realität wird im Kopf konstruiert, gefiltert und wieder zusammengebaut. Aufgrund von Stereotypen, Kategorisierungen, Vorurteilen haben wir bereits Erwartungen, was auf uns zukommt, die ggf. die Wahrnehmung völlig verzerren.

B

Ein Beispiel aus der Wissenschaftsgeschichte: Als die Menschen das Mikroskop entwickelten und zum ersten Mal die menschlichen Samenzellen darunter betrachteten, meinten sie, kleine Menschlein in den Samenzellen sehen zu können. Denn sie erwarteten, dass in den Samenzellen bereits, wie in einem Keim, das gesamte Wesen enthalten sei.

4 Phasen der Wahrnehmung

Wir können in Anlehnung an den Psychologen Bruner (z.B. Bruner/Tagiuri 1954) den Wahrnehmungsprozess (das gilt jetzt auch für die Personwahrnehmung) in vier Stufen aufgliedern.

Zunächst komme es auf der ersten Stufe zu einer *groben Kategorisierung*. Hier wird grob festgelegt, um welchen Situationsrahmen es sich überhaupt handelt. In der zweiten Stufe setzt eine *weitergehende Informationssuche* ein, um eine genauere Einordnung des Objekts, also in unserem Fall des Bewerbers, zu ermöglichen. In dieser Phase ist der Wahrnehmende für eine maximale Informationsaufnahme bereit.

Für den Bewerber kommt es nun darauf an, dass er diese Phase der Informationsoffenheit beim Interviewer erkennt und ihm dann die wichtigen Botschaften übermittelt. Wir können annehmen, dass wiederholt eine Öffnung für eine neue Informationsaufnahme stattfindet. Dies gilt besonders für zumindest teilweise standardisierte Interviews, die eine abschnittsweise Bewertung vorsehen.

Die dritte Phase kann man *Hypothesenüberprüfung* nennen. Der Wahrnehmende hat nun bestimmte Erwartungen und versucht, diese Erwartungen, diese Hypothesen an der Realität zu überprüfen. In unserem Anwendungsbeispiel: Der Interviewer hat eine vorläufige Meinung von dem Bewerber und versucht, diese Meinung zu erhärten. Es werden also Informationen gesucht, die die eigenen Vermutungen unterstützen.

In der vierten Phase kommt es zu einer *Abschottung*. Die Ergebnisse der Kategorisierung werden immunisiert. Der Wahrnehmende möchte vermeiden, den Eindruck oder das Urteil, das er sich gebildet hat, umzuwerfen oder zu revidieren. Denn das wäre wieder mit einem größeren gedanklichen Aufwand verbunden. Wenn man in einer solchen Phase als Bewerber versucht, noch etwas am Bild zu korrigieren, kann man leicht gegen verschlossene Türen anrennen.

Sympathie

Eine wichtige Rolle spielt schließlich die Beziehungsebene. Sympathie- bzw. Antipathiegefühle entstehen besonders rasch (erster Eindruck). Auf der Beziehungsebene kann sich im Bereich des Sprechverhaltens bereits die Sympathie und Antipathie ausdrücken. Empirische Untersuchungen zeigen, dass es bei Sympathie zu einer größeren Unmittelbarkeit des Ausdrucks kommt, kürzere Reaktionen auf Bemerkungen des anderen stattfinden, weniger Sprechfehler und Sprechstörungen auftreten, die Gesprächspausen kürzer dauern, dass aber auch der andere häufiger unterbrochen wird. Gesprächspartner tendieren nun dazu, dieses beschriebene Sprechverhalten widerzuspiegeln, sich also ähnlich zu verhalten, und schließen vermutlich auch zurück, dass sie dann jemanden mögen, wenn sie in dieser Art mit ihm kommunizieren. Neben dem Sprechverhalten ist ja auch die Körpersprache zu nennen, also positive Zuwendung deutet sich mit häufigerem Blickkontakt, häufigerem Lächeln oder Kopfnicken oder einer zugewandten Körperhaltung an (Imada/Hakel 1977).

strukturiertes Auswahlgespräch

Der Interviewer kann seine Subjektivität vermindern, indem er sich an einen erprobten und halbstandardisierten Gesprächsleitfaden hält. Dann lässt sich der Berufserfolg besser, aber immer noch nicht genau vorhersagen (Schuler 2002).

biografischer Fragebogen

Noch objektiver sind biografische Fragebogen. Bewerber beantworten schriftlich Fragen zu ihrem Leben, besonders zu ihrer Berufsbiografie. Bei Voruntersuchungen hat man die Fragen herausgesucht, die besonders gut den Erfolg in der jeweiligen Berufsgruppe vorhersagen (Schuler 2006, 95–101).

Assessment Center

In den letzten Jahren gewinnen zunehmend so genannte Assessment-Center-Verfahren in der Personalauslese an Bedeutung (AC bedeutet wortwörtlich: Erfassungszentrum). Hier werden mehrere Bewerber von mehreren Interviewern oft über mehrere Tage nicht nur im bisherigen Stil interviewt. Sondern man beobachtet auch das Verhalten in führerlosen Diskussionen, bei Planungs- und Organisationsaufgaben, Debatten und Kurzvorträgen (Einzelheiten bei Fisseni/Preusser 2006). Das AC hat eine deutlich höhere Vorhersagekraft in puncto Berufserfolg als das Bewerbungsgespräch allein. Dies ist auch plausibel. Denn beim AC ist die Verhaltensstichprobe umfangreicher. Sie wird systematischer erfasst und ausgewertet. Die Interviewer korrigieren und ergänzen sich in ihren Wahrnehmungen und Beurteilungen. In diesem Buch finden Sie einzelne Übungen, die auch im AC eingesetzt werden oder ihrem Typ nach eingesetzt werden könnten (z. B. 4.8, 6.4, 6.6, 6.8, 7.3, 8.2.5, 8.2.6, 9.5).

8.2.2 Fragen im Bewerbungsgespräch und Antwortstrategien

Jeder Bewerber hat im Hinblick auf eine zu besetzende Stelle Plus- und Minuspunkte, Stärken und Schwächen. Damit sind nicht nur der eigenen Entscheidung unterworfene und leistungsbezogene Bewerbermerkmale gemeint (z. B. gewählte Berufsausbildung, Schul- und Studiennoten), sondern auch „objektive" Merkmale, die Sie in der Regel nicht beeinflussen können (z. B. Geschlecht, Alter, Nationalität). Die Globalstrategie für das Bewerbungsgespräch ist einfach zu beschreiben:

1. Ihre Pluspunkte müssen im Gespräch deutlich werden. Das darf nicht prahlerisch geschehen, eher beiläufig, aber unüberhörbar.

Schwachstellen plausibel erklären

2. Versuchen Sie zu Ihren sog. Schwachstellen plausible Erklärungen abzugeben, also eine Schadensbegrenzung zu betreiben (z. B. abgebrochene Ausbildung, überdurchschnittlich langes Studium, schlechte Zeugnisnoten/mäßige Arbeitszeugnisse, häufiger Stellenwechsel, Branchenunkenntnis, „Können Sie denn als Frau ..."). Günstigenfalls können Sie einen Minuspunkt zum Pluspunkt uminterpretieren. („Wenn eine Frau diese Position hätte, könnte ich mir gerade folgende Vorteile vorstellen ...") (Siehe dazu Übung „Kritische Fragen im Vorstellungsgespräch", 8.2.5.)

Beim Bewerbungsgespräch kann man sich – wie schon gesagt – ausrechnen, welche Fragen kommen dürften. Denn z. B. Besonderheiten der eigenen Ausbildungs- und Berufslaufbahn legen bestimmte Fragen nahe.

Zur allgemeinen Vorbereitung lohnt es sich, Bücher zur Durchführung eines Vorstellungsgesprächs aus der Sicht eines Personalleiters zu lesen (z. B. 2003; Stopp 2006). Hier ein paar allgemeine Tipps zum Gesprächsverhalten:

- Lassen Sie Ihre Gesprächspartner ausreden!
- Sehen Sie ihnen häufig in die Augen!
- Versuchen Sie, Ihre Interviewer sympathisch zu finden, bleiben Sie aber trotzdem auf der Hut! (Leute, die man sympathisch findet, finden einen auch eher sympathisch; Fischer 2002, 403.)

Wir wollen im Folgenden zu typischen Fragen im Bewerbungsgespräch Antwortmöglichkeiten überlegen.

Fragen zum Werdegang und zur Bewerbungsmotivation

„Erzählen Sie uns bitte kurz Ihren bisherigen Werdegang!"

überlegte Selbstdarstellung

Zum einen wollen die Interviewer dem Bewerber die Gelegenheit geben, dass er sich etwas „aufwärmt". Zum anderen kennen manche Interviewer die schriftlichen Bewerbungsunterlagen nicht mehr genau oder gar nicht (insbesondere bei größeren Auswahlkommissionen zu beobachten). Schließlich wollen manche Interviewer den Tolpatsch ausfindig machen, der in den Bewerbungsunterlagen etwas anderes angegeben hat als im mündlichen Report. Diese Frage gibt Ihnen die Chance zur selbst gestalteten und nicht bloß reaktiven Selbstdarstellung. Nutzen Sie sie! Überlegen Sie sich schon zu Hause, welche wichtigsten Punkte Ihrer Ausbildungs- und Berufslaufbahn deutlich werden sollten und zudem auf das Anforderungsprofil der Stelle passen. Gerade wenn Sie schon einige Jahre Berufspraxis auf dem Buckel haben, haben Sie wahrscheinlich auch berufliche Erfahrungen, die für die Stelle unwichtig sind. Solche Qualifikationsaspekte gilt es in den Hintergrund zu rücken, damit Sie nicht als der Mann oder die Frau vom falschen Fach erscheinen.

„Warum bewerben Sie sich gerade auf diese Stelle?" „Welches Interesse haben Sie an unserem Unternehmen und an diesem Arbeitsplatz?"

Arbeitsmotivation erläutern

Auf der einen Seite sollte man deutlich machen, warum einen diese Stelle und das Unternehmen oder die Behörde interessieren. Belassen Sie es nicht bei bloßen Interessebekundungen, sondern verweisen Sie hier auf konkrete Indizien, die Ihr Interesse glaubwürdig machen (etwa Wahlfächer in der Ausbildung, Studienschwerpunkt, Examensarbeitsthemen, Tätigkeitsfelder von Praktika, bisherige Arbeitsgebiete und damit verbundene Erfahrungen, Beziehungen zu Freizeitinteressen). Auf der anderen Seite sollte man keine extreme Interessiertheit kundtun (z.B.: „Ich kann mir kein anderes Unternehmen vorstellen, bei dem ich arbeiten möchte"), weil man damit seine eigene Verhandlungsposition schwächt. („Wenn Ihnen so sehr daran liegt, bei uns zu arbeiten, sind Sie doch auch im Monat mit 300 Euro weniger zufrieden.")

Bei Stellenwechslern liegt die Frage nahe: *„Warum wollen Sie Ihren bisherigen Arbeitsplatz verlassen?"*

Oder weitergehende Fragen wie „*Wie haben Sie sich mit Ihrem Vorgesetzten, wie mit Ihren Kollegen und Mitarbeitern verstanden?*" „*Was hat Ihnen an Ihrem bisherigen Arbeitsplatz gefallen, was missfallen?*"

Wenn der Bewerber hier auf seine Vorgesetzten und Kollegen unterschiedslos schimpft und sie heftigst kritisiert, wird sich der Interviewer eventuell denken, dass der Bewerber bald über seine neuen Vorgesetzten und Kollegen in der gleichen Art reden wird. Wenn Sie sich schon über eine Person kritisch äußern wollen, seien Sie behutsam. Machen Sie deutlich, dass dies ein untypischer Fall in Ihrem Berufsleben ist. Dass einzelne Menschen schwierig sind, wird Ihnen ein vernünftiger Interviewer abnehmen. Wenn Sie alle Menschen als schwierig charakterisieren, wird er das Problem eher bei Ihnen sehen.

Betonen Sie die positiven Gründe mit Blick auf die angestrebte Stelle: Das Arbeitsgebiet erscheine Ihnen besonders interessant (Indizien anführen, siehe oben); die Möglichkeiten der Weiterbildung und des beruflichen Fortkommens seien attraktiv usw. Vermeiden Sie den Eindruck, dass es Ihnen nur darauf ankäme, von der alten Stelle wegzukommen, oder dass Sie ausschließlich durch eine finanzielle Verbesserung motiviert seien. Negative Aussagen über Ihren alten Arbeitsplatz können Sie als verneinte Form Ihrer positiven Aussagen über den neuen Arbeitsplatz bringen (geringe Möglichkeiten der beruflichen Weiterbildung usw.).

Wenn wir hier Fragen Gesprächsphasen zuordnen, beschreibt dies selbstverständlich nur eine Möglichkeit des Gesprächsablaufs. Die Fragen zur Bewerbungsmotivation können auch am Ende des Interviews gestellt werden; für die Vorbereitung hat dies aber keine besondere Bedeutung.

Familiärer und sozialer Hintergrund in der Jugend

Fragen nach Eltern, Geschwistern, Lehrern und anderen wichtigen Bezugspersonen der eigenen Jugend stellt man jungen Bewerbern (besonders Ausbildungsplatzsuchern) naturgemäß häufiger als älteren.

„*Wie verstehen Sie sich mit Ihren Eltern (Geschwistern, Lehrern usw.)?*"

Hier gelten ähnliche Überlegungen wie auf die Frage „*Wie sind Sie mit Ihrem letzten Vorgesetzten klargekommen?*"

dosiertes Profil

Allgemein stellt sich hier und an anderer Stelle die Frage: Soll man immer nur glatte Antworten geben, an denen sich die Interviewer nicht reiben können? Auf solche allgemeinen Fragen, deren Antworten sich schwer überprüfen lassen, kann man sich natürlich immer als total problemlos darstellen, sei's in der Familie, seien es die Beziehungen zu Klassenkameraden usw. Es ist aber überlegenswert, ob man nicht auch mal gelegentlich, aber dosiert Dinge sagt, bei denen man sich selbst denken kann, dass die andere Seite sie nicht so gut findet. Aber die andere Seite soll dadurch mitbekommen, dass man sich nicht in jedem Fall stromlinienförmig präsentiert. Das fördert Ihre Glaubwürdigkeit. Also deuten Sie auch mal bei Fragen nach dem bisherigen Vorgesetzten, Ihren Kollegen, Eltern, Klassenkameraden, Freunden usw. gewisse Probleme an, wenn dies der Wirklichkeit entspricht. Aber versuchen Sie dann, mit einer konstruktiven Bemerkung abzuschließen. (Beispiel: „Durch den häufigen Wohnungswechsel meiner Eltern musste ich mich als Schüler immer wieder in neue Klassengemeinschaften hineinfinden. Das war manchmal hart. Aber so konnte ich im Laufe der Zeit lernen, rasch Kontakte mit anderen Menschen herzustellen.") Auf die moralische und strategische Seite „diplomatischer" Antworten kommen wir später zu sprechen.

Freizeitaktivitäten und eigene Familie

„Was machen Sie gerne in Ihrer Freizeit?" „Was sind Ihre Hobbys?"

Hobbys als Interessenanzeiger

Die Interviewer möchten etwas über das Interessen- und Aktivitätenspektrum des Bewerbers erfahren. Besonders interessieren Hobbys und Tätigkeiten, die mit der angestrebten Stelle in Beziehung stehen könnten. Beispiele: Leitung von Gruppen im Vereinswesen deuten eventuell auf pädagogische Interessen und Erfahrung in der Führung anderer Menschen hin. Wer sich schon privat mehr als andere mit Computersoftware und Internet beschäftigt hat, wird eher der Einarbeitung in neue computerbezogene Aufgaben an seinem Arbeitsplatz offen und interessiert gegenüberstehen.

Zugleich müssen Sie eine entgegengesetzte Befürchtung im Auge behalten: Ist bei dem Bewerber vielleicht das Hobby so beanspruchend, dass die berufliche Leistung darunter leidet? Sie sollten also nicht den Eindruck erwecken, dass Sie Ihr Leben nach Ihrem Hobby organisieren.

Erfahrungsgemäß führen Bewerber, gerade jüngere, bei Hobbys oft Sportarten an. Denn ein bisschen Sport hat fast jeder schon gemacht. Und Freizeitsport hat ein Image von Aktivität, Jugendlichkeit, Gesundheitsbewusstsein. Manche Personalfachleute glauben nun, aus der Sportart – Mannschaftssport oder nicht – schließen zu können, ob jemand gruppenorientiert oder Einzelgänger ist. Fußballspieler gehörten dann z. B. zur Gruppe der Geselligen, die Dauerläufer zu den Introvertierten. Allein auf ein solches Indiz gestützt, scheint uns die Deutung weit hergeholt. Aber wenn Sie einen solchen Schluss bei einem Interviewer entgegenwirken wollen, führen Sie noch eine Sportart des jeweils anderen Typs an, die Sie mal ausgeübt haben.

„Wäre Ihre Frau (Ihr Mann) mit einem Wohnortwechsel einverstanden?“

Beruflicher Erfolg und Zufriedenheit am Arbeitsplatz verlangen eine entsprechende Unterstützung beim Ehepartner oder Lebensgefährten. Deshalb ist der Arbeitgeber auch an diesem Bereich interessiert. Bleiben wir bei dem in der Frage angesprochenen Beispiel: Nach einer amerikanischen Untersuchung korrelierte der berufliche Erfolg nach einem Wohnortwechsel am stärksten mit der Unterstützung des Ehepartners für den Umzug.

Bei Frauen im jungen und mittleren Alter kommt gelegentlich die Frage: *„Möchten Sie Kinder haben?“*

Kindersegen

Auch wenn Sie sagen, Sie möchten keine haben, und bekommen zwei Jahre danach eines, ist das rechtlich belanglos. Da kann Ihnen nichts passieren. Die Interessenlage des Arbeitgebers ist klar: Er möchte vermeiden, dass er Geld in Ihre Einarbeitung steckt und Sie dann durch Schwangerschaft und Mutterschaft später nicht mehr zur Verfügung stehen. Aber hier stellt sich wieder die Frage, inwieweit man nach Opportunitätsgesichtspunkten antworten möchte.

Wenn mehr Väter vorübergehend aus dem Beruf aussteigen, um sich ganz der Betreuung ihres kleinen Kindes zu widmen, dann werden besorgte Vertreter der Arbeitgeberseite die Frage nach einer zukünftigen Elternschaft auch häufiger an Männer richten.

Aus- und Weiterbildung

Typische Frage: *„Welche Fächer haben Ihnen in der Schule oder im Studium besonders gelegen?“*

Lieblingsfächer und Arbeitsplatz

Fragemotiv: Gibt es hier beim Bewerber Interessen, die schon frühzeitig erkennbar und vielleicht auch für den Beruf nützlich sind? Hat er in einer zielstrebigen Weise versucht, einen Berufsweg einzuschlagen, der die Realisierung seiner Interessen und Neigungen ermöglicht? Für Sie ist es nützlich, wenn Ihre Lieblings- und Erfolgsfächer in einem plausiblen Zusammenhang zum Arbeitsplatz stehen.

„Welche Fächer oder Gebiete haben Ihnen überhaupt nicht gelegen? Warum nicht?“

Fragemotiv: Wie geht der Bewerber mit Problemsituationen um? Wie erklärt er schlechte Noten? Kann er in Bereichen, die ihn nicht interessieren, wenigstens Minimalleistungen bringen? Geben Sie nicht immer schlechten Lehrern und Professoren die Schuld. Das glaubt man Ihnen vermutlich nicht. Erzählen Sie, dass Ihre Talente und Interessen nicht in dem Gebiet x liegen, sondern in den Gebieten y und z!

Bei Hochschulabsolventen: *„Wieso hat Ihre Studiendauer deutlich über der Regelstudienzeit gelegen?“*

langsame Studierer

Geben Sie hier einen plausiblen Grund an, soweit Sie einen haben! Etwa, dass Sie Ihr Studium selbst verdienen mussten. Dass ein Elternteil lange krank war und Sie ihn pflegen mussten. Oder dass Sie in einem Bereich sehr engagiert waren, dem ein Interviewer mehr oder weniger Verständnis, falls möglich sogar Wertschätzung entgegenbringt, z. B.: „Während meines Studiums spielte ich in einer Bundesligamannschaft Volleyball, und das kostete sehr viel Zeit.“ Oder: „Als Student war ich in der Redaktion der dortigen Studentenzeitung sehr aktiv.“ Häufig wird eine lange Studiendauer mehrere Gründe haben. Führen Sie bevorzugt die an, bei denen Sie eine positive oder neutrale Akzeptanz erwarten. Falls Sie sich hier nirgendwo wiederfinden und lediglich wegen häufigen Kneipen- und Discobesuchs, Frauen- bzw. Männeraffären verhindert waren, dann erzählen Sie: „Die studentische Geselligkeit war mir sehr wichtig. Denn ich bin gern mit anderen Menschen zusammen.“ So eine Antwort könnte hinhauen, wenn auf der Stelle Kontaktfähigkeit verlangt wird.

Im öffentlichen Dienst ist die Studiennote häufig wichtiger als die Studiendauer. Bei Juristen z. B. entscheidet über die Einstellung im öffentlichen Dienst maßgeblich die Examensnote, ähnlich auch bei Lehrern. In der Wirtschaft scheinen manche Personalleiter nicht einmal so sehr an Spitzennoten interessiert zu sein als vielmehr an einer zielstrebigen Durchführung des Studiums. Dies gilt besonders für Arbeitsplätze, bei denen das Fachwissen eh nur eine begrenzte Rolle spielt. Je höher man in der Hierarchie aufsteigt, desto unwichtiger wird das Fachwissen und desto wichtiger werden soziale Fertigkeiten. Man beachte, mit welcher verblüffenden Selbstverständlichkeit gelegentlich Spitzenmanager ihre Branchen oder Minister ihre Ressorts wechseln. Es gibt aber auch hochdotierte und wichtige Positionen, z. B. in Forschung und Entwicklung, bei denen es speziell auf Expertenwissen ankommt.

Bisherige berufliche Entwicklung

„Warum haben Sie so oft den Arbeitgeber gewechselt?" (Falls dies sachlich auf Sie zutrifft.)

berufliche Mobilität

Mögliche Hintergrundüberlegungen: „Müssen wir damit rechnen, dass dieser Bewerber auch bei uns bald wieder abspringt? Investieren wir dann nutzlos in seine Einarbeitung? Ist er prinzipiell sprunghaft? Ist er nur an finanziellen Verbesserungen interessiert, aber nicht am Arbeitsinhalt selbst?" „Oder drückt sich dadurch auch Zielstrebigkeit beim beruflichen Vorwärtskommen aus?" „Zeigt dies die Bereitschaft, sich in neue Arbeitsverhältnisse einzuarbeiten, sich neuen Anforderungen zu stellen?"

Eine Neueinstellung ist für ein Unternehmen eine teure Sache. Bei Fach- und Führungskräften schätzt man die Kosten auf mehr als ein Jahresgehalt (Frey 1997, 241ff). Deshalb möchte der Arbeitgeber sichergehen, dass der Bewerber auch bleibt (soweit er gute Leistungen bringt).

Sie sehen an diesen Deutungsmöglichkeiten, dass ein und derselbe Sachverhalt unterschiedlich interpretiert werden kann. Es hängt nun von Ihnen ab, wie Sie die Umstände präsentieren, um die letztgenannten Deutungsmöglichkeiten (Flexibilität, Innovationsbereitschaft) nahezulegen. Weiterhin hängt es aber auch von den „Interpretationstheorien" des Interviewers ab (vgl. 8.2.1). Die Frage kann auch in die andere Richtung gehen:

„Wieso haben Sie bisher nur an einem Arbeitsplatz gesessen?"

Hier sollten Sie deutlich machen, dass es Ihnen auf Kontinuität und Zuverlässigkeit ankommt und dass die Arbeit Ihnen besonderen Spaß gemacht hat. Sie müssen jedenfalls dem Eindruck entgegenwirken, dass Sie zu bequem und träge sind, eine berufliche Veränderung anzustreben.

„Wie sah es bislang mit Ihren beruflichen Weiterbildungsmaßnahmen aus?"

Lerneifer

Hintergrundüberlegung: „Ist der Bewerber engagiert, sich beruflich weiterzubilden?" Am besten ist es, wenn Sie entsprechende Lehrgänge anführen können. Falls nicht, machen Sie plausibel, warum Sie nicht an formellen Weiterbildungsmaßnahmen teilgenommen haben. Etwa, dass Sie sich im Literaturstudium selbst weitergebildet haben. Aber es sollte auch zutreffen. Wenn der Arbeitgeber Zweifel an Ihren Angaben hat und meint, Sie bluffen, kann es Ihnen passieren, dass er Sie nach Literatur und konkreten Einzelheiten fragt. Da sollten Sie also auch etwas kennen.

Wenn Ihnen trotzdem die Frage unterkommt: „Ja, da kennen Sie ja sicher auch das Buch von Schmidt und Müller mit dem Titel ‚xy'. Wie fanden Sie das?", und Sie kennen das Buch aber nicht, was dann? Antwort: „Nein, das Buch kenne ich nicht. Ich habe mit anderer Literatur gearbeitet, und zwar folgender …" Und dann erzählen Sie das. Wenn Sie den Interviewer etwas pieksen wollen, können Sie auch sagen: „Vielleicht kennen Sie das Buch, mit dem ich hier gearbeitet habe, nämlich …" Das wäre eine sanfte Form der Retourkutsche.

Fragen zur neuen Stelle

Eine notwendige Frage ist: *„Wie sehen Ihre Gehaltsvorstellungen aus?"*

Gehaltsspannen

Als Bewerber sollten Sie sich vorher sachkundig machen, was man üblicherweise bei dieser Position verlangen kann. Ihre Interviewer werden Sie auch fragen, was Ihr bisheriges Gehalt war. Das müssen Sie wahrheitsgemäß beantworten. Ihren Gehaltswunsch können Sie auch in einer Spannbreite angeben von … bis. Sie sollten auf jeden Fall in den entsprechenden Zeitschriften oder im Internet die Gehaltstabellen studieren oder bei sachkundigen Bekannten und Kollegen nachfragen, was hier übliche Gehaltsgrößen sind. Stellen im öffentlichen Dienst werden nach genau definierten Vergütungsgruppen bezahlt, die bereits in der Stellenanzeige angegeben werden. Wenn Ihnen bei BAT nur Tabak einfällt und bei „Entgeltgruppe 13 TV-L" gar nichts, sollten Sie im Internet oder in Ihrer Stadtbücherei recherchieren. Dort werden Sie auch etwas über Besoldungsgruppen für Beamte finden.

Wenn die Firma Sie sehr dringend braucht, wird man Sie vielleicht fragen: *„Wie lange wird Ihre Einarbeitungszeit dauern?"*

Naturgemäß kann man das nicht so genau vorhersehen. Ihr Zielkonflikt: Wenn Sie einen zu langen Einarbeitungszeitraum angeben, nimmt die Firma Sie vermutlich nicht, da sie unbedingt und sofort die Aufgabe erfüllt haben muss. Wenn Sie einen zu kurzen Zeitraum nennen und dann nicht klarkommen, werden Sie die Probezeit nicht überstehen. Deswegen sollten Sie auch bei der Antwort vorsichtig sein. Sie können schon einen gewissen Zeitraum angeben, aber unter der Bedingung, dass Ihnen nur eine begrenzte Menge von Informationen zur Verfügung steht und Sie es deshalb nicht mit Sicherheit sagen können. Das hinge von den weiteren Umständen ab.

„Wie stellen Sie sich, im Bewährungsfall, Ihre weitere berufliche Entwicklung in unserem Unternehmen vor?"

Hier will der Interviewer herausfinden, ob Sie bereits mit der angebotenen Position zufrieden sind oder ob Sie auch eine weiterreichende Perspektive und Berufsplanung im Hinterkopf haben. Ihn interessiert allerdings auch, ob Ihre Perspektive realistisch oder zumindest in dieser Startposition überzogen ist. Mögliche mittlere Antwort: „Ich möchte zunächst die Aufgaben dieser Stelle gut meistern. Wenn meine Leistungen deutlich über dem Durchschnitt liegen, bin ich an einer Aufgabe mit einem größeren Verantwortungsbereich interessiert."

Zum Abschluss noch eine allgemeine Bemerkung zu Taktik und Moral.

Was wir Ihnen hier bei diesen Fragen empfohlen haben, ist taktisches Verhalten, also Verhaltensweisen, die bei mutmaßlichen Interviewerinteressen und -sichtweisen einen günstigen Eindruck hervorrufen. An dieser Stelle ist noch einmal der Sachverhalt zu unterstreichen, dass ein und dasselbe Verhalten des Bewerbers bei unterschiedlichen Interviewern unterschiedlich interpretiert und bewertet wird (vgl. 8.2.1). Es gibt hier also keine eindeutigen Aussagen, was wie ankommt. Es hängt von Ihrem Geschick ab, ob Sie im Bewerbungsgespräch sich ein richtiges Bild von den Interviewern machen und sich dann entsprechend danach verhalten. Wie bereits ausgeführt, sollten Sie versuchen, einen guten Draht zu den Interviewern herzustellen, denn Sympathie und Antipathie spielen eine maßgebliche Rolle bei Einstellungen. Nach empirischen Untersuchungen (Dipboye 1982) haben manche Interviewer schon recht früh ein vermeintlich genaues Bild vom Bewerber. Ist ihr erster Eindruck positiv, neigen sie zu einer Gesprächsführung, bei der sich der Bewerber leicht positiv darstellen kann. In diesem Fall werden auch häufiger Problemlösungsgespräche geführt als Fragen gestellt. Umgekehrt stellen Interviewer bei Bewerbern, denen sie negativ gegenüberstehen, eher solche Fragen, bei denen man in der Regel schlecht abschneidet. Interviewer, die wenig systematisch vorgehen, versuchen also oft nicht, ihren ersten Eindruck kritisch zu überprüfen, sondern ihn gegen eine Widerlegung abzuschirmen. Man spricht hier deshalb von einer „sich selbst erfüllenden Prophezeiung".

diplomatische oder profilierte Selbstdarstellung

Abschließend die in erster Linie ethische, aber auch taktische Frage, die sich jedem von uns vor einer Bewerbungssituation stellt: Inwieweit soll ich mich als Bewerber so äußern, dass ich meine Einstellungschancen maximiere? Das heißt also auch: den Interviewern nach dem Mund zu reden; sich bedeckt zu halten, wo offene Antworten Unmut hervorrufen könnten; eigene, vermutlich unerwünschte Meinungen hinter dem Berge zu halten; Schwächen möglichst zu verbergen. Gemeint sind hier in erster Linie nicht einmal glatte Lügen und eindeutige Unwahrheiten, sondern die „diplomatische" Präsentation oder auch Nichtpräsentation.

Das vorrangige Ziel eines Bewerbers ist es, die Stelle zu bekommen, die ihn am meisten interessiert. Aber zu welchem Preis? Die stromlinienförmige Selbstpräsentation erfordert ein Verbiegen, das auf Kosten der Selbstachtung geht. Irgendwann kommt man in Konflikt mit den eigenen moralischen Werten wie Offenheit und Aufrichtigkeit (so man diese Werte hat).

Neben dem moralischen Konflikt gibt es auch eine strategische und eine taktische Dimension. Taktisch: Bei manchen Interviewern kommt der Typ des aalglatten Bewerbers nicht an. Das ist zum Teil eine Geschmacksfrage, denn mitunter sind einem Leute interessanter und sympathischer, die auch mal eine andere Meinung als man selbst haben oder auch Schwächen zugeben können. Zum Teil hängt es auch mit zukünftigen Aufgaben zusammen: Wenn Sie eine verantwortungsvolle Position eigenständig ausfüllen sollen, brauchen Sie auch Standfestigkeit und Konturen. Jemand, der sein Fähnlein immer nach dem Winde hängt, ist da nicht der richtige Mann (oder die richtige Frau). Aber Ihre Meinungsverschiedenheiten mit dem Interviewer müssen – taktisch gesehen – wohldosiert bleiben. Das hängt auch stark von dessen Person ab. Wenn Sie ihn in allen Fragen aufgrund einer völlig anderen Meinung angreifen, ist es weder für den Arbeitgeber noch für Sie besonders sinnvoll, einen Arbeitsvertrag abzuschließen.

Damit kommen wir zur strategischen Dimension: Sie täuschen Interessen und Meinungen vor, die genau zur ausgeschriebenen Stelle passen. Man stellt Sie vielleicht ein, aber Ihnen macht die Arbeit keinen Spaß. Ihre Leistung wird nicht berauschend sein. Weder Sie noch der Arbeitgeber können an einer solchen Situation interessiert sein.

Vergessen Sie nicht, zum Abschluss Ihre eigenen Fragen an die Arbeitgebervertreter zu stellen (z. B. Informationen über das Unternehmen, Merkmale des Arbeitsplatzes, möglichst um Besichtigung bitten, besondere Leistungen des Arbeitgebers; ausführliche Liste bei Knebel 2003). Diese Informationen sind für Sie wichtig, und Sie machen zudem einen zielgerichteten Eindruck.

8.2.3 Übung: Zeitungsinserat Stellengesuch

(besonders geeignet für Berufspraktiker, weniger für Berufseinsteiger)

LERNZIELE: Bevor man sich anstrengt, ein Ziel zu erreichen, sollte man sich zuerst genau überlegen, welches überhaupt das richtige Ziel für einen ist (welche Tätigkeitsmerkmale, Branche, Privatwirtschaft/öffentlicher Dienst, Region usw.). Im nächsten Schritt sind die eigenen Stärken (und auch Schwächen) zu überlegen, die für die Erreichung des Ziels von Bedeutung sind (Ausbildung, Zeugnisse, Berufserfahrung, spezielle Fertigkeiten/Fähigkeiten, Charaktereigenschaften). Schließlich ist es wichtig zu wissen, wie man auf andere Menschen wirkt, wenn man sich in diesem Bereich darstellt. Dies sind Lernziele, die in verdichteter Form in der Übung „Zeitungsinserat Stellengesuch“ anvisiert werden.

DURCHFÜHRUNG

a) Jeder Teilnehmer überlegt sich zunächst in Stillarbeit mögliche berufliche Ziele, seine Stärken und Schwächen. Dann formuliert er sein Stellengesuch, zuerst auf ein Blatt Papier, dann auf OH-Folie oder Wandzeitung. Er notiert sich seine Überlegungen zu dem Text und gibt das Publikationsmedium an (warum gerade diese Zeitung oder Zeitschrift?). (Zeit je nach Bedarf, erfahrungsgemäß ca. 15–30 Min.)
b) Ein Teilnehmer hängt seine Wandzeitung bzw. projiziert seine OH-Folie an die Wand und erläutert seinen Text. (Bei Wandzeitungen können auch alle Teilnehmer sofort ihre Plakate aufhängen. Dies fördert eine offene Gruppenatmosphäre und vertieft bei neuen Gruppen das Kennenlernen.) Die anderen Teilnehmer äußern ihre Eindrücke zu dem Anzeigentext, wie welche Formulierung wohl bei relevanten Lesern (etwa Personalleitern) ankommt. Der präsentierende Teilnehmer kann auch Fragen an die Gruppe stellen, bei denen ihn die Meinung der anderen besonders interessiert. Die Gruppe soll versuchen, einzelne Themenkomplexe nacheinander abzuhandeln. Dazu folgende Hinweise:

- Welche Arbeitgeber und welche Arbeitsplätze zielt der „Inserent“ an?
- Enthält der Anzeigentext alles Wichtige (aus seiner Sicht und aus der Sicht des potenziellen Arbeitgebers)?
- Was kann weggelassen werden? Welche Ausführlichkeit verlangen einzelne Punkte? (übliche Diskussionspunkte hier: Lehre, Studium, Lebensalter, Nationalität, Detailliertheit bisheriger Berufserfahrungen und -positionen)
- Was soll an den Anfang (Fettdruck)?
- Wie konventionell oder unkonventionell sollte ein Text sein?
- Wie anspruchsvoll oder anspruchslos soll die angestrebte Position benannt werden? („Suche leitende Funktion, besitze aber auch gute Schreibmaschinenkenntnisse“)

Globale Frage: Wie wird der Text vermutlich von relevanten Lesern aufgenommen? Aber auch: Was will ich als Inserent von mir rüberbringen, auch wenn es unter Umständen meinem taktischen Interesse widerspricht. Hier ist der Hinweis wichtig, dass es keine todsicheren Lösungen gibt, sondern nur mehr oder weniger plausible. Und dies auch deshalb, weil ein und dieselbe Formulierung von verschiedenen Lesern unterschiedlich bewertet wird.

Besonders wichtige Punkte können auch in Stegreif-Rollenspielen („Bewerbungsgespräch“) *kurz* veranschaulicht und vertieft werden.

Ist das Stellengesuch des ersten Teilnehmers besprochen, folgt der nächste usw. Die Besprechungen werden in der Regel allmählich kürzer, da manche Punkte genereller Natur sind und schon vorher geklärt wurden (10–20 Min. pro Teilnehmer, nach Gruppengröße modifizieren).

8.2.4 Übung: Bewerbungsschreiben

(nur bei kleineren Gruppen; bei größeren allenfalls exemplarisch)

Alternativ zum Stellengesuch kann man auch ein Bewerbungsschreiben und einen Lebenslauf abfassen oder reale mitbringen lassen. Die Teilnehmer erhalten diese Unterlagen und die Stellenausschreibung. Ansonsten Vorgehen wie bei Übung „Stellengesuch“.

8.2.5 Übung: Kritische Fragen im Vorstellungsgespräch

Sie können heikle Fragen besser beantworten, wenn Sie sich dazu vorher Gedanken gemacht haben. In den meisten Fällen lässt sich auch vorhersagen, was da auf einen zukommt. Sie sollten nicht nur auf Fragen nach Schwachpunkten vorbereitet sein, sondern auch auf solche, die direkt oder indirekt Ihre Vorzüge erkunden sollen.

Sie finden hier 10 kritische Fragen. Schreiben Sie noch weitere 5 dazu, die man speziell an Sie richten könnte. Damit Sie sich die Antworten in Ruhe überlegen können, schreiben Sie Ihre Antwort erst einmal auf. Stellen Sie sich dabei eine konkrete Stelle vor. Wenn eine Frage nicht auf Sie zutrifft, versetzen Sie sich in jemanden, auf den sie zutrifft.

Die ersten 10 Fragen:

1. Was glauben Sie, was Sie gegenüber anderen Bewerbern auf diese Stelle auszeichnet?
2. Ihre bisherige Ausbildung und Tätigkeiten haben nur sehr begrenzt mit dem zu tun, was Sie jetzt machen sollen. Wie sehen Sie das?
3. Sind Sie nicht zu jung/alt für diese Aufgabe?
4. Warum bewerben Sie sich gerade auf diese Stelle und bei unserem Unternehmen?
5. Verstehe ich Ihre Ausführungen richtig, dass Sie das Tätigkeitsfeld und die konkrete Aufgabe für Ihre Bewerbung motiviert hat? (Ja.) Dann wären Sie doch auch sicherlich mit einer Vergütung einverstanden, die 15 % unter Ihrem bisherigen Gehaltswunsch liegt?
6. Was sind Ihre Stärken, was Ihre Schwächen?
7. Wie kommt es, dass Sie gerade in dem Fach x in Ihrem Zeugnis eine relativ schlechte Note haben?
8. Wie haben Sie sich verhalten, wenn Ihr früherer Vorgesetzter Sie ungerecht behandelt hat?
9. Wo ordnen Sie sich politisch ein?
10. Was halten Sie von unserem neuen Produkt alpha plus? (Der Bewerber kennt es aber nicht.)

Jetzt beantworten Sie noch Ihre eigenen 5 Fragen.

Nachdem jeder Teilnehmer die Fragen schriftlich beantwortet hat, bespricht die Gruppe der Reihe nach die ersten 10 Fragen. Bei Bedarf können auch individuelle Fragen erörtert werden.

8.2.6 Übung: Rollenspiele „Bewerbungsgespräche nach realen Stellenangeboten"

Den Gruppenmitgliedern liegen reale Stellenangebote (Zeitungsanzeigen usw.) vor, die zu ihren Qualifikationen passen. (Teilnehmer, die sich in der Ausbildung befinden, stellen sich vor, sie hätten die Ausbildung abgeschlossen.) Jeder Teilnehmer schreibt einen Lebenslauf im Hinblick auf eine ihn interessierende Stelle. Dann werden Dreiergruppen für das Rollenspiel gebildet: 1 Bewerber und 2 Interviewer zu einer Stellenanzeige. In der Vorbereitungsphase zum Rollenspiel erhalten die Interviewer den Lebenslauf. Sie bereiten kritische Fragen vor. Ebenso überlegt sich der Bewerber mögliche Fragen und mögliche Antworten.

Zuerst findet ein Demonstrationsrollenspiel im Plenum statt. Nach der Besprechung der Videoaufzeichnung probieren die Teilnehmer ggf. eine verbesserte Variante aus.

Bei großen Teilnehmerzahlen spielen nun die Dreiergruppen parallel zueinander entsprechend die Bewerbungssituation durch. Evtl. empfiehlt sich die Zuordnung von Beobachtern (für das Feedback).

Bei kleinen Teilnehmerzahlen können die Dreiergruppen im Plenum nacheinander ihre „Bewerbungsgespräche“ führen.

Bei der Besprechung ist der Bezug zu den vorangegangenen Übungen herzustellen, insbesondere zu „Kritische Fragen im Vorstellungsgespräch“ (8.2.5).

9 Interessen und ihre Verhandlung

Verhandeln heißt: Kommunizieren zum Ausgleich unterschiedlicher Interessen. In diesem Kapitel soll es um ein Konzept des Verhandelns gehen, das sich unterscheidet vom „Feilschen“ (Basar), aber auch von einem „Über-den-Tisch-Ziehen“ (Fingerhakeln) oder „Übers-Ohr-Hauen“ (Fechtersprache) ...

Vorbemerkung

Verhandlung als Gegenstand sozialpsychologischer Forschung scheint sich großenteils auf kollektives Verhandeln zwischen Vertretern gesellschaftlicher Gruppen (etwa Tarifverhandlungen) zu beziehen (Kelly/Müller 1995). Andere Bestrebungen finden interdisziplinär im Feld von Entscheidungstheorie und mit Hilfe elektronischer Mittel statt (Themen wie automatisches Verhandeln; „B2B“-Verhandlungs-Support-Systeme, etwa für fortlaufende Situationsbewertungen usw.; s. Seifert/Weinhardt 2006). Für uns kommen am ehesten in Frage (Näheres s. auch Crott et al. 1977, Bd. I und II):

- fähigkeitstheoretische (Dispositionen, Verhaltensweisen; Pruitt/Lewis 1975) und
- situationistische Ansätze (etwa Crott 1972).

Aus der Trainingsperspektive sehen wir Verhandlungen vorwiegend als Anforderungssituationen für den Verhandler, für die
- die allgemeine Kommunikationstheorie und das in Kap. 2 vorgestellte Modell Gültigkeit haben,
- Modelle des „kooperativen Konfliktmanagements“ nützlich sind („Harvard-Modell“), weil damit praktische Perspektiven eröffnet werden, ohne naiven Vorstellungen Vorschub zu leisten (Fisher u. a. 2003; s. a. Kellner 2003).

Ein komplexeres Verhandlungsszenario für mindestens 15 Teilnehmer mit ausführlichen Unterlagen findet sich in Crott et al. 1977, Bd. II, 105ff (beschrieben von Kirsch, Huppertsberg und Kutschker: „Nachbildung intraorganisationaler Verhandlungen:

Ein experimentelles Verhandlungsspiel"). Hinweisen wollen wir auch auf die „Konfliktsimulations- und Rollenspiele" von Wolf (1988).

In diesem Kapitel erörtern wir die Struktur des Situationstyps „Verhandeln" (Face-to-Face-Verhandlungen), erläutern Anforderungen und Fähigkeiten und beschreiben dann Paradigmen resp. Konzepte der Verhandlungsführung (9.1). Zur Vorbereitung (9.2) und Durchführung (9.3) werden Tipps gegeben. Für die Praxis werden in zwölf Leitlinien ausführlich die prozessualen und dimensionalen Aspekte aus psychologischer Sicht behandelt (9.3, 9.4). Konkrete Übungen (9.5, 9.6) enthalten exemplarisch Gruppenverhandlungen. Übungsszenarien für Einzelverhandlungen sind daraus ableitbar.

Was ist Verhandeln?

Sozialpsychologie und *Spieltheorie*: Konfliktparteien haben entgegengesetzte und gemeinsame Interessen und kommunizieren über die Aufteilung eines gemeinsamen Nutzens oder Gewinns. Ihr gemeinsames Interesse ist es, überhaupt einen Gewinn, zumindest für die eigene Seite, zu erzielen *(mixed-motive-game)*. Je größer die Gemeinsamkeiten, desto eher dürfte sich der Verlauf von selbst einem *kooperativen Problemlösungsprozess* annähern (wir lösen das gemeinsam). Je mehr entgegengesetzte Ziele dominieren und je weniger Gemeinsamkeiten es gibt, desto mehr handelt es sich um eine reine Konfliktsituation (des einen Nutzen ist des anderen Schaden). Wichtig: Für das tatsächliche *Verhalten* der Beteiligten geben die *subjektiven* Sichtweisen der Interessenlagen, nicht die objektiven Gegebenheiten den Ausschlag!

Verhandeln im engeren Sinn: *Wechselseitige Abhängigkeiten* für die Zielerreichung sind vorausgesetzt (beide Seiten haben ein Interesse am Verhandeln). Im Extremfall einseitiger Abhängigkeit verhandelt die unabhängige Seite (der Mächtige) nicht, sondern entscheidet (z. B. in der Situation Prüfer/Prüfling). Möglicherweise hat sie kein Interesse an einer Verhandlung. Kann dann die abhängige Seite (der Ohnmächtige) überhaupt verhandeln, oder muss das abgegrenzt werden als Bitten, Fordern etc.? Einen nicht so engen Begriff von Verhandeln vorausgesetzt, nimmt auch dann die schwächere Seite Einfluss …

Wie extrem oder balanciert die Situation sein mag, angestrebt wird eine *Einigung über Handeln*. Je weniger eine Seite über

Machtmittel verfügt, je mehr sie an einer Änderung interessiert ist, desto mehr ist sie auf Kommunikation angewiesen, um ihre Ziele zu erreichen.

Welche Fähigkeiten braucht dann ein guter Verhandler?

Fähigkeiten

Aus der Forschung wissen wir: Erfolgreiche Verhandler zeigen *typische Verhaltensweisen in der Gesprächsführung* (Kelly/Müller 1989): Sie überprüfen häufiger, ob die Gegenseite ihre Position versteht und fassen häufiger ihre eigenen Vorstellungen zusammen. Ebenso kennen wir gewisse *Personmerkmale*:

- *kognitive Komplexität* (Fähigkeit, viele verschiedenartige Informationen zu behalten und zu verarbeiten; zentrale Komponente der Allgemeinen Intelligenz);
- *hohes Anspruchsniveau* (Komponente der Leistungsmotivation: Aufgaben möglichst gut bearbeiten wollen, zu hoher Anstrengung bereit);
- *geringer Dogmatismus* (Persönlichkeitsfaktor: Tendenz, die Welt stark vereinfacht zu sehen und zu bewerten i. S. von Schwarz-Weiß-Denken, eigene Erkenntnisse und Werte sind unverrückbar richtig; bei guten Verhandlern also *gering*!).

Erfolgreiche Verhandler zeigen gewisse *soziale Kompetenzen: Konfliktfähigkeit* (mit Konflikten aktiv, konstruktiv umgehen können) und die *Fähigkeit zur Rollenübernahme* (sich je nach Situation und Erwartungen flexibel einstellen und verhalten: Es geht um Einstellungen und Verhaltensrepertoires. Als Verhandler bin ich weder Kollege noch Sportsfreund, Gast oder Privatmensch. Je nach Rolle bin ich verschieden ansprechbar und reagiere verschieden.)

Das meiste, was in diesem Buch bisher behandelt wurde, gehört zum Repertoire eines fähigen Verhandlers.

9.1 Von Anforderungen der Situation zu Verhandlungskonzepten

Es gibt so viele Situationen und Arten von Verhandlungen, dass konkrete Betrachtungen schnell ins Uferlose wachsen (Geschäft und Privatleben, Verkauf und Reklamation, Bewerbung und Prüfung, Finanzierung, Teamarbeit und Konkurrenz, Einzel- und Gruppenverhandlung ...). Betrachten wir deshalb die allgemeinen Komponenten der Situation. Danach beschreiben wir allgemeine Anforderungen, die sie bereithält, und fragen schließlich nach Konzepten des Verhandelns.

9.1.1 Eine hochkomplexe Situation

Menschen

Verhandlungen werden von Menschen geführt. Ein Konzept, das diesem Umstand nicht oder in falscher Weise Rechnung trägt, kann kaum gut sein. Für die Praxis ist „die Psychologie" deshalb mindestens so wichtig wie die Sachfragen.

Interessen

Das Spannungsfeld einer Verhandlung wird durch einen Interessengegensatz bestimmt. Am Anfang steht ein Konflikt, für den Einigungsbedarf besteht – zumindest bei einer, oft auf allen Seiten. Dann gibt es aber auch schon eine *Gemeinsamkeit*, nämlich das Interesse an einer Konfliktlösung. Sieht die andere Seite das nicht so, gilt es vorrangig darauf hinzuarbeiten: Wohlwollen des Mächtigen bzw. Aufmerksamkeit des Desinteressierten zu erlangen.

Der *Gegenstand* betrifft immer irgendwelches Handeln: Ver-Handeln zielt auf eine Absprache, wer wie handelt oder anders oder nicht mehr handelt (auch Sachen sind nur Bezugspunkte für ein Handeln, so z.B. der Preis für die Kaufhandlung usw.). Ein Ergebnis soll *eindeutige und konkrete* Handlungsabsprachen enthalten!

Ziele

Jede Seite hat gewisse Ziele. Bezogen auf das Ergebnis gibt es mindestens ein Hauptziel und oft Nebenziele. Für den Verlauf werden nacheinander Zwischenziele angestrebt. Hinsichtlich der Erreichbarkeit gibt es ein Maximalziel (Wunschziel) und ein Mimimalziel. Es bleibt geheim, darunter gibt es keine Einigung (wichtig: vorher festlegen!). Eigene Ziele zu haben und fremde zu begreifen, setzt eine *Zielanalyse* voraus: Oft sind sich schon die verschiedenen eigenen Ziele gegenseitig im Weg (Zielkonflikt). In der Vorbereitung ist zu klären: Wie sieht meine Zielhierarchie aus? Wo gibt es Widersprüche (innere Konflikte)? Und was will die andere Seite?

Spielräume

Spielräume sind bestimmt durch die *Ziele* und den Rahmen der *Handlungsmöglichkeiten*: Klarheit über den eigenen Spielraum und eine möglichst gute Abschätzung, wie es auf der anderen Seite aussieht, können entscheidend sein. Auch im Verlauf kann man Erkenntnisse über noch nicht genutzte Möglichkeiten gewinnen. Die tatsächlichen Spielräume gehören zu den am besten gehüteten Verhandlungsgeheimnissen. Eine Chance zu ihrer Erweiterung liegt in *kreativen Ideen* für noch nicht gesehene Alternativen: Am besten klappt das, wenn beide Seiten sich daran beteiligen.

Bewertungen, Gewichtungen

Was die beteiligten Seiten jedoch im Kern unterscheidet, sind unterschiedliche Bewertungen von *Lösungsalternativen*: Was jemand besser oder schlechter, akzeptabel oder nicht findet, entscheidet, welcher Lösung er zustimmen kann oder nicht. Also geht der Diskurs um *Bewertungsdifferenzen*, und sie sind es auch, die zu einem großen Teil den Verlauf bestimmen. Oft bringen Um- oder Neubewertungen von Vor- und Nachteilen den Durchbruch: Darauf gilt es hinzuarbeiten. Ein zweiter Aspekt betrifft die *Gewichtung* der bewerteten Einzelpunkte: So kann ein eindeutiger Vorteil eine Nebensächlichkeit betreffen, aber ein gewisser Nachteil in der Hauptsache größeres Gewicht haben. *Gewichtete Bewertungen* sind das, worauf Argumente zielen sollten! Naturgemäß interessieren Argumente, die neue Vorteile und die Vermeidung unerkannter Nachteile aufzeigen, am meisten.

Lock- und Druckmittel

Nun wünscht man sich neben Argumenten meistens auch Lock- und Druckmittel, die den Charakter der Verführung und Belohnung bzw. der Androhung von Sanktionen und Bestrafung haben. Damit kann im Extremfall die Verhandlung zur Erpressung verkommen. Der Abbruch der Verhandlung selbst kann ein starkes Druckmittel sein.

Positionen und Verlauf

Jede Seite geht von einer gewissen Position aus, und jede Verhandlung nimmt irgendeinen *Verlauf*. So, wie Läufer Fehlstarts haben und Bergsteiger sich versteigen können, bestimmt der Umgang mit Positionen den Verlauf erheblich, z. B. auch, ob eine Verhandlung festfährt und damit scheitert.

9.1.2 Anforderungen an Verhandler

Anforderungsprofil

Das benötigte *Repertoire* eines Verhandlers wird durch die *Anforderungen* seiner konkreten Situation bestimmt. Betrachten wir allgemeine Anforderungen.

Verhandeln heißt natürlich zunächst „Kommunizieren“: Notwendig sind das Wissen von den Grundgesetzlichkeiten sozialer Kommunikation, die Beherrschung von Kommunikationsweisen und die Vermeidung bzw. Beseitigung von Störungen (vgl. Kap. 2). Besonders auf den Beziehungs- und den Appellaspekt kommt es jetzt an, denn Konflikte, die aus der Verhandlungsführung selbst entstehen, sind zusätzlich belastende Seitenprobleme. Geschickte Verhandler werden deshalb eine entspannte Gesprächssituation und eine gegenseitig wertschätzende Haltung als vorteilhaft ansehen, damit es in der Sache vorwärtsgehen kann. *Vertrauensbildung* betrachten sie als zentrale Aufgabe.

Verhandeln heißt im Besonderen „Argumentieren": Gefragt sind logisches Denken, die Beherrschung von Argumentationsweisen, Einwandbehandlung und auch die Abwehr rhetorischer Tricks (vgl. Kap. 5). Die Entwicklung von Argumenten stellt den sachbezogenen „roten Faden" einer Verhandlung dar. Es gibt aber auch viele unfaire Formen des Argumentierens (und ganze Bücher darüber). Das bedeutet Manipulation der Person auf der Sachebene.

Verhandeln heißt generell „vielseitige Gesprächsführung": Gebraucht wird die Beherrschung formaler Aspekte der Gesprächsführung, also auch solcher der Diskussion (vgl. Kap. 6). Bei Gruppenverhandlungen sind sie ähnlich zu handhaben wie in einer Entscheidungsdiskussion. In kleiner Runde oder im Zweiergespräch können sie eher implizit befolgt werden. Der Konsens über die Geschäftsordnung hilft den Verlauf zu regulieren und kann auch eingefordert werden (z. B. Redezeit, Tagesordnung, Thematik).

Verhandeln heißt nicht zuletzt „Situationen und Menschen sensibel einschätzen und flexibel berücksichtigen": Mit wem ich es in welcher Situation zu tun habe, entscheidet über die Vorgehensweise. Insbesondere in der schwächeren Position bin ich auf Sensibilität angewiesen. Man kann sich das leicht an den zwei klassischen Situationen mit Verhandlungscharakter klarmachen, der Prüfung und der Stellenbewerbung (Kap. 8). Aber auch der an Status oder Macht Überlegene erweist sich als professionell, wenn er nicht plump einschüchtert, sondern in seiner „Behandlungstechnik" entgegengesetzte Signale setzt und damit die Verhandlungsgrundlage positiv beeinflusst.

9.1.3 Paradigmen und Konzepte des Verhandelns

Für die Situation „Verhandeln" gibt es unterschiedliche allgemeine Sicht- und Herangehensweisen (Paradigmen), die archaischer oder kultivierter sein können, und dementsprechende allgemeine Verhandlungskonzepte (Handlungspläne). Erst die Vorbereitung auf eine konkrete Verhandlung konkretisiert ein Konzept (9.2). Zuvor einige grundsätzliche Überlegungen (angelehnt an das sog. „Harvard-Konzept“ des Verhandelns von Fisher et al. 2003).

Die sachliche Seite: Standpunkte, Positionen und Interessen

Es ist gut, seine Interessen zu klären, einen Standpunkt zu haben und seine Position zu definieren. Wir sollten uns aber weder innerlich nocht äußerlich starr darauf festlegen, weil das den eigenen Spielraum nur einengt. Sich selbst in eine Sackgasse zu manövrieren unterläuft besonders leicht, wenn wir Unsicherheit bekämpfen wollen oder wenn es um gefühlsbetonte oder prestigebesetzte Fragen geht. Schlecht geführte Verhandlungen zeichnen sich oft dadurch aus, dass die Beteiligten mit entschlossener Geste gleich „Position beziehen“ und sich so gegenseitig unbeweglich machen: Vorsicht vor „Stand-Punkten“! Besser ist es, im Wortsinne eine Ausgangsposition zu haben, die eine Richtung einschließt. Der Weg besteht aus Etappen: Zuerst kommen Zwischenziele, dann erst ein Minimalziel. Wird schon dieses nicht erreicht, ist die Verhandlung gescheitert.

überlappende Interessenfelder

Der eindimensionalen Vorstellung von Standpunkten, auf denen man sich gegenübersteht (und einander nicht näher kommt), soll eine andere entgegengesetzt werden:

Beide Seiten haben Interessen. Das sind keine Punkte, sondern Felder, schalenartig um die Person gelagert (lat.: „interesse“ = „dazwischen sein“, also „drinstecken“, „teilnehmen“). Innen liegen die ganz unverzichtbaren (zumeist personnahen) Interessen. Weiter außen folgen Interessen mit abnehmender Wichtigkeit. Die *Überschneidungsfelder* der nicht unwichtigen Interessen mit denen des Verhandlungspartners enthalten das Konflikt-, aber auch das Kooperationspotenzial: Das ist der verhandelbare, der auszulotende Bereich. Gibt es Möglichkeiten, die bisher noch nicht gesehen oder nicht gründlich bewertet worden sind? Wie können Geben und Nehmen (Tausch, Kompromiss) und wie kann Kooperation (zu gemeinsamem Nutzen) organisiert werden? Es gilt auf solche Klärungen hinzuarbeiten. Diese Sichtweise bildet den sachbezogenen Kern eines vorgeschlagenen allgemeinen Konzepts vom Verhandeln.

Die menschliche Seite: Paradigmen der Auseinandersetzung

Wie wir uns in Verhandlungen verhalten, wird durch unser Menschenbild und unser Verständnis von Konfliktlösung bestimmt: Wer ist der andere für mich? Wie stehe ich zu ihm? Welche Einstellung habe ich zu Interessenkonflikten? Sehen wir uns einige Grundhaltungen an:

Kampf

Nach dem **Kampfparadigma** ist die menschliche Seite einer Verhandlung klar durch Gegnerschaft und Konkurrenz geprägt. (Der bloße Gebrauch des Wortes „Partner" ändert daran natürlich nichts.) Dann geht es um Sieg und Niederlage. Sachlich wird der Interessenkonflikt zumeist eindimensional als Dilemmasituation gesehen (entweder du gewinnst oder ich). Verhandeln ist dann logischerweise Tauziehen oder Fingerhakeln. Dazu braucht man „Power", einen „harten Nacken" und möglichst viele „Tricks". Nach diesem Konzept ist es nur logisch, möglichst hart seine eigene Linie zu verfolgen. Leute mit diesem Konzept nennen wir **Hardliner**.

Freundschaft

Nach dem **Freundschaftsparadigma** wird die sachliche Seite einer Verhandlung der Beziehung zum Partner untergeordnet, die möglichst harmonisch bleiben soll. Vorrangig geht es um gütliche Einigung. Neinsagen ist schwer, Fordern kaum möglich. Verhandeln wird dann zu einer Art Beschwörungsritual, der Gesprächsstil zeigt eine Ansammlung von Unklarheiten und sprachlichen Relativierungen oder eine defensiv-bockige Haltung. Es ist klar, dass die eigenen Sachinteressen damit in Nachteil geraten. Solche Leute sind sozusagen **Softliner**.

Ängste

Die Angst des Hardliners ist die vor dem Ausgeliefertsein. Er erlebt sich als clever, solange er seinen Willen durchsetzt, im anderen Fall als Schwächling. Er sieht Härte als Stärke. Die Angst des Softliners ist die vor dem Konflikt und negativen Gefühlen, die man ihm entgegenbringt. Er erlebt sich als „guter Mensch", solange er Streit vermeidet. Der Hardliner fürchtet sich vor der Niederlage, der Softie vor dem Streit. Beide haben gemeinsam, dass sie „eine Linie verfolgen": Während der Hardliner die menschliche Seite als Mittel zum Zweck betrachtet, tabuisiert sie der andere.

gemeinsames Problemlösen

Eine dritte Alternative ist das **Paradigma des partnerschaftlichen Problemlösens**: partnerschaftlich heißt, Probleme gemeinsam, nicht gegeneinander zu lösen. Der Interessengegensatz wird versachlicht, indem er als gemeinsames Problem angesehen wird, das zu lösen ist: Das ist eine Chance, ihn relativ frei von blockierenden, negativen Gefühlen anzugehen. Die Perspektive:

Hier haben wir etwas zu klären; das geht besser, wenn wir zusammen helfen und keiner dem anderen etwas von vornherein absprechen will.

Dieser Perspektivwechsel bedeutet eine **Trennung von Personen und Problemen**. Die Person als solche höflich und möglichst sogar wertschätzend zu akzeptieren, eine positive Beziehung anzustreben und als gleichberechtigt zu behandeln, ist der „Beziehungskern" des Konzepts der Partnerschaftlichkeit. Pragmatisch gesehen ist das auch nützlich, denn es schafft Vertrauen (anstelle von Vorleistungen!) und mindert die Gefahr, dass Beziehungsprobleme und Gefühle das Ergebnis beeinträchtigen.

Diese Trennung herzustellen und aufrechtzuerhalten ist nicht leicht, besonders dann, wenn ich eingeschüchtert oder provoziert oder mit Schmeicheleien eingewickelt werde. Ein Missverständnis von Partnerschaft wäre die oben erwähnte „Freundschaftsvorstellung". Bestimmt nämlich Harmoniestreben (hinter dem Konfliktangst steht) den Verhandlungsstil, ist abzusehen, dass das sachliche Ergebnis darunter leidet. Und wenn ein verkappter Softie auf einen Hardliner trifft, kann es katastrophal werden ...

Trenne ich Person und Problem, ist jedoch noch nicht garantiert, dass die andere Seite sich ebenso verhält. Trotzdem wirkt diese Haltung als fortwährende Einladung zu einer Gemeinsamkeit im Vorgehen und sollte Vertrauen schaffen. Aber manchmal muss man auch Grenzen setzen können, um nicht missverstanden zu werden. Besonders brisant wird es, wenn Verhandlungen auf dem Hintergrund einer Freundschaft stattfinden, denn dann steht auch die Beziehung auf dem Spiel. In Kommunikations- und Konfliktritualen von Partnerschaften ist das Pokern mit den Gefühlen und der Beziehung alltäglich – und pathogen. Ist eine Konfliktklärung durch eine verfahrene Beziehung mit wechselseitigen negativen Gefühlen belastet, können nur noch klare Vereinbarungen zum Vorgehen und rigorose Disziplin helfen. Das wird typischerweise bei Partnerschaftsproblemen unter Moderation von Problemlösehelfern verfolgt (Mediatoren, Therapeuten). Die oben genannten Merkmale erfolgreicher Verhandler „Konflikterfahrung" und „Fähigkeit zur Rollenübernahme" schließen diese Fähigkeit zur Trennung zwischen dem Problem und der Person als wesentlich ein!

Prozessziel Konstruktivität

Sachbezogen, problemorientiert und auf wechselseitigen Nutzen hin verhandeln: Die Konzentration auf die Verhandlungssache und ihre Betrachtung als gemeinsam zu lösendes Problem wird durch die Trennung von Person und Sache erst möglich. Der wechselseitige Nutzen als Prinzip lässt Zusammenarbeit lohnend erscheinen, im Gegensatz zur blockierenden Wirkung des Forderns. Pragmatisch gesehen ist dieses Vorgehen nützlich, da Lösungen im Allgemeinen leichter erreicht werden, wenn man zusammenarbeitet. Das betrifft auch das *kreative Potenzial*: Ein geschickter Verhandler wird immer versuchen, Lösungen zu (er-)finden, die auch für die andere Seite Vorteile haben. Damit das klappen kann, müssen ebenfalls wechselseitig die Wünsche des anderen als legitim anerkannt werden. Auf dieser Basis kann *Konstruktivität* entstehen, die den Prozess in Bewegung hält. Selbst wenn in Einzelfragen logisch keine Nutzenaufteilung möglich ist (Entweder-Oder-Entscheidungen), kann man immer noch versuchen, verschiedenartige Punkte zu koppeln, d. h. ein Geben und Nehmen auf verschiedenen Ebenen zu verbinden *(Junktim)*.

Ideal und Realität

Das skizzierte Konzept partnerschaftlichen Verhandelns ist natürlich ein Ideal (die beiden anderen Konzepte sind nicht ideal). Ideal heißt aber nicht automatisch „realitätsfern", naiv. Der Sinn eines Ideals liegt in der Angabe einer erstrebenswerten Richtung. Ist das Konzept aber „realistisch"? In der „Realität" wird man immer auf Leute treffen, die es anders sehen und es anders versuchen. Um nicht „realitätsfremd" zu agieren, muss man deshalb auf alles gefasst sein und darf nicht blind vertrauen.

Halten wir zunächst fest:

- „Weich zu den Menschen, aber hart in der Sache" verfahren
- Auf Interessen konzentrieren statt auf „Positionen"
- Interessen ausführlich und kreativ erkunden, statt gleich mit Forderungen oder Drohungen zu „fuchteln"
- Alternativen suchen, statt „Linien" zu verfolgen
- Sachlichen Argumenten gegenüber offen sein, aber sich der Ausübung von Druck widersetzen
- Unfaire Tricks kennen und sich dagegen wehren
- Verquickungen von Person und Sache vermeiden bzw. auflösen
- Vertrauen aufbauen, aber nicht durch einseitige Vorleistungen; stattdessen auf Geben und Nehmen hinarbeiten
- Misstrauen zurückstellen, aber wachsam bleiben

Wie diese schwierige Balance gehalten werden kann, soll in den unten folgenden Leitlinien (9.3) ausführlich gezeigt werden. Zunächst müssen wir uns aber noch ordentlich vorbereiten.

9.2 Vorbereitung einer Verhandlung

Bereiten Sie Ihre Verhandlung gut und so ausführlich wie nötig vor. Wenn Sie hier schon Abneigung oder Hemmungen verspüren, stehen Sie vielleicht der Verhandlung insgesamt mit Zweifeln gegenüber? Schließlich geht es um ein Konfliktgespräch, und Konflikte meiden wir gerne. Gerade dann aber ist es wichtig, sich der Aufgabe rechtzeitig zu stellen: Die folgende Liste sollte also in jeweils angemessener Ausführlichkeit schriftlich durchgearbeitet werden, um Klarheit für sich selbst zu schaffen. Dadurch bauen Sie Unsicherheiten am besten ab.

Teilnehmerpapier

Tipps zur Verhandlungsvorbereitung

Zunächst informieren Sie sich

- Was für ein Mensch ist Ihr Verhandlungspartner? Stärken, Schwächen, Eigenarten? Ist er entscheidungskompetent, oder sind Ergebnisse von Dritten abhängig?
- Gibt es ähnlich gelagerte Fälle und Präzedenzfälle? Gibt es rechtliche Gegebenheiten usw.
- Besorgen Sie Unterlagen, die Sie brauchen könnten (ggf. mitnehmen!).

Klären Sie Ihr eigenes Verhandlungsinteresse

- Was ist? (gegenwärtiger Zustand)
- Was ist mein Hauptziel? Was sind meine Nebenziele? (gewichten)
- Was ist mein Maximalziel? Was ist mein Minimalziel? Was ist für mich nicht verhandlungsfähig?
- Habe ich Ziele, die sich gegenseitig behindern? (Eigene Zielkonflikte möglichst vorher klären!)

Überlegen Sie das Verhandlungsinteresse der anderen Seite

- Was will die andere Seite erreichen? (Ziele) Könnte sie Zielkonflikte haben?
- Was ist ihr vermutlich wichtigstes Ziel? Was sind ihre Nebenziele?
- Worüber wird sie überhaupt nicht verhandeln wollen? (Dissenspunkte)
- Welche Ziele könnte ich ihr bewusst machen? (Angebotsvorteile sind Chancen!)

Suchen Sie Berührungspunkte (Konsensmöglichkeiten)

- Gemeinsame Nenner: je mehr, desto bessere Einigungschancen.

Überlegen Sie mögliche Zugeständnisse

- Wo könnte ich entgegenkommen?
- Wo fällt es mir leichter/schwerer?
- Welche Zugeständnisse dürften für die andere Seite welches Gewicht haben?
- Wann will ich in welcher Reihenfolge Zugeständnisse anbieten? („Nicht, bevor ...")

Wie erreichen Sie die Anerkennung Ihrer Interessen als legitime?

- Wie werde ich meine Interessen darstellen, um ihre grundsätzliche Anerkennung zu erhalten? Kann ich im Gegenzug Interessen der anderen Seite anerkennen?

Überlegen Sie Argumente für Ihre Forderungen

- Was spricht aus der Sicht der anderen Seite dafür, entgegenzukommen, was dagegen?
- Wie kann ich Vorteile attraktiv und Nachteile erträglich darstellen?
- Welche Pakete aus Zugeständnissen/Forderungen kann ich planen („Unmögliches möglich" machen)?

Bedenken Sie voraussichtliche Gegenargumente

- Wie lauten mögliche Einwände? Wie entkräfte ich sie? Welche werde ich ernst nehmen?
- Welche ließen sich aufgreifen, um neue Vorschläge daraus abzuleiten?

Welche Druckmittel haben Sie? Welche Druckmittel haben Sie zu gewärtigen?

- Sind meine Druckmittel realisierbar und wie?
- Habe ich die Folgen für die Verhandlungsführung bedacht?
- Wann werde ich die Verhandlung abbrechen? (Ich muss meine Abbruchkriterien jetzt konkret formulieren!)
- Welche Druckmittel weise ich zurück, welche muss ich berücksichtigen?
- Wie reagiere ich auf taktische Manöver: einwickeln, ablenken, drohen, jammern?

Bei Gruppenverhandlungen: Koordination absprechen

- Wer ist wofür zuständig (Wortführer, Fachkompetenzen, Reihenfolge, Protokoll)?

- Verhandlung proben mit einem „advocatus diaboli“ (der „Anwalt des Teufels“ spielt die Rolle der anderen Seite).
- Gegenseitige Unterstützung besprechen. Kriterien für Verhandlungspausen?

Bei Verhandlungen im Auftrag

- Klaren Auftrag und Vollmachten geben lassen, Limits absprechen (und sich daran halten).

9.3 Für die Praxis des Verhandelns: zwölf Leitlinien

In diesem Teil werden systematisiert konkrete Empfehlungen zur Praxis gegeben. Auf die Propagierung „fauler Tricks“ und Manipulationstechniken wird bewusst verzichtet. Es wird der zuvor beschriebene problemorientiert-partnerschaftliche Ansatz verfolgt. Er muss, um nicht in naivem Idealismus stecken zu bleiben, eine wache und selbstsicher-souveräne Haltung gegenüber unfairen Methoden einschließen.

Wenn Sie verhandeln, führen Sie ein Gespräch, Sie diskutieren. Dabei gilt es in der Regel, Gegensätze nicht etwa auf-, sondern abzubauen. Die „Be-handlung“ des Partners ist besonders wichtig – in einer „Entscheidungsdiskussion“, bei der Sie auf die andere Seite angewiesen sind. Es liegt nicht in Ihrem Interesse, wie etwa in einem kontroversen Disput, Positionen zu polarisieren und Beziehungen zu belasten.

Stattdessen kommt es darauf an, ein breites Spektrum von formeller Höflichkeit über Wertschätzung der Person Ihres Verhandlungspartners und diplomatische Anpassungsfähigkeit bis zu flexibler, aber standfester Konfliktfähigkeit zu beherrschen, ja sogar gelassen Provokationen und unfaire Taktiken zu parieren. In welchem Maß die Empfehlungen im konkreten Einzelfall Gültigkeit haben, kann nur von Ihnen selbst entschieden werden.

Beziehung und Gesprächsführung

Die Gruppe der ersten acht Leitlinien befasst sich mit der Beziehung der Verhandlungspartner und mit Techniken der Gesprächsführung.

1) Stellen Sie eine positive Atmosphäre her: Schaffen Sie ein Sympathiefeld

Fallen Sie nicht gleich mit der Tür ins Haus, sondern beginnen Sie mit einem Thema, das Ihrem Vertragspartner angenehm ist und persönlichen Kontakt aufbaut. Sprechen Sie keine Gegensätze an, und halten Sie keinen Monolog. Die Kontaktaufnahme sollte angenehm und entspannt sein, und Sie selbst sollten sich sympathisch und interessiert präsentieren. Eine positive Atmosphäre ist nur nützlich.

2) Behandeln Sie Ihren Verhandlungspartner höflich und gleichberechtigt

Vermeiden Sie es so lange wie möglich, zu Gegnern zu werden! Ihre Haltung sollte freundlich (aber nicht anbiedernd), partnerschaftlich (aber nicht kumpelhaft), seriös (aber nicht arrogant und auch nicht verklemmt), konzentriert und wach (aber nicht verbissen und misstrauisch), ruhig und gelassen (aber nicht läppisch oder uninteressiert) sein. Reden Sie Ihren Gesprächspartner mit Namen bzw. Titel an, und zeigen Sie damit, dass Sie ihn respektieren. Haben Sie einen höheren Status, verzichten Sie besser auf Imponiergesten. Als Gastgeber bieten Sie etwas an, als Gast nehmen Sie Alkohol besser nicht und Kaffee nur dann an, wenn Sie nicht zu aufgeregt sind. Bringen Sie Zeit und Ruhe mit bzw. sorgen Sie für eine möglichst störungsfreie Umgebung (Telefonate) und eine angemessene Sitzordnung. Wählen Sie einen Platz, auf dem Sie sich wohlfühlen. (Sie möchten doch Ihre Unterlagen ausbreiten und ungestört einsehen?)

3) Halten Sie verbindlichen Kontakt

Halten Sie Kontakt mit Blickkontakt! So bekommen Sie auch körpersprachliche Reaktionen Ihres Partners besser mit und vermeiden, selber ungünstig zu wirken. Ein ausweichender Blick kann als Unsicherheit oder Unaufrichtigkeit erscheinen.

Lassen Sie Ihren Gesprächspartner ausreden! Fallen Sie ihm nicht ins Wort, und nützen Sie stattdessen die Zeit, genau zuzuhören, eigene Formulierungen zu planen, die Situation und Ihren Partner einzuschätzen, weiterführende Überlegungen anzustellen usw. Die Zeit, die Sie ihm damit gleichzeitig einräumen, ist wichtig, um die konstruktive Atmosphäre zu erhalten. Hören Sie also aufmerksam und geduldig zu!

Das findet allerdings seine Grenze, wo er sehr lange redet (monologisiert), sich im Kreise dreht (unsicher ist, taktisch Zeit schinden will?) oder zu lange vom Thema abweicht. Dann ist eine höfliche, aber bestimmte Unterbrechung in einer kurzen Sprechpause angebracht: durch eine Zusammenfassung, Zuspitzung, Nachfrage oder Weiterführung („Wenn ich Sie richtig verstehe, dann …“ – „Das ist mir klar geworden. Mich interessiert jetzt noch Folgendes ...“). Nur in extremen Fällen sollten Sie deutlicher werden („Gut. Das haben Sie mir schon erläutert.“ – „Bitte, bleiben Sie beim Thema.“ – „Antworten Sie konkret auf meine Frage.“). Gegensteuern fällt einem durchaus nicht immer leicht, etwa wenn der Gesprächspartner einen höheren Sozialstatus hat, es kann aber notwendig werden (und einen heilsamen Effekt haben).

4) Kommunizieren Sie kontrolliert, sprechen Sie ruhig und klar

Beachten Sie die vier Ebenen der Kommunikation (vgl. Kap. 2). Es ist besser, wenn Sie klar wahrnehmbar sind: Mancher bemüht sich taktisch um Undurchschaubarkeit und setzt ein *Pokergesicht* auf. So etwas wird nur zu einer ungewollten Warnung oder einer wenig nützlichen Einschüchterungsgeste. Klarheit ist nicht etwa naiv-anbiedernde Offenheit oder Geschwätzigkeit, vielmehr sollen die Grundlagen für ein konstruktives Gespräch aufrechterhalten bleiben. Was aber bedeutet *Klarheit* im Einzelnen, und wo liegen negative Auswirkungen, wenn sie fehlt?

Anspannung, Stress, Angst führen leicht zu einer unbewussten Änderung des Auftretens. Ein unterschwelliger Wunsch, die Situation hinter sich zu bringen *(Fluchtimpuls)*, kann die Selbstdarstellung verwaschen machen (in Deckung gehen). Umgekehrt: Der Impuls des Angreifens kann sich zeigen als überbetont festes und überzogen nachdrückliches Auftreten. Damit würden Sie unfreiwillig zeigen, dass Sie einen Gegner vor sich sehen, mit der Folge, dass er sich so verhält *(Andorra-Effekt)*. Die Rede ist von der unfreiwilligen Variante des Selbstoffenbarungsaspekts, der „Angst vor Selbstenthüllung“. Daraus können Kommunikationsstörungen auf allen vier Ebenen entstehen.

Sprechtechnisch heißt Klarheit: weder nuscheln oder zu leise reden, noch zu schnell oder hastig (Gefahr inhaltlicher Missverständnisse). *Sprachlich* heißt es: nicht kompliziert oder unverständlich formulieren (wirkt unsicher, unaufrichtig oder ist missverständlich und bedeutet evtl. eine Belastung der Beziehungsebene). *Körpersprachlich* (Tonfall, Mimik und Gestik, Haltung) beachten Sie: Ihre Gefühle zeigen sich vor allem hier, wobei die Stimme am schwersten zu kontrollieren ist. Zeigen Sie eine offene, freundliche Miene (keine Maskenhaftigkeit), aber Ernst bei Sachfragen. Bemühen Sie sich, Änderungen in Ihrer Körperhaltung zu beachten und zu korrigieren: Man kann sich unbewusst verkrümmen oder kleinmachen, man kann umgekehrt überkompensieren, indem man sich in die Brust wirft und das Kinn vorreckt.

Inhaltlich heißt Klarheit: Sie müssen in der Lage sein, einfach, unmissverständlich und ohne Schärfe eine Forderung zu formulieren oder abzulehnen. Doch andererseits sollten Sie Forderungen und Ablehnungen auch „verpackt“ und in konziliantem Ton zum Ausdruck bringen können. Die Situation und Ihre Ziele (nicht Ihre Impulse) sollten darüber entscheiden, wann was günstiger ist. „Verpackt“ heißt aber nicht, „würde ich mal meinen wollen“. So etwas wirkt umständlich und eher unterwürfig.

Bemühen Sie sich insgesamt um „selektive Offenheit“: Zeigen Sie sich, aber zeigen Sie das, was Sie zeigen möchten. Es gelingt Ihnen übrigens leichter, wenn auch Ihre innere Haltung nicht durch Vorurteile und Misstrauen verstellt, sondern von offenem Interesse und auch Verständigungsbereitschaft geprägt ist.

5) Vermeiden Sie es, einen Ton anzuschlagen, der die Beziehung belastet, und halten Sie Angriffen stand

Hüten Sie sich vor offen aggressiven Formulierungen, und vermeiden Sie auch indirekte Formen wie Spott und Ironie. Wer angegriffen wird, verteidigt sich meistens. Wer spöttisch behandelt wird, fühlt sich abgewertet, nicht ernst genommen oder gekränkt. Er wird sich wehren durch störrisches Verhalten, durch Blocken, vielleicht durch Gegenangriffe und rachsüchtiges Verhalten: So werden Konzessionen verweigert oder Kompromisse abgelehnt und auf der Sachebene zurückgezahlt, was auf der Beziehungsebene eingesteckt werden musste. (Vor einigen Jahren scheiterte im letzten Moment die wichtige Fusion zweier großer britischer Pharmaunternehmen, weil sich die Vorstände nicht leiden konnten!) Auch über Dritte sollten Sie sich nicht abfällig äußern. („Wie wird er dann über mich reden?“) Vertrauenswürdigkeit ist Ihr wichtigstes psychologisches Kapital.

Sie sollten *nicht endlos glatt sein*: Bedenken Sie, dass jeder versucht, den anderen einzuschätzen. Bleibt unser Bild ohne Konturen, hegen wir den Verdacht, einer Inszenierung aufzusitzen. Maskenhaftigkeit weckt Misstrauen … Emotional-negative Reaktionen sind manchmal angemessen, besser aber auch dann nicht als unbedachter Reflex. Werden Sie einmal scharf, dann niemals aus einem Gefühlsimpuls heraus. So können Sie ein Signal setzen, wenn man Sie nicht ernst nehmen sollte. Impulsives Verhalten aber gerät leicht zum Nachteil, besonders wenn man provoziert wird: eine gar nicht so seltene unfaire Taktik, um Sie genau dahin zu bringen. Auch dieser Punkt betrifft Ihre Selbstkontrolle.

Wenn Sie eingeschüchtert werden: Gerade in Verhandlungen mit Mächtigeren können Sie leicht psychisch unter Druck gesetzt werden, oft mit unklar-verbalen und massiv-nonverbalen Mitteln. Was Ihnen niemals erlaubt wäre, nimmt sich der Mächtigere einfach heraus: Eine unsachliche Äußerung in drohendem Tonfall soll Sie gefügig machen und die Situation umdefinieren. Überlegen Sie vorher, wie Sie mit Angst umgehen! Analysieren Sie, wie das Risiko beschaffen ist und was schlimmstenfalls zu erwarten wäre. Formulieren Sie das konkret, ebenso wie Ihre Reaktionen darauf.

Bleiben Sie auf jeden Fall sachlich, und vermeiden Sie Unterwerfungsgesten, denn das ist nicht gut für Ihre Selbstsicherheit. Ignorieren Sie die emotionale Botschaft und den Appell auf der Verhaltensebene, und bleiben Sie konsequent beim Thema. Stellen Sie ggf. eine sachliche Nachfrage, die Ihnen die Initiative zurückgibt. Reagieren Sie nicht defensiv (nicht: „Ich meinte ja nur", sondern: „Wenn ich noch einmal erläutern darf"). Vielleicht fordern Sie sogar Sachlichkeit bzw. Mäßigung ein. Eine Voraussetzung jeder Verhandlung lassen Sie sich gerade hier nicht nehmen: dass die Interessen und Ziele aller Beteiligten, also auch Ihre eigenen, als solche legitim sind! (Der Angriff, der genau das in Abrede stellt, lässt sich ziemlich genau mit dem Begriff „Unanständigkeit" beschreiben.)

6) Steuern Sie das Gespräch bewusst

Zur Gesprächsdynamik: Oft kommt es darauf an, *symmetrisches Agieren* zu vermeiden. Symmetrisch ist es, wenn Sie auf Aggression mit Aggression, auf Ärger mit Ärger, auf Spott mit Spott reagieren. Symmetrisches Verhalten verstärkt und schaukelt auf, es eskaliert. Symmetrisches Verhalten wäre günstig, wenn Sie auf kooperatives Verhalten mit Kooperation antworten. Oft ist es besser, sich *komplementär* zu verhalten: Komplementär ist es, wenn Sie auf Aufgeregtheit mit Gelassenheit, auf Unhöflichkeit mit Höflichkeit, auf Weitschweifigkeit mit Kürze antworten. **Erwünschtes Verhalten kann man durch gleichartiges verstärken, unerwünschtes durch entgegengesetztes abschwächen.**

Die Ausnahme: Ungünstig wäre es, auf Einsilbigkeit mit dauerndem Reden zu reagieren. Hier liegt der Fall anders. Sie würden sich mit (komplementärem) Reden geradezu entblößen, während Ihr Gegenüber sich in Schweigen hüllt. Das ist eine Taktik: den anderen „leerlaufen lassen"! Die Wirkung des Redens als Antwort auf das „Verhalten Schweigen" ist also paradox. Stattdessen erreicht man hier durch Symmetrie den Abbau unerwünschten Verhaltens: Beide können ja nicht ewig schweigen. Also fordern Sie Ihren schweigenden Partner auf (ggf. mit geschlossenen Fragen; s. Kap. 7), zu einem Punkt nach dem anderen Stellung zu nehmen, und hören selbst zu! **Entwickeln Sie Bewusstheit für Symmetrie und Komplementarität, und Sie bekommen ein wichtiges Steuerungsmittel an die Hand.**

7) Direktsteuerung durch Fragen

Fragen hilft, Klarheit zu schaffen. (Haben Sie etwas nicht richtig verstanden? Möchten Sie sich durch Rückfrage versichern? Brauchen Sie genauere Informationen? Wollen Sie etwas auf den Punkt bringen?) Fragen dokumentieren Interesse und können den anderen festlegen, wo er gern unklar bleiben würde: Geschlossene Fragen steuern stärker und gezielter („Schaffen Sie das in vier Wochen?“), offene Fragen öffnen das Gespräch („Welche konkreten Möglichkeiten sehen Sie da?“): Im ersten Fall erfahren Sie, was Sie wissen wollen, im zweiten können Sie erfahren, womit Sie vielleicht noch gar nicht gerechnet haben.

8) Heben Sie die Gemeinsamkeiten hervor

Im Sinne des Modells sich überschneidender Interessenssphären handeln Sie, wenn Sie den gemeinsamen Blick auf den Vorrat gemeinsamer Interessen, Ziele, Werte und Einstellungen richten: Auch bei Ihrem Verhandlungspartner soll sich ja ein konstruktives Verständnis der Konfliktsituation entwickeln. So können Sie einem Festfahren vorbeugen, anstatt mit geringer Erfolgsaussicht an Kompromissbereitschaft appellieren zu müssen (s. u. Leitlinie 10: Sackgassen). Damit bekämpfen Sie emotionale Tiefs: Betonen Sie schon Erreichtes, heben Sie positive Aspekte hervor, erkennen Sie Entgegenkommen an (nennen Sie auch den eigenen Beitrag). Zeigen Sie sich optimistisch, wenn er pessimistisch ist, und pessimistisch nur, wenn Sie ihn mit Zögern vielleicht beweglich machen wollen.

Erfahrene Verhandler äußern oft gleich zu Anfang Dank oder Lob für irgendetwas, um ihre Partner in positiver Weise einzubinden. Auch das kann zu einer Manipulation werden, der *Taktik des Einwickelns*. Darin steckt immer der „Appell an das brave Kind“: Weichen Sie später von dem gelobten Verhalten ab, wird Ihnen die Sympathie wieder entzogen; Sie haben dann „enttäuscht“ (vgl. 5.5: rhetorische Tricks).

Die bisherigen acht Leitlinien waren überwiegend der Beziehungsarbeit und der Gesprächsführung gewidmet. Wenden wir uns nun ausführlicher der Steuerung des Verlaufs und seiner Dynamik zu.

Verlauf und Dynamik steuern

9) Gehen Sie überlegt mit Spielräumen um: eine „Choreografie" des Verhandelns in acht Figuren

Verhandlungsdynamik: Damit etwas geht, muss man sich bewegen. Spielräume bestimmen die Bewegungsfreiheit im Spannungsfeld der Interessenssphären. Schon vorbereitend haben Sie sich Räume und Grenzen formuliert. Rechnen Sie nicht damit, alles zu erreichen, eine Verhandlung ist kein Misserfolg, wenn Sie Ihre Maximalziele nicht erreicht haben! Es geht nun um die Gestaltung der *Choreografie im Spielraum* (Tanzen! Figuren der Bewegung). Die Kunst besteht darin, möglichst viele Varianten zu beherrschen und an der richtigen Stelle einzusetzen. Sehen wir uns diese Grundfiguren an:

Figur 1: Fordern Sie mehr, als Sie erwarten. Das ist wohl das älteste Ritual der Verhandlung. Jeder weiß das und erwartet es sogar vom anderen. Aber: Fordern Sie weder zu viel noch zu wenig. Überzogene Maximalforderungen können Sie in die Klemme bringen, wenn Sie dann doch noch so weit nachgeben müssen, dass Sie unglaubwürdig werden. Fordern Sie zu wenig, hält man Sie für naiv oder unerfahren (vgl. 8.2.2: die Frage nach der Gehaltsvorstellung im Bewerbungsgespräch). Die richtige Einschätzung des Spielraums der anderen Seite ist oft gar nicht einfach, denn letzten Endes muss man schlicht *gut informiert* sein und Gespür dafür haben, wie viel „drin ist". Knallen Sie Ihre Forderung auch nicht auf den Tisch, sondern machen Sie stattdessen Ausführungen, die Ihre Vorstellungen vorbereiten. Am Ende braucht es vielleicht gar nicht „Forderung" zu heißen.

Figur 2: Lehnen Sie ab, ohne gleich die Tür zuzuschlagen. Weisen Sie nicht brüsk zurück. Machen Sie lieber einen *Ausfallschritt:* Gehen Sie zunächst ein auf einzelne Voraussetzungen, Bedingungen und Konsequenzen der Forderung. Zeigen Sie zuerst Verständnis für Ihren Partner, und sprechen Sie dann über Ihre Möglichkeiten (Sie erwarten Verständnis). Stellen Sie die Gemeinsamkeiten in den Vordergrund (Leitlinie 8). So verprellt die Ablehnung weniger leicht, und Sie bewahren die Basis, um über Modifikationen der Forderung nachzudenken. Können Sie einen *Alternativvorschlag* machen, haben Sie sogar die Initiative wieder. Gelegentlich können Sie ein Angebot auch mit einer unkonkreten Nachbesserungsforderung beantworten, um zu sehen, wie weit man Ihnen entgegen kommt („Etwas mehr sollte es schon sein ...“).

Figur 3: Machen Sie Zugeständnisse – niemals unüberlegt. Ohne Konzessionen geht es selten ab. Kalkulieren Sie das von vornherein ein, damit Sie sich nicht selbst frustrieren. Natürlich werden Sie versuchen, eher da nachzugeben, wo es Ihnen leichter fällt. Aber liefern Sie auch eine Begründung, warum Sie das tun. Sie können Vorteile einräumen (und sich damit konziliant zeigen) und auf eigene Nachteile hinweisen (um so den Partner im Folgenden auf Konzilianz einzustimmen). Wenn man sich zu einem Zugeständnis veranlasst sieht, ist es manchmal besser, es schrittweise zu tun, gelegentlich erzielt man Wirkung mit großzügiger Zustimmung.

Figur 4: Nicht Bedingungen stellen, sondern Gegebenheiten erläutern. Wenn Sie auf eine Forderung mit Bedingungen reagieren, blocken Sie. Weisen Sie auf die Konsequenzen hin und wie man sie vermeiden könnte. Machen Sie nicht das Ob, sondern das Wie zum Thema: Der Problempunkt wird in Unterpunkte zerlegt, um Unbeweglichkeit zu vermeiden. Äußern Sie sich erst in Begriffen von Erwartungen, von Vor- und Nachteilen und Bewertungen. Auf diese Weise eröffnen Sie eine *Problemanalyse.* Sie können es länger offen lassen, was Sie in Kauf nehmen und was Sie als unannehmbar ablehnen werden. Wichtig ist, dass der Verhandlungspartner sofort dazu Stellung nehmen soll. Ihre „conditio sine qua non“ müssen Sie kennen, d. h. Ihre Minimalbedingung (bzw. Ihr Minimalziel), das Sie nicht unterschreiten werden. Zögern Sie nicht mehr, sich klar zu äußern, wenn es um Unverzichtbares geht.

Figur 5: Konfrontieren Sie mit Gegenforderungen. Auf einen Klotz kann man manchmal einen groben Keil setzen: Das trägt natürlich nicht zur Entspannung bei, sondern führt zu einem Kräftemessen und vielleicht zu einer Verhärtung, manchmal auch dazu, dass man beginnt, Sie ernst zu nehmen. Besser ist es, Sie tun es nicht aus Verlegenheit dort, wo Sie eigentlich argumentieren sollten(!). Und: Beachten Sie auch mögliche Empfindlichkeiten Ihres Partners, auch er könnte so etwas als unanständig empfinden.

Figur 6: Gehen Sie mit Bewertungen richtig um – ableiten, vornehmen, erläutern, begründen. Bewertungsprozesse sind der Kern von Akzeptanz und Verweigerung. Je einsichtiger Sie Ihre Bewertungen machen können und je mehr man die Prämissen (Voraussetzungen) einer Schlussfolgerung akzeptieren muss, desto weniger kann man eine daraus gefolgerte Bewertung ablehnen. Vermeiden Sie Bewertungen ohne Begründung, sie wirken beliebig. („Das ist nicht akzeptierbar.“) Vermeiden Sie Bewertungen, die man als subjektiv zurückweisen kann. („Das finde ich eben besser.“) Und: Verwenden Sie Bewertungen nicht als Begründungen. („…, weil ich das einfach nicht gut finde.“) **Bewertungen sind durch Sachargumente zu begründen, nicht umgekehrt!**

Günstig sind fünfsatzartige Argumentationsfiguren (vgl. 5.3), die möglichst schlüssig zu einem bewertenden Zwecksatz hinführen, so dass der Zuhörer von selbst zur gewünschten Folgerung kommt. (Zum Vergleich das umgekehrte Vorgehen: Sie bewerten am Anfang und begründen erst anschließend. Ihr Gesprächspartner wird auf Distanz gehen.) Bestenfalls können Sie bewertend ankündigen, um sodann erst mal abzuleiten: „Hier sehe ich auch ein Problem: Es ist doch so …“

Auch auf die **Gewichtungen** kommt es dabei an: So können positive Bewertungen weniger „ins Gewicht fallen“, weil sie einen Nebenpunkt betreffen, und negative Bewertungen eines Hauptpunktes können den Ausschlag geben. Das argumentative *Verkleinern oder Vergrößern von Bewertungen* versucht, solche Umgewichtungen herbeizuführen. („Also gut, Sie würden die Prämie nicht mehr automatisch erhalten …, aber dafür kann Ihnen auch keiner mehr den Auftrag nehmen!“) Wichtiger als Ihre eigenen Einschätzungen sind dabei natürlich die Ihres Gesprächspartners, weil er sie nicht in Abrede stellen kann, also z. B. seine Vorteile: „Ihre Unterstützung unserer Initiative dürfte gerade auf Wechselwähler positiv wirken.“

Figur 7: Weisen Sie Bewertungen nicht ohne Prüfung zurück. Bewertungen sollten Sie nicht zurückweisen, bevor Sie hinlänglich Interesse für Begründungen gezeigt haben. („Können Sie mir näher erläutern, warum Sie das so einschätzen/ich das ebenso sehen sollte?“) Mancher fürchtet, über den Tisch gezogen zu werden, wenn er nicht sofort Nein sagt. Das ist unbegründet, im Gegenteil: Je mehr Sie Bewertungen der anderen Seite ergründen können, desto eher finden Sie Anknüpfungsmöglichkeiten für Umwertungen. („Jetzt verstehe ich, dass Sie das so sehen. Bedenken Sie aber auch …“) Auch das ist Überzeugungsarbeit.

Figur 8: Setzen Sie Druckmittel ein bzw. weisen Sie sie zurück – ohne Kampfgeschrei: Argumente sind Mittel der geistigen Auseinandersetzung, die stark oder schwach, selten aber unmittelbar zwingend sein können. Zur Not kann man sich ja taub stellen und ihre Anerkennung einfach verweigern … Dagegen sind Druckmittel sozusagen von unabweisbarer Wirkung. Das heißt aber, dass mit ihrem Einsatz die Beziehungsgrundlage entscheidend geändert wird: Aus dem Diskurs unterschiedlicher Interessen und gemeinsamem Problemlösen wird sofort Machtkampf. In der Konsequenz sollten Druckmittel grundsätzlich als Mittel der letzten Wahl angesehen werden. Schon das Wissen, dass man über Druckmittel verfügt, zeigt ja bereits Wirkung. Man könnte auch sagen, der Nichtgebrauch von Macht ist meistens ihr effizientester Gebrauch!

Sehen Sie sich aber gezwungen, Druckmittel einzusetzen, tun Sie es nicht in Form platter Drohung, sondern beschränken Sie sich immer noch auf einen indirekten Hinweis. Und wenn Sie nicht mehr anders können, ziehen Sie eine Konsequenz mit dem Ausdruck des Bedauerns und nicht des Triumphes. Werden Sie selbst mit Drohungen konfrontiert, sollten Sie sie nach Möglichkeit ruhig, aber bestimmt zurückweisen und an das Interesse Ihres Partners an einer Einigung appellieren. Meistens haben nicht nur Sie daran ein Interesse.

So viel zum Thema *Gestaltung des Spielraums*. Hier gibt es überall fließende Übergänge zu allerlei manipulativen Tricks wie *Einwickeln, Ablenken, Ad-personam-Argumentieren,* Leerlaufenlassen usw. (Sehen Sie dazu noch mal nach in 5.5: rhetorische Tricks.) Wir kommen zu einer weiteren Leitlinie für eine ebenfalls komplexe Thematik.

10) Die Sackgasse: sechs Auswege in schwierigen Situationen

Das ist eines der weitläufigen Problemfelder in der Verhandlungspraxis: Die misslichste Entwicklung ist dann eingetreten, wenn die Beteiligten sich *in Positionen festgefahren* haben und nichts mehr zu gehen scheint! Dann gibt es unfruchtbare Wiederholungen von Forderung und Ablehnung, das Gespräch droht zu eskalieren und ergebnislos zu platzen (vgl. Leitlinie 6: Aufschaukeln durch symmetrische Ablehnungsreaktionen). Wie ist das zu vermeiden und was kann getan werden, wenn es doch so weit gekommen ist? Um herauszufinden, was eine Verhandlung ins Stocken gebracht hat, kann man analysieren, welche der folgenden sechs Situationen vorliegt, und dann die vorgeschlagenen Maßnahmen ergreifen.

Sackgasse 1: Mangelnde Kreativität. Sachliche Unvereinbarkeiten und gleichzeitiger Entscheidungsdruck haben zu Ratlosigkeit geführt, weil Ideen zur Lösung fehlen: Hier liegt ein **Denkproblem** vor.

Ausweg: Heuristisch denken! Feilschen und Fordern sind jetzt untauglich. Überwinden Sie eine Sackgasse im Bereich des Denkens, indem Sie zusammen nach kreativen Lösungen suchen (vgl. auch Leitlinie 8: Gemeinsamkeit betonen). Haben Sie keine Angst, diese Richtung einzuschlagen, Sie senden ein vertrauensbildendes Signal (Voraussetzung ist die wechselseitige Anerkennung der Interessen als legitime). Heuristische Leitfragen zur Lösungssuche können sein: Wie können wir die Interessen noch anders formulieren? Wo genau liegen nicht akzeptable Punkte? Unter welchen Bedingungen würde welcher Vorschlag annehmbar? Gibt es vergleichbare Fälle? Fehlen beschaffbare Informationen? Was können wir uns anbieten?

Sackgasse 2: Unvorhergesehene Schwierigkeiten. Es sind neue Fragen aufgetaucht, für die noch keine Überlegungen angestellt werden konnten. Dazu gehören auch unerwartet neue Forderungen, die nicht akzeptiert werden können: Hier liegt ein **Flexibilitätsproblem** vor.

Ausweg: Zeit gewinnen! Vor Durchführungshindernisse oder neue Forderungen gestellt, sehen Sie sich vielleicht ganz zurückgeworfen oder fühlen sich verwirrt. Kommen Sie mit Problemlösemethoden nicht weiter, bestehen Sie auf einer Vertagung, zumindest einer Verhandlungspause. So zeigen Sie, dass Sie sich nicht über den Tisch ziehen lassen. Flexibilität ist gut – aber nicht um den Preis des Ergebnisses.

Sackgasse 3: Ängstlichkeit und mangelndes Vertrauen. Jetzt verweigert Ihr Verhandlungspartner Konzessionen und geht auf Kompromissangebote nicht ein, offenbar aus Misstrauen, sich unbemerkt einen Nachteil einzuhandeln: Dann haben Sie ein **Vertrauensproblem**.

Ausweg: An der Verhandlungsbeziehung arbeiten! Sie geraten ins Stocken, weil Ihr Verhandlungspartner aus Unsicherheit präventiv mauert. Konnten Sie ihn nicht von sich überzeugen? Begegnen Sie sich vielleicht zu fassadenhaft **(Pokerface)**? Haben Sie Gemeinsamkeiten zu wenig berücksichtigt? Zeigten Sie Anzeichen einer arroganten oder triumphierenden Haltung (Beziehungs- und Selbstoffenbarungsebene; vgl. Kap. 2)? Sind zusätzliche Maßnahmen zur Vertrauensbildung nötig? Können Sie zum Zeichen Ihrer Kooperationsbereitschaft Entgegenkommen zeigen? (Vorsicht: keine Vorleistungen!)

Sackgasse 4: Ungeschickte Gesprächsführung. Unproduktives Beharren auf Positionen und Mangel an „Behandlungstechnik" dominieren den Gesprächsverlauf, so dass die Sichtweise auf die Sachinteressen und die Gemeinsamkeiten verloren gegangen ist: Dann handelt es sich um ein **diplomatisches Problem**.

Ausweg: Gesprächstechnik prüfen! Hier ist auf die obigen Leitlinien 1–3, 5 und 8 zu verweisen: Wie behandle ich den Partner so, dass er sich ernst genommen, gleichberechtigt und möglichst auch im Dissens als Person respektiert und wertgeschätzt fühlt (Beziehungsebene und Appellaspekte; vgl. Kap. 2)? Was gehört zur vermeidbaren Positions- und Prinzipienreiterei, und was fördert eine konstruktive Problemlösehaltung? Erkennen Sie, dass Sachprobleme immer genau so gut verhandelt werden können, wie die Beziehungsgrundlage es zulässt!

Sackgasse 5: Kampfkommunikation hat zur gegenseitigen Blockierung geführt, so dass Sachprobleme nicht mehr sachgerecht bearbeitet werden können, weil es nun um Sieg und Niederlage geht. Dann ist die Verhandlung in ein **falsches Konfliktmodell** geschlittert.

Ausweg: Verhandlungskonzept prüfen (vgl. 9.1)! Sie finden Ihren Verhandlungspartner und sich selbst „bockig"? Geht es darum, wer recht hat und wer der Stärkere ist? Wenn diese Art von Beziehungsstörung vorliegt, ist wohl ein Überdenken des Verhandlungskonzepts und des dahinter stehenden Konfliktmodells fällig („Hardliner"). Die Vorstellung, dass jeder nur versuchen kann, möglichst viel zu gewinnen, was der andere dann verliert **(Nullsummenspiel)**, also die Wahrnehmung einer reinen Konfliktsituation, fördert destruktive Verhaltensweisen. Oft liegt sie objektiv gar nicht vor. Wenn es also deshalb nicht weitergeht, machen Sie sich klar, wie viel Zweck Verhandlungen im Kalten Krieg hatten …

Manchmal geht es nur um ein Mehr oder Weniger, so dass „Tauziehen" unumgänglich erscheint, eine auf pures Kräftemessen verkürzte Situation. Kann man dann nur noch feilschen, drohen, blocken und bluffen? Machen Sie die Annahme, dass es sich um ein **ungelöstes Denkproblem** handelt, und bringen Sie das offen in die Diskussion ein. („Ist es nicht so, dass wir beide ein

Dilemma oder ein Patt gerne vermeiden würden? Lassen Sie uns doch mal zusammen nach neuen Ideen suchen.“) Übernehmen Sie dann ggf. die Gesprächsführung, wenn Ihr Partner nicht recht weiß oder glaubt, wozu das gut sein soll.

In der Tat sind die Dinge in vielen Fällen nicht wirklich eindimensional: Auf der Sachebene einer Geschäftsverhandlung kann es z. B. neben dem Preis auch um Liefermengen, Rabatte, Service, Garantie, die Geschäftsbeziehung selbst oder um künftige Aufträge gehen. Und umgekehrt können Verzichte vielleicht durch ganz andersartige Leistungen ausgeglichen werden. Auf der immateriellen Ebene kann es um Zustimmung, Duldung oder Unterstützung gehen. Wenn neben geschäftlichen Aspekten auch private eine Rolle spielen (klassischer Fall: die Geschäftsbeziehung mit einem Freund), sollte man rechtzeitig bedenken, ob man nicht einem Pyrrhussieg entgegenstrebt und langfristig doch eine negative Gesamtbilanz haben wird …

Sackgasse 6: Hinhalten, Verzögern, Taktieren. Eine Seite mauert absichtlich, um damit die andere unter Druck zu setzen (Extremfall: Abbruchdrohung als Druckmittel). Andere taktische Manöver: Es werden laufend neue Forderungen gestellt, oder es wird versucht, Zeit zu schinden oder Zeitdruck zu erzeugen, oder es werden klare Festlegungen verweigert usw. In solchen Fällen haben Sie es meistens mit einem **Manipulationsproblem** zu tun.

Ausweg: Grenzen setzen! Im Falle des Mauerns versuchen Sie zunächst, vorsichtig herauszufinden, ob es ein Vertrauensproblem (Sackgasse 3) gibt. Wenn nicht und liegen Anhaltspunkte dafür vor, dass die andere Seite versucht, Sie zu zermürben oder weichzukochen, sollten Sie es offen und kritisch ansprechen und ggf. Bedingungen zum Verfahren stellen. Führt auch das nicht weiter, können Sie unangenehme Konsequenzen in Aussicht stellen, die Sie dann aber auch realisieren müssen, um Ihre Glaubwürdigkeit nicht zu verlieren. („… bin ich nicht mehr bereit, mit Ihnen zu verhandeln.“ – „… ziehe ich meine Zusage zurück.“ – „… werde ich … tun.“)

Im weitläufigen Feld der Taktiken müssen Sie naturgemäß damit rechnen, dass Ihr Gegenüber sich nicht offen verhält; Taktik ist ja per se nicht kooperativ, sondern konkurrierend. Trotzdem bleibt auch hier das problemorientiert-partnerschaftliche Verhandlungskonzept anwendbar. Es beinhaltet: immer wieder neue Angebote zur gemeinsamen Lösungssuche machen bzw. dazu auffordern und darauf hinarbeiten, dass der andere mitspielt. Er könnte Gefallen daran finden, vor allem, nachdem er endlich gemerkt hat, dass Sie taktisch nicht zu kriegen sind.

Analysieren Sie also eine festgefahrene Situation nach der Art der vorliegenden Blockade, und wenn Sie überhaupt nicht mehr weiterkommen, schlagen Sie eine Unterbrechung und einen neuen Termin vor, damit alle Beteiligten es „überschlafen" können.

Nach diesem komplexen und umfangreichen Thema „Sackgassen und Auswege" kommen wir zur Leitlinie für einen einfacheren, aber nicht unwichtigen Punkt.

Ergebnisse sichern und beenden

11) Halten Sie zwischendurch und am Ende das Erreichte fest – benennen Sie die Ergebnisse konkret

Selten sind Verhandlungen einschichtig. Typischerweise hat man es mit einer Vielzahl von Punkten und Teilfragen zu tun. Dauert die Verhandlung dann auch noch länger, ist dafür zu sorgen, dass nichts vergessen wird oder ungeklärt bleibt: **Notizen machen** ist wichtig und der **ausdrückliche Konsens** über das Erreichte unerlässlich.

Beträge, Termine, Bedingungen, kurz: alle konkreten Inhalte von Verabredungen halten Sie fest. Oft machen im Nachhinein gerade Durchführungsmodalitäten Ärger. (Sie haben stillschweigend angenommen, dass die zusätzlich eingeräumten Leistungen kostenlos oder fristgerecht oder innerhalb der Gesamthaftung erbracht werden ... und erhalten später eine Zusatzrechnung, müssen sich ständig vertrösten lassen oder bleiben auf den Folgeschäden einer unsachgemäßen Ausführung sitzen.) Zusammen mit dem Verhandlungspartner müssen Sie Festlegungen konkret treffen: Wie lauten die Zusagen? Welcher Art sind die Leistungen? Wer macht bis wann was? Lassen Sie sich hier nicht durch demonstrative Lässigkeit Ihres Gegenübers beeindrucken! Vereinbaren Sie ggf. eine Abwicklung „Zug um Zug", geschäftlich-vertraglich auch, was passiert, wenn Zusagen nicht eingehalten werden **(Vertragsstrafen)**.

Am häufigsten sind Unterlassungsfehler aus Unsicherheit: Zuerst haben Sie einen strittigen Punkt vorläufig gemieden und sind auf ein anderes Thema ausgewichen, der heikle Punkt ist schließlich ganz vergessen. Es kann schon mal sinnvoll sein, eine zunächst unlösbare Frage hintanzustellen, um später darauf zurückzukommen. Notieren Sie gerade auch dann.

Mit den Ergebnisformulierungen haben Sie zugleich die **Schlussfiguren** für die einzelnen Gesprächsphasen: Nennen Sie jeweils zusammenfassend alle wichtigen Punkte, und lassen Sie sich das bestätigen. („Ist das so korrekt?“) Formuliert er, hören Sie genau hin: Fragen Sie nach, bestehen Sie auf klaren Formulierungen. („Was genau heißt Garantie? Gewährleistung oder mehr?“ „Ist die Zulage an Bedingungen gebunden?“ – „Bis wann können Sie das zusagen?“) Oder setzen Sie selbst solche dagegen. Nicht selten schickt man dem Verhandlungspartner umgehend eine Zusammenstellung der wichtigen Punkte zu. („... bestätige ich Ihnen nachfolgend die Ergebnisse unserer Vereinbarung vom ...“)

Vielfach wird sowieso ein Vertrag geschlossen. Dann gerät die rechtsverbindliche Formulierung zur wichtigsten Phase der ganzen Verhandlung **(Paraphieren)**. Ein zwischendurch erreichter Konsens wird deshalb festgehalten, damit man nicht wieder von vorne anfangen muss. Nicht selten vertagt man die endgültige Formulierung und Unterzeichnung **(Ratifizieren)**. Es gehört zu den Grundsätzen von Treu und Glauben, dass mündliche Abreden ungeschmälert übernommen werden, aber das entbindet Sie nicht von der genauen Prüfung. Klare Abmachungen und Ihre Notizen sind dann eine Hilfe. Werden Sie mit einem fertigen Vertrag konfrontiert, sollte es selbstverständlich sein, gerade bei angeblichem Zeitdruck(!), dass Sie auf einer Prüfung bestehen. Sagen Sie am besten gleich, Sie würden sich das in Ruhe ansehen, und wenn Sie keine Fragen mehr hätten, könne mit Ihrer Unterschrift anderntags gerechnet werden. Also: Keine Konzessionen bei Argumenten wie Zeitdruck! („Ich überschlafe solche Dinge grundsätzlich.“)

12) Beenden Sie die Verhandlung, wie Sie sie begonnen haben

Haben Sie es endlich geschafft, werden Sie in den meisten Fällen gemischte Gefühle haben: Befriedigung über Erreichtes, Enttäuschung über Nichterreichtes usw. Vor allem aber empfinden Sie das Nachklingen von Stress. Im Fall des Falles: Lassen Sie nicht spüren, dass Sie sich als Sieger sehen! Geben Sie Ihrem Partner das Gefühl, dass die erreichte Einigung für beide vorteilhaft ist. Vermeiden Sie ggf. den Eindruck, dass er etwas zu billig bekommen hat, weil Ihnen ein Zugeständnis leichtfiel. Bewahren Sie eine freundlich-sachliche, zumindest korrekte Form. Schieben Sie ein paar persönliche Sätze nach. Äußern Sie sich zuversichtlich, falls weiterverhandelt werden muss, und zeigen Sie sich erfreut über eine Einigung. Sie haben nichts Wichtiges vergessen (Verabredung treffen, Erinnerung an ein wichtiges Detail etc. Ach ja, und natürlich Ihre gesamten Unterlagen ...)?

Teilnehmerpapier

Tipps zur Durchführung einer Verhandlung

Verhandeln heißt: Interessen ausloten und ausgleichen (nicht: kämpfen).

Seien Sie **gut vorbereitet**! Stellen Sie sich ein auf Nehmen – und Geben.

Stellen Sie eine **positive Atmosphäre** her. Sie ist nützlich.

Ihren Verhandlungspartner sollten Sie **gleichberechtigt behandeln** (Sie wollen etwas).

Halten Sie **verbindlichen Kontakt** (Blickkontakt, zuhören, ausreden lassen) und vermeiden Sie einen falschen Ton (belastet nur die Beziehung, was nicht nützlich ist).

Verhandeln Sie kontrolliert. Bleiben Sie ruhig und klar (falsche Eindrücke, Missverständnisse, aber auch Leichtsinn vermeiden). Bemühen Sie sich um „selektive Offenheit" statt um ein „Pokerface" (Misstrauen schadet).

Steuern Sie das Gespräch bewusst: Überblick bewahren, Ordnung anstreben, Unklares klären, Eskalation vermeiden, Fragetechnik einsetzen statt selbst „leerzulaufen".

Bemühen Sie sich um **gemeinsames Problemlösen**. Vermeiden Sie Kampf (Sieg und Niederlage) ebenso wie Beschwichtigungsrituale („gute Stimmung" ist kein Selbstzweck).

Heben Sie Gemeinsamkeiten hervor, zeigen Sie Optimismus, sich einigen zu können.

Statt Bedingungen stellen: Gegebenheiten erläutern (vermeidet Festfahren und fördert Einsicht).

Begründen Sie Bewertungen mit Argumenten, nicht umgekehrt (fördert Einsicht und macht Forderungen verständlicher). Konzentrieren Sie sich auf die Sichtweise Ihres Partners (am interessiertesten ist er an seinen Vor- und Nachteilen).

Bevor Sie Bewertungen zurückweisen: zuhören, nachfragen, prüfen (gut für Klima; Kompromissmöglichkeit sichtbar?). Verlangen Sie plausible Begründungen.

Fordern Sie nicht unüberlegt (zu viel, zu wenig, zu früh sind schlecht), aber fordern Sie. Konfrontierende Gegenforderungen nur mit Augenmaß (Gefahr des Festfahrens)!

Nicht gleich die Tür zuschlagen, wenn Sie ablehnen müssen (es soll ja weitergehen).

Zugeständnisse nur überlegt machen (vorher einplanen, evtl. um Pause bitten).

Druckmittel einsetzen bzw. zurückweisen **ohne Kampfgeschrei** (schadet eher).

Bleiben Sie beweglich, vermeiden Sie Festfahren. Wenn nötig, Situation analysieren. Je nach Sachlage: Ideen suchen, Vertrauen bilden, diplomatisch sein, Beziehung pflegen, Pausen einlegen; Taktieren und Manipulation ansprechen, sich dagegen verwahren.

Halten Sie Ergebnisse genau fest, zwischendurch und am Ende, machen Sie Notizen.

Bestehen Sie stets auf konkreten Vereinbarungen – und wahren Sie die Form.

Nachbereitung sichert Ergebnisse und nützt der Aufarbeitung (auch Ihrer Fehler).

9.4 Nachbereitung einer Verhandlung

Erfahrungen sichern

Nachbereitung sollte nicht vernachlässigt werden. Oft ist ein Gedächtnisprotokoll, das Sie bald(!) aufsetzen, das geeignete Mittel, denn schon am nächsten Tag sind Einzelheiten vergessen. Leiten Sie möglichst frühzeitig die ersten Konsequenzen ein, die sich aus dem Resultat ergeben haben. Bilanzieren Sie sowohl emotional als auch sachlich: Fragen Sie sich selbstkritisch, wo Sie mit sich zufrieden sein können und was Sie beim nächsten Mal besser machen wollen. Bei Gruppenverhandlungen sollten Sie möglichst sofort in einer nachbereitenden Sitzung die Sachergebnisse prüfen und sich gegenseitig Rückmeldung über Ihr Verhalten in der Verhandlung geben. Wie hat es mit der „Synchronisierung" zwischen Ihnen geklappt? Was sollte beim nächsten Mal geändert werden?

9.5 Planspiel: Verhandlung vor der Schiedsstelle des Kfz-Handwerks

Das folgende Verhandlungsszenario enthält relativ konkrete Sachvorgaben für eine Gruppenverhandlung. Die Anzahl der Rollen kann etwas variiert werden.

LERNZIELE: Anwendung der Grundsätze der Verhandlungsführung (aus 9.2 bis 9.4) einschl. geeigneter Formen der Gruppenarbeit, Beobachterrückmeldung

MATERIAL: Szenariobeschreibung u. Rollenkarten (s. u.), Tafel, Videoanlage

ARBEITSFORM: 9 (ggf. 7) bis etwa 12 Teilnehmer, Beobachter mit definierten Rückmeldeaufgaben. Vorbereitung teils alleine, teils zusammen (bei gleichen Interessen); Durchführung; anschließend Auswertung der Aufzeichnung im Plenum

ZEIT: ca. 2 Std.: Einführung und Rollenaufteilung 10–15 Min., Vorbereitung 20 Min., Durchführung ca. 20–25 Min., Auswertung ca. 1 Std.

EINFÜHRUNG: Nach einer Wiederholung von Lernzielen wird die allgemeine Information („Schilderung Sachverhalt") verteilt und erläutert. Dann wählen die Teilnehmer ihre Rollen aus (anschreiben). Je nach Gruppengröße können Rollen entfallen (z. B. ein Kommissionsmitglied, Ehepartner des Kunden) oder zusätzlich eingerichtet werden (z. B. weitere Kommissionsmitglieder). Anschließend werden die Rollenkarten mit weiteren exklusiven Informationen verteilt. (Jeder erhält nur die ihn betreffende Karte!)

VORBEREITUNG: Jeweils räumlich getrennt bereiten sich gemeinsam vor: Chef und Meister, Kommissionsmitglieder, Kundenehepaar mit Verbraucherberaterin, Gutachter alleine (kleine Rolle). Trainer steht für Fragen zur Verfügung. Beobachter erhalten die Aufgabe, die Verhandlung nach folgenden Aspekten zu beurteilen (ggf. aufteilen), um anschließend Rückmeldungen geben zu können:

- Wie war die Gesprächsatmosphäre? Wer hat sie wie beeinflusst?
- Qualität der Sitzungsleitung?
- Argumentative Stärken und Schwächen?
- Wie wird die Entwicklung von Forderungen, Kompromissbildung und ggf. Einigung beurteilt?
- Wie klappte das Zusammenspiel innerhalb der Parteien?
- Sonstige verhandlungsbeeinflussende Verhaltensweisen?

DURCHFÜHRUNG: Die Durchführung mit Videoaufzeichnung ergibt sich weitgehend aus dem schriftlichen Teilnehmermaterial. Wichtig ist der Hinweis für den Sitzungsleiter, selbständig auf den Zeitrahmen zu achten.

AUSWERTUNG: Vor der Wiedergabe: Wie sind die Teilnehmer mit sich und dem Ergebnis zufrieden (kurze Stellungnahmen ohne Diskussion)? Welche (globalen) Aussagen können die Beobachter machen? Damit wird das Augenmerk bereits auf bestimmte Phasen gelenkt. Videoauswertung: Wenn man genug Zeit hat, kann man die ganze Aufnahme zuerst in einem Stück ansehen und dann in Ausschnitten besprechen. Ansonsten sollte die Wiedergabe dann gestoppt werden, sobald jemand kommentieren möchte. Erfahrungsgemäß ist besonders zu achten auf Anzeichen fehlender oder falscher Sicherheit und ungünstigen Ton bei den Verhandlungsteilnehmern (Verhandlungskonzept und -stil thematisieren).

Handlungsziel vs. Lernziel

Ein genereller Hinweis für die Bewertungen: Einige Verhaltensweisen beziehen sich auf Rollenvorgaben und sind deshalb nicht den Rolleninhabern anzukreiden. Der Trainer muss darauf hinweisen und die Umsetzung von Rollenvorgaben anders bewerten als die eigentlichen Leistungen des Verhandelns. Beide Ebenen sind aber Gegenstand der Erörterung der Qualität von Verhandlungsführung.

Teilnehmermaterialien

Planspiel: Verhandlung vor der Schiedsstelle des Kfz-Handwerks

Betrifft: Autoreparatur eines Unfallschadens/hier: Schilderung Sachverhalt

Der Fall: Nach schuldhaft verursachtem Auffahrunfall gab ein Kfz-Besitzer seinen Wagen bei der Firma Gründlich & Co. zum Reparieren. Der Schaden an dem in metallicblau lackierten Wagen erstreckte sich auf den rechten vorderen Kotflügel und die Stoßstange. Die Rechnung belief sich auf 5 000,– Euro. Metalliclackierungen sind besonders teuer, und so kostete die Ganzlackierung „in Metallic" 3 000,– Euro. Dabei wurden auch nicht beschädigte Karosserieteile neu lackiert: Türen, Dach, Front und Heck (der Anteil der Neulackierung für die vom Unfall betroffenen Teile beträgt ca. 600,– Euro).

Der Kfz-Besitzer protestierte gegen den Rechnungsbetrag, da er eine Ganzlackierung nicht in Auftrag gegeben hatte. Tatsächlich war der Auftrag vom Kunden mündlich erteilt worden („Bringen Sie den Unfallschaden in Ordnung."), vom Meister auf einem Formblatt festgehalten, vom Kunden aber nicht unterschrieben worden. Zeuge/in der Auftragserteilung war der Ehepartner des Kunden.

Die Werkstatt besteht auf Bezahlung in voller Höhe, da das zwei Jahre alte Fahrzeug mit entsprechend gealterter Lackierung nicht ohne Wertminderung teillackiert werden könne. Daraufhin nahm der Kfz-Besitzer eine Reklamationsberatung bei der örtlichen Verbraucherberatungsstelle in Anspruch. Eine Fachkraft vertritt mit ihm zusammen seine Interessen. So wurde die Schiedsstelle des Kraftfahrzeughandwerks angerufen, die ihrerseits einen unabhängigen Gutachter beauftragt hatte.

Die Situation: An der Sitzung der Schiedsstelle nehmen teil:

- Vorsitzende(r) der Schiedsstellenkommission
- Mitglied der Kommission (Kfz-Händler)
- Mitglied der Kommission (Inhaber einer Kfz-Werkstatt) (beides Branchenkollegen und Konkurrenten der Fa. Gründlich)

- unabhängiger, vereidigter Gutachter, von der Kommission bestellt
- Kunde/Kundin
- sein/ihr Ehepartner
- Verbraucherberater(in)
- Inhaber(in) der Fa. Gründlich
- zuständige(r) Meister(in) der Fa. Gründlich

Rollenkarte Kunde

Der Kunde fordert: 2400,– Euro der Gesamtrechnung werden abgelehnt, da „Ganzlackierung" nicht in Auftrag gegeben und auch nicht nötig; selbst wenn man dies so sehen wollte, dann wären 3000,– Euro zu viel.

Der Kunde (und ggf. sein Ehepartner) sind ziemlich empört, juristisch unerfahren, sehen sich im Recht und sind einem Prozess nicht abgeneigt. Man fühlt sich übers Ohr gehauen. Sie sind seit Jahren Stammkunden des Kfz-Betriebs, der Wagen wurde dort aber nicht gekauft, wenn auch regelmäßig gewartet. Kulanz wird gefordert.

Angebote: zunächst keine, später evtl. Kostenreduktion um Teilbetrag.

Rollenkarte Reparaturbetrieb

Inhaber(in) der Firma argumentiert: 3000,– Euro zu Recht in Rechnung gestellt, weil der Wagen noch relativ neu ist und eine Teillackierung (metallic) eine sichtbare optische Beeinträchtigung darstelle. Der Auftrag habe auf „Behebung des Unfallschadens" gelautet, und eine Teillackierung hätte stattdessen eine nicht unerhebliche Wertminderung dargestellt.

Bei der ausgeführten Reparatur handle es sich jetzt sogar um eine Wertsteigerung, da das ganze Fahrzeug eine neuwertige Lackierung habe; ansonsten wäre der Wert gesunken. Diese Einschätzung könne man als erfahrener Kenner des Kfz-Marktes abgeben.

Der Meister schildert die Umstände der Auftragserteilung und äußert sich fachlich. Verhält sich loyal zu seinem Chef, hält sich im Wesentlichen aber zurück; empört sich jedoch, wenn von Unregelmäßigkeiten der Auftragsannahme die Rede sein sollte.

Rollenkarte Verbraucherberater(in)

Unterstützt Kunden: Der Gutachter habe belegt, dass eine „Ganzlackierung" unnötig gewesen sei. Eine Mehrleistung war nicht gefordert und müsse deshalb auch nicht bezahlt werden. Verweis auf das Vertragsrecht, mündlicher Vertrag unter Zeugen. Später evtl. Vermittlungsvorschlag:

- Der Verbraucher zahlt nur die Materialkosten der Mehrarbeit in Höhe von 800,– Euro. Die Firma übernimmt die Lohnkosten in Höhe von 1600,– Euro.
- Bei anderen Kompromissangeboten wird der Mehrwertsteueranteil, der dem Kunden anteilig entstehen würde, abgelehnt …

Wirkt ggf. mäßigend auf den Kunden ein, wenn es emotional oder rechtlich risikoreicher wird; droht ggf. auch mit Prozess, für den die Verbraucherzentrale juristische Unterstützung gewähren werde.

Rollenkarte Schiedsstellenkommission

Der Vorsitzende leitet die Sitzung. Er betont die Unabhängigkeit und Seriosität der Schiedsstelle. Sie sei von der Innung als Kundenservice eingesetzt und verstehe sich als objektive und faire Vermittlungs- und Schlichtungsinstanz, deren Schiedsspruch sich die Innungsmitglieder unterwerfen. Sie versuche, vor- bzw. außergerichtlich Streitfälle zu regeln und damit hohe Gerichtskosten zu vermeiden.

Er lässt erkennen, dass er mit einer einfachen 50/50-Regelung ein schnelles Ergebnis haben möchte, und lässt gelegentlich Warnungen oder Drohungen anklingen, die das Risiko eines Prozesses für alle Beteiligten betreffen. Er legt Wert auf die Reputation der Kommission und versucht, mit einer Reihe von Kompromissvorschlägen die beiden Parteien zu einer Einigung zu bringen. Vorschläge können etwa sein:

- Die Rechnung wird um 800,–/1000,– Euro reduziert.
- Kostenteilung des strittigen Mehrbetrags, z.B. 1200,–/1200,– Euro, zwischen Fa. Gründlich und Kunden
- ähnliche Vorschläge mit unterschiedlichen Beträgen

Auf Zweifel an der Objektivität der Kommission reagiert er mit gekränktem Ehrgefühl und weist Verdächtigungen zurück.

Die Beisitzer der Kommission können gelegentlich den Eindruck nicht vermeiden, dass sie auch Konkurrenten der Fa. Gründlich sind. Ansonsten argumentieren sie als Fachleute und sind darauf bedacht, das Ansehen der Innung und der Kommission hervorzuheben. Sie appellieren gelegentlich an die Einsicht der beiden Parteien.

Rollenkarte Gutachter

Die Arbeit ist korrekt und qualitativ gut ausgeführt, und die Berechnung ist nach der Höhe ebenfalls korrekt. Eine Teillackierung hätte eine Wertminderung des Autos (Wiederverkauf) bewirkt, aber notwendig war die „Zusatz"arbeit nicht.

Versucht, sich nach allen Seiten relativ unabhängig zu verhalten, vermeidet Wertungen, die über Fachliches hinausgehen. Hält sich zurück und redet zur Sache nur, wenn er dazu aufgefordert wird.

9.6 Planspiel: Hausversammlung „Hofbegrünung"

Das zweite Szenario, ebenfalls eine Gruppenverhandlung, wurde ursprünglich für die Ausbildung von Umweltberatern entwickelt. Hier sind die sozialen Rollenvorgaben stärker ausgearbeitet, die Interessen dagegen nur skizziert. Damit ist die nicht seltene Situation gegeben, in der unterschiedliche und von vornherein nicht überschaubare Interessenkonstellationen und -koalitionen vorkommen. Fachleute nehmen daran als Moderatoren teil (was einen Interessenkonflikt bedeuten kann). Die Verhandlungsziele sind nicht präzise festgelegt. Stattdessen werden Elemente einer Personenbeschreibung eingeführt. Der Verlauf bleibt dadurch offener und bietet mehr Ansatzpunkte für eine Einfühlung in die Rollen. In abgewandelter Form könnte das Planspiel auch ohne die Rollen fachlicher Experten durchgeführt werden. Dann bietet sich vielleicht ein unabhängiger Moderator (Gemeindepfarrer?) an. Ebenso könnte aber eine Mieterinitiative eingeladen haben ... Entsprechend sind die Rollen angemessen zu modifizieren.

LERNZIELE: Anwendung der Grundsätze der Verhandlungsführung (s. 9.2 bis 9.4), speziell: Versammlungsleitung, kurzes (!) Fachreferat durch Experten; ferner: Beobachterrückmeldung

MATERIAL: Szenariobeschreibung mit Abbildung u. Rollenkarten (s. u.), Tafel, Videoanlage

ARBEITSFORM: bis zu 12 Teilnehmer; Beobachter mit definierten Rückmeldeaufgaben. Vorbereitungen allein (Ausnahme s. u.); Verhandlungsdurchführung mit Videoaufzeichnung, anschließend Auswertung im Plenum. Können nicht alle Rollen besetzt werden, kann vorzugsweise auf einige Mieter verzichtet werden. Dann ggf. Rollenkarten um Bezüge zu nicht vorhandenen Personen kürzen

ZEIT: mindestens 3 1/2 Std.: Einführung und Rollenaufteilung 20 Min., Vorbereitung 30 Min., Durchführung ca. 40 Min., Auswertung ca. 2 Std.

DURCHFÜHRUNG: Verteilung und Besprechung der Szenariobeschreibung. Teilnehmer wählen ihre Rollen (Zuordnungen anschreiben!). Allgemeine Instruktionen:

- 30 Min. Vorbereitung nach Erhalt der Rollenkarten, Ökoloides und Gärtner bereiten sich gemeinsam vor, alle anderen getrennt (verschiedene Räume, Flure etc. zur Verfügung stellen).
- Die Vorbereitungen beziehen sich auf Einfühlung in den sozialen Rollentypus und die Interessenlage, eigene Argumente, Widerlegung erwartbarer Kontraargumente. Wichtig: Es kommt nicht auf einen Erfolg als „Volksschauspieler“ an, sondern darauf, den eigenen Interessen (welche sind das laut Rollenkarte?) möglichst zur Geltung zu verhelfen!
- Verhandlung dauert 40 Min. (Videoaufzeichnung), Ergebnis offen.

Weitere vorhandene Teilnehmer erhalten definierte Beobachteraufgaben, die aufgeteilt werden können, z. B.:

- Moderation der Verhandlungsleitung
- Fachreferat(e)
- argumentative Stärken und Schwächen der Teilnehmer, ohne ihre Position zu bewerten. Haben sich die einzelnen Teilnehmer hinreichend oft und deutlich eingebracht (je nach Beobachterzahl evtl. mehrere Teilnehmer pro Beobachter)?

Dann werden die Rollenkarten verteilt, und die Vorbereitungsphase beginnt. Der Trainer steht dabei beratend zur Verfügung. Die Durchführung des Planspiels folgt wie üblich. Es ist nicht genau vorhersehbar, welche Koalitionen sich bilden werden!

AUSWERTUNG: Siehe die Ausführungen in 9.5. Genau getrennt werden sollten die reine Spiel- und die Lernzielebene: Die schauspielerischen Leistungen und die Ausgestaltung der Rolle sind kreativ und machen Spaß, während das Verhandlungsverhalten (im jeweils vorgegebenen Rahmen), also insbes. Argumentieren, Koalieren, Integrieren etc., entsprechend gewürdigt werden.

Teilnehmermaterialien

Planspiel: Hausversammlung „Hofbegrünung"

Situation: Versammlung zweier Hausgemeinschaften in Sachen Umgestaltung ihrer angrenzenden Hinterhofareale

Ort: Gemeinderaum der Erlöserkirche im Stadtteil Kiezow

Zeit: abends 19.00 Uhr

hier: **Schilderung Sachverhalt**

Die beiden benachbarten Anwesen Emmentalerstr. 23 (Privatbesitz Herr Kleiner) und Spreedamm 8 (Sozialer Wohnungsbau der Sowobau GmbH) grenzen mit ihrem jeweiligen Hinterhofbereich aneinander: Der Hof des Hauses Emmentalerstr. mit ca. 90 qm besteht zur Hälfte aus einer Fläche mit alter, verrotteter Betonierung, auf der sich Müllcontainer und eine Gelegenheit zum Wäschetrocknen befinden, sowie einer ungepflegten Grasfläche. Hinter einer alten, abbröckelnden Brandmauer (Ruine) befindet sich der Hof von Spreedamm 8: Auf der etwa 200 qm großen Fläche (ausgelegt mit Platten) stehen vier hohe Bäume und einige Büsche. In ca. 300 m Entfernung gibt es einen (oft verschmutzten) öffentlichen Kinderspielplatz.

Im Vorfeld hatte ein Mieter des Spreedamms, der Biologie-Studienrat Machwas, die gemeinsamen Interessen seiner Hausgemeinschaft bereits mit Frau Ökoloides, Umweltreferentin von Kiezow, besprochen. Die Sowobau ist nach dem Abschluss der Renovierung des Spreedamms der Idee gegenüber grundsätzlich aufgeschlossen. Auch in der Hausgemeinschaft Emmentalerstraße besteht im Prinzip Interesse an einer gemeinsamen Neugestaltung. In beiden Häusern gibt es aber auch unterschiedliche Vorstellungen, während Herr Kleiner als Vermieter dem Vorhaben skeptisch gegenübersteht.

Situation: Erste gemeinsame Besprechung im Gemeinde-Klubraum. Anwesend sind ca. je ein Drittel der Mietparteien, die Vermieterseiten und zwei Umweltreferenten:

Herr Kleiner, Hausbesitzer Emmentalerstr. 23
Herr Amt, als Vertreter der Sowobau GmbH für Spreedamm 8
Frau Ökoloides, Umweltreferentin für Kiezow
Herr Gärtner, (von ihr zugezogener) Umweltreferent und Experte für ökologische Stadtplanung aus Kreuzberg

Mieter Emmentalerstr. 23
Frau Weinert, Erzieherin, lebt mit ihrem Freund zusammen
Herr Schnitzler, Inhaber einer Fleischerei im Erdgeschoss, verheiratet, 2 Kinder (10 u. 14 J.)
Herr Murrmann, verwitweter Pensionist, Hausmeister
Frau Ballhoff, Inhaberin einer Ballettschule im 4. Stock
Mieter Spreedamm 8
Herr Machwas, Studienrat u. Sprecher der Hausgemeinschaft, verheiratet, 2 Kinder (4 u. 6 J.)
Herr Üschküdar, türkischer Familienvater, 3 Kinder (5, 7, 12 J.)
Frau Sattler, arbeitslose Architektin, 1 Kind (2 J.)
Herr Wondraschek, Autoverkäufer, alleinstehend

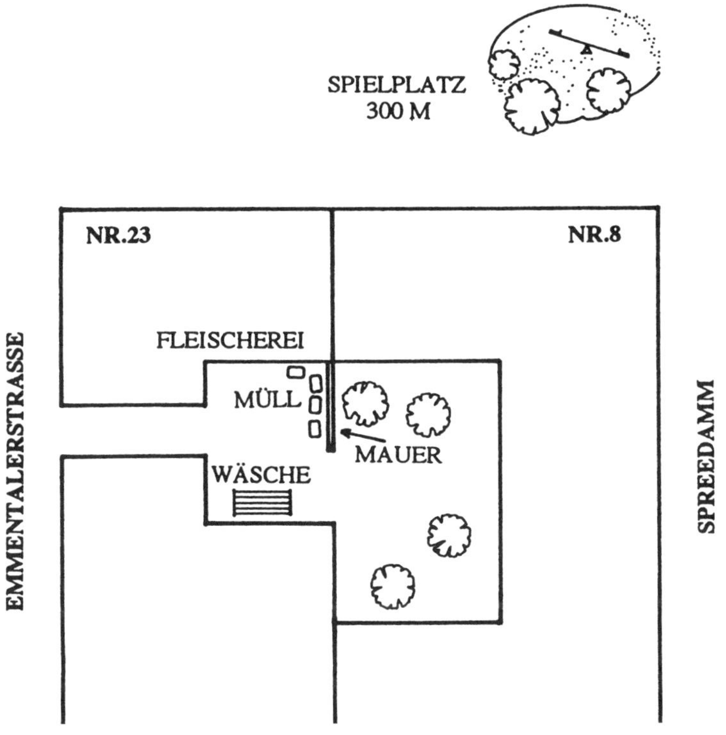

Abb. 9: Lageplan

Rollenkarte Frau Weinert, Erzieherin, lebt mit ihrem Freund zusammen

Sie sind gleichermaßen aufgeschlossen gegenüber einer Verbesserung der Wohnqualität, ökologisch-sinnvoller Begrünung und einem Kinderspielplatz. Sie sind aber strikt gegen einen Parkplatz. In der letzten Zeit hatten Sie mehrmals Anschläge auf Ihr Fahrrad hinnehmen müssen (verbogene Speichen, Luftpumpe bzw. Ventile weg). Sie vermuteten, dass es der Hausmeister, Herr Murrmann, war, der schon öfters Streit mit Ihnen hatte, weil Sie Ihr Fahrrad an den Mülltonnen abgestellt hatten. Es jeden Tag in Ihren Keller tragen zu müssen ist beschwerlich.

Sie haben im letzten Jahr einmal die Miete gemindert, als der immer wieder verstopfte Badezimmerabfluss im Winter erst nach zwei Wochen repariert wurde (nur um einen kleinen Betrag, aber Sie wollten sich nichts gefallen lassen). Für Ideen wie Kompostierung können Sie sich begeistern. Sie finden, dass eine getrennte Müllsammlung kein Problem bedeutet.

Überlegen Sie Argumente gegen Autos und für eine absperrbare Fahrradkammer!

Rollenkarte Herr Machwas, Studienrat u. Sprecher der Hausgemeinschaft Spreedamm, verheiratet, 2 Kinder (4 u. 6 J.)

Als Biologielehrer denken Sie überzeugt ökologisch. Sie haben in Ihrer Hausgemeinschaft am Spreedamm für die Sache geworben. Die Versammlung geht auf Ihre Initiative zurück. Mit Frau Ökoloides haben Sie mehrere Gespräche geführt.

Im verwilderten Garten sind Ihnen einige seltene Pflanzen aufgefallen, die Sie als Anschauungsmaterial für Ihren Unterricht schätzen. Insofern sind Sie auch etwas zwiespältig, aber dennoch an einer gemeinsamen Anlage interessiert. Sie möchten eine Kompostieranlage haben. Einen Parkplatz sehen Sie als unsinnig an. Ein Kinderspielplatz wäre in Ihrem Interesse, schon wegen der eigenen Kinder. Vielleicht gäbe es da einen Kompromiss. Aber der Platz ist eigentlich zu klein. Sie sind ggf. bereit, sich aktiv an der Konzipierung der Umgestaltung und an der Realisierung zu beteiligen. Dafür werben Sie im eigenen und im Nachbarhaus. Sie versuchen, gerade auch bei den türkischen Mitbewohnern Verständnis für die Sache zu wecken. Herr Wondraschek ist Ihnen reichlich unsympathisch. Sie haben eine leicht ironisch-distanzierte Haltung zu ihm, weil Sie glauben, dass er Sie nicht recht ernst nimmt.

Sie eröffnen einfach die Versammlung, um dann vorzuschlagen, dass die Umweltreferentin die Versammlung leiten sollte – als sachkompetente und neutrale, außenstehende Person. Überlegen Sie Argumente für spezielle ökologische Aspekte!

Rollenkarte Herr Amt, Vertreter der Sowobau GmbH, Spreedamm 8

Sie sind zuständiger Referent für Bau- und Investitionsmaßnahmen der Sowobau-Grundstücke in Kiezow. Nach der Renovierung des Spreedamms ist nicht viel Geld für Neugestaltungsmaßnahmen übrig. Aber es entspricht dem Konzept der Gesellschaft, auch für solche Außengestaltung etwas zu tun.

Eigentlich sind Sie mehr für einen Kinderspielplatz, weil das gegenüber der Öffentlichkeit und dem Senat größeren Prestigegewinn verspricht als ein „Garten“. Außerdem hat die Sowobau ein fertiges Einheitskonzept für Spielplätze, so dass diese Lösung mit relativ wenig Aufwand zu realisieren wäre. Sie sind den Vorschlägen der Umweltreferenten (und auch der Alternative „Parkplatz“) gegenüber offen, legen sich aber nicht fest. Ideen wie Kompostierung sind Ihnen unsympathisch aus hygienischen Gründen und weil Ihnen die Verwendung nicht einleuchtet. Ihr Auftreten ist korrekt, Sie legen Wert auf ein gutes Image Ihrer Gesellschaft.

Überlegen Sie Argumente gegen einzelne zu erwartende gärtnerische Ökologieideen!

Rollenkarte Herr Üschküdar, Türke, 3 Kinder (5, 7, 12 J.)

Sie sind mit Ihrer Familie seit 8 Jahren in der Stadt und arbeiten in einer Papierfabrik. Manchmal haben Sie Sprach- oder Verständnisschwierigkeiten und sprechen deutlich Akzent.

Ein Parkplatz ist Ihnen nicht wichtig, da Sie kein Auto haben. Ein Kinderspielplatz ist für Sie die richtige Lösung. Ein Garten wäre Ihnen auch recht. Sie möchten nicht alles zu ordentlich haben, da man sich dort wohlfühlen sollte. Das sprechen Sie manchmal etwas lächelnd an … Sie wünschen sich, dass man da auch mal grillen könnte, mit Verwandten und Bekannten – oder Nachbarn(!). Zur Ökologie haben Sie kein besonderes Verhältnis. Sie machen einen lebhaften Eindruck, beteiligen sich oft (mit Ihren Sprachschwierigkeiten: kompliziertere Sätze mit längeren Pausen des Suchens nach Worten) und sind so etwas anstrengend für die anderen.

Frau Ökoloides ist Ihnen mehrfach suspekt: als Griechin, als Frau wegen ihrer dominierenden Rolle und als Umweltreferentin wegen ihrer fachlichen Überlegenheit. Von Herrn Wondraschek fühlen Sie sich herablassend behandelt. Sie halten ihn für einen Ausländerfeind.

Überlegen Sie Argumente für einen Grillplatz und gegen einen Parkplatz!

Rollenkarte Herr Gärtner, Umweltreferent und Experte für ökologische Stadtplanung aus Kreuzberg

Frau Ökoloides hat Sie um Unterstützung gebeten. Ihre Absprache besteht in einer (teilweisen) Aufgabenteilung. Während sie die Diskussion übernimmt, leisten Sie den größeren Teil der Beratung. Achten Sie bei den Mietern auf deren Bedürfnisse!

Sammeln Sie mit Ihrer Kollegin zusammen vorher Fakten, Argumente und Vorschläge (z.B. Kompostierung) für Ihr Konzept. Versuchen Sie, Gegenargumente vorherzusehen. Planen Sie den Aufbau für eine Phase des Referierens (max. 3.-4 Min.), für Phasen der Erhebung von Bedürfnissen und Wünschen der Betroffenen, für Phasen der Argumentation und Gegenargumentation, für mögliche Kompromissfindungen.

Überlegen Sie Argumente für Ihre speziellen Vorschläge, und machen Sie vor allem deutlich, was die Anwesenden konkret von ökologisch sinnvollen Lösungen haben!

Rollenkarte Herr Schnitzler, Inhaber einer Fleischerei im Erdgeschoss, verheiratet, 2 Kinder (10 u. 14 J.)

Ihr kleines Geschäft im Erdgeschoss geht so lala. Sie finden, dass Nichtselbständige sich meistens keinen Begriff von den Schwierigkeiten Gewerbetreibender machen. Man beschwert sich immer mal wieder über die Gerüche aus der Metzgerei. Sie schlachten nicht mehr selbst, haben aber eine eigene Wurstherstellung. Die Abluftanlage liegt schräg unter der Ballettschule von Frau Ballhoff.

Als Gewerbetreibender bezahlen Sie wesentlich mehr Miete. Ihnen ist die ungestörte Zufahrt durch den Hauseingang auf den Hinterhof wichtig. Manchmal stehen Fahrräder im Weg. Eine Neubetonierung der Zufahrt und Verbreiterung (zum Wenden) wäre dringend nötig. Eine Grünanlage finden Sie eher überflüssig. Die Kosten könnten die Instandsetzung der Zufahrt gefährden. Für einen Einsatz bei einer Eigenleistung der Mieter haben Sie überhaupt keine Zeit. Überlegen Sie Argumente für eine Verbesserung der Hofeinfahrt und gegen eine Grünanlage!

Rollenkarte Frau Sattler, arbeitslose Architektin, alleinstehend

Sie interessieren sich für die Sache, weil sie mit Gestaltung zu tun hat. Ideen für einen Kinderspielplatz hätten Sie schon. Ein Parkplatz ist für Sie unwichtig. Die Begrünungsidee finden Sie im Prinzip gut. Aber auch hier denken Sie erst mal an Gestaltungsmöglichkeiten und erst in zweiter Linie an ökologische Aspekte. Sie suchen eine Aufgabe, die Sie ausfüllt, und möchten am liebsten einen Auftrag der Sowobau, um ein Konzept zu machen. Dass das nicht Ihr eigentliches Gebiet ist, stört Sie dabei nicht. Frau Ökoloides finden Sie interessant als Frau und Herrn Wondraschek als Mann – und zeigen ihm das auch.

Überlegen Sie Argumente gegen einen Parkplatz und für eine Mieterbeteiligung an der Konzipierung, d. h. gegen einen Standard-Kinderspielplatz!

Rollenkarte Frau Ballhoff, Inhaberin einer Ballettschule im 4. Stock

Sie betreiben seit 25 Jahren Ihre Ballettschule in den beiden zusammengelegten Wohnungen des 4. Stocks. In der Fleischerei kaufen Sie nicht. Sie haben sich öfters über den Geruch bei der Wurstherstellung beschwert.

Einen Kinderspielplatz lehnen Sie ab, weil er Lärm macht. Eine Grünanlage fänden Sie gut. Besondere ökologische Gesichtspunkte sind Ihnen dabei nicht wichtig. Sie parken aber Ihr Auto dort und möchten die Parkfläche erhalten wissen. Sie stellen manchmal kritisch-besorgte Fragen. Konkreteren Vorstellungen stehen Sie evtl. positiv, aber unverbindlich gegenüber. Mit einer Mithilfe ist bei Ihnen wohl nicht zu rechnen. Herr Machwas, der Studienrat aus dem Nachbarhaus, ist Ihnen sympathisch.

Rollenkarte Herr Murrmann, verwitweter Pensionist, Hausmeister

Sie sind ein alleinstehender Mann, für den Ordnung im Haus zum Wichtigsten gehört. Gegenüber dem Vermieter, Herrn Kleiner, nehmen Sie eine höfliche Haltung ein.

Einen Kinderspielplatz halten Sie für schlimm, weil er Kinder aus der Nachbarschaft anziehen würde, was noch mehr Lärm und Unordnung bringen würde. Eltern müssten besser erziehen. Einen Grüngarten fänden Sie gut. Sie haben so Ihre eigenen Vorstellungen davon: Vor allem soll er sauber und ordentlich sein. Gleichzeitig fürchten Sie, dass zusätzliche Arbeit auf Sie zukommen würde. Frau Weinert können Sie nicht leiden. Überlegen Sie Argumente für Sauberkeit und Ordnung (u. a. Müllcontainer!) und gegen ausgefallene Ideen wie Kompostanlagen!

Rollenkarte Herr Wondraschek, Autoverkäufer, allein stehend

Sie sind recht erfolgreich in Ihrem Beruf. Geschäfte, Geld und natürlich Autos bestimmen Ihren Interessenshorizont. Gegenüber der Hinterhofgestaltung und der Versammlung nehmen Sie eine distanzierte Haltung ein. Sie wirken etwas flott-clever, etwas statusorientiert und etwas arrogant. Schließlich haben Sie die Idee, von allem etwas zu machen – etwas Parkplatz, Ihretwegen auch eine Ecke für die Kinder und eine „Gras-Ecke“. Sie halten es für die „demokratischste“ Lösung, es jedem etwas recht zu machen.

Sie äußern sich zustimmend und unterstützend, wenn es um den Parkplatz geht. Sie sind manchmal etwas überheblich gegenüber Herrn Üschküdar, er redet Ihnen zu lange und umständlich. Herrn Machwas betrachten Sie als einen idealistisch-weltfremden „Pauker“, dem Sie sich einerseits unterlegen, andererseits (als Geschäftsmann) überlegen fühlen. Frau Sattler nehmen Sie nicht recht ernst.

Rollenkarte Frau Ökoloides, Umweltreferentin für Kiezow

Als Umweltreferentin haben Sie seit 9 Monaten eine einjährige ABM-Stelle. Sie haben zum ersten Mal Gelegenheit, direkt vor Ort und mit den Betroffenen im Quartier so etwas zu behandeln.

Wenn Sie die Versammlungsleitung erhalten, achten Sie auf geordnete Durchführung (Teilnehmer-Selbstvorstellung, Tagesordnung, Protokoll etc.). Sie haben zur fachlichen Unterstützung Ihren erfahreneren Kollegen Gärtner hinzugezogen, mit dem zusammen Sie sich vorbereiten. Finden Sie die richtige Balance zwischen Diskussionsleitung und Beratung. (Auf Interessengegensätze achten! Vorsicht vor Argwohn bei Verhandlungsparteien!) Ggf. müssen Sie die Prioritäten Ihrer verschiedenen Ziele richtig handhaben (vorher überlegen).
Ihre Ziele sind:

- Einigung der Beteiligten über ein sinnvolles ökologisches Gesamtkonzept
- ein Ausgang, der eine Fortführung des Abends ermöglicht
- konstruktives Klima unter den Beteiligten

Rollenkarte Herr Kleiner, Hausbesitzer Emmentalerstr. 23

Sie sind eigentlich gegen eine Hofbegrünung – aus Kostengründen! Den Abriss der zu Ihrem Grundstück gehörenden Brandmauer müssten Sie zusätzlich tragen, falls ein gemeinsames Gebiet entstehen sollte.

Ein Parkplatz wäre Ihnen lieber, da viele Mieter ein Auto haben und auch die Fleischerei Schnitzler die Zufahrt durch das Haustor zum Hintereingang braucht. Außerdem wäre das sauberer und übersichtlicher. Es gäbe keine Abgrenzungsprobleme. Einen Kinderspielplatz wollen Sie gar nicht wegen des Lärms (evtl. Klagen von Mietern). Sie befürchten jugendlichen Vandalismus und Kriminalität, wenn ein unübersichtlich begrüntes Areal entstünde, sehen diese Gefahr aber auch bei einem Spielplatz.

Gegen einen schöneren Hof hätten Sie nichts. Zugänglicher könnten Sie werden, wenn die Mieter mit Eigenleistungen überzeugen würden … Ökologischen Fragen stehen Sie im Grundsatz nicht ablehnend gegenüber, finden allerdings, dass „Kompostierung“ oder Wildgrasflächen Schnickschnack sind. Umweltfreundlichkeit fängt für Sie bei der Sauberkeit im Haus an! Umweltfreundliche Baumaterialien sind nicht selten teurer und nicht immer von gleicher Qualität. Da sind Sie sehr skeptisch bis misstrauisch. Wenn Pläne über Veränderungen Ihres Eigentums gemacht werden, verwahren Sie sich schnell. Sie haben auch den Verdacht, dass sozialistische Ideologie hinter dem Ökoengagement steckt und halten Umweltreferenten für so etwas wie arbeitslose „Studenten“, die sich missionarisch überall einmischen wollen.

Mit Ihren Mietern haben Sie kein besonders gutes Verhältnis. Sie treten distanziert auf und machen manchmal autoritäre Äußerungen. Die Sowobau ist Ihnen eher ein Dorn im Auge. Sie verweisen auf die Finanzen und verlangen schließlich, dass die Sowobau die Kosten für die Beseitigung der Brandmauer übernimmt, obwohl die Mauer genau genommen auf Ihrem Grundstück steht.

Überlegen Sie Argumente gegen aufwändige Begrünung und Kostengründe!

Teil B
Didaktik, Methodik und Organisation der Seminardurchführung

10 Leitfaden zur Seminardurchführung

Die Gliederung folgt in der Grobstruktur dem zeitlichen Ablauf der Seminarvorbereitung und -durchführung. Einzelne Punkte verlaufen zeitlich parallel.

Wir unterscheiden zwei Planungs- bzw. Entscheidungstypen: die Vorausplanung und die Prozess-Steuerung. In der **Vorausplanung** wird **vor** dem Seminar das Programm oder besser eine wahrscheinliche Programmvariante festgelegt. Hierzu gehört auch die Beschreibung von alternativen Bausteinen oder von Bausteinvarianten (10.2). Bei der **Prozess-Steuerung** wird **während** des Seminars über das konkrete Programm und seine Durchführungsmodalitäten entschieden. Die teilnehmerbezogene Bedarfsermittlung und Feinplanung (10.4) sind Voraussetzung und Bestandteil der Prozess-Steuerung. Prozess-Steuerung umfasst auch die soziale Umsetzung dieser Entscheidungen.

Die unten beschriebenen Aspekte der Seminardramaturgie (10.2) wenden wir sowohl bei der Vorausplanung als auch bei der Prozess-Steuerung an. Das Seminarmanagement (10.5) bezieht sich ausschließlich auf die Prozess-Steuerung. Die Punkte 10.6 bis 10.8 sind sowohl in der Vorausplanung als auch in der Prozess-Steuerung enthalten.

10.1 Zeitstruktur

Arbeitsbelastung

Die Länge und Abfolge von Seminarzeiten und Pausen bezeichnen wir als Zeitstruktur eines Seminars. Die Gesamtarbeitszeit eines Seminartages hängt von der Motivation der Teilnehmer und der Thematik ab. Bei hochmotivierten, fachlich qualifizierten und evtl. unter Problemdruck stehenden Teilnehmern kann man schon in der Planung längere Seminarzeiten festlegen. Solche Teilnehmer beklagen sich gelegentlich sogar über ein Zuviel an Freizeit.

Bei indifferenten und/oder wenig erfahrenen Teilnehmern ist dagegen Vorsicht geboten! Diese Teilnehmer könnten sonst bei der Vorstellung eines sehr arbeitsintensiven Programms bereits Dauerstress und Überlastung bei sich vorhersehen und sich vornehmen, durch inneres Abschalten den Stress in Grenzen zu halten. Hier ist es sinnvoll, im Programm moderate Zeiten vorzusehen, dann aber in der Seminardurchführung die Teilnehmer ggf. zur Einsicht zu führen, dass etwa ein zusätzlicher Abendtermin wichtig wäre.

Nicht selten wird die Zeitstruktur auch durch die Gepflogenheiten der Auftrag gebenden Organisation vorgegeben. Hat man als Trainer hier schwerwiegende Einwände, wird sich die Zeitverteilung in der Regel ohne Schwierigkeiten ändern lassen. Die Verlängerung oder Verkürzung der Gesamtarbeitszeit stößt dagegen eher auf Widerstand.

B

Hier eine Zeitstruktur mit eher moderaten Arbeitszeiten als Beispiel:

08.00–09.00	Uhr Frühstück
09.00–10.30	1. Seminarblock
10.30–11.30	Pause
11.00–12.30	2. Seminarblock
12.30	Mittagessen und anschl. Mittagspause
14.30–16.00	3. Seminarblock
16.00–16.30	Pause
16.30–18.00	4. Seminarblock
18.00 Uhr	Abendessen

Essenszeiten

Bei einer Tagungsstätte mit festen Essenszeiten müssen die Essenstermine mit der Küche koordiniert werden. Man kann auch jeweils 15 Min. Pufferzeit vor dem Mittag- und Abendessen einplanen (bei diesem Plan beginnen dann die Essenszeiten um 12.45 bzw. 18.15 Uhr). 15 Min. Freizeit bis zum Essen lassen Luft, die Seminarzeiten etwas überziehen zu können. Spannende Gespräche können noch zu einem Ende gebracht werden, harte Abbrüche lassen sich vermeiden. (Überzogene Seminarzeiten können später verrechnet werden.) Der Nachteil: Die Teilnehmer können mit diesen 15 Minuten evtl. wenig anfangen.

Die kurzen Pausen zwischen den Blöcken, hier 30 Min. (sie können bei anderen Plänen auch 15 Min. betragen), sollten flexibel gelegt werden: Nach dem Ende einer Trainingseinheit folgt die Pause, egal ob es nun 10.20 oder 10.45 Uhr ist.

Arbeit am Abend

Diese Zeitplanung ermöglicht einen 5. Seminarblock, etwa von 19.00–20.30 Uhr. Für Abendveranstaltungen empfehlen sich aktionsorientierte Programmpunkte (z.B. Plan- und Rollenspiele). Inhaltsreiche Sachvorträge können hier die Konzentration der Zuhörer überstrapazieren. Auch die Mittagspause lässt sich notfalls für Zusatzarbeit nutzen. Aber aus ernährungsphysiologischen Gründen sollte man sich lieber an das Sprichwort halten: „Nach dem Essen sollst du ruh'n oder tausend Schritte tun". Wenn Sie schon die Mittagspause antasten, dann verkürzen Sie diese lieber, beginnen Sie also um 14.00 Uhr oder etwas früher.

Sie können den Zeitplan natürlich auf gemeinsamen Wunsch der Teilnehmer ändern, soweit Sie selbst keine Einwände haben. Die Seminargesamtzeit wird allerdings nicht gekürzt.

Das obige Beispiel einer Zeitstruktur stammt aus einem Seminar für Berufsanfänger mit einigen Monaten Berufserfahrung. Das Seminar wurde als anstrengend erlebt, weil die Teilnehmer ihr professionelles Verhalten vor den vermeintlich kritischen Augen der Kollegen und Trainer darzustellen hatten.

B

Das folgende Beispiel stammt aus einem Managementseminar für leitende Angestellte und enthält ein dicht gedrängtes Arbeitsprogramm:

08.30–09.40 Uhr	1. Seminarblock
10.00–11.25	2. Seminarblock
11.35–13.00	3. Seminarblock
13.00–14.00	Mittagessen und Pause
14.00–15.00	Entspannungstraining/Sport
15.20–16.50	4. Seminarblock
17.00–18.30	5. Seminarblock
18.30–19.30	Abendessen
19.30–21.00	6. Seminarblock

Bei dieser Gruppe wird ein hohes Arbeitspensum während eines Seminartages meistens gut akzeptiert. (Am letzten Tag sollte das Seminarende allerdings nicht zu spät liegen und auf jeden Fall pünktlich eingehalten werden).

10.2 Seminaraufbau und -dramaturgie

Leitfragen

Folgende Fragen werden in diesem Abschnitt beantwortet:

- Nach welchen Kriterien sollen die Seminarbausteine ausgewählt werden (Vorausplanung)?
- Wie lässt sich über die Abfolge und den Wechsel der Baustein-

typen die Lernmotivation als Voraussetzung für den Lernerfolg auf ein hohes Niveau bringen und halten?
- Was sind Vor- und Nachteile der einzelnen Bausteintypen? Was sind günstige und ungünstige Voraussetzungen für ihren Einsatz? Wie wirken sie sich auf welche Zielgrößen aus?

inhaltlich-logische Gliederung

Der Inhalt und die Abfolge der einzelnen Seminarbausteine sind zunächst nach inhaltlich-logischen Gesichtspunkten zu gliedern – so, wie in einem guten Lehrbuch die einzelnen Kapitel im Gesamtaufbau des Buches **inhaltlich-logisch** gegliedert sind.

Themenauswahl

Für die inhaltliche Auswahl der einzelnen Seminarthemen ist der Bedarf der Teilnehmer maßgeblich. Handelt es sich um ein offenes Seminar, bei dem die einzelnen Teilnehmer über Broschüren, Zeitungsanzeigen usw. geworben werden und deshalb meistens aus ganz unterschiedlichen Bereichen kommen, stellt der Trainer nach inhaltlich-logischen Gesichtspunkten und seinen bisherigen Erfahrungen das Seminarprogramm zusammen. Beispiele für solche Standardseminarprogramme finden Sie im ersten Teil des Buches. Bei offenen Seminaren ist es besonders wichtig, zu Seminarbeginn die Teilnehmerprobleme und -interessen zu erfragen (s. 10.4) und das Seminarprogramm ggf. zu verändern.

Kommen die Teilnehmer aus derselben Organisation oder Organisationseinheit, sollten Sie sich bereits vor dem Seminar bei späteren Teilnehmern, Vorgesetzten, Weiterbildungsleitern usw. oder durch Arbeitsplatzbesichtigung Informationen über Probleme und Seminarinteressen beschaffen. Nicht immer müssen Sie die von den befragten Teilnehmern vorgegebenen Problemperspektiven übernehmen. Beispiel: Klagt eine Führungskraft, ihre Mitarbeiter würden bei ihrer Arbeit den Gesamtzusammenhang nicht sehen, dann wären nicht nur das Mitarbeiterverhalten, sondern auch die Informationspolitik des Vorgesetzten zu untersuchen.

problembezogener Aufbau

Trainer, die frisch von der Hochschule kommen, seien gewarnt, typisch wissenschaftliche Darstellungsabläufe unbedacht zu übertragen (z.B. Theorie – Forschungsmethoden – empirische Befunde – theoretische und praktische Konsequenzen). Das wissenschaftliche Erkenntnisspiel interessiert die meisten Menschen nicht. Sie interessiert die Lösung ihrer praktischen Probleme. Sollten Sie also eine wissenschaftstypische Darstellungssequenz einsetzen – und das kann man manchmal machen –, muss immer klar der Problembezug hergestellt werden. Didaktisch erfolgversprechender ist es, die Teilnehmer bei ihren Problemen

„abzuholen" oder sie zunächst gemeinsam zu diagnostizieren und dann wissenschaftliche Erkenntnisse problembezogen einzuführen und auf ihrer Basis Problemlösungsvorschläge zu erarbeiten.

Seminardramaturgie

Neben dem inhaltlich-logischen Aspekt kommt bei einem Trainingsseminar ein weiterer hinzu, den wir die **Seminardramaturgie** nennen möchten. Eigentlich ist die dramaturgische Gestaltung nicht spezifisch für ein Trainingsseminar, sondern sollte auch – in Maßen – einen guten Vortrag oder eine gute Unterrichtsstunde kennzeichnen. Es geht um die Gestaltung eines Ablaufs, der vom Zuhörer und Zuschauer als spannend, interessant, abwechslungsreich usw. erlebt wird und der im Effekt seine mehr oder weniger gespannte Aufmerksamkeit an das Lerngeschehen bindet. Dies ist die motivationale Basis zur Erreichung der Lernziele in Form neuer Denk- und Verhaltensweisen.

Auswahl und Abfolge von Bausteinen

Die dramaturgische Gestaltung der Grobstruktur eines Trainingsseminars liegt in der teilnehmerangemessenen Abfolge von Bausteinen. Komplementäre bis entgegengesetzte gedanklich-emotionale Bereiche des Teilnehmers werden im Wechsel beansprucht. Diese Dimensionen des Wechsels beschreiben zugleich einen wesentlichen Teil des operativen Instrumentariums, das der Trainer auf der Ebene der Grobstruktur (Zusammensetzung der Bausteine) einsetzen kann. Wir benennen im Folgenden diese **Kriterien für die Auswahl und Abfolge von Bausteinen** (kursiv) und erläutern praktische Konsequenzen für spezifische Seminarsituationen.

erst Information, dann Aktion

1. *Nach einer kognitiv orientierten, informationsvermittelnden Phase (z. B. Kurzvortrag) sollte ein aktionsorientierter Baustein (z. B. Rollenspiel) folgen.*

Die kognitiv bestimmten Bausteine, die viele Informationen enthalten (Beispiel: Kurzvorträge), können Teilnehmer am besten in einem ausgeruhten Zustand aufnehmen, also am Morgen oder nach einer Pause, aber nicht am Ende eines langen Tages. Doch auch eine vorgeschaltete praktische Übung kann im Sinne des induktiven Lernens das Interesse für eine verallgemeinernde und systematisierende Information schaffen. Teilnehmer können beim Dozentenvortrag nach einiger Zeit unkonzentriert und unaufmerksam werden. Kommen Sie dann rasch zum Ende, auch wenn Sie noch nicht alles Vorbereitete gesagt haben. Lassen Sie besser nach der anschließenden praktischen Übung in der Nachbesprechung noch einige allgemeine Informationen einfließen.

Aktionsorientierte Übungen motivieren stark. Die Teilnehmer nehmen sich untereinander wahr, so dass eine spezielle soziale Stimulans gegeben ist. Bei aktionsorientierten Übungen besteht manchmal das Risiko, dass der Zusammenhang zu den Lernzielen (allgemeinen Regeln usw.) außer Acht gerät. Deshalb sollten Sie als Trainer bei der Instruktion, Durchführung und Nachbesprechung immer wieder diesen Zusammenhang herstellen. Wenn er sich nicht oder kaum herstellen lässt, ist die Übung für diesen Zweck ungeeignet.

Induktion und Deduktion

2. *Das didaktische Prinzip „Vom Besonderen zum Allgemeinen" (induktiv) soll sich mit dem entgegengesetzten Prinzip „Vom Allgemeinen zum Besonderen" (deduktiv) abwechseln. Im ersten Schritt werden beim induktiven Prinzip z. B. spezifische Probleme einzelner Teilnehmer analysiert, im zweiten Schritt folgen abstrahierte allgemeine Regeln (z. B. Erstellung einer Regelliste). Beim deduktiven Prinzip folgt z. B. einer allgemeinen Einführung eine praktische Übung an einem konkreten Fall.*

Das induktive Vorgehen knüpft besser an den Erfahrungen der Teilnehmer an und motiviert eher. Es ist aber im Regelfall zeitlich aufwändiger. Schwierig kann es werden, die von den Teilnehmern erarbeiteten allgemeinen Aussagen mit den eigenen zu integrieren (z. B. Nachbesprechung beim „Kontrollierten Dialog";vgl. 2.6). Bei sachkundigen, wissenschaftlich geschulten Teilnehmern scheint uns die deduktive Methode häufiger angebracht als bei schlecht motivierten oder mit dem Thema unvertrauten Menschen. Aber auch hier lohnt sich der Methodenwechsel.

Wechsel der Sozialformen

3. *Die Sozialformen der Arbeit sollen variieren, z. B. Gesamtgruppe, Kleingruppen, Zweiergruppe, Stillarbeit.*

Bei der Arbeit mit der Gesamtgruppe verlaufen der Informationsfluss und die Gruppendynamik für den Trainer überschaubar. Alle erhalten dieselbe Information, im Unterschied zur Kleingruppenarbeit (vgl. 10.6). Je kleiner die Gruppe, desto offenherziger werden vertrauliche Themen besprochen. Deshalb sollten Sie bei heiklen Themen in kleinen Gruppen arbeiten (z. B. Alter Ego). Schweiger kommen hier eher zu Wort. Bei der Stillarbeit ist die Aktivitätsrate besonders hoch. Es sollte sichergestellt sein, dass das individuelle Arbeitsergebnis ausschnittweise in der Gruppe besprochen wird oder werden kann. Dies bedeutet einen sanften Druck gegenüber einer folgenlosen Stillarbeit. Bei Gruppen- oder Einzelarbeit sind die Teilnehmer unterschiedlich früh fertig. Der Trainer kann die „Schnellen“ warten lassen (nicht so gut), ihnen Zusatzaufgaben geben oder sie früher in eine anschließende Pause gehen lassen.

Kooperation versus Konkurrenz

4. *Aufgaben können kooperationsorientiert, neutral oder konkurrenzorientiert angelegt sein. Dies gilt sowohl für Individuen als auch für Kleingruppen.*

Bei Spannungen in einer Gruppe empfehlen sich Aufgaben, die sich ohne Kooperation nicht lösen lassen. Bei Teilnehmern, die ideologisch oder persönlichkeitsbedingt nichts von Kooperation halten, können Sie Übungen durchführen, bei denen das kooperative Vorgehen das überlegene ist. Unsichere Teilnehmer, die generell Angst vor einer Wettbewerbssituation haben, kann man behutsam in eine solche manövrieren, in der sie aufgrund besonderer Fähigkeiten vermutlich Erfolg haben werden. Fühlt sich eine Gruppe unterfordert oder wenig motiviert, sind Wettbewerbssituationen indiziert. Diese bringen mehr Brisanz in die Gruppendynamik, was bei ruhigen Gruppen sinnvoll sein kann.

gruppen-öffentliche Wahrnehmbarkeit

5. *Aufgaben lassen sich danach aussuchen oder über die Instruktion danach variieren, wie stark gruppenöffentlich wahrnehmbare Leistungen verlangt werden. Die Leistung kann thematisch personfern (z. B. Verteidigung einer vorgegebenen Position in einer Kurzrede) oder personnah sein (Selbstoffenbarung).*

Je nach der Teilnehmerkonstellation lässt sich mit den Punkten 4 und 5 der Leistungsdruck erhöhen oder senken. Fühlt sich eine Gruppe unterfordert, zeigt sie sich uninteressiert, kann man dies in der Regel durch Erhöhung des Stresses beheben. Häufiger gilt das für einzelne Teilnehmer, denen man dann besonders herausfordernde Aufgaben zuweisen sollte. Stress entsteht bei impliziten oder expliziten Forderungen nach gruppenöffentlichen Leistungen einschließlich der nach Selbstoffenbarung (z. B. Alter Ego). Die Aussicht auf den Vergleich der eigenen Leistung mit der anderer Teilnehmer oder mit dem eigenen Anspruchsniveau fördert im Allgemeinen die Leistungsbereitschaft. Zwar kann ein Teilnehmer die Mitarbeit bei einer Übung verweigern. Aber das kann sein Ansehen in der Gruppe beschädigen, insbesondere wenn er vorher „den Mund zu voll genommen“ hat. Ein Risiko ist hier die Überforderung unsicherer Teilnehmer. Handelt es sich ausschließlich um ein emotionales Problem, kann eine positive und kooperative Gruppenatmosphäre die Angst ausreichend mindern. Liegen Defizite in der Sachkompetenz vor, sollte der Trainer die Aufgabe hier, aber auch im Fall emotionaler Unsicherheit, erleichtern. Beim Feedback muss er darauf achten, dass individuelle Leistungsveränderungen kommentiert werden. („Was hat Herr Müller im Vergleich zu einer früheren ähnlichen Übung besser oder schlechter gemacht?") Nicht zum Maßstab sollten die Unterschiede zum Gruppenmittel oder gar zur Gruppenspitze genommen werden.

Variation von Stress

6. *Stressige Übungen (durch implizite Forderung nach Leistung bedingt) sollten sich mit stressfreien oder wenigstens stressarmen abwechseln. Humorvolle, zum Lachen reizende Übungen wirken besonders stressreduzierend.*

Die stressige Übung (vgl. auch Kap. 4), bei der der Einzelne erkennbar unterschiedlich eine schwierige Aufgabe meistert, schafft emotionale Nähe durch das gemeinsame Erleben einer bedrohlichen Situation. Eine folgende zum Lachen reizende Übung (z.B. als Übung zur sprachlichen Flüssigkeit aus fünf vorher gegebenen zusammenhanglosen Hauptwörtern aus dem Stegreif einen Satz bilden) schafft eine (stress-)befreite, fröhliche Gruppenatmosphäre. Ohne die vorangegangene stressige Übung wäre sie vielleicht als läppisch erlebt worden.

Medienwechsel

7. *Der Einsatz verschiedener Medien ermöglicht einen Methodenwechsel, z.B. Video, Erstellung und Präsentation von Overheadfolien oder Wandzeitungen, Filmvorführung, Computerpräsentation, Textbesprechung.*

Video finden Teilnehmer meistens sehr spannend, weil sie meinen, sich aus der Sicht der Umwelt zu sehen. Videoaufzeichnungen, die individuelle Verhaltensstichproben, z.B. einen Kurzvortrag, enthalten, eignen sich sehr gut für ein verhaltensspezifisches Feedback der Gruppenmitglieder. Im Rahmen eines Seminars sollten in einer Übung alle Teilnehmer eine videogestützte Rückmeldung erhalten. Dies ermöglicht einen Vergleich Selbstbild – vermutetes Fremdbild. Erfahrungsgemäß wird auch der Gruppenzusammenhalt durch eine solche Übung forciert: Jeder stellt sich vor der Gruppe dar und hört sich ihre Eindrücke dazu an. Dieser Vorgang ist für Menschen, die sich kaum kennen, ungewöhnlich und schafft Vertrautheit. Der Nachteil von Übungen mit Video liegt im Zeitaufwand. OH-Folien und

Wandzeitung ermöglichen eine unmittelbare Umsetzung von Arbeitsergebnissen aus der Stillarbeit oder Kleingruppenarbeit für die Gesamtgruppe (vgl. Kap. 7, 9, 10).

zunehmende Komplexität

8. *Prinzip der zunehmenden Komplexität: In der ersten Übung ist unter stark vereinfachten Bedingungen der theoretische Stoff anzuwenden (deduktiv). Bei den weiteren Übungen nimmt die Praxisnähe und damit die Komplexität zu.*

Wenn zu viele Aspekte bei einer neuen Thematik zu beachten sind, ist der Teilnehmer in einer Übung schnell überfordert. Deshalb ist die erste Übung zu vereinfachen. Beispiele: Rhetorisch raffinierte Formulierungen werden zuerst auf dem Papier schriftlich beantwortet, dann erst in Gesprächen aus dem Stegreif erwidert. Oder: Beim Thema „Diskussionsleitung" konzentriert sich der Trainer in der Übung nur auf Punkt „Strukturierende Zwischenzusammenfassungen" (Prinzip des Microteachings). Aus Zeitmangel lässt sich das Prinzip aber nicht immer praktizieren und ist auch manchmal wegen geringer Themenkomplexität oder hoher Teilnehmerkompetenz nicht erforderlich.

personnah versus personfern

9. *Das Programm sollte sowohl personferne als auch personnahe Themen und Übungen enthalten.*

Personnahe Übungen sind wichtig, um Individualisierung, emotionale Dichte, Betroffenheit und damit Voraussetzungen für Einstellungsänderungen für die seminarexterne Praxis zu schaffen. Ein Beispiel wäre die Alter-Ego-Übung zum Thema „Was bedeuten mir meine Eltern heute". Andererseits werden viele personferne Sachverhalte usw. vermittelt (z.B. Fünf-Satz-Figuren). Das liegt in der Natur und Zielsetzung von Verhaltenstrainings, die sowohl Modifikationen des Selbstbildes als auch die Vermittlung von Sozialtechniken zum Inhalt haben (vgl. das Einleitungskapitel).

Die Anteile der einzelnen Bausteintypen am Gesamtseminar hängen selbstverständlich von der konkreten Thematik ab. Auch die Gesamtdauer spielt eine wichtige Rolle. Wir orientieren uns an folgender Daumenregel für Mindestanteile: Mindestens einmal individualisiertes Video-Feedback für jeden, mindestens eine Übung mit ausgesprochenem Stresscharakter, mindestens eine Übung mit einer sehr personnahen Thematik. Die beiden ersten Übungstypen sollten mehr am Anfang stehen (fördern differenzierte Wahrnehmung der Teilnehmer untereinander als auch die Leistungsbereitschaft). Den personnahen Bausteintyp sollten Sie mehr gegen Seminarende einsetzen (erfordert Vertrautheit der Gruppenmitglieder).

10. *Auswahl, Abfolge und Dauer der Bausteine müssen sich auch an äußeren Notwendigkeiten des Tagesablaufs orientieren.*

Anpassung an Tagesablauf

Falls zeitliche Fixpunkte (z. B. Essenszeiten) bestehen, müssen Sie die Seminarteile entsprechend straffen oder dehnen. Das ist allerdings nur in begrenztem Umfang pädagogisch sinnvoll. Bestimmte Seminarbausteine vertragen eine lange Unterbrechung nicht (Mittagspause, Abend/Nacht). Dann ist es günstiger, einen kurzen Block vorzuziehen oder eine zusätzliche Übung einzuschieben und mit dem umfangreichen Baustein später zu beginnen.

Beachten Sie die Tagesschwankungen bei den Teilnehmern! Frühmorgens, nach dem Essen, spätnachmittags oder nach anstrengenden Übungen können die Teilnehmer müde sein. Machen Sie ggf. auch mal eine kleine Muntermacher-Übung (z. B. Satzbildungsübung). Steuern Sie der Müdigkeit vor allem durch eine geeignete Abfolge der Bausteine entgegen! Gelegentlich lässt sich Müdigkeit auch didaktisch nutzen: Sie mindert unter Umständen die Selbstkontrolle und fördert bei entsprechenden Übungen (etwa am Abend) die Offenheit.

10.3 Seminareröffnung und Programmvorstellung

Diese können in unterschiedlichen Varianten vorgenommen werden. Eine gängige, die Sie natürlich auch nach Ihrer jeweiligen Zielsetzung modifizieren können, schildern wir Ihnen hier. Vor dem offiziellen Beginn lässt sich meistens schon mit einigen Teilnehmern plaudern. So erfährt der Trainer bereits, ob organisatorisch alles geklappt hat. So stellen Sie Kontakt her und fördern eine freundliche Stimmung.

Begrüßung

Bei den **Begrüßungsworten** stellt sich der Trainer selbst kurz vor. Fragen Sie ggf., ob mit der Organisation (z. B. Unterbringung in einer Tagungsstätte) alles klargegangen sei. Es folgen **organisatorische Hinweise** zum Zeitablauf, zu Seminar- und Essenszeiten (Flipchart), zu Freizeiteinrichtungen der Tagungsstätte/des Hotels. Abhängig von der Teilnehmerzusammensetzung können Sie eine gemeinsame Freizeitaktivität anregen („Kegelabend“). Versuchen Sie bei solchen Ankündigungen, die Botschaft rüberzubringen, dass einerseits hart und interessant gearbeitet wird, andererseits aber auch attraktive Freizeitaktivitäten vorgesehen sind.

Dann sollten Sie die **Namensschilder** beschriften lassen („… damit wir uns im Seminar mit Namen anreden können"). In vielen Seminaren ist im vorhinein klar, ob sich die Teilnehmer duzen (z.B. Studenten) oder siezen (z.B. Führungskräfte). Manchmal kann das unklar sein, und auch von Seiten der Teilnehmer bestehen unterschiedliche Wünsche (z.B. in Volkshochschulkursen). Unser Vorschlag ist dann: Jeder Teilnehmer, der gesiezt werden möchte, schreibt seinen Nachnamen, wer geduzt werden möchte, schreibt seinen Vornamen auf das Namensschild.

Bei englischsprachigen Seminaren im angelsächsischen Milieu können Sie üblicherweise alle mit Vornamen ansprechen. Vermeiden Sie aber Kurzformen der Vornamen, weil dies als zu privat angesehen werden kann (also „Richard" und nicht „Dick"), es sei denn, Sie werden dazu aufgefordert.

Eine **Programmübersicht** sollte den Teilnehmern einen Überblick über das Seminar geben. Falls es sich um eine Seminarreihe handelt, informieren Sie auch über die Anschlussseminare. Die Programmübersicht stellen Sie eher global dar und gehen nur bei Nachfragen ins Detail. Zugleich weist der Trainer die Teilnehmer auf die Möglichkeit hin, Veränderungen an dem Programm vorzunehmen. So können nach Teilnehmerinteressen oder durch den Leiter Vertiefungen, Ergänzungen, Straffungen und Streichungen vorgenommen werden.

Hier muss der Trainer einen mittleren Weg zwischen Flexibilität/Unstrukturiertheit und Strukturiertheit/Rigidität gehen und plausibel machen. Hier sind übrigens Erwartungen und Bewertungen der Teilnehmer – in Abhängigkeit von ihren bisherigen Erfahrungen – sehr unterschiedlich. Menschen, die in ihrem Beruf detailliert vorgegebene Abläufe gewohnt sind, erwarten in einem Seminar das Gleiche. Dagegen wollen Menschen, die ihren Arbeitsalltag weitgehend weisungsungebunden selbst strukturieren (z.B. Lehrer), auch die Seminarinhalte eher mitgestalten. Entsprechend kann die gleiche Vorgehensweise des Trainers in einem Fall als zu diskussionsoffen und zu unbestimmt gerügt werden; im anderen Fall kritisieren dies Teilnehmer als autoritäres Vorgehen und Mangel an selbstbestimmtem Lernen. Daneben definiert auch das Seminarthema die Programmoffenheit: Bei einem Seminar über „Persönlichkeitsentwicklung" wird diese größer sein als bei einem fertigkeitsorientierten (z.B. über „Projektmanagement").

Dass Teilnehmer gleich zu Beginn auf der didaktischen oder inhaltlichen Ebene Veränderungen zum Seminarprogramm vorschlagen oder fordern, ist nach unserer Erfahrung selten. Dies geschieht häufiger im Laufe des Seminars. Falls diese Vorschläge aus der Sicht des Seminarleiters plausibel sind, werden sie gleich oder bald ins Programm integriert. Gerade bei qualifizierten und erfahrenen Teilnehmern ist mit intelligenten und konstruktiven Vorschlägen zu rechnen.

Die Programmvorschau soll nicht nur informieren sondern auch **motivieren**:

- Die Teilnehmer sollen auf das neugierig gemacht werden, was ihnen bevorsteht.
- Ängstliche (Furcht vor fachlicher Überforderung, persönlicher Selbstoffenbarung usw.) sollen ermutigt werden. Hier ist der Hinweis sinnvoll, dass jeder bei individuellen Übungen den Schwierigkeits- oder Selbstoffenbarungsgrad selbst bestimmen kann.
- Teilnehmer, die eine Unterforderung erwarten, sollen herausgefordert werden, etwa durch folgende Hinweise: Es gäbe Aufgaben, an denen fast jeder scheitert; manche Übungen verlangten eine hohe Risikobereitschaft usw.

Falls Sie die Vorstellungsrunde (z. B. Partnerinterview) vor der Programmübersicht durchführen, haben Sie bereits Hinweise auf Teilnehmerinteressen und -merkmale, die Sie in die Programmpräsentation einfließen lassen können. Bei der umgekehrten Abfolge können Sie die Hinweise am Ende des Partnerinterviews aufgreifen und auf das Programm beziehen.

Abschließend beschreiben wir die Durchführung (einer Variante) des Partnerinterviews.

Partnerinterview

Der Trainer erläutert kurz den Zweck der Vorstellungsübung: Jeder Teilnehmer wird der Gruppe durch einen Gesprächspartner vorgestellt. Weitere Ziele: im Zweiergespräch schon zwei andere Teilnehmer persönlich kennenlernen; gezielt Fragen stellen und ein Gespräch strukturieren; erster „öffentlicher Auftritt“ (bei der Vorstellung des Interviewpartners vor der Gruppe); erste (Seminar-)Erfahrung mit Fremdbild (evtl. Informationsveränderung durch den Vorstellenden). Sie können die beiden letzten Punkte auch erst in oder nach der dritten Phase ansprechen.

Dann beginnt die **erste Interviewphase**: Jeder Zweite interviewt den links von ihm sitzenden Nachbarn. Um Missverständnisse zu vermeiden, kann der Trainer auch reihum sagen, wer wen interviewt (1). Ist die Teilnehmerzahl ungerade, macht der Leiter mit. Bei dem Interview stellt nur einer die Fragen und der andere antwortet (also kein Wechselgespräch). Der Interviewer sollte sich Notizen machen, die ihm später als Gedächtnisstütze dienen können. Als Zeit geben Sie in der Regel 7 Minuten vor, in denen die Interviews gleichzeitig durchgeführt werden (2). Die Gesprächsthemen sind beliebig, beziehen sich erfahrungsgemäß oft auf Ausbildungs- und Berufshintergrund und Freizeitinteressen (3). Der Trainer kann auch bitten, dass in jedem Fall eine Frage nach den Erwartungen und Befürchtungen zu dem Seminar gestellt wird (4).

In der **zweiten Interviewrunde** (wieder 7 Min.) wird jeder bisher Befragte zum Interviewer und umgekehrt. Dabei fragt der Interviewer den links von ihm sitzenden Nachbarn, also einen anderen als den bisherigen Gesprächspartner.

In der **dritten Phase** stellen die Teilnehmer reihum ihren jeweiligen Interviewpartner dem Plenum vor. Der Vorgestellte kann im Anschluss noch etwas ergänzen oder richtig stellen; die anderen Teilnehmer können Fragen an ihn richten (5). Hat der Leiter nicht an den Interviews teilgenommen (wegen gerader Teilnehmerzahl), stellt er sich im Rahmen der Vorstellungsrunde selbst vor.

10.4 Teilnehmerbezogene Bedarfsermittlung, Feinplanung und individualisierte Aufgabenzuweisung

Die Qualität eines Trainingsseminars hängt maßgeblich von der Individualisierung ab. D. h., der Trainer versucht die (seminarrelevanten) individuellen Probleme oder individuellen Trainingsbedarfe der einzelnen Teilnehmer zu ermitteln und diese so weit wie möglich bei der Trainingsdurchführung zu berücksichtigen.

Interessenabfrage

Zur vorläufigen Diagnose der individuellen Probleme bietet sich die Methode der Kartenabfrage an: Der Trainer schreibt eine Frage an die Tafel, z. B. „Was sind Ihre größten (typischen) Probleme bei … *(Seminarthema)*? Welche Themen sollten besonders intensiv (vorrangig) im Seminar behandelt werden?“ Die Teilnehmer erhalten Moderationskarten und schreiben möglichst konkret ihre Probleme auf die Karten. Pro Karte wird ein Problem in Stichworten mit Filzschreiber notiert. Der Trainer regt an, etwa 1 bis 3 Karten zu beschriften.

Der Trainer kann die Teilnehmer (evtl. schon vor der Instruktion) bitten, auch ihren Namen auf die Karten zu schreiben. Das kann manchmal ein heikler Punkt sein und sollte deswegen gut begründet werden: Im Laufe des Seminars sollen einzelne Aufgaben entsprechend den hier geäußerten Problembereichen und Trainingsinteressen den jeweiligen Teilnehmern zugeordnet werden. Falls jemand partout seinen Namen nicht aufschreiben will, gibt er seine Karten anonym ab. Der Trainer sammelt dann die Karten ein. (Versuchen Sie hier schon, die Statements rasch zu lesen und sich Kategorien zu überlegen). Anschließend liest er jede Karte laut vor und platziert sie an der Pinnwand, wobei ein Helfer die Karte mit einer Stecknadel befestigt. Der Trainer versucht bereits, die Karten nach Themenkomplexen zu gruppieren. Bei unklaren Formulierungen wird der Kartenschreiber um eine Erläuterung gebeten. Manchmal entwickeln sich hier schon diagnostisch aufschlussreiche Diskussionen mit anderen Teilnehmern. Der Trainer muss jedoch den Zeitaufwand mit der Ergiebigkeit der Diskussion abwägen. (Falls Karten und Steckwände fehlen, reißt sich jeder Teilnehmer einige Zettel zurecht [DIN A5 bis A6]. Die eingesammelten Zettel werden dann mit Kreppband an eine Tafel oder eine Zimmerwand geklebt.)

Themengruppen

Nachdem alle Karten an der Stecktafel angebracht sind, überprüft der Trainer gemeinsam mit der Gruppe,

- ob einzelne Karten noch zu anderen Gruppen umgesteckt werden sollten,
- ob Gruppen zusammengefasst oder eine Gruppe in zwei getrennte Gruppen auseinandergegliedert werden kann,
- welche Überschriften sich zu den einzelnen Gruppen bilden lassen.

Die Themenschwerpunkte bei den Problemkarten und die Häufigkeit der Nennungen geben Ihnen als Trainer wichtige Hinweise,

- welche konkreten Fälle Sie bei späteren Übungen heranziehen sollten,
- welche Seminarbausteine gestrafft oder verlängert werden könnten,
- welche Aufgaben für welche Teilnehmer besonders geeignet sind.

individuelle Aufgabenzuweisung

Die Zuordnung von Aufgaben bei speziellen Übungen erfolgt nicht allein nach dieser Problemsammlung, sondern orientiert sich auch an Beobachtungen während des Seminars. Manchmal sehen Trainer und die anderen Teilnehmer Probleme an anderer Stelle oder umgekehrt dort keine Probleme, wo sie der Betroffene sieht.

Wenn nun eine Übung ansteht, bei der unterschiedliche Aufgaben verteilt werden (z.B. Rollenspiel, Kurzvorträge), geben Sie die jeweilige Aufgabe an den Teilnehmer, der dort ein besonderes Defizit aufweist.

Der Schwierigkeitsgrad der Aufgabe muss allerdings zum Leistungsniveau des jeweiligen Teilnehmers passen. Er sollte prinzipiell in der Lage sein, die Aufgabe zu bewältigen, aber nur mit Anstrengung (vgl. Kap. 4). Es gibt einerseits das Risiko der Unterforderung. Manche Teilnehmer können bestimmte Dinge bereits gut und drängen sich evtl. wieder danach, entsprechende Aufgaben zu übernehmen. Hier nehmen Sie besser Teilnehmer mit einem Defizit dran. Zeigt ein Teilnehmer sich ständig unterfordert und bereits eine Attitüde der Überheblichkeit, dann sollte er eine Aufgabe zugewiesen bekommen, die schwierig ist und an der die meisten Teilnehmer scheitern. Bei Menschen, die Misserfolge schwer eingestehen können, ist es sinnvoll, Aufgaben mit eindeutigen Lösungen zu nehmen. Dann besteht am Ende kein Interpretationsspielraum, ob nun die Aufgabe richtig oder falsch gelöst wurde.

Das entgegengesetzte Risiko betrifft Teilnehmer, die verunsichert und still an ihrem Platz sitzen und sich anscheinend überfordert fühlen. Diesen sollte man individuell Aufgaben zuweisen, bei denen sie mit hoher Wahrscheinlichkeit erfolgreich sein werden, aber selbst den Schwierigkeitsgrad kaum einschätzen können. Hier muss der Trainer – wie bereits erwähnt – ein besonderes Augenmerk auf die Stärken und auf besondere Kompetenzen solcher Teilnehmer richten, um Übungen danach zu arrangieren und um für ein entsprechendes Feedback, auch von der Gruppe, zu sorgen.

Sie sollten auch aufgrund Ihrer Beobachtungen das Schwierigkeitsniveau für die Gesamtgruppe analog variieren (Beispiele für solche Übungsvarianten finden Sie in 7.2, 7.3, 10.5, 10.6).

Gerade wenn Sie ein Seminar im Sinne der Prozess-Steuerung immer wieder modifizieren, sollten Sie den Teilnehmern wiederholt den Seminaraufbau, die innere Logik, vor Augen führen. Das kann zu Beginn oder am Ende eines Seminarblocks verbal geschehen, kann auch – und das ist noch besser, weil einprägsamer – als ständig aktualisiertes Ablaufprotokoll auf eine Wandzeitung geschrieben werden.

10.5 Seminarmanagement: Führung, Konflikt und starke Gefühle

Die in Abschnitt 10.2 dargestellten Möglichkeiten der Seminardramaturgie stellen zugleich grundlegende Instrumentarien des Seminarmanagements dar. Management bezieht sich hier auf die Durchführung und meint ein zielorientiertes Vorgehen, das unerwartete Situationsänderungen, Widerstände usw. bei der Zielverfolgung als Regelfall einkalkuliert und mit ihnen flexibel, aber zielorientiert im Rahmen einer Prozess-Steuerung umgeht. Im Normalfall strukturieren Sie als Trainer den Seminarablauf, Sie geben Impulse für den weiteren Fortgang. Sie erläutern z.B. die Lernziele und beginnen mit dem Programmbaustein.

Aber nicht immer läuft alles nach Programm. Sie können auf Widerstand stoßen, zwischen Ihnen und den Teilnehmern oder unter den Teilnehmern entwickeln sich Konflikte, die Gruppe wird mit unerwartet intensiven Gefühlen konfrontiert. Wie Sie damit umgehen können, ist Thema dieses Abschnitts.

Ablehnung des Programms

Beginnen wir mit dem Fall, dass ein, mehrere oder alle Teilnehmer gegen einen, mehrere oder alle Programmpunkte sind. Nun kommt es auf das richtige Verhältnis von Führung und Flexibilität an. Wir wollen Ihnen dies möglichst verhaltensnah darlegen.

Der schwierigste Fall, alle sind gegen alles, tritt bei normalen Seminaren sehr selten auf.

Er ist aber dann manchmal zu beobachten, wenn Teilnehmer gegen ihren Willen zu einem Seminar geschickt werden (z.B. Mitarbeiter, ohne von ihrem Chef gefragt zu werden; Arbeitslose, denen sonst die Streichung des Arbeitslosengeldes droht; Strafgefangene, deren vorzeitige Entlassung von der Seminarteilnahme abhängt). Hier muss der Trainer ein grundsätzliches Gespräch mit den Teilnehmern über Sinn und Zweck der Veranstaltung führen. Möglichst rasch sollte man zu Übungen mit hoher Ich-Beteiligung kommen und hoffen, dass man die Teilnehmer damit motivieren kann. Notfalls ist ein Seminar auch abzubrechen. In jedem Fall sollte der Auftraggeber auf seine problematische Teilnehmerrekrutierung hingewiesen werden.

Änderungswünsche

Falls Änderungswünsche von Teilnehmern Ihnen als Trainer und den übrigen Teilnehmern plausibel erscheinen und ihre didaktische Umsetzung keine Schwierigkeiten bereitet, dann greifen Sie sie freudig auf. Dies gilt selbstredend auch für Wünsche nach Verlängerung oder Kürzung eines Programmteils. Aber prüfen Sie auch, ob es von den Lernzielen her angemessen ist, ob es in den zeitlichen Rahmen passt, ob es von den anderen Teilnehmern akzeptiert wird usw. Sagen Sie ggf. auch (freundlich) „Nein“ und begründen Sie das!

Häufig können Sie auch einen Vorschlag in modifizierter Form in Ihr Programm integrieren. Oder Sie können bei einem Vorschlag darauf hinweisen, dass dies für einen späteren Zeitpunkt sowieso vorgesehen sei und man dann auf diese Anregung zurückkomme.

Vermeiden Sie lange Diskussionen über Methodik und Didaktik Ihrer Bausteine! Das interessiert – wenn das Seminar gut läuft – die meisten nicht und demotiviert. Versuchen Sie, rasch eine einvernehmliche Lösung herbeizuführen!

Geben Sie auch bei einem geschlossenen Widerstand der Gruppe nicht gleich auf, sondern versuchen Sie, die Teilnehmer von der Wichtigkeit der Übung usw. zu überzeugen. Ein Beispiel ist die Alter-Ego-Übung: Teilnehmer können sich der Alter-Ego-Übung (vgl. 2.7) mit der Begründung verweigern, es sei ihnen zu persönlich und intim. Verweisen Sie auf die Wichtigkeit der Lernziele „Einfühlungsvermögen“ und „Wirkung auf andere“! Erläutern Sie, dass jeder selbst das Ausmaß an persönlicher Offenheit festlegt!

Wenn die Teilnehmer trotzdem nicht wollen, und das ist ihr gutes Recht, wird die Übung gestrichen. Und seien Sie als Trainer nicht gekränkt. Das muss nicht gegen Ihre Person gerichtet sein. Trotzdem sollten solche Verweigerungssituationen vermieden werden. Aber lassen Sie deshalb nicht gleich alle riskanten Übungen unter den Tisch fallen, sondern erkunden und erweitern Sie die Grenze des Machbaren und der Akzeptanz! Versuchen Sie im Vorfeld abzuklären, was akzeptiert wird! Modifizieren Sie evtl. Ihre Instruktion und Durchführung (z. B. Schwierigkeitsgrad)! Denken Sie auch an das richtige Timing: Mit fortschreitendem Seminar steigt die Vertrautheit und damit die Bereitschaft, risikobelastete Übungen zu machen. Oder nach einer Übung, die eine gute Gruppenstimmung hervorgerufen hat, wird eher eine emotional heikle Übung akzeptiert.

Kommen wir zum Thema Konflikte. Konflikte, Aggressionen, Provokationen, Rivalitäten können wir in zwei Gruppen unterscheiden:

1. zwischen einem (oder mehreren) Teilnehmer(n) und dem Trainer
2. zwischen verschiedenen Teilnehmern

Provokationen

Fangen wir mit dem Fall **Teilnehmer-Trainer-Konflikt** an. Das Beispiel Alter-Ego-Übung war ein Konflikt über die Durchführung eines Programmteils, also zumindest nicht direkt und eindeutig gegen die Person des Trainers gerichtet. Vielleicht denken Sie an Fälle, die ziemlich eindeutig gegen die Person des Trainers gehen: „Haben Sie denn überhaupt eine Ahnung von dem, was Sie erzählen?“ „Ich finde Sie ausgesprochen unsympathisch.“ „Ich kann Ihr dümmliches Grinsen nicht ausstehen.“ In dieser rabiaten Form kommt das kaum vor, auch wenn das die Angstfantasien mancher Jungtrainer sind. Uns haben jedenfalls die ersten Male solche Situationen Angst eingejagt. Auch jetzt lassen sie stets den Adrenalinspiegel ansteigen. Aber mit einiger Routine hat man Reaktionsmuster parat, die einem helfen können, die Situation zu meistern.

Kompetenz anzweifeln

Noch auf einer niedrigen Eskalationsstufe liegen Kompetenzfragen, die sich auf spezielle Wissenselemente beziehen: „Kennen Sie denn nicht das Buch von xy?“ „… die Methode von z?“ Vermeiden Sie generell eine rechtfertigende oder entschuldigende Haltung, wenn es nichts zu rechtfertigen oder zu entschuldigen gibt. Wenn man das Buch zufällig kennt, dann vielleicht: „Ich kenne das, und Sie kennen das, aber vielleicht nicht alle anderen Teilnehmer. Damit wir alle den gleichen Kenntnisstand haben, möchte ich das kurz erläutern.“ Sie können den Ball aber auch zurückgeben: „Ich kenne das (gut/flüchtig). Sie haben da aber möglicherweise einen Wissensvorsprung gegenüber den anderen Teilnehmern. Vielleicht können Sie das kurz erläutern, damit wir alle die gleichen Kenntnisvoraussetzungen haben.“ Hier wird der Fragesteller positiv eingebunden. Übrigens soll ein alter Lehrertrick darin bestehen, dass man die Frage auch dann zurückgibt, wenn man sie selbst nicht beantworten kann. Das ist erstens unehrlich, und zweitens müssen Sie die Teilnehmerentgegnung einkalkulieren: „Erläutern Sie das bitte! Sie sind doch der Experte.“

Es ist unmöglich, alles zu wissen und zu kennen. Wenn Sie etwas nicht kennen, sagen Sie’s einfach: „Nein, das kenne ich nicht. Aber Sie scheinen sich ja schon mit dem Gebiet beschäftigt zu haben. Können Sie uns bitte den Grundgedanken erläutern?“ Wenn Sie die Teilnehmer dahin bringen, in konstruktiver Absicht ihr Wissen einzubringen, ist das gerade ein Qualitätsmerkmal eines Seminars. Wenn der Teilnehmer der Gruppe sein Wissen vorführen wollte, ist er auch zufrieden. Aber kontrollieren Sie, ob es zum Thema gehört, und verhindern Sie Langatmigkeit. Dies ist die erste, die sanfte Stufe, auf der Sie mit provozierend gemeinten Fragen umgehen können.

Wenn jemand nun penetrant besserwisserische Fragen stellt, die nicht zum Thema gehören, und die übrigen Teilnehmer schon genervt wirken, dann sprechen Sie das an. „Ihre Fragen und Bemerkungen gehen in eine Richtung, die zurzeit nicht unser zentrales Thema ist.“ Und dann noch ein Vorschlag zur Aktivitätenkanalisierung. „Vielleicht können Sie bei einer späteren Arbeit in der Kleingruppe Ihr Thema als Beispielbereich vorschlagen.“

Auch Ihre berufliche Kompetenz für ein konkretes Seminarthema kann angezweifelt werden, z. B.: „Was wollen Sie als Psychologe uns als Juristen (Ingenieuren usw.) beibringen? Sie kennen unser Arbeitsgebiet doch gar nicht.“ (Diese Frage geht vermutlich mehr Seminarteilnehmern zunächst durch den Kopf, als dass sie laut geäußert wird.) Diese (legitime) Frage sollten Sie schon für sich beantwortet haben, wenn Sie den Seminarauftrag übernehmen. Erläutern Sie also, warum nach Ihrer Überzeugung Ihre Kompetenzen geeignet sind, bestimmte Probleme der Teilnehmer zu lösen oder sie bei deren Lösung zu unterstützen usw. Dies kann zum Seminarbeginn nur ein Anspruch sein. Ob Sie die Teilnehmer davon überzeugen konnten, erweist sich letztlich am Seminarende. Verweisen Sie also darauf: „Wir werden uns diese Frage noch einmal zum Seminarabschluss stellen. Sie können sie dann anhand Ihrer eigenen Seminarerfahrung beantworten.“

Wenn jemand partout nicht auf Ihre Integrationsangebote eingeht und im Laufe des Seminars zu immer härteren Provokationen greift, dann müssen Sie sich einer Auseinandersetzung stellen. Lassen Sie sich aber nicht das Konfliktthema aufzwingen, sondern warten Sie eine günstige Gelegenheit ab. Bei einem sachthemenbezogenen Konflikt ist dies dann gegeben, wenn Sie bei dem Thema sachkundig sind (und es auch für das Seminar relevant ist). Einige Zeit nach der Auseinandersetzung sollten Sie Ihrem Herausforderer positive Signale senden (z. B. ein dezentes Kompliment, Zuweisung einer Kompetenz unterstellenden Aufgabe). Denn die Herausforderer sind nicht selten kompetente und engagierte Teilnehmer, die nach einem ausgestandenen Rivalitätskonflikt ausgesprochene Fans von Ihnen werden können.

Motivanalyse

Überlegen Sie sich auch immer die möglichen Ursachen des Teilnehmerverhaltens: Welche Motive existieren neben oder hinter den geäußerten Sachargumenten? Erlebt er die Seminarteilnahme als Kränkung (z. B. Arbeitslosenseminar)? Will er sich Anerkennung bei den anderen Teilnehmern verschaffen? Warten Sie einen (emotional) geeigneten Zeitpunkt ab (z. B. Feedback-Übung), an dem Sie vorsichtig ein Gespräch einleiten. Dies gilt nicht nur für Herausforderungen in puncto Kompetenz, sondern auch zu den (selteneren) Provokationen in puncto Sympathie.

Antipathie

Was tun, wenn jemand zu Ihnen sagt: „Ich finde Sie ausgesprochen unsympathisch. Aber dafür können Sie ja nichts." Der zweite Satz klingt entschuldigend, besagt aber verschärfend, dass der Angesprochene nicht in der Lage ist, an der Situation etwas zu ändern. Folgende Fragen sollten Sie schnell zu beantworten suchen:

- Was sind die mutmaßlichen Beweggründe des Provokateurs? Langfristiger Eindruck oder situationsbedingter Reflex?
- Denken andere auch so?
- Will ich hier an dieser Stelle darüber ein Gespräch? Oder gibt es einen günstigeren Zeitpunkt?

Wenn Sie vermuten, dass die Negativäußerung eine isolierte Meinung darstellt, ist es evtl. unangemessen, jetzt breit und lang darüber zu reden. Verweisen Sie auf einen späteren Zeitpunkt! „Ihre Äußerungen würden jetzt ein längeres Gespräch erforderlich machen. Ich schlage vor, dass wir im Rahmen unserer nächsten Feedback-Übung darauf eingehen." Bei kleineren Provokationen dürfte dies sinnvoll sein. Bei einer massiven wie der zitierten überlegen Sie sich Folgendes:

Haben Sie den Eindruck, dass die aktuelle Übung usw. Anlass der Provokation war, versuchen Sie das herauszufinden. „Kann es sein, dass Sie meine Bemerkung von vorhin geärgert hat, nämlich …" Tendenziell konkretisieren Sie damit die Pauschalkritik auf eine situationsspezifische.

Sollte diese bekundete Abneigung ein allgemeines Gefühl in der Gruppe oder einer Teilgruppe anzeigen, dann sollte sofort ein Gespräch begonnen werden. „Ich weiß nicht, ob Ihre Äußerung Ausdruck einer kritischen Stimmung ist, die auch andere teilen?"

Gehen wir weiter auf den Fall ein, dass Sie sofort eine Aussprache herbeiführen wollen. Fragen Sie dann nach: „Sie sagen das jetzt sehr allgemein. Können Sie sich an einzelne Verhaltensweisen oder Situationen erinnern, die zu Ihrem Gesamteindruck geführt haben?" Sie bitten als Feedback-Empfänger um eine Differenzierung und verhaltensmäßige Konkretisierung des Pauschalurteils.

Nicht zuletzt sollten Sie ein solches Feedback, soweit es differenziert und von mehreren Teilnehmern unterstützt wird, nicht nur als Problem des Seminarmanagements ansehen, sondern auch als Anlass zur Selbstreflexion.

Analysefragen

Kommen wir zu der zweiten Konstellation, **Konflikte zwischen Teilnehmern**: Gibt es starke Konflikte und Aggressionen zwischen den Teilnehmern, versuchen Sie folgende Fragen zu beantworten:

- Bezieht sich der Konflikt auf das aktuelle Thema? Falls ja, sofort aufgreifen.
- Falls nein: Soll ich trotzdem den Konflikt sofort thematisieren, oder kann das noch warten? Sofort, falls der Seminarfortgang blockiert wird.
- Wann kommt eine Feedback-Übung, in deren Rahmen wir den Konflikt besprechen können? Es ist prinzipiell wünschenswert, dass der Trainer bestimmt, was wann passiert und nicht die Gruppendynamik das Seminarprogramm ersetzt. (Eine Ausnahme sind rein gruppendynamische Seminare.)
- Ist der Konflikt nur der Aufguss eines alten, nur vorübergehend und für eine erneute Analyse unergiebig? Falls ja: Thema rasch vom Konflikt wegbringen und diesen ignorieren.

Beziehungsebene

Ist der Konflikt inhaltlich sachbezogen, aber stark emotionalisiert, muss man eventuell die Beziehungsebene zwischen den Kontrahenten ansprechen. (Aber nicht jeder heftige Sachkonflikt, etwa bei einem politischen Thema, muss psychologisiert werden.) Kommt es zu einer personbezogenen Aussprache, sind hier die Regeln des Feedback-Gebens und -Empfangens (vgl. 3.2) entsprechend anzuwenden.

Machen Sie klar: Jeder Kontrahent hat das Recht, seine persönliche Sicht darzustellen. Gruppe und Trainer liefern Deutungsangebote („Könnte es sein, dass …"), über deren Richtigkeit die Kontrahenten selbst entscheiden müssen. Falls die entscheidenden Streitpunkte und Motive Ihrer Meinung nach noch nicht benannt wurden, forcieren Sie das Gespräch, indem Sie diese benennen (immer als Hypothesen). Nicht um den heißen Brei herumreden lassen! Aber Sie müssen dann auch die starken Gefühle in eine konstruktive Richtung kanalisieren. Fangen die aufgebrachten Kontrahenten z. B. an, ihre Angriffe bloß noch zu wiederholen, bringen Sie das Gespräch in eine für die Kontrahenten selbstreflexive Richtung. („Kann jetzt bei Ihnen Folgendes passiert sein: …?") Das deeskaliert. Eine gute Gruppe übt meistens einen sanften Druck in Richtung Verständnisbereitschaft aus, der in der Regel wirkt. Manchmal kommt es zu einer Isolierung eines Streithahns. Dauert sie länger, müssen Sie als Trainer ihn gruppenöffentlich reintegrieren, z. B. eine hervorgehobene gruppendienliche Aufgabe zuweisen.

starke Gefühle

Haben Sie keine Angst vor Konflikten, Aggressionen und anderen starken Gefühlen! Sie zeigen, dass intensive Prozesse ablaufen. Sie sind Salz und Pfeffer in der gruppendynamischen Suppe. Sie sind Chance und Risiko zugleich. Gruppenspannungen können im ungünstigen Fall so ansteigen, dass sie für manche Teilnehmer unerträglich werden und sie das Seminar vorzeitig verlassen. Eine erfolgreiche Konfliktsteuerung bedeutet nicht, dass die Kontrahenten zu einer gemeinsamen Meinung finden müssen. Sie sollen bei sich und ihrem Gegenüber besser hinter die Kulissen schauen können. Entsprechendes gilt für die übrigen Gruppenmitglieder.

Besonders verunsichernd kann **Weinen** auf eine Gruppe (und auch den Trainer) wirken. Weinen (manchmal auch als Blackout mit Blässe, Schweißausbrüchen usw.) kann auch andere Ursachen als einen seminarinternen Konflikt haben: z. B. bei einer personnahen Übung die Erinnerung an eine schmerzliche Situation oder Leistungsangst vor einer als schwierig wahrgenommenen Übung. Spontan neigen viele zum bloßen Trösten. Das allein ist meistens keine hilfreiche Reaktion.

Versuchen Sie lieber, in einer verständnisvollen Stimmung ein selbstexploratives Gespräch herbeizuführen. („Ich weiß nicht, ob Sie jetzt darüber sprechen möchten, was Ihnen durch den Kopf geht.") Versuchen Sie, zu vermeiden, dass der Weinende voller Beschämung den Raum verlässt und nicht wiederkommt. Falls er nicht sofort sprechen will, könnte er für ein paar Minuten nach draußen gehen und anschließend in der Gruppe über seine Erfahrung sprechen. Bei Trauerarbeit ist das Ansprechen der Gefühle und Gedanken sowie eine akzeptierende Gruppe wichtig und es ist an sich in der Situation ein sehr positives Erlebnis. Bei leistungsbezogenen Blackouts ist es wünschenswert, den Betreffenden unter stark vereinfachten Bedingungen wieder an die Aufgabe heranzuführen. Aber nur als Angebot, ohne massiven Druck.

Gelingt eine konstruktive Meisterung starker Gefühle, wächst der Gruppenzusammenhalt enorm.

10.6 Methoden der Gruppenarbeit

Methoden im pädagogischen Sinn werden alle Verfahrensweisen genannt, die die Lehr-/Lernsituation beeinflussen. Als „Medien" bezeichnet man die Arbeitsmittel zur Vermittlung von Lerninhalten. (Auf einige wurde in vorhergehenden Kapiteln bereits Bezug genommen; vgl. 6.7, 7.4.) Vieles, was unter dieses Thema fällt, werden Sie an verschiedenen Stellen des Buches finden, aber in diesem Kapitel wollen wir auf einige geeignete **Organisationsformen des Lernens** hinweisen, die wir selbst häufig anwenden (10.6.1, 10.6.2). Den Ansatz der für uns zentralen Methode, des Rollenspiels, stellen wir gesondert dar (Kap. 11).

In der Literatur kann sich der interessierte Leser ausführlicher informieren (z. B. zu Gesprächsmethoden in Kelber 1977 oder allgemeiner in Klassen et al. 1978; zu Rollenspielen in Broich 1980, 1999; schließlich auch in Schrader et al. 1984).

der menschliche Faktor

Ein Wort noch zuvor: Vergessen Sie bei aller Methodenraffinesse nicht, dass der menschliche Faktor eine sehr wesentliche Bedeutung hat: Auftreten, Kommunikationsstil, Haltungen, Persönlichkeit und Umgang des Trainers mit den Teilnehmern; Umfang, Zusammensetzung und Dynamik der Gruppe, ihre Vorkenntnisse, Vorerfahrungen, biografische und soziografische Merkmale usw. Empirische Hinweise darauf erhielten wir auch in einer Evaluationsstudie eigener Seminare (Sperber/Günther 1988). Extremfälle sind denkbar und auch schon vorgekommen: ein methodisch durchgefeiltes Konzept geht baden, weil der Lehrende nicht „ankommt", aber ein geradezu unmethodisches Vorgehen scheint keine Rolle zu spielen, weil die Gruppe den Trainer akzeptiert. Das macht Methodik und Didaktik als pädagogisches Handwerkszeug natürlich in keiner Weise überflüssig.

Als wichtigster übergeordneter Gesichtspunkt gilt der **Methodenwechsel** (Ryans 1960). Möglichst jede Seminareinheit sollte sich von der vorhergehenden methodisch unterscheiden bzw. verschiedene methodische Elemente enthalten. Es wäre immer noch besser, Sie unterbrechen zur Not einmal den thematischen Faden und schieben etwas ganz anderes ein, als dass Sie dreimal nacheinander ein Lehrgespräch führen!

Wahl der Methoden

Unsere **Zielsetzung bei der Wahl von Methoden und Medien** in Trainingsseminaren der Erwachsenenbildung sind:

- Aktivierung: intensiver Einsatz praktischer Übungen, zumeist in Gruppen unterschiedlicher Größe

- Individualisierung der Lernziele und der Auswertung so weitgehend wie möglich
- Intensivierung der Selbsterfahrung, insbesondere bei kommunikativen Fertigkeiten, die stärker mit eigenen Gefühlen zu tun haben, durch Selbsterfahrungsübungen, Verhaltens- und Personenrückmeldung sowie technisches Feedback (Video)
- Motivierung durch Teilnehmerkooperation in Gruppen
- Motivierung durch Teilnehmer-/Gruppenkonkurrenz
- Reflektieren der Erfahrungen und Ergebnisse praktischer Übungen

Alle Methoden haben selbstverständlich Vor- und Nachteile. **Kriterien zu ihrer Bewertung sind**:

- Zweckdienlichkeit im Hinblick auf die Lernziele: Wie *heißen* diese? Inwieweit können damit die Lernziele erreicht werden?
- Grad der Teilnehmermotivierung: Spaß, Abwechslung („Dramaturgie"), Erwartungen an den Lernerfolg und die Anwendbarkeit des Gelernten
- Grad der Teilnehmeraktivierung und -individualisierung: Wer kann wie oft und wie lange agieren? Wer steht wann im Mittelpunkt? Welche Gestaltungsmöglichkeiten und Freiheitsgrade hat der einzelne Teilnehmer?
- Zeitaufwand: Welches Verhältnis von Intensität und Extensität ist im Hinblick auf die Lernziele gerechtfertigt? Wo kann exemplarisches Arbeiten eine systematisch-vollständige Behandlung kompensieren, wo nicht? Kann die Trainerbetreuung in den Übungsphasen hinreichend verteilt werden?
- Vorliegen technischer und organisatorischer Voraussetzungen und Arbeitsaufwand zu ihrer Bereitstellung: Räume, Arbeitsmaterialien, technische Medien

Im Folgenden wollen wir Methoden der Gruppenarbeit grob unterscheiden zwischen Plenums- und Kleingruppenarbeit. Egal, wie Sie mit Ihren Teilnehmern arbeiten, einen in vielfacher Hinsicht wesentlichen Unterschied macht es, ob die ganze Gruppe zusammenarbeitet oder ob es eine Aufteilung nach Untergruppen gibt. Die psychologische Situation ist weitgehend verschieden.

10.6.1 Die Arbeit mit dem Plenum

Im Fall der Gesamtgruppe (Plenum) stellen die Gruppengröße und die Anwesenheit des Seminarleiters/Trainers, der auch bei Zurückhaltung fast immer mehr oder weniger dominiert, die wichtigsten Rahmenbedingungen dar: Die Entfaltungsmöglichkeiten des Einzelnen und damit die Rate seiner offenen Aktivität sind gegenüber Kleingruppen geringer. Dafür sind Prozesse der Informationsvermittlung effizienter (nicht automatisch „besser"). Wir unterscheiden zwischen zentralisierten und dezentralisierten Formen der Plenumsarbeit.

FORMEN DER ZENTRALISIERTEN PLENUMSARBEIT

Hier können **darbietend-vortragende** Methoden und **Gesprächsmethoden** unterschieden werden. Erstere sind z. B.:

Kurzvortrag oder Referat des Seminarleiters oder eines Teilnehmers(!) zur Vermittlung von Lernstoff, Arbeitsergebnissen usw., möglichst unter Einsatz technischer Medien wie Tafel, Overheadprojektor oder Flipcharts zur Visualisierung von Inhalten **(Präsentation)**: Der wichtigste Grundsatz ist zeitliche Beschränkung. Spätestens nach 20 Minuten lässt die Aufnahmefähigkeit zu sehr nach. Praktisch immer ist es angebracht, mit anderen Elementen wie solchen des Unterrichtsgesprächs (s. u.) zu kombinieren.

Gesprächsmethoden können sein:

- **Impulsmethode:** Wir meinen damit nicht das Wechselspiel von Vortrags- und Diskussionsphasen (Impulsreferat), sondern eine kurze Einleitung zur Anregung einer Teilnehmerdiskussion oder Gruppenübung, die nicht eine problemlösende, sondern eine anregende und problemsensibilisierende Funktion hat.
- **Problemeinkreisendes Gespräch**, etwa zur Bestimmung von Teilnehmerwünschen und -bedürfnissen für die Feinplanung. In erster Linie werden seminarrelevante Probleme aus dem Alltag oder der Berufspraxis eruiert. Sie müssen meistens konkretisiert, analysiert, umformuliert und so auf die Ebene von Lernzielen oder -bedingungen gebracht werden. Zur schnellen und übersichtlichen Erfassung der Teilnehmerbeiträge empfiehlt sich der Einsatz von Karten, die vom Seminarleiter oder von den Teilnehmern zu einer Wandzeitung gestaltet werden: Das Material wird visuell organisiert und

kategorisiert und dient im weiteren Verlauf als häufiger Bezugspunkt (vgl. 7.4, 10.4). Die **Moderationsmethode**, unter dem Aspekt der Arbeitsmittel auch als Kartentechnik bekannt, hat dazu eine Vielzahl von Möglichkeiten entwickelt, auf die wir hier nicht eingehen können (vgl. Klebert et al. 2002; Seifert, J. 2007; für einen kurzen Überblick s. etwa Schrader et al. 1983, Kap. 3).

- **Unterrichts- oder Lehrgespräch**: Zur Erörterung von Stoffen, die in aller Regel einen theoretischen Hintergrund für praktische Übungen darstellen. Oft handelt es sich um die Besprechung oder Erarbeitung von Listen mit „Regeln" oder Merkpunkten, die Verhaltensziele o. Ä. enthalten.
- **Plenumsdiskussion**, mit oder ohne Diskussionsleitung durch den Seminarleiter oder einen Teilnehmer: zur Reflektion und Auswertung der Ergebnisse von Kleingruppenarbeiten oder anderer Übungen (im Plenum oder in Kleingruppen).
- **Formen strukturierter Gespräche** wie Debatten (vgl. die rhetorischen Übungen in Kap. 6 und 7) zum kontroversen, aber gesteuerten Diskurs strittiger Fragen.

FORMEN DER DEZENTRALISIERTEN PLENUMSARBEIT

Übungsphasen, die mehrere Paare oder Gruppen im gleichen Raum durchführen, also Partner- oder Kleingruppenarbeiten innerhalb der Gesamtgruppe:

- **Öffnende Übungen** eignen sich für die Anwärmphase oder wenn erhöhte Intensität der Selbsterfahrung bei möglichst vielen in kurzer Zeit erwünscht ist. Beispiele: Interviewphasen während der Übung, Partnerinterview; wechselseitige persönliche Rückmeldungsgespräche als Teil einer Feedback-Übung.
- **Individualübungen**, wo nötig und zeitlich parallel möglich. Das sind alle Formen der Stillarbeit, bei denen jeder Teilnehmer eine Aufgabe ausführt, zumeist schriftlicher Art oder anhand von schriftlichem Material (z. B. einen Fünf-Satz entwerfen, sich auf die eigene Rolle in einem Verhandlungsrollenspiel vorbereiten etc.).
- **Gesprächs- und Erörterungsphasen**, für die eine möglichst intensive Beteiligung aller Teilnehmer gewünscht ist, um größere Zusammenhänge zu vertiefen bzw. um Breite oder Tiefe der Bearbeitung zu erreichen. Das sind die **„Brabbelgruppen"** (auch „Methode 66" genannt): Für etwa zehn Minuten setzen

sich die Teilnehmer in kleinen Gruppen zusammen und führen parallel eine Besprechung durch, um kurzfristig Teilfragen zu erörtern. Daran schließt sich in der Regel eine Ergebnisdarstellung vor der Gesamtgruppe an. Beispiele: „Welche Umsetzungen sind für die Ideengruppe A unseres gemeinsamen Brainstormings denkbar?" „Wie beurteilen wir Antwortmöglichkeiten, Chancen und Risiken der Punkte … aus dem Papier ‚Häufige Fragen im Bewerbungsgespräch'?"

Die letztgenannten dezentralen Arbeitsformen finden zwar räumlich im Plenum statt, haben aber schon den Charakter von Gruppenarbeit, ohne dass sich die psychologische Situation grundlegend ändert. Sie haben den Vorteil, kurzfristig Abwechslung zu bieten, und sind immer dann sinnvoll, wenn:

- eine Diversifizierung nützlich ist (Aufgabenaufteilung, um in gleicher Zeit die intensivere Bearbeitung eines Gegenstandes zu erreichen)
- eine Parallelisierung die Aktivität der Teilnehmer erhöhen soll (viele sollen zur gleichen Zeit konkret etwas bearbeiten oder üben)
- eine größere Bandbreite von Ergebnissen erwünscht ist (etwa in Problemlösungsphasen, deren kreative Seite wichtig ist)
- eine Vertiefung oder Weiterführung von Zwischenergebnissen wichtiger scheint als die persönliche Erarbeitung durch jeden Einzelnen (auch wenn ich nicht in der Brabbelgruppe B war, kann ich von den Ergebnisdarstellungen dieser Gruppe profitieren)

10.6.2 Die Arbeit mit Kleingruppen

Kleingruppen werden als zeitweise eigenständige Lerngruppen gebildet. Ihre Größe kann zwischen drei und etwa zwölf Mitgliedern variieren, je nachdem, wie groß die Gesamtgruppe ist und wie viele Aufteilungen sinnvoll sind.

viele Vorteile

In Kleingruppen besteht eine Vielfalt von Variationsmöglichkeiten (Gruppengröße, Aufgabenverteilung, Arbeitsdauer und Arbeitsweise). Interne Gruppendynamik kann sich entwickeln. Die Verantwortlichkeit des Einzelnen steigt. Der Trainer wird nur gelegentlich anwesend sein.

Kleingruppen sind prädestiniert für Sozialformen des Lernens. Schon weil es überwiegend um soziales Lernen geht, liegt dieses Organisationsprinzip nahe. Sie sind geeignet, die Aktivierung des Einzelnen zu erhöhen, Zeit zu sparen, Aufgaben aufzuteilen, an denen nicht jeder beteiligt sein muss und, nicht zuletzt, um durch Methodenwechsel für genügend Abwechslung zu sorgen.

Das subjektive Erleben eines Seminars wird durch die Vielfältigkeit der Arbeitsformen ganz wesentlich dichter. Die Gruppe hat am Ende auch deshalb das Gefühl, und nicht nur die Illusion, wesentlich mehr getan zu haben: Je mehr „Ankerreize" auch durch neue Konstellationen der Zusammenarbeit, der räumlichen Situation usw. gesetzt werden, desto mehr wird der Strom des Erlebens strukturiert, und das ist für die Gedächtnisprozesse des Einprägens und Behaltens von wesentlicher Bedeutung: Machen Sie es sich zur Faustregel, an jedem Halbtag mindestens eine, besser zwei Kleingruppenphasen einzuplanen! Versuchen Sie, Plenums- und Kleingruppenarbeit beständig abzuwechseln. Tun Sie das auf jeden Fall für eher rezeptive und eher produktive Phasen.

Kleingruppen fördern die Kooperation unter den Mitgliedern, emanzipieren vom Seminarleiter und schaffen eine fruchtbare Konkurrenz zu Parallelgruppen, vor allem wenn die Ergebnisse in nachfolgenden Plenumsphasen vorgestellt und verglichen werden. Dabei lassen sich in den meisten Fällen zusätzliche Extraaufgaben definieren: Die Kleingruppe bestimmt ein oder zwei Mitglieder, ihre Resultate vorzustellen, ein anderes, während der Arbeit bereits Protokoll zu führen (Wandzeitung: das vorzustellende Ergebnis entsteht als Produkt im Arbeitsprozess und wird mitgebracht) usw. Dieser Außenbezug im nachfolgenden Plenum stellt automatisch eine Belohnung dar und erzeugt ein Wir-Gefühl.

Randbedingungen

Ein wichtiger Gesichtspunkt für Anzahl und Größe von Untergruppen ist die Struktur der Aufgabe: Für eine Diskussionsübung dürfte eine Dreiergruppe zu klein sein; die Ausarbeitung eines Fünf-Satzes macht mit zwölf Teilnehmern wenig Sinn. Ein anderer Aspekt ist die Notwendigkeit zwischenzeitlicher Betreuung durch den Leiter: Wenn Sie auf sich allein gestellt sind, sollten Sie sich unter Umständen gut überlegen, mehr als zwei Kleingruppen zu bilden. Potenziell konfliktreiche Übungen wie ein „Heißer Stuhl" oder intensive Selbsterfahrung, die Ihre Begleitung braucht, wie das „Alter Ego" sollten überhaupt nicht in Selbstläufergruppen stattfinden. Arbeiten Sie mit einem Ko-Trainer, dürfte eine häufige Zweiteilung ideal sein, da ständige Betreuung gewährleistet ist und die Aktivität sich verdoppelt.

Wenn nicht konkrete inhaltliche Gründe dagegen sprechen, sollten Sie bei mehrfach ähnlich zusammengesetzten Gruppen die Betreuerzuordnung wechseln. In jedem Fall müssen Sie sich aber gut absprechen, um synchronisiert zu bleiben (vgl. dazu 10.7 „Team-Teaching")!

DIE BILDUNG VON KLEINGRUPPEN

Ein nicht unwichtiger Punkt bei der Initiierung von Arbeitsgruppen ist die Gruppenbildung: Entscheiden Sie in der Regel selbst, wer in welche Gruppe soll. Lassen Sie aber Abweichungen zu, wenn es entsprechende Wünsche gibt und die Zusammensetzung den Lernzielen nicht widerspricht. Lassen Sie keine langen und fruchtlosen Diskussionen um die Gruppenbildung entstehen. Kriterien können sein:

Kriterium 1: Abwechslung der Zusammensetzung

Manches spricht für, vieles spricht gegen mehrmals gleiche Gruppenzusammensetzung. Wenn es nicht sachliche Gründe dagegen gibt (spezielle Weiterführung, sinnvolle Voraussetzungen bei Teilnehmern für bestimmte Aufgaben), wechseln Sie stets ab! So bleibt die Gefahr der Cliquenbildung oder verhärteten Konkurrenz geringer, intensivere Kontakte zwischen möglichst vielen Teilnehmern werden vielfältiger im Seminarverlauf, und das kann der Gruppendynamik nur guttun.

Gibt es keine sachlichen Gründe für bestimmte Gruppenbildungen, können Sie unterschiedliche Methoden der „Zufalls"-Bildung einsetzen: Zählen Sie zu Zweien oder Dreien ab und ordnen Sie gleiche Zahlen zu Gruppen; nehmen Sie die linke und die rechte Seite oder die Fenster- und die Türreihe; fragen Sie nach den Anfangsbuchstaben des Namens von A bis … und von … bis Z; sortieren Sie nach Bier- und Weintrinkern, usw. Wenn das schnell und dennoch durchsichtig gehandhabt wird, entsteht ein bisschen abwechslungsreiche Spannung, mögliche latente Antipathien zwischen Teilnehmern werden dabei einfach ignoriert – und durch den folgenden Kontakt häufig abgebaut.

Das gegenteilige Extrem wäre ein Verfahren der Personenwahl durch die Teilnehmer selbst: Eine solche unterschwellig brisante Situation (wie bei der Damen- oder Herrenwahl!) sollten Sie vermeiden, abgesehen von begründeten Ausnahmen (evtl. Selbsterfahrungsübungen, bei denen genau das Teil der Konzeption sein könnte).

Kriterium 2: Aufgabenrelevante Zusammensetzung

In manchen Fällen gibt es Gründe für ganz bestimmte Gruppenbildungen. Diese sollten natürlich genannt werden (und bei anderer Gelegenheit durch wieder andere Gruppenbildungen ausbalanciert werden): Wenn z. B. Vorwissen und Erfahrung eine Rolle spielen („Wer kennt sich im Bereich des Marketings aus, und wer bei Buchhaltungsfragen?“), können kompetenzbezogene Aufteilungen sinnvoller sein als quasizufällige. Manchmal ist es aber sinnvoll, Kompetenzen gleichmäßig zu verteilen. („Wir brauchen in jeder Gruppe mindestens einen, der schon einmal ein Bewerbungsgespräch gemacht hat.“)

Kriterium 3: Zuordnung nach Aufgabeninteresse

Wenn nichts dagegen spricht, führen Sie (straff geführt) eine Gruppenbildung nach Präferenzwahlen der Teilnehmer durch. („Nachdem wir uns auf das Thema unserer *Englischen Debatte* geeinigt haben, bilden wir zwei Mannschaften à 6, die ich hier unter Pro und Kontra anschreiben werde. Melden Sie sich bitte mit Ihrem Namen, es geht nach dem Müller-Prinzip ...“) Wenn die Vorlieben sich völlig ungleich verteilen sollten, können Sie kurz nach einem tauschbereiten Mitglied Ausschau halten, oder es bleibt dabei.

BEVOR ES LOSGEHT ... noch ein paar organisatorische Tipps, die von Unerfahrenen häufig nicht beachtet werden:

Überlegen Sie vorher genau die Abfolge von Einleitung, Aufgabenbeschreibung, genereller und spezieller Instruktion, Gruppenbildung, Materialverteilung, Zeitabsprachen usw. Verfahren Sie in der Reihenfolge: Erst Allgemeines, dann Spezielles, am Schluss Rückfrage und Wiederholung wichtiger Punkte. Schieben Sie nur wirklich exklusive Gruppeninformationen erst in der Kleingruppe nach. Am besten benutzen Sie eine Stichwortliste mit der Reihenfolge der Punkte, die Sie ansprechen wollen!

Geben Sie ganz klare und präzise Instruktionen, was wann von wem zu tun ist. (Noch besser wäre es, Sie haben es unmissverständlich auf einem Arbeitsblatt.) Es ist ungemein frustrierend, wenn Sie laufend aufgesucht und gebeten werden müssen, alles in jeder Gruppe noch einmal zu erläutern, oder Debatten um die richtige Auslegung der Aufgabe die Arbeit in den Kleingruppen behindern. Vergessen Sie nicht, Aufgaben und ihre Verteilung für eine evtl. Ergebnispräsentation im Plenum zu definieren (s. u.), etwa: „Bestimmen Sie zuerst einen Leiter/einen Protokollführer/den oder diejenigen, die später im Plenum vortragen."

Verteilen Sie schriftliches Material erst am Ende der Instruktionen bzw. unmittelbar vor eventuellen Materialhinweisen, sonst wird die Hälfte der Teilnehmer, neugierig blätternd, Ihren Instruktionen nicht mehr zuhören! Sorgen Sie auch dafür, dass die nötigen Arbeitsmaterialien (Flipcharts, Karten, Stifte etc.) überall bereitstehen.

Ein weiterer Anfängerfehler ist es, zu viele organisatorische Kleinigkeiten in hektischer Manier selbst zu leisten, anstatt ganz einfach den Gruppen Aufträge zu geben. („Nehmen Sie sich bitte Stifte und Karten mit ... Stellen Sie die Tische zusammen ... Bestimmen Sie zuerst einen Protokollanten ..." usw.)

Machen Sie eine klare Zeitvorgabe ganz am Ende mit Uhrenvergleich.

Und schließlich: **Setzen Sie kein vorzeitiges Startsignal.** (Oft genug passiert es unbeabsichtigt („Denkpause" beim Seminarleiter): Etliche Leute werden aufspringen, um sich nach draußen zu begeben, während Ihnen plötzlich einfällt, dass Sie das Wichtigste noch gar nicht gesagt haben!

WENN DER LADEN ERST EINMAL LÄUFT ...

Als Seminarleiter werden Sie öfters die verschiedenen Gruppen in ihren Räumen aufsuchen, um nach dem Rechten zu sehen und für Fragen zur Verfügung zu stehen. Sie können dann noch Hinweise geben oder Korrekturen des Vorgehens rechtzeitig einbringen. Halten Sie sich aber mit konkreten Vorschlägen und Bewertungen eher zurück, wenn es nicht dringlich ist. Erinnern Sie ggf. lieber an Ziele, Bedingungen oder sonstige Einzelheiten, stellen Sie eine Impulsfrage, wo sinnvoll. Grundsätzlich sollten Sie präsent, aber natürlich nicht dominant sein. Die Kleingruppe muss sich selbst entfalten können. Wenn Ihre Vorbereitungsphase gestimmt hat, haben Sie während der Gruppenarbeitszeit Gelegenheit, zu beobachten, selbst zu reflektieren und Details vorauszuplanen.

Man kann sich in der Planung der Gruppenarbeit sehr leicht im Zeitbedarf verschätzen. Sie brauchen sich übrigens nicht unbedingt an Ihre Zeitabsprachen zu halten, wenn absehbar wird, dass die Gruppen nicht rechtzeitig fertig sind. Wichtig ist dann, rechtzeitig eine konkrete Verlängerungsabsprache zu treffen und für Synchronisierung zu sorgen. (Wenn Gruppe A schneller war, kann sie irgendetwas Weiterführendes tun oder zur Not bereits ihre Pause beginnen.) Zeitdruck entsteht in der Praxis häufig schon durch Ihre Fehleinschätzung, wie viel Zeit nötig sein wird. Zeitdruck kann auch in vielen Fällen der Produktivität förderlich sein, aber es muss natürlich ein sinnvolles (nicht hektisches) Arbeiten möglich bleiben. Der Bedarf an Zeit kann je nach Aufgabe sehr stark variieren, von 15 Min. bis zu einer Stunde. Nach Beendigung folgt eine Kurzpause. Sie wird von lebhaften Gesprächen über die Gruppenarbeit bestimmt sein.

AUSWERTUNG DER KLEINGRUPPENARBEIT

Eine Auswertung ist generell sinnvoll. Erst hier haben die Teilnehmer Gelegenheit, ihre Ergebnisse vorzustellen und bewerten zu lassen. Wie bei jeder Anstrengung und Leistung stellt sie einen emotional und lernpsychologisch wichtigen Abschluss dar. Die Modalitäten variieren je nach Zeit und Gegebenheiten.

Auswertungen im Plenum

In vielen Fällen wird der Trainer nach der eingeschobenen Kurzpause (hier beginnt bereits die „affektive" Auswertung im freien Gespräch) eine Plenumsrunde einberufen, die je nach Situation 5 bis 30 Min. dauert. Nacheinander berichten die Gruppen und stellen Ergebnisse vor. Schriftliche Produkte (Wandzeitungen) werden nebeneinandergehängt und von Gruppenvertretern präsentiert (einfache Präsentationstechniken als zusätzliches Lernziel). Fragen an die Vortragenden bzw. die Kleingruppe sowie Kommentare oder Kurzdiskussionen folgen, ein Resümee schließt die Auswertung ab. Dabei sollten vom Seminarleiter nach den Grundsätzen der Rückmeldung (vgl. Kap. 3) konstruktive Bewertungen und Einordnungen vorgenommen werden. Auch die Präsentationsleistungen der Vortragenden selbst können so wie nebenbei besprochen werden.

In manchen Fällen können Auswertungen rollenspielartig erweitert werden: Haben etwa zwei parallele Arbeitsgruppen als „leitende Angestellte des Tochterunternehmens eines Konzerns" „Maßnahmen zur Verbesserung des Betriebsklimas" (nach schriftlichen Rahmeninformationen) zu entwickeln, kann die Plenumsauswertung als „Präsentation vor dem heute zufällig anwesenden Gesamtvorstand" erfolgen. Zuhörerschaft und Trainer spielen den Vorstand, der mit kritischen Zwischenfragen die Präsentation begleitet. Es kommt also auch darauf an, flexibel und angemessen auf ein solches Publikum eingehen zu können.

Das sind nur einige Beispiele für Erhöhungen der Komplexität der Auswertung, die sie spannender und auch anspruchsvoller machen. So kann keine Banalität, etwa durch bloßes Aufwärmen und Wiedergeben, entstehen, im Gegenteil: Es werden gleich noch ein paar sinnvolle Zusatzübungen für einige Teilnehmer mitgenommen.

10.7 Team-Teaching

Unter *Team-Teaching* versteht man den Unterricht durch mehrere Personen. In einem Seminar sind also mindestens zwei Personen mit der Leitung und Durchführung beschäftigt. Das kann in unterschiedlicher Weise realisiert sein und eine Differenzierung der Funktionen einschließen: In einer gewerkschaftlichen Weiterbildung könnten z. B. ein Gesprächstrainer und ein juristischer Fachreferent mit einem gewerkschaftlichen Seminarleiter zusammenarbeiten und sich je nach ihrer Fachkompetenz die Aufgaben teilen. In einem Bewerbungstraining könnten ein Personalberater und ein Psychologe zusammenarbeiten, ein Rhetorikkurs könnte von zwei Trainern (mit gleichartigen Qualifikationen) durch häufige Parallelisierung in Kleingruppenarbeit praxisreicher und intensiver gestaltet werden.

Aufgabenteilung

Team-Teaching ist zuerst einmal eine Entlastung für die Trainer. Nicht mehr für alles verantwortlich sein zu müssen, weil ja immer noch ein Kollege dabei ist, gibt die Möglichkeit, sich Aspekten des Geschehens zuzuwenden, für die man als „Einzelkämpfer" oft nicht genügend Aufmerksamkeitskapazität frei hat. Gegenseitige Ergänzung, Unterstützung und Beratung erleichtern die Arbeit.

Für die Seminarteilnehmer bedeutet Team-Teaching intensivere Betreuung, ganz besonders bei praktischen Übungen, die in parallel geführten Kleingruppen absolviert werden können. Die Möglichkeit zur aktiven Teilnahme verdoppelt sich durch eine Halbierung der Lerngruppe. Von Vorteil ist es ebenfalls, dass mehr als eine Bezugsperson zur Verfügung steht.

erhöhte Komplexität

Solchen Vorteilen stehen andererseits auch Komplizierungen und manchmal Komplikationen gegenüber: Team-Teaching bedeutet immer eine deutliche Erhöhung der Komplexität der Lehr-Lern-Situation, auch dann, wenn etwa lediglich ein Fachreferent einen eng abgegrenzten Seminarteil in eigener Regie übernimmt. Zeitplanungen sind stärker zu beachten, die Teilnehmer müssen sich auf mehrere Personen, vielleicht unterschiedliche persönliche oder Lehrstile einstellen, und die Gruppendynamik wird davon nicht unberührt bleiben.

Synchronisierung

Eine Komplizierung bedeutet Team-Teaching natürlich auch für die Lehrenden selbst; dies umso mehr, je weniger Funktionsdifferenzierung vorhanden ist und je mehr quasi gleichzeitig agiert wird. Zwei Ko-Trainer, die im Prinzip die gleichen Aufgaben erledigen, sind darauf angewiesen, eine gemeinsame Ebene ihres Lehrverständnisses zu finden, gemeinsam zu planen und eine synchronisierte Durchführung zu bewerkstelligen. Ein Grundkonsens in solchen Fragen ist notwendig, und auch emotionale Übereinstimmung ist sehr wünschenswert. Dabei ist es wichtig, dass keine einseitigen Dominanzen entstehen, sei es, dass ein Trainer zu viele Vordergrundaktivitäten ausübt, sei es, dass einer im informellen Bereich deutlich präsenter ist. Wenn Sie nicht ein „Meister-Lehrlings-“ oder ein „Leiter-Assistenten-Verhältnis“ haben wollen, sollten Sie auf Ausgewogenheit achten. Ausnahmen sind denkbar, sollten dann aber auch für die Teilnehmer transparent gemacht werden (wenn z.B. ein Trainer tatsächlich assistierend tätig ist).

Balancen

Kommunikationskompetenz und Konfliktlösungsfähigkeit bei internen Problemen sind unbedingt wünschenswert, denn wenn Sie sich nicht einig sind, wird sich das mit Sicherheit auf Ihre Arbeit und auf die Zufriedenheit der Teilnehmer auswirken: Sie merken sehr schnell, wenn irgendwelche Spannungen in der Luft liegen, und es ist nicht ausgeschlossen, dass gruppendynamische Reaktionsbildungen auftreten. Man will dann vielleicht sehen, ob die beiden „miteinander können“, man sucht sich denjenigen aus, der einem lieber ist oder den eigenen Wünschen und Bedürfnissen eher entgegenkommt, usw. Analog zu divergierenden Erziehungsstilen von Eltern würde eine Art Verwöhnungsverhalten hervorgerufen, und es ist dann nicht mehr ausgeschlossen, dass die Trainer gegeneinander ausgespielt werden.

EMPIRISCHE ERGEBNISSE ZUM EINFLUSS VON TEAM-TEACHING

Interessante, weil z. T. kontraintuitive Ergebnisse zum Team-Teaching erhielten wir in einer empirischen Studie über 261 Fragebögen von (zumeist weiblichen) Verbraucherberatern (mit Mehrfachteilnahmen), in denen insgesamt 20 unserer Seminare zu Themen wie Kommunikation, Beratungsmethodik und Rhetorik unmittelbar am Seminarende anonym bewertet worden waren (Sperber/Günther 1988).

Bei generell im positiven Skalenbereich liegenden Mittelwerten aller 23 Fragen konnten in Kovarianzanalysen vielfältige Einflüsse auf die Seminareinschätzungen gezeigt werden. Danach spielt die Gruppengröße bei vielen Einschätzungsaspekten eine nicht zu vernachlässigende Rolle (kleiner ist günstiger). Gruppenunterschiede zeigten sich u. a. in einem größeren Bedürfnis der Berufsanfänger (Studium) nach Betreuung, bei gleichzeitig höherem Anspruchsniveau – im Vergleich mit Berufserfahrenen (zumeist kein Studium). Team-Teaching scheint für Jüngere relativ wichtiger zu sein. Aus dem Analysekontext der Team-Teaching-Seminare wissen wir zudem, dass Berufsanfänger Kommunikationsseminare bei etlichen Fragen relativ kritischer beurteilten als Berufserfahrene, während solche Unterschiede in Seminaren zur „Methodik der Einzelberatung" überhaupt nicht auftraten.

Unterschiede zwischen Team-Teaching und Single-Teachings: Nur einmal (bei 115 Teilnehmerinnen an Beratungsseminaren) war lediglich die globale Zufriedenheit mit dem Seminar (nicht der Zufriedenheit mit den Referenten) in Single-Teachings höher als in Team-Teachings. Aber innerhalb von Wechselwirkungen traten insgesamt noch 13 Unterschiede auf: Abhängig von der Kombination Gruppe und Seminartyp waren einzelne Fragen in 10 Fällen für Single-Teachings und in nur 3 Fällen für Team-Teachings positiver beantwortet worden. (Bei insgesamt 299 derartiger Einzelvergleiche muss statistisch auch mit einigen „falsch signifikanten" Ergebnissen gerechnet werden.)

Wir wollen hier nicht alle denkbaren Erklärungshypothesen für Befunde wie diese anführen, aber darauf hinweisen, dass für Trainer und Auftraggeber vielleicht folgende Überlegungen am interessantesten sind: Einflüsse der Gruppengröße sollten nicht unterschätzt werden. Besonders bei ich-nahen Seminarthemen spielen Ausbildung, Sozialisation und Lebensalter der Teilnehmer offenbar eine Rolle, z. T. in gegenläufiger Richtung. Und: Team-Teaching führt auf dem Hintergrund vielfältiger Rahmenbedingungen nicht automatisch zu positiveren Teilnehmereinschätzungen unmittelbar am Seminarende (obwohl in der konkreten Untersuchung ganz überwiegend keine Unterschiede nachgewiesen werden konnten). Auch wenn man, wie es uns selbst ergangen ist, keine Hinweise aus eigener Beobachtung zu erkennen vermag: Man muss auch damit rechnen, dass Unterschiede im Verhaltensstil (und auch die Beziehung zwischen den Trainern) manchmal zu Interferenzen führen können, die sich in Teilnehmerbeurteilungen auswirken können. Therapeuten-Teams kennen dieses Problem jedenfalls genau.

HINWEISE FÜR DIE DURCHFÜHRUNG

Team-Teaching organisieren

Treffen Sie vorher konkrete Absprachen zur Gliederung nach Seminarabschnitten. Ordnen Sie für jede Phase einem Trainer die primäre Zuständigkeit zu. Diese sollte möglichst dauernd wechseln (vgl. 10.6: Methodenwechsel), schon deshalb, um selbst die Möglichkeit zur inneren Vor- und Nachbereitung zu haben. So tritt stets ein anderer Ko-Trainer in den Vordergrund, um eine Diskussion zu leiten, ein Papier zu erläutern, ein Lehrgespräch zu führen, die Vorbereitung für eine Kleingruppenübung zu machen usw. Dieser sollte jeweils die Hauptverantwortung tragen, so dass sich sein Kollege darauf verlassen kann. Das heißt aber nicht, dass er sich völlig zurückziehen darf.

Rollenverteilung

Der jeweils „passive" Trainer ist nicht wirklich passiv, sondern hat Gelegenheit, die gruppendynamische Situation zu beobachten, sich evtl. Notizen zu machen, sich gelegentlich auch kurz zu beteiligen oder sich auf seine nächste Aufgabe vorzubereiten. Allerdings muss man auch darauf achten, dem Kollegen das Heft nicht aus der Hand zu nehmen.

Möglichkeiten des Assistierens bestehen darin, dem Kollegen unterstützend zur Hand zu gehen. Fühlen Sie sich also verantwortlich für die Vorbereitung und das Funktionieren technischer Medien, die Bereitstellung von schriftlichem Material, machen Sie evtl. ein Tafelprotokoll während eines problemeinkreisenden Gesprächs, das Ihr Kollege moderiert. Verteilen Sie Materialien, übernehmen Sie ggf. die Kameraführung u. Ä. Teilen Sie ihm ggf. kurz mit, was Sie vorhaben bzw. sprechen Sie sich ab, denn Ihr Kollege hat zuerst nur Augen und Ohren für die Gruppe. Nicht abgesprochene Aktivitäten irritieren, besonders wenn Ihr Kollege vielleicht unerfahren oder angespannt ist. Haben Sie trotzdem eine gute Idee, verständigen Sie sich kurz, und verzichten Sie lieber, wenn es Ihrem Kollegen nicht ins Konzept passt. Achten Sie auch für ihn auf die Zeit, und geben Sie ihm evtl. diskrete Hinweise.

Falls Ihr Kollege einmal in Gefahr gerät, sich in kontroverse Debatten mit Teilnehmern verstricken zu lassen, beteiligen Sie sich durch moderierende, klärende oder unterstützende Beiträge. Verfahren Sie damit aber sparsam, damit die Gruppe nicht eine „Verschanzung bei denen da vorne“ wahrnimmt, und fallen Sie ihm nicht gleich ins Wort, wenn aus der Gruppe mal Kritik kommt.

Vermeiden Sie offenen Widerspruch vor der Gruppe (im Allgemeinen), denn das kommt immer schlecht an. Ein kleiner Trick ist es, stattdessen einen Beitrag als ergänzende Feststellung erscheinen zu lassen. Ihr Kollege wird sowieso bemerken, dass Sie ihm hier nicht zustimmen, die Gruppe wird es eher als Vervollständigung erleben. Nur wenn Sie gut eingespielt sind und vertrauensvoll zusammenarbeiten, können Sie vielleicht in wenig aufregenden Phasen einmal für Belebung sorgen, indem Sie, quasi in einer Teilnehmerrolle, dagegenhalten oder eine spitze Nachfrage stellen. Ihr Kollege kann dann vielleicht grinsend darauf eingehen, und so sind zwei Sichtweisen etwas dramatisiert „über die Rampe gegangen“. In der Gruppe führt das stets zu einer schlagartigen Erhöhung der Aufmerksamkeit. Es ist doch spannend, ob es da vorne vielleicht etwas geben wird! Die Vermeidung von Widerspruch gilt besonders für das methodisch-didaktische Vorgehen. Dissens in der inhaltlichen Diskussion regt dagegen an.

Halten Sie sich unbedingt an zeitliche Absprachen. Absprachen sind notwendig z. B. in Fragen der zeitlichen Synchronisierung von Kleingruppenarbeit, die Sie getrennt durchführen. Es darf nicht vorkommen, dass Sie statt nach der vereinbarten dreiviertel Stunde bereits nach zwanzig Minuten aus dem Kleingruppenraum in den Plenumsraum zurückkommen oder aber eine halbe Stunde länger brauchen als Ihr Kollege. Pausen sollten für eine Teilgruppe nach Möglichkeit nur in begründeten Fällen und nicht zu weit vorgezogen werden.

Halten Sie Kontakt in Phasen getrennter Arbeit. Wenn Sie sich beide in der Planung verkalkuliert haben, hilft rechtzeitige Abstimmung im Verlauf, die Ziellinien neu zu ziehen. Mit kurzer Rücksprache vermeiden Sie, dass die räumlich getrennten Aktivitäten auch inhaltlich oder gar methodisch auseinanderlaufen. Für solche Abweichungen kann es gute Gründe geben, wenn eine spezielle Entwicklung eintritt. Verständigen Sie sich dann auch darüber, und kündigen Sie das dann vor der Gruppe an bzw. erläutern und begründen es hinterher. Gelegentliches „Spionieren“ bei der anderen Gruppe verhindert also, dass unbeabsichtigt stark abweichende Arbeitsweisen und Ergebnisse entstehen, weil Sie bestimmte Details oder Zielsetzungen nicht konkret abgesprochen hatten. Nutzen Sie am besten Zwischenpausen, um ganz kurz Verlauf und weitere Vorgehensweise zu klären.

Besprechen Sie sich abends stets, um eine Auswertung des Tages und eine Planung für morgen vorzunehmen. Machen Sie vielleicht einen Spaziergang zusammen und tauschen Sie auch Ihre Erfahrungen in der Kleingruppenarbeit aus.

Analysieren Sie gemeinsam den Gruppenprozess, tauschen Sie Ihre Erkenntnisse über einzelne Teilnehmer aus, und planen Sie eventuelle Konsequenzen für die Arbeit. Informieren Sie sich gegenseitig, und achten Sie darauf, was Sie vielleicht unterschiedlich wahrgenommen haben: Auf wen wollen Sie besonders achten, wem sich zu bestimmten Zeitpunkten zuwenden, wen wollen Sie anders behandeln als bisher? Gerade wenn Seminarthema und Lernziele im sozialen Bereich angesiedelt sind und wenn Sie vielleicht Übungen mit Selbsterfahrungscharakter o. Ä. vorhaben, ist diese Ebene Ihr selbstverständliches Thema.

Geben Sie sich gegenseitig Feedback! Ein Kollege kann einem immer zu zusätzlichen Einsichten verhelfen, und er kann vermutlich Substantielleres sagen, als Sie es in einer allgemeinen Seminarrückmeldung von den Teilnehmern zu hören bekommen.

DIE KOSTEN- UND DIE EFFIZIENZFRAGE

Team-Teaching wird wohl wesentlich seltener durchgeführt als ein Single-Teaching, d. h., meistens ist ein Trainer auf sich allein gestellt und hat deshalb nicht selten auch weniger Erfahrung damit. Leider ist es auch eine Kostenfrage, ob Auftraggeber bereit sind, ein Team-Teaching zu finanzieren. Dabei gibt es, ein eingespieltes Team vorausgesetzt, viele gute Gründe für eine solche Unterrichtsform. Das Argument, in parallelen Kleingruppen doppelt so intensiv mit halber Teilnehmeranzahl arbeiten zu können, leuchtet noch am ehesten ein. Doch auch in Plenumsphasen können Trainingsseminare für die Teilnehmer ergiebiger gestaltet werden.

Wenn die Gruppengröße nicht in einem sinnvollen Rahmen gehalten werden kann, sollte der Gruppe ebenso wie (vorher) dem Auftraggeber rechtzeitig reiner Wein eingeschenkt werden. Bei vielen Auftraggebern bestehen natürlicherweise wenig konkrete Vorstellungen, welche Faktoren die Effizienz eines Seminars in welchem Ausmaß beeinflussen: Wir sagen meistens, dass eine Seminargruppe mit bis zu 12 Teilnehmern ideal ist, dass mit steigender Gruppengröße ein überproportionaler Abfall der Lerneffizienz für den Einzelnen entsteht, und dass Gruppen mit mehr als 15 Mitgliedern für ein praktisches Trainingsseminar keine befriedigende Durchführung mehr zulassen. Team-

Teaching kann diesen Mangel dann wieder beheben. Fatal aber wäre es, aus ökonomischen Gründen ein Seminar zeitlich, personell und inhaltlich überfrachtet „kaputtzusparen“: Dann reduziert sich Weiterbildung schnell auf eine statistische Größe, während Lernerfolge für wenige, vornehmlich die bereits besser Vorgebildeten, übrig bleiben. Das immer vorhandene Gefälle an Vorkenntnissen und Lernchancen in einer Lerngruppe würde so nicht kompensatorisch abgebaut, sondern verstärkt.

nicht kaputtsparen

10.8 Seminarabschluss

Feedback-Übung

Sollen die Teilnehmer sich intensiv mit Selbst- und Fremdbild beschäftigen, empfiehlt sich zum Abschluss eine Feedback-Übung. Eine solche Übung resümiert die Eindrücke der Gruppe über ihre einzelnen Mitglieder, also Fremdbilder, die im Laufe eines Seminars entstanden sind.

Diese Übungen haben zudem einen emotionalisierenden Effekt und bieten deswegen auch einen guten emotionalen Ausklang des Seminar- und Gruppenerlebnisses. Beispiele für solche Übungen sind das 7-Rollen-Spiel und die Feedback-Übung mit zwei positiven und zwei negativen Rückmeldungen (s. 3.4, 3.5). Bei diesen Übungen kann sich der Trainer auch immer wieder einschalten und konkretisierende, transferbezogene, ergänzende Feedbacks zu den einzelnen Teilnehmern geben.

Anwendungsverträge

Eine viel direkter transferorientierte und individualisierte Form des Feedbacks sind individuelle Anwendungsverträge. Feedback greift hier als Bezeichnung zu kurz. Genau genommen geht es um die Umsetzung individueller Seminarergebnisse in praxisbezogene Verhaltungsempfehlungen bzw. Vorsätze. Der Trainer oder die Trainer überlegen sich für jeden einzelnen Teilnehmer, welche Änderungsschwerpunkte im Verhalten für die berufliche Praxis oder private Sphäre vorrangig sind. In einem Einzelgespräch am Ende des Seminars werden gemeinsam mit dem Teilnehmer diese Punkte formuliert (z. B. „Häufiger Nein sagen“, „Anderen aufmerksam zuhören und ihnen nicht dauernd ins Wort fallen“). Der Teilnehmer kann auch Vorschläge einbringen, auf was er selbst achten möchte. Trainer und Teilnehmer besprechen die konkreten Situationen, in denen die Anwendung schwierig sein wird. In der Regel beschränkt man sich auf 2 bis 4 Punkte. Teilnehmer und Trainer unterschreiben gemeinsam einen „Vertrag“, der die verabredeten Änderungspunkte enthält. Dieser „Anwendungsvertrag“ hat nur eine moralische, keine rechtliche Bedeutung. Die Gespräche zu den individuellen Anwendungsverträgen erweisen sich in der Regel als sehr intensiv. Die Teilnehmer sind vorher sehr neugierig, gespannt und einige sogar aufgeregt, was da auf sie zukommt. Der Zeitaufwand ist allerdings beträchtlich (pro Person ca. 10 Min.). Deshalb sind Anwendungsverträge nur bei kleiner Teilnehmerzahl realisierbar. Während der Einzelberatungen muss die übrige Gruppe beschäftigt werden (Kleingruppenarbeit, Stillarbeit o. Ä.).

Ein Beispiel eines Anwendungsvertrags für einen fiktiven Teilnehmer finden Sie im *Kasten* am Ende des Kapitels.

Eine analoge Form der organisationsbezogenen Transferunterstützung bietet sich bei Gruppen aus einer Organisationseinheit (z. B. einer Unternehmensabteilung) an. Jeder Teilnehmer schreibt – angeregt durch eine Fragenliste des Trainers – eine oder mehrere praktische Anwendungen (mit Angaben über betroffene Kollegen und Realisierungstermine) auf Moderationskarten. Die Karten aller Teilnehmer werden gruppenöffentlich in der bekannten Weise auf Pinnwänden gruppiert. Gemeinsam mit den anwesenden Vorgesetzten wird ein verbindliches Vorgehen verabredet. Der Trainer moderiert nur.

Seminarevaluation

Eine Evaluation schließt das Seminar ab. Einleitend sollte der Trainer zur Erinnerung (anhand des an der Wand hängenden Seminarprotokolls) den gesamten Seminarverlauf Revue passieren lassen. Eine naheliegende Form ist ein allgemeines Gespräch zu der Frage „Was hat Ihnen am Seminar gefallen, was hat Ihnen missfallen?“.

Vorteile dieser offenen Vorgehensweise (im Vergleich zum Fragebogen): Die Teilnehmer äußern sich spontan. Keine spezifischen Fragen steuern ihre Antworten. Angesprochene Punkte können im Gespräch vertieft, Unklarheiten durch Nachfragen beseitigt werden.

Nachteile: Die Äußerungen sind evtl. für die Teilnehmer unrepräsentativ. Die Selbstbewussten und Vielredner kommen hier vermutlich überrepräsentiert zu Wort. Möglicherweise beeinflussen die ersten Äußerungen die der nachfolgenden Redner. Überhaupt dürfte die Gruppenöffentlichkeit eine Rolle spielen.

Sie können dem unrepräsentativen Charakter der Äußerungen entgegenwirken, indem Sie alle Teilnehmer reihum um ein Statement bitten. Das führt aber erfahrungsgemäß, besonders bei großen Gruppen, zu ermüdenden Wiederholungen.

Häufig haben Sie spezielle Fragen, die Sie an die Gruppe richten können, z. B.: „Wie fanden Sie das Verhältnis von theoretischen und praktischen Teilen? Welcher Bereich sollte stärker vertreten sein?“ (Häufiger werden mehr praktische Übungen gewünscht, bei einem intellektuellen Publikum auch mehr Theorie-) Oder: „Fanden Sie das Trainerverhalten zu direktiv, angemessen oder zu locker?“ (Trends: Techniker ziehen im Gegensatz zu pädagogischen und sozialen Berufen einen direktiven Stil vor; Kaufleute liegen dazwischen, tendieren aber mehr zu den Technikern.)

Fragen Sie, was Sie aufgrund Ihrer Seminarvorbereitung oder -durchführung besonders interessiert: z. B. Qualität der schriftlichen Materialien; Beurteilung der Rollenspiele; Tempo der Veranstaltung; ausreichend Beispiele aus der beruflichen (oder sonstigen) Praxis; Praxisrelevanz insgesamt …

Als Standardvorgehen bei einer offenen Aussprache schlagen wir vor: Bringen Sie die einzelnen Bausteine in Erinnerung, und fragen Sie z. B.: „Was hat Ihnen am Seminar gefallen? Was sollte verbessert werden?“ Nach einer Phase spontaner Äußerungen können Sie gerichtete Fragen stellen. Diese Fragen können Sie zuvor auf ein Flipchart geschrieben haben, das Sie jetzt aufdecken. Versuchen Sie, viele Teilnehmer in das Gespräch einzubeziehen!

Auch die Kartenabfrage (vgl. 9.3) können Sie zum Seminar-Feedback benutzen. Jeder Teilnehmer schreibt ohne Namensnennung drei Punkte auf, die ihm gefallen haben, und drei, die ihm missfallen haben. Bei dem Anheften der Karten kann man, muss aber nicht, auf eine Gruppierung verzichten.

Eine Evaluation durch einen standardisierten Seminarfragebogen, wie sie manche Auftraggeber bevorzugen, ermöglicht eine klar strukturierte Erhebung der Meinungen aller Teilnehmer (vgl. z. B. Sperber/Günther 1988). Wird derselbe Fragebogen bei thematisch unterschiedlichen Seminaren eingesetzt, können sich die Fragen (mit vorgegebenen Antwortkategorien) nicht auf die konkreten Seminarinhalte beziehen. Offene Fragen erlauben hier Flexibilität, sind jedoch für die quantitative Auswertung problematisch. Lassen Sie einen Fragebogen ausfüllen, können Sie natürlich noch ein Feedback-Gespräch anschließen, um vertiefende Nachfragen zu stellen.

Teilnehmermaterial

Firma
Billig & Schnell GmbH

Seminar „Leiten von Besprechungen“, 2. – 4.9.2008

Anwendungsvertrag

Für Herrn Bernd Mustermann
vereinbaren wir in gegenseitigem Einvernehmen folgende Anwendungsschwerpunkte für die künftige berufliche Praxis:

1. Als Besprechungsleiter achte ich darauf, dass die Teilnehmer, in der Regel in der Reihenfolge ihrer Meldung, zu Wort kommen.
2. Ich achte darauf, dass sie sich nicht gegenseitig unterbrechen.
3. Nach getroffenen Entscheidungen versuche ich, einvernehmlich festzulegen oder festlegen zu lassen, welche Kollegen mit welchen Mitteln bis wann die Entscheidung umsetzen.

Diese Punkte werde ich bei Besprechungen besonders beachten und so weit wie möglich realisieren. Dazu verpflichte ich mich. (Diese Verpflichtung ist ausschließlich psychologisch-moralischer Natur und hat keine rechtliche Bedeutung.)

Schönwald, den 4.9.2008

____________________	____________________
(Seminarteilnehmer)	(Trainer)

11 Rollenspiel-Methodik: soziales Lernen organisieren

Die für praktische Übungen sozialer Fertigkeiten angemessenste, aber auch komplexeste Methode ist das Rollenspiel. In Studiengängen und beruflichen Weiterbildungen vor allem im sozialen Bereich, aber auch in Wirtschaft und Verwaltung (Verkauf, Führung, Beratung) ist Rollenspiel *das* Element des Verhaltenstrainings geworden. Deshalb geben mittlerweile viele an, Rollenspiele in irgendeinem Zusammenhang schon kennengelernt zu haben: Selbstunsichere verlangen auf der Straße Geld zum Telefonieren oder beschweren sich über Drängler in einer Warteschlange, andere besuchen eine „Flirtschule", „Drücker" werden auf Gesprächseröffnung an der Haustür dressiert, in der Lehrerbildung wird „Microteaching" angewandt, und Sozialarbeiter oder Psychologen trainieren die einfühlende Gesprächsführung mit unterschiedlicher Klientel.

Manchmal findet Rollenspiel „im sozialen Feld", also in der Öffentlichkeit mit ahnungslosem Gegenüber statt, meistens aber „im Labor": Komplementäre Rollen, die an bestimmte Aufgaben gebunden sind, werden von Seminarteilnehmern oder auch mal vom Trainer übernommen. Die Beteiligten bekommen evtl. unterschiedliche Vorinformationen (z. B. bei Verhandlungen), Zielsetzungen und Instruktionen (eine Ansprache halten vs. Zwischenrufe machen, beraten vs. sich beraten lassen etc.).

Je nach dem Grad der Festlegung der Situation und der Komplexität der Instruktion wird auch von **Simulationsrollenspielen** oder **Planspielen** gesprochen, ohne dass es immer klare Grenzen gäbe. Mancherorts wird allerdings „herumgespielt", indem eine soziale Situation einfach nachgestellt und vielleicht von mehreren Personen wiederholt wird. Betroffene berichten dann manchmal mit einem schalen Gefühl: „Und nun …?" Ressentiments gegen „Spielchen" kommen bereits vor.

11.1 Methodische Varianten und eine Standortbestimmung

Gibt es aber *die* Methode des Rollenspiels überhaupt? Die Wurzeln des Rollenspiels im psychologisch-pädagogischen Bereich kommen aus dem **Psychodrama** (s. Moreno 1997 oder Petzold 1993), also aus der Psychotherapie und ihrem Umfeld.

Rollenspiel bezeichnet eigentlich eine ganze Palette sehr unterschiedlicher methodischer Varianten, die lediglich gemeinsam haben, dass soziales Verhalten in einer fingierten, mehr oder weniger ausformulierten Situation ausgeführt wird. Ein oder mehrere Teilnehmer „agieren, als ob", in mehr oder weniger abgesprochener oder improvisierter Weise. Hier endet aber schon die Gemeinsamkeit dessen, was alles unter Rollenspiel firmieren kann.

Dass damit auch ein Lernziel für die Akteure verbunden sein soll, ist schon nicht mehr selbstverständlich (es könnte auch der Unterhaltung, der Information oder Belehrung Dritter dienen). Wenn gelernt werden soll, kann es sich z. B. auch um ein Verfahren handeln, das relativ unspezifisch die Vermittlung von Erfahrungen oder Selbsterfahrungen erleichtern soll.

Von manchen Autoren wird das Rollenspiel nur als Einsicht und Verstehen förderndes Mittel angesehen, etwa um soziale Konflikte zu verstehen. Broich (1980, 22ff; s. a. 1999) dagegen nimmt eine umfangreiche Klassifikation in „fünf Stufen" vor mit nicht weniger als 36 Rollenspielformen vom „Assoziationstraining" bis zum „Szenischen Spiel". „Schattenspiel", „Sprach"- und „Tanzspiele" sind ebenso dabei wie „Kommunikationstraining" und „Politdrama".

Nach dieser Taxonomie wäre die von uns thematisierte Rollenspielmethode größtenteils in die „edukative Richtung" einzuordnen (kaum in die „therapeutische"). Je nach Zielsetzung und Anlage kann sie innerhalb fließender Grenzen als *Interaktionsspiel* bezeichnet werden (mit dem Ziel der Erschließung neuartiger Interaktionserfahrungen wie z. B. Kontaktaufnahme; vgl. Kap. 2–4), als „Sprachspiel" (Ziel: Entwicklung sprachlicher, rhetorischer Fähigkeiten; vgl. Kap. 4, 6–8) oder als *Planspiel* (Ziel: Erweiterung der Situationserfahrungen etwa für beruflich relevante Anwendungen; vgl. Kap. 8, 9).

In unserem Kontext ist das Rollenspiel eine Methode sozialen Lernens, die Verhaltenslernen organisiert, vor allem als *Learning by Doing*, wesentlich aber auch als Lernen durch Beobachtung *(Modelllernen)*. Sie ist lernzielgebunden, auswertungsorientiert und technisch unterstützt. Neben der Erweiterung und Differenzierung des sozialen Verhaltensrepertoires sind die Ebenen der Wirkungen, Erfahrungen, Gefühle, Einsichten, Einstellungen und gelegentlich auch der Persönlichkeit Thema von Rückmeldungen durch Menschen und technische Medien sowie Anlass weiterführender Erörterungen.

Innerhalb dieser Grenzen liegen vielerlei Variationen: Vom punktuellen *Coaching* einer spezifischen Verhaltensweise über die gemeinsame Variierung und Optimierung von Verhaltensalternativen bis zur freien Ausgestaltung eines groben Aktionszielrahmens innerhalb eines Planspiels können Handlungsspielräume und Lernzielkomplexität variieren. Das aktionale Lernen des Einzelnen kann vom nicht hervorgehobenen Agieren innerhalb einer Gruppenaktivität bis zur fokussierten Präsentation vor der Gruppenöffentlichkeit reichen. Hinsichtlich der Vorbereitung reichen die Unterschiede von der ausführlich geplanten Gestaltung im Rahmen individueller oder gruppeninterner Planung bis hin zu unmittelbar spontanen Aktivitäten. Die Auswertung beschränkt sich in manchen Fällen auf einen kurzen allgemeinen Austausch von Erfahrungen und kann in anderen Fällen bis zu einer Besprechung von Videoaufnahmen über Stunden reichen.

11.2 Fragen, Zweifel und Widerstände

Gelegentlich kann es einem als Trainer passieren, dass Seminarteilnehmer schon zu wissen meinen, was ihnen da mit dem Rollenspiel begegnen soll, und je nach eigener Erfahrung und Bewertung bringen sie ein eher positives oder negatives Vorurteil ein. **Typische Bedenken** können sein:

- „Das ist ja eh nur gespielt. Wenn ich das weiß, verhalte ich mich ganz anders!“
- „In dieser künstlichen Situation kann ich mich nicht echt verhalten!“
- „Was wir hier veranstalten, ist viel leichter als in der Realität. Da kann ich mir so was nicht so einfach erlauben!“
- „Wenn ich hier etwas fertig bringe, kann das auch ein Zufall sein. Und umgekehrt bekomme ich vielleicht Kritik, wenn ausgerechnet jetzt etwas schiefgeht!“
- „Die Videokamera/die anderen Teilnehmer hemmen mich so, dass ich bestimmt viel schlechter bin als sonst!“

EINFÜHRENDE VORSTELLUNG DER METHODE

Abgesehen davon, dass man Arbeitsmethoden am besten immer im Voraus erläutert, kann es im Falle solcher Signale der Voreingenommenheit durchaus erforderlich sein, einleitend die Arbeitsweise genauer darzulegen. Wir geben an dieser Stelle unsere Arbeitsweise durch eine solche „Einleitungsrede" wieder. (Sie entstand übrigens notgedrungen und spontan, als unvermutet etliche Teilnehmer aus einem sozialen Beruf Rollenspiel aufgrund ihrer Erfahrungen rundheraus ablehnten. Das Folgende konnte diesen Widerstand abbauen, am Ende war die Zustimmung einhellig):

„Die Rollenspiele als eine Form praktischer Übungen sollen Gelegenheit geben, in einer Art von ‚sozialem Experimentierraum' Dinge auszuprobieren, vorzuführen, zu beobachten, nachzumachen und zu verbessern, mit denen man normalerweise im Alltag nicht so ohne Weiteres experimentiert.

Soziallabor

Ein Rollenspiel findet immer in einer abgesprochenen, fiktiven Situation statt. Was damit nicht gemeint ist, wäre eine Art von Laienspiel oder Sketch. Es sollen auch keine Dressuren irgendwelcher Einzelheiten stattfinden. Aber es kann sinnvoll sein, zusammen nach mehreren Möglichkeiten zu suchen oder sie auszuprobieren. Wir werden Videoaufnahmen machen, Beobachtungsaufgaben festlegen und relativ viel Zeit auf die Auswertung verwenden. Bei sozialen Fertigkeiten kommt es oft nicht so sehr darauf an, sehr häufig oder lange etwas zu tun, sondern vor allem, dass man sich möglichst klar wird über die Ergebnisse, um Schlussfolgerungen ziehen und Absichten für die Zukunft entwickeln zu können.

fiktiv, aber relevant

Für diese Art von Lernen ist vor allem die Erfahrung von Wirkungen wichtig: Dafür gibt uns die Videoaufnahme eine viel vollständigere und objektivere Rückmeldung, als es irgendjemand mit einer Beschreibung könnte. Andererseits kann Video nicht die menschliche Urteilsfähigkeit ersetzen.

Wirkungen erfahren

Auch die Beobachter können dabei eine Menge lernen. Erwachsene sind besonders gut in der Lage, nicht nur nachzuahmen, sondern Gesehenes zu bewerten, auf sich selbst zu beziehen, in der Fantasie durchzuspielen und sich zu sagen: ‚So möchte ich es auch machen.' Oder: ‚Das will ich gerade nicht machen.' Außerdem lernen sie dabei, Rückmeldungen in einer günstigen Weise zu formulieren: Das ist selbst eine soziale Fähigkeit, nämlich die, konstruktiv kritisieren und glaubwürdig loben zu können. Es geht also nicht um Mäkelei, Spott oder gar Verriss und auch nicht um Schmeicheleien.

Modelllernen

Für die Akteure ist es wichtig, nicht aus lauter Spiellust die Aufgabenstellung aus dem Blick zu verlieren. D. h.: Bitte keine Übertreibungen, die wir als unrealistisch bezeichnen müssten. Bitte auch keine unernsten Parodien, obwohl das manchmal einfach Spaß machen kann. Nicht sinnvoll ist drittens, ‚Kaninchen aus dem Hut zu zaubern': So nenne ich Augenblickserfindungen, die nicht abgesprochen waren, aber die Situation zum eigenen Vorteil verändern sollen. Wenn also z. B. jemand eine Reklamation im Geschäft macht und plötzlich den Einfall hätte, irgendeinen Zettel aus der Tasche zu ziehen, auf dem angeblich eine längere Garantiezeit steht, dann ist das vielleicht eine originelle Idee, hat aber nichts mit der Aufgabe zu tun, sondern würde sie kaputtmachen."

Was ist „realistisch"?

Realitätsnähe vs. Lernrelevanz

Die immer wieder angesprochene Frage der Realitätsnähe eines „Spiels" zeigt, dass sich die Menschen sehr bewusst sind, wie wesentlich situative Bedingungen für soziales Verhalten sind. Hier haben wir plötzlich eine „Situation in der Situation". Das bloße Wissen, ein Seminar und keinen „Ernstfall" vor sich zu haben, verändert die innere Haltung und kann auch Zweifel am Sinn des Rollenspiels wecken. (Am schwierigsten dürfte das im Falle von *Konfliktrollenspielen* sein, weil hier die emotionale Betroffenheit nicht einfach simuliert werden kann! Aber dennoch können Verhaltensweisen geübt werden.) Der Trainer sollte deshalb klarmachen:

- Einerseits ist es grundsätzlich unmöglich, irgendeine Realität vollständig nachzubilden.
- Andererseits ist das für eine sinnvolle Arbeit gar nicht notwendig.
- Die Trainingssituation ist auch eine Realität.

Worauf es eher ankommt:

- dass die verabredete Spielsituation **typische Anforderungen** modelliert, die für den Akteur im „Ernstfall" gegeben sind (einige, aber nicht zu viele)
- dass Schwierigkeitsgrad und Stressbedingungen leicht erhöht oder auch erniedrigt werden können, je nachdem, was gerade sinnvoll erscheint

Gegenseitiges Einvernehmen über eine einzubauende Schwierigkeit weckt leicht eine Art sportlichen Ehrgeiz: So können Störbedingungen eingebaut (etwa Zwischenrufe bei einem Diskussionsbeitrag) oder weggenommen werden (ablehnendes Verhalten des Partners bei einer Selbstsicherheitsübung). Zeiträume können eingeplant werden (kleine Vorbereitungsphasen für Kurzreden), oder sie können gerade verhindert werden (Stegreifrede über ein Thema auf Zuruf). Wahlfreiheiten können zur Verfügung gestellt werden (eine Replik macht jeweils, wer sich als Erster meldet, aber jeder kommt irgendwann dran), oder es kann Überraschung erzeugt werden (verdeckte Zusatzabsprachen mit einer von zwei „Verhandlungsparteien").

VARIANTEN

Neben dem Rollenspiel, das wie ein kleines zusammenhängendes Drama in einem Stück abläuft, können, wie bei Dreharbeiten zu einem Film, auch Variationen eingeschoben werden („Klappe: Szene 1, die Dritte";das ist Anlass für das sog. **Coaching**; vgl. auch 7.3: Ad-hoc-Wiederholungen). Zeitliche Versetzungen („Schnitte") oder Wiederholungen des szenischen Ablaufs können arrangiert werden:

- Die Rollenspieler wiederholen eine Szene, um die Durchführung zu verbessern.
- Verschiedene Partner wiederholen nacheinander einen Part, um variierende Anforderungen vorzugeben oder Lösungsvarianten vorzuführen.
- Spätere Szenen werden unmittelbar „als Fortsetzungsfolge abgedreht" (vgl. das unten folgende Beispiel „Mitarbeitergespräch" mit drei Zeitpunkten).
- Im Nachhinein (Auswertungsphase) können alle Teilnehmer reihum Ideenvielfalt für eine bestimmte Verhaltensweise produzieren, die gerade besprochen wird. („Zeigen Sie doch mal, wie Sie jetzt Ihre Empörung ausdrücken könnten, und zwar ohne dabei irgendein inhaltliches Argument anzuführen")

VIDEOANGST

In den meisten Fällen ist die Aussicht, vor einer Videokamera zu stehen, für einige Teilnehmer etwas Bedrohliches. Die Videoangst äußert sich in gespannter oder etwas „aufgedrehter" Stimmung, in mehr oder weniger deutlichen Kommentaren oder Fragen bis zur offenen Bekundung von Hemmungen oder Ängsten, in seltenen Fällen auch zur vorsorglichen Ankündigung, nicht mitmachen zu wollen.

Im Prinzip gibt es dieses Lampenfieber natürlich auch schon ohne Aufnahmen: Sich in der Gruppenöffentlichkeit zu exponieren, ist für nicht wenige mit einem Risiko der Blamage verbunden. Das gilt bei sozialem Verhalten mehr als etwa bei Rechenaufgaben oder Sprachübungen, weil Fremdbewertungen einer „Aufführung der eigenen Person" viel mehr an unser zentrales **Selbstwertgefühl** rühren: Menschen mit starker Außenorientierung, d.h. orientiert an ihrem (vermuteten) Fremdbild („Wie mich wohl andere sehen?") oder mit einem negativen Selbstbild („Ich bin nicht o. k."), sind abhängiger vom Urteil der Umwelt. Wenn sie sich zur Disposition stellen sollen, ist es subjektiv gefährlicher!

Wer sich dagegen relativ sicher fühlt, eine solche Aufgabe zu bewältigen, wird sich eher gerne darstellen. In diesem Fall ist die Unsicherheit über das Gelingen gering, das Gefühl der Kontrollierbarkeit vorhanden und so der Mut kein Problem. **Von Bedeutung ist also meine subjektive Überzeugung, wie viel Kontrolle ich über das Zustandekommen des Ergebnisses habe.** (Wo der *Ort der Kontrolle* über eine Situation gesehen wird, ist generell eine wesentliche Bedingung, ob und wie wir Stress erleben; vgl. Kap. 4.)

Bei einer Aufzeichnung kommt noch ein Punkt hinzu: Neben einer anfänglichen Irritation über das „kalte Auge" einer Kamera verlieren wir ein Stück Kontrolle über die eigene Wirkung. Die Wiedergabe wird zeigen, was war, während ein Spiegel nur zeigt, was ist. Im zweiten Fall kann ich mich laufend korrigieren, im ersten bin ich machtlos! Nicht selten sehen die Akteure bei der Wiedergabe ihrer eigenen Aufnahme eben mal weg, wenn sie etwas als misslungen oder peinlich empfinden. Daneben besteht aber die Neugierde an der eigenen Wirkung, so dass ein Wechselspiel von Gefühlen des Interesses, des Stolzes und der Scham, der Lust und der Unlust entsteht.

Das, was wir am wenigsten kontrollieren können, sind körperliches Aussehen und damit äußere Attraktivität. Wer nicht mit sich im Reinen ist, kann darunter geradezu leiden. Eine Konfrontation mit einer objektiven Widerspiegelung dürfte aber in aller Regel als heilsam anzusehen sein, da sie Verzerrungen der Selbstwahrnehmung korrigiert. Es versteht sich, dass ein ernsthaftes (nicht „tierisch ernstes") und vor allem wohlwollendes Arbeitsklima eine gute Voraussetzung dafür ist, dass diese Spannungen positiv verarbeitet werden können. Nach dem ersten Kontakt mit dem Medium Video werden solche Hemmungen aber schnell abgebaut, und nicht selten entsteht die Lust auf mehr Gelegenheiten, sich zu produzieren und zu begutachten.

11.3 Die Komplexität sozialen Lernens

Im Rollenspiel können soziales Verhalten und soziale Wahrnehmung sinnvoll gelernt werden, vorausgesetzt, eine Reihe spezifischer Bedingungen ist erfüllt. Dazu sollten Gedanken und Gefühle der Lernenden, wenn möglich, auch ihre Person einbezogen werden: Soziale Verhaltensweisen sind ganz wesentlich von kognitiven (d. h. erkenntnismäßig-gedanklichen) und emotionalen Vorgängen abhängig.

Auch komplexere Hintergrundsysteme haben eine wichtige Bedeutung für Prozesse sozialen Lernens: Einstellungen, Haltungen, Interessen und Motive. Das lässt sich z. B. gut in Selbstsicherheitsübungen bei Schüchternen beobachten. Solange keine innere Überzeugung über den Wert des Zielverhaltens aufgebaut ist, wird der Lernende vielleicht alle möglichen Gründe anführen, warum „das" für ihn „nicht wichtig", nicht akzeptierbar oder sonst „nicht passend" ist, und der Übung ausweichen oder sie verweigern … Nicht nur Ängste, Zweifel und Misserfolgserwartungen sind daran schuld, sondern auch mehr oder weniger unbewusste Überzeugungen geraten in Konflikt mit dem, was neu angeeignet werden soll. Es ist paradox, aber nicht nur aus der Depressionsforschung ist bekannt, dass ein negatives Selbstbild („… was ich nicht kann", „dass ich nichts wert bin") nicht selten hartnäckig verteidigt wird!

Selbstbild

Auf der Ebene von Denken und Fühlen spielen sich also wesentliche, oft die entscheidenden Prozesse sozialen Lernens ab. Neben allgemeinen lerntheoretischen Erkenntnissen (die hier nicht eigens dargestellt werden können) sollte für die Organisation praktisch-sozialen Lernens möglichst viel von der Komplexität solcher Lernprozesse berücksichtigt und methodisch umgesetzt werden.

THEORETISCHER HINTERGRUND

Unser Ansatz der Rollenspielarbeit leitet sich theoretisch vorwiegend aus folgenden Quellen ab:

- aus den Ansätzen der **kognitiven Verhaltensmodifikation** (s. etwa Meichenbaum 1995; Mahoney 1977): Hier spielen vor allem Fragen der Organisation des Lernprozesses, der Rückmeldung (Verstärkung) und Selbstbewertung, der Instruktion und Selbstinstruktion eine Rolle. Dies betrifft in erster Linie die Akteure des Rollenspiels.
- aus dem Ansatz des **Modelllernens** (Bandura 1976): Wichtig sind hier stellvertretende Lernprozesse durch Beobachtung sozialer Modelle (Aufbau von Handlungsschemata und Motivierung zu ihrer Übernahme bei der Beobachtung *positiver*, entsprechend zur Vermeidung bei Beobachtung *negativer Modelle*). Dies betrifft in erster Linie die Beobachter des Rollenspiels.
- aus Ansätzen und praktischen Anleitungen der **Gruppendynamik** und **themenzentrierten Interaktion** (z. B. Luft 1977; Antons 1998; Cohn 1997): Die Balance zwischen Freiwilligkeitsprinzip und Gruppendruck, persönlich-spontanen und Gruppeninteressen. Die Individualisierung und Generalisierung von Lernprozessen und Bewertungen werden dadurch beeinflusst, die Einbeziehung affektiver Lernziele gefördert.
- aus der **nondirektiven Gesprächsführung** (etwa Rogers 1982): Während vor und im Rollenspiel eher direktiv kommuniziert wird (Instruktionen), ist die Auswertung eher nondirektiv orientiert. Aus der elementaren Verhaltensrückmeldung kann auch ein **personbezogenes Gespräch** werden, das die Person, ihr Erleben und ihre Außenwirkung als Ganzes, in der Gruppe und ggf. „in der Realität" thematisiert.

Verhaltensmodifikation zielt immer auf

- den **Aufbau** neuer und erwünschter Verhaltensweisen (anders gesagt: den Abbau von Verhaltensdefiziten). Beispiele könnten sein: zu wenig Blickkontakt beim Reden, zu selten loben beim Feedback, keine Forderungen stellen.
- oder den **Abbau** unerwünschten Verhaltens (bzw. der Vermeidung sog. Verhaltensexzesse). Etwa: zu viele „Ähs", zu oft unterbrechen, zu lange Redebeiträge, unangemessen defensive oder unangemessen aggressive Verhaltensweisen.
- oder in der **Verbesserung** vorhandenen und wünschenswerten Verhaltens (Ausformung/Shaping). Hier vielleicht: deutlicher artikulieren, präziseres Formulieren eines Diskussionsbeitrags, effektiveres Notizenmachen usw.

(Anmerkung für die Fachleute: Lerntheoretische Prinzipien der Verstärkung, Kontingenzpläne etc. können bei dieser Art Gruppenarbeit nur begrenzt berücksichtigt werden. Vor allem die Kurzfristigkeit der Arbeit setzt hier Grenzen. Dafür erhält Modelllernen eine umso höhere Bedeutung.)

Hand in Hand mit der Modifikation äußeren Verhaltens müssen kognitive und affektive Aspekte erarbeitet bzw. aufgearbeitet werden, wenn Verhaltensmodifikation kein Dressurakt sein soll (s. u. *personbezogene Auswertung*). Selbsterfahrungselemente, *Lernen durch Einsicht*, die Verknüpfung mit sozialen Hintergrunderfahrungen und der Austausch mit der Gruppe können vor allem im vertiefenden Auswertungsgespräch zu einer Reflektion von Erleben und den Wirkungen von Verhalten beitragen.

11.4 Die Konstruktion der Lernsituation: Planung, Durchführung, Auswertung

In diesem Sinne formulieren wir nun einige „Konstruktionsbedingungen“ für die Lernsituation „Rollenspiel“:

A priori klar definierte Lernziele, wo sinnvoll: Lernende können nicht zugleich auf alles achten, aber sie sollten gezielt auf manches achten *(Diskriminationslernen)*. Deshalb muss eine für die Akteure und für die Beobachter nicht zu umfangreiche(!) Zahl solcher Verhaltensweisen abgesprochen sein, die gezeigt, vermieden oder verbessert werden sollen. Je komplexer die Verhaltensziele, desto weniger sollten es sein.

Wenn die Funktion des Rollenspiels allerdings diagnostischer Natur ist oder z. B. Kreativität herausgefordert werden soll, kann die Zielsetzung absichtlich global bleiben (z. B. bei einer Einstiegsübung zum Beratungsgespräch oder bei Aufgaben rhetorischer Flexibilität).

A priori definierte Erfolgskriterien, wo sinnvoll: Wer lernt, muss wissen, wann das Ziel erreicht ist. Aber es sollte nicht unbedingt ein Absolutkriterium, sondern eher ein Näherungsziel formuliert werden. (Statt: „Bitte keine Versprecher mehr!“, lieber: „Spielen Sie in und zwischen den Sätzen mal öfters mit Kunstpausen, und achten Sie auf die Wirkung.“)

Klare Zielbeschreibungen sind besonders bei komplexen Zielen nicht immer bis ins Detail möglich, sollten aber angestrebt werden. Sehr sinnvoll ist es, die individuell erwartbare Leistungshöhe zu berücksichtigen: Wer zum ersten Mal Fünf-Satz-Konstruktionen versucht, soll sie eben „versuchen".

Wenn die Übung diagnostischen Charakter hat oder Hemmungen (Misserfolgsangst) zu befürchten sind, kann darauf weitgehend verzichtet werden. Die Auswertungsphase gibt Gelegenheit, für die Bewertung relevante Kriterien nachträglich einzuführen.

Hinreichende Definition der Situation: Über die simulierte Situation sollte hinreichende Klarheit bestehen. Eine Absprache kann niemals vollständig sein, sollte aber auch nicht unklar oder unterbestimmt bleiben. Das führt sonst zu großen Beliebigkeiten im Verlauf, für seine Bewertbarkeit und damit für Erfolg und Zufriedenheit. Je nach Zielsetzung der Übung können dazugehören: Angaben über Ort, Zeit, beteiligte Personen, Vorgeschichte der Szene, Vorwissen der Beteiligten, absehbare Konsequenzen der Handlung usw.

Am besten: So wenig wie möglich, aber so viel wie nötig, um die Fantasie der Akteure anzuregen, den Freiraum dafür aber auch im Rahmen der angestrebten Lernziele zu halten (vgl. auch den „Kaninchen-Trick": schlaue Augenblickserfindungen, die die Spielsituation zum eigenen Vorteil verändern, aber die Anforderung zunichtemachen, müssen verhindert werden; s. 11.2).

A priori definierte Handlungsziele, wo sinnvoll: Diese sind nicht zu verwechseln mit den Lernzielen (s. o.). Handlungsziele geben die Aktionsrichtung vor und werden besonders in komplexeren Arrangements (Planspiele) mit den Akteuren vereinbart, ggf. individuell („Rollenkarten";vgl. auch 9.5, 9.6).

Manchmal sind sie selbstverständlich und können global bleiben: in einem Bewerbungsgespräch „Erfolg zu haben" oder als Prüfer einen gehemmten Kandidaten „aufzuschließen". Manchmal sind Konkretisierungen notwendig: Für eine Verhandlung können das eine „Minimallinie", vorbereitete Kompromissangebote oder Druckmittel sein (die in einer vorgeschalteten Phase erarbeitet oder auf einem Instruktionspapier übermittelt werden). In einer Entscheidungsdiskussion kann es sich um die Durchsetzung eines Antrags handeln, in einer Übung zur Leitung eines Teams um die Erreichung eines gemeinsamen Arbeitsprodukts.

Definierte Beobachteraufgaben: Fast nie sind alle Teilnehmer gleichzeitig Akteure. Deshalb brauchen sie aber nicht mehr oder weniger gut unterhaltene „arbeitslose Zuschauer“ zu bleiben. *Als Beobachter* haben sie eine für die Auswertungsphase wichtige Rückmeldungsfunktion. So lernen sie im Gegenteil gleich mehrfach: durch *stellvertretendes Lernen* (Lernen am „guten“ und „schlechten Modell“) und als Rückmeldungsgeber, die sensibel und präzise beobachten müssen, um einfühlsam und konstruktiv rückmelden zu können.

Verhaltensbeobachtung ist eine schwierige und komplexe Aufgabe, die Laien zuvor fast nie bewusst und systematisch betrieben haben. Oft ist es sinnvoll, die komplexe Beobachtungsaufgabe zu entflechten: So können etwa je zwei Beobachter vorrangig auf eine Verhandlungspartei achten. Oder es achten manche bei Rednern eher auf Körpersprache, andere auf Gedankenführung und Formulierung usw. Die Beobachter sollten Hinweise zur Arbeitstechnik erhalten (etwa Notizen machen oder Rückmeldungsregeln beachten). Erfahrungsgemäß halten sie sich nicht gleich daran. Hinweise zwischendurch, diese Aufgabe nicht zu vergessen, sind deshalb angebracht.

Organisierte, vielfältige und mehrschichtige Auswertung: Bei der zuweilen praktizierten Form diffuser Rollenspielerei mag Auswertung sich manchmal in globalen Ermutigungen oder Kritiken eines Moderators sowie in Wiederholungsinstruktionen erschöpfen.

In nahezu allen Fällen ist jedoch *die Auswertung die wichtigste Phase des Lernprozesses:* Auch eine kurze Szene stellt einen sehr vielschichtigen Ereignisstrom dar. Es kommt darauf an, die Wahrnehmung nach einzelnen Aspekten zu differenzieren, bei der Bewertung die individuellen Bedingungen und Möglichkeiten des Rollenspielers zu berücksichtigen sowie Ursachen, Konsequenzen und Alternativen zum gezeigten Verhalten deutlich zu machen und ihre Bedeutung auf einer für alle gültigen Ebene herauszuarbeiten.

Wir interessieren uns zunächst dafür, wie die Akteure sich während der Ausführung bzw. während der Wiedergabe ihrer Aufzeichnung gefühlt haben (nur eine kurze, globale Auskunft). Anschließend werden sie in einem Rückmeldungsgespräch (nach den in Kap. 3 dargestellten Grundsätzen) an eine gemeinsame Analyse herangeführt, die bei zwei, drei gemeinsam formulierten neuen Zielsetzungen für die Zukunft endet.

Neben hilfreicher (d. h. konkreter, konstruktiver und individuell angemessener) Verhaltensrückmeldung durch den Trainer stehen die Selbstexploration der Akteure, die Rückmeldung durch die

Beobachter und meistens auch technisches Feedback (Video- oder Tonaufzeichnung). Der Feedback-Empfänger muss genügend Gelegenheit haben, auf die verschiedenartigen Informationen zu reagieren und sie zu verarbeiten. Er darf also nicht „zugeschüttet“ werden. Der Trainer strukturiert das Gespräch nach verschiedenen Phasen und Aspekten. Eine Übereinstimmung subjektiver Bewertungen wird *nicht* unbedingt angestrebt, auf die Beachtung der Rückmeldungsregeln legen wir aber Wert. Das schließt ein, dass bewertende Aussagen stets auf der Ebene beobachtbaren Verhaltens zu belegen und zu begründen sind (s. u.).

B

Eine **typische Abfolge der Auswertungsschritte** (sie entsteht je nach Gegebenheiten anders) sieht etwa so aus:

- Kurze Rückfrage unmittelbar nach Beendigung des Rollenspiels, wie die Akteure sich selbst erlebt haben und jetzt fühlen. Keine Diskussion.
- (Meistens eine kurze Pause vor Beginn der Auswertung, oft technisch bedingt.)
- Ansehen der Aufzeichnung oder eines ersten Teils, bis hinreichend, aber nicht zu viel an Besprechungsmaterial angefallen oder eine gut abgrenzbare Phase beendet ist.
- Stellungnahme des oder der Akteure; evtl. konkretisierende Nachfragen des Trainers, insbesondere zu Selbstbewertungen.
- Beobachterrückmeldungen, kurze Stellungnahmen der Empfänger.
- Ggf. Nachfragen des Trainers an die Beobachter und Einholen von ergänzenden Stellungnahmen durch andere.
- Bei Punkten, die für einen Akteur schwierig oder konflikthaft sind, vertieft der Trainer das Gespräch und ergänzt um Aspekte eines personbezogenen Feedbacks (s. 11.5).

Der Trainer reguliert den Grad seiner Moderation des Auswertungsgesprächs zwischen Akteuren und Beobachtern je nach Erfordernissen. Besonders anfangs sind noch häufige methodische Hinweise an die Gruppe zum Vorgehen angebracht: Die Regularien werden also im Verlauf eingeführt, gelernt und angewendet. Einige *typische Gesprächsimpulse* sollen das verdeutlichen:

Feedback steuern

„Zuerst soll immer der Akteur selbst Gelegenheit haben, seinen Eindruck von sich mitzuteilen. Wenn Sie vorab mit einem Wort global Ihre Zufriedenheit mit sich selbst ausdrücken wollen, was sagen Sie? (auf einer Schulnotenskala der Zufriedenheit)“

– „Was heißt ‚ungeschickt' genau? An welcher Vorstellung messen Sie das?" – „Haben die Beobachter dazu konkretes Material?" – „Wie sehen diesen Punkt die anderen?" – „Und was haben Sie gut gemacht? Warum?" – „Wer empfindet das ähnlich und warum? Gibt es andere Einschätzungen dazu?" – „Was könnten Sie stattdessen machen? Versuchen Sie eine Beschreibung/Wollen Sie das kurz mal vormachen?" – „Wer hat dazu noch Einfälle?" – „Spielen Sie Ihre Variante doch mal kurz an." – „Wir haben jetzt zwei entgegengesetzte Standpunkte. Ich bitte beide, noch mal genau zu beschreiben, wie Sie das meinen, und es zu begründen. Machen Sie es dann kurz vor." „Diesmal sehen wir es ganz verschieden. Auf wen wirkte das eher unsicher … auf wen eher sicher? Bitte begründen Sie anhand Ihrer Beobachtungen." – „Verschiedenartige Eindrücke sind immer ein Hinweis darauf, dass etwas ‚schillernd' war, also undeutlich oder vielleicht aus verschiedenen Elementen zusammengesetzt …?" – „Lassen Sie uns hier einmal kurz viele und unterschiedliche Varianten sammeln. Ich meine jetzt nicht Beschreibungen, sondern wir sollten reihum Möglichkeiten produzieren: Jeder soll eine andere Äußerung machen, die hier möglich wäre." Usw., usw.

Ist die Gruppe allmählich eingespielt, kann sich der Trainer mehr und mehr zurücknehmen und eher darauf beschränken, für die Einhaltung der oben dargestellten Regularien zu sorgen. Die gesamte Gruppe praktiziert und übt dann konstruktive Rückmeldung. Das schließt nicht aus, dass der Trainer ergänzt, präzisiert, konkretisiert oder zuspitzt. In anderen Fällen kann es sinnvoll sein, dass er die Auswertung weitgehend selbst übernimmt. Abschließend gibt er eine Zusammenfassung, die konkrete Änderungsvorschläge für die Zukunft einschließen sollte.

Schließlich: Kalkulieren Sie Ihren Zeitbedarf! Als Faustregel für den Zeitbedarf lässt sich bei diesem Verfahren angeben: Inklusive Auswertung und aller Zusatzzeiten, auch technisch bedingter, dauert eine Rollenspielübung vier- bis fünfmal so lange wie die reine Aufzeichnungszeit. Wenn die aufgezeichnete Aktion nicht von mehreren (die ja z. T. simultan ausgewertet werden können), sondern nur jeweils von einem Teilnehmer stammt, liegt der Faktor noch höher! Kalkulieren Sie also richtig: Wenn Sie beispielsweise mit zwölf Teilnehmern nur eine 3-minütige Stegreifrede durchführen wollen (vgl. 7.3), wird daraus ein halber Tag oder mehr!

Auch komplexere Arrangements schlagen mit längeren Vorbereitungsphasen zu Buche: Verarbeitung schriftlichen Materials, Planung, Vorbereitung und Absprachen in Teilgruppen usw. Ein Planspiel, dessen zentrale Aktionsphase 30 bis 40 Min. Aufzeichnung dauert, erfordert mit Einführung, Vorbereitung, Durchführung (mit Vorbereitungs- und Ausführungsphasen) sowie Video-Auswertung leicht einen ganzen Tag.

11.5 Möglichkeiten einer weiterführenden personbezogenen Auswertung (mit Fallbeispiel)

Anders als in vielen längerfristigen gruppendynamischen Projekten (oder gar in Gruppentherapien) sind Trainingsseminare stark themenzentriert, wesentlich strukturierter und vor allem viel kürzer. Muss sich deshalb die Arbeit auf „äußeres“ Verhalten beschränken? Die bisherigen Ausführungen dürften schon das Gegenteil gezeigt haben. Auch „personbezogenes Feedback“ wurde schon thematisiert (3.4).

Unter *Personbezogenheit* der Auswertung verstehen wir, dass sie sich nicht isoliert auf aktuell gezeigtes Verhalten beschränkt, sondern auch die Persönlichkeit in einem ganzheitlichen Sinn thematisiert werden kann und evtl. persönlicher Stil, Charakterzüge oder Temperamentseigenschaften angesprochen werden. Damit betreten wir in einem so knapp bemessenen Rahmen allerdings ein Gebiet mit Fußangeln, und die Frage einer angemessenen Behandlung wird besonders wichtig.

Zunächst gilt für den Trainer, was in Kap. 3 zum Feedback und über die Moderierung von Gruppen-Feedback zur Sprache kam: Er muss Rückmeldung selbst beherrschen und diejenige von Teilnehmern ggf. „auf die Reihe bringen“, ob nun Feedback als Seminarthema explizit behandelt wurde oder nicht. Eine Reihe psychologischer Bedingungen ist zu beachten, von denen im Folgenden einige grundsätzliche aufgeführt werden.

Betroffenheit: Wenn Menschen sich selbst in Rollenspielen, vielleicht sogar mit Videoaufnahme, produzieren und damit zur Disposition stellen, sind sie je nach dem Grad der Personnähe, die die Lernziele für sie haben, entsprechend stark betroffen. Das gilt für Kommunikationsübungen oft mehr, bei manchen (einfacheren) Rhetorikübungen vielleicht etwas weniger, kann aber individuell sehr unterschiedlich sein: Selbstbewertungsprozesse sind in solchen Situationen stark aktiviert, und Fremdeinschätzungen werden daher sehr wichtig genommen. Einerseits entsteht damit eine gewisse Brisanz, andererseits die Chance, näher an Einstellungen und Überzeugungen heranzukommen, als es in Gesprächen in vergleichbarem Zeitraum möglich wäre. (So sieht etwa die Gestalttherapie im handelnden Durchleben eine ihrer wesentlichen Möglichkeiten.)

Wenn Sie nun als Trainer über den aktuellen Übungskontext hinaus gelegentlich weitere Beobachtungen zur Person ergänzen, kann das Auswertungsgespräch intensiviert werden. Gleichzeitig nimmt auch die Möglichkeit der Abwehr durch den Angesprochenen zu. An Ihre Gesprächsführung sind deshalb besondere Anforderungen gestellt (s. u.).

Intensivierung

Material für Rückmeldungen: Die erste Voraussetzung ist, dass Sie als Trainer wirklich etwas zu sagen haben (was man wegen seiner eigenen Kapazitätsgrenzen durchaus nicht bei jeder Person kann!). In den seltensten Fällen haben Sie in solchen Trainings hinreichende Gelegenheit, die vielen Menschen als Personen gut genug kennenzulernen, um gesicherte Eindrücke zu bilden, denen Sie nicht nur situative Geltung zusprechen. Einwöchige Seminare sind ja durchaus nicht die Regel, und 15 Teilnehmer sind so gesehen sehr viele Menschen!

Je mehr Sie durch Erfahrung und Routine geistige Kapazität frei haben, können Sie versuchen, von Anfang an eine Haltung interessierter Aufmerksamkeit für die einzelnen Persönlichkeiten aufzubringen. Wenn Ihnen eine Notiz dabei hilft, nützen Sie sie. Gerade im Partnerinterview (s. Kap. 10) erhalten Sie erste Gelegenheit dazu. Fragen Sie sich auch öfters einmal, wer Ihnen kaum auffällt. Je mehr und je öfter Sie der Gruppe freien Entfaltungsraum lassen, desto mehr haben Sie Zeit(!) dazu.

Bilden Sie Hypothesen über Beobachtungen, stellen Sie sich also selbst Fragen der Art: „Wenn meine Vermutung zutrifft, wird es weitere Hinweise geben, die dafür oder dagegen sprechen, dass für ihn/sie die Akzeptanz der Gruppe besonders wichtig ist?“ Es kann sein, dass Sie schon nach kurzer Zeit bei dem einen oder anderen Teilnehmer Beobachtungsmaterial gesammelt haben, das Ihnen weiterreichende Hypothesen und Einschätzungen ermöglicht. Andere Beispiele: Jemand wehrt Komplimente wegen seiner Kleidung oder wegen einer Leistung im Seminar ab; jemand baut in der Plenumsdiskussion mehrmals mit harten Formulierungen Gegensätze zu anderen Positionen auf, die nicht von der Sache her motiviert erscheinen; jemand beteiligt sich fast nicht usw.

Der Trainer kann zu der Auffassung gelangen, dass eine personbezogene Rückmeldung angezeigt sein könnte, wenn der

nicht forcieren

Teilnehmer im Rahmen einer Übung einmal im Zentrum der Aufmerksamkeit steht. Machen Sie aber nicht den Fehler, Ihre Einschätzungen, koste es, was es wolle, anzubringen. „Psychologisieren" Sie bloß nicht „auf Teufel komm raus". (Damit sind u.a. festlegende Etikettierungen und Deutungen gemeint, die niemandem nützen.) Sprechen Sie aber Beobachtungen jenseits der gerade zur Rede stehenden Übung an, wenn sich eine günstige Gelegenheit zur Anknüpfung ergibt und Sie meinen, dass der Zusammenhang dem Teilnehmer dadurch deutlicher werden kann.

Aufnahmebereitschaft: Voraussetzung ist auf jeden Fall, dass der Betreffende sensibilisiert und offen für eine Ansprache ist. Diese Bereitschaft ist im Allgemeinen höher während einer Übungsauswertung. Durch seine Anstrengung und die damit verbundene Selbstoffenbarung ist sowieso schon eine Aufmerksamkeitszentrierung entstanden. Ein Klima gemeinsamen Bemühens und einer **positiven, wertschätzenden Grundhaltung** schaffen sozusagen eine „natürliche" Gelegenheit, an die Videoaufnahme anzuknüpfen. Genauso wichtig ist es, auf der Sachebene die richtige Haltung zu finden: Die Förderung einer selbstexplorativen (d.h. sich selbst erforschenden) Haltung beim Empfänger der Rückmeldung kann kaum gelingen, wenn das Gespräch in irgendeiner Form dogmatisch, besserwisserisch oder entlarvend geführt wird. Die Mitteilung von Beobachtungen und Vermutungen muss deshalb behutsam vonstatten gehen. Es ist ja auch so, dass Sie nur eine recht schmale Beobachtungsbasis haben können …

Bleiben Sie also hypothetisch!

- Äußern Sie sich bestimmter *nur* bei leicht nachvollziehbaren Tatsachenfeststellungen (Verhaltensbeschreibung).
- Benennen Sie Ihre Eindrücke und Reaktionen ausdrücklich als subjektive. Dann kann man es auch anders sehen. Es geht nicht ums Rechthaben, sondern um Vergleiche unterschiedlichen Erlebens.
- Schildern Sie denkbare Zusammenhänge als mögliche und Bewertungen als persönliche Befürchtungen oder Hoffnungen. So regen Sie wiederum zum Nachdenken an, ohne

Verteidigungsreaktionen zu provozieren – die das Nachdenken ja eher blockieren.

- Ziehen Sie Schlussfolgerungen nur unter klarer Angabe der Prämissen und halten Sie sie vielleicht im Konjunktiv. (Wird die Formulierung deutlich länger, ist es wahrscheinlich kein Konjunktiv; s. letzten Punkt.)
- Fragen Sie, wie das derjenige selbst sieht bzw. wie das von anderen gesehen wird, denn Sie sind nicht im Besitz der letzten Wahrheit.
- Verfallen Sie bei alledem aber nicht in unklares Darumherumreden mit vielen überflüssigen Relativierungen einer (ängstlich-„höflichen") Umgangssprache („Ich würde mal meinen wollen ..."). Es ist besser, Sie haben erkennbare Formulierungsschwierigkeiten oder ziehen etwas zurück, als drei Minuten Nebel zu verbreiten!

B

In verkürzter Form stellen wir eine solche Erweiterung auf personbezogene Rückmeldung exemplarisch dar. Der Verlauf des etwa 15-minütigen Auswertungsgesprächs ist im Folgenden besonders anhand der Trainerbeiträge skizziert, Kommentare zu den Gesprächsphasen sind nicht kursiv gesetzt.

Eine Teilnehmerin ist seit kurzem Vorgesetzte und möchte wissen, wie sie sich gegenüber einem unzuverlässigen, ausweichend-hinhaltenden Mitarbeiter besser durchsetzen kann. Nachdem sie die Situation und ihn (als Rollenvorgabe für einen Spielpartner!) beschrieben hat, werden drei Folgeszenen „Mitarbeitergespräch" direkt hintereinander realisiert: 1) Auftragserteilung, 2) Anmahnung nach verstrichener Frist, 3) nochmaliges Versäumnis.

Anfangs gibt sie keinen klaren Auftrag und vergisst konkrete Absicherungen (etwa definitiver Termin, Rücksprache vereinbaren bei Problemen etc.). Im zweiten Teil wird sie deutlicher, erkundigt sich ausführlich nach seinen Problemen und gibt Ratschläge, lässt aber seine Antworten, die die nächste „Hintertüre" schon ahnen lassen, stehen. In der letzten Szene wird sie deutlich ratloser, bleibt aber bei Wiederholungen und zeigt sich im Grunde hilflos.

Nachher meint sie etwas deprimiert, es sei der Realität nahegekommen, sie wolle nicht so autoritär-männlich auftreten und vermute eine frauendiskriminierende Haltung bei ihrem Mitar-

beiter. Die Gruppe lobt ihre verständnisvolle Haltung, kritisiert aber das Fehlen klarer Forderungen; sie habe einen „harmlosen" Eindruck gemacht etc. Ihr Rollenspielpartner sagt, er habe sie als Chefin nicht recht ernst nehmen können. Demgegenüber verteidigt sie sich: Verständnis gegenüber den Problemen ihrer Untergebenen zu zeigen halte sie für richtig. Trainer: „Fühlen Sie sich jetzt besser, als wenn Sie vielleicht strikte Anweisung erteilt hätten?" („Nein ... bestimmt eben so schlecht!")

Nennung des emotionalen Ergebnisses und Ausgangssichtweise des Problems; Lob und Kritik von anderen, Abwehr und Verteidigung eigener Ziele von ihr.

„Sie möchten vielleicht ein Ideal nicht aufgeben, das Sie aber mit der Chefrolle in einen Konflikt bringt?" (Sie redet über schlechte Vorbilder, den Sinn kollegialen Umgangs und Selbstzweifel an ihrer Eignung.)

Anregung, Alternativen zu fantasieren, und Hypothese über eine innere Barriere, die zunächst in der gleichen Weise depressiv abgewehrt wird.

„Sie können ja etwas Wichtiges, und das ist gut so. ... Eben haben Sie aber auch sehen können, dass Sie Möglichkeiten ausgelassen haben. Die Gruppe hat dazu schon Vorschläge gemacht. Können Sie sich vorstellen, ganz klare Verabredungen schon am Anfang zu treffen?" (Natürlich, sie werde sich das vornehmen. Wir alle sammeln Merkpunkte.)

Gezielte positive Verstärkung: Hervorhebung des Gekonnten, Anbieten von Ideen der Gruppe; Konkretisierung und Fixierung von Alternativen durch Zusammenarbeit aller, also keine Beschränkung auf die emotionale Verarbeitung.

„Wichtig ist, dass Sie VORHER genau WISSEN, WAS Sie tun werden, wenn es trotzdem nicht klappt. Wenn Sie erst einmal eine lebhafte Vorstellung aufbauen, wie SIE sich durchsetzen, wird es Ihnen viel leichter fallen, das auch zu tun." (Sie beharrt auf dem Wert von „Kollegialität".)

Trainerhinweise für den Aufbau neuen Verhaltens nach Art des mentalen Trainings; weitere Abwehr von ihr, weil innerlich noch nicht bereit.

„Die sollen Sie ja nicht aufgeben, ich glaube, wir sollten nachher noch einmal diskutieren, was Kollegialität und Führung bedeuten, um sehen zu können, wann Führen ‚kollegial' ist. Wir sollten aber erst einmal klarer sehen, wie sinnvolles Durchsetzungsverhalten genau aussehen könnte."

Trainer gibt Schutz, beharrt aber auf kognitiver Differenzierung: Es folgen Vorschläge und Einschätzungen der Gruppe zur Begriffsbestimmung, die sie aufmerksam verfolgt.

„Ich habe Sie bis jetzt als sehr hilfsbereit und offen kennen gelernt. Sie lassen z.B. anderen sofort den Vortritt ..." (Aufzählen seiner Beobachtungen). *„Das gehört zu Ihnen und macht Sie sympathisch ... Wenn Sie dagegen etwas fordern müssen, ist es schwerer für Sie."* (Sie stimmt zu.)

Trainer erweitert thematischen Horizont um Beobachtungen außerhalb der Übung und nennt wiederum Gekonnt-Vertrautes und daneben Schwieriges, was sie diesmal annehmen kann.

„Was mir dazu noch einfällt: Würden Sie sagen, dass Sie im Grunde so etwas wie ‚brav' sein möchten? Brave Kinder kriegen nichts, heißt es ..." (Schmollen bis ärgerlich.)

Trainer geht einen Schritt weiter und konfrontiert mit einer vielleicht unbewussten sozialen Einstellung, was keine offene Abwehr, aber negative Gefühle auslöst.

„Ich habe die Vorstellung, dass es Ihnen wichtiger ist, einen offenen Konflikt zu vermeiden, aber vielleicht ist das übertrieben?" (Zustimmungen der Gruppe, spöttisch-gutmütige Bemerkungen etc. Sie: Achselzucken.)

Trainer bietet Arbeitshypothese an (als subjektiven Eindruck, der durch die Zustimmung der Gruppe verbindlicher wird) zur Formulierung eines inneren Konflikts; abwartende, (noch?) distanzierte Geste von ihr.

„WENN es so sein sollte, dann müssten Sie eigentlich den Wunsch verspüren, dass Ihre Mitarbeiter auch ‚brav' sind, damit Sie nicht ‚böse' werden müssen ..."? (Nach kurzer Pause stimmt sie überrascht-lebhaft zu.)

Trainer bietet eine schlussfolgernde Vermutung über einen evtl. nicht bewussten Wunsch an, den sie überprüfen und annehmen kann. Im Folgenden entsteht schnell Einvernehmen über das Änderungsziel.

„Nehmen Sie sich doch mal vor, kleine, weniger wichtige Situationen zu benutzen, um sich bei weniger wichtigen Dingen nicht nach den Wünschen anderer zu verhalten: Nur mit der Absicht, das Gefühl auszuprobieren (es wird vielleicht etwas „durchwachsen" sein). Und um zu sehen, wie die Umwelt reagiert ... Tasten Sie sich langsam vor, und übertragen Sie das auf Ihre beruflichen Aufgaben. Entwickeln Sie IM VORAUS eine möglichst genaue Vorstellung, was Sie sagen werden, wenn ...!" (Das sei ihr wohl so unangenehm, weil sie das eigentlich nie gemacht habe usw. Andere geben spontan eigene Beispiele, erläutern, wie sie das tun.)

Trainer formuliert daraus eine Art Strategie zur Aneignung bisher vermiedenen Verhaltens.

Am Ende: *„Wir sollten gleich damit anfangen und überlegen, wie die 2. Szene anders aussehen könnte, um sie dann noch einmal zu spielen."* In einer Neuauflage zeigt ein anderer Teilnehmer, wie er es sich vorstellt.

In Zusammenarbeit aller wird zusammengetragen, welche akzeptablen Möglichkeiten für die Bewältigung einer solchen Aufgabe existieren, und ein Teil des Rollenspiels wiederholt, diesmal nicht diagnostisch, sondern mit konkreten Handlungs- und Lernzielen. Dass jetzt ein anderes Gruppenmitglied ihre Rolle übernimmt, entscheidet sich daran, dass sich die Rollenspielerin nicht bereit und in der Lage fühlte, gleich aktiv weiterzumachen, sondern lieber beobachten wollte. Sie wird nicht dazu gedrängt.

Wo Gegensteuern nötig wird: Zum Schluss sei noch auf den Umgang mit einigen *Formen unangemessener Bewertungen und Selbstbewertungen* hingewiesen. Sie müssen vom Trainer ausbalanciert werden, um destruktive Entwicklungen der Gruppendynamik zu vermeiden und das Erlernen konstruktiven Feedbacks zu fördern. Die folgenden Vorschläge können fast alle aus den Rückmeldungsregeln abgeleitet werden:

Einseitige negative Selbsteinschätzungen stellen eine Form der Vermeidung dar: Äußert sich jemand ausschließlich selbstkritisch, stellen Sie Fragen wie: „Und was haben Sie gut gemacht?" „Gibt es wirklich nichts, was Ihnen gelungen ist?" Sollte das Selbsturteil einseitig positiv ausfallen: „Was möchten Sie denn noch besser machen?" (Vgl. Feedback-Regel: Kritik mit Änderungsvorschlägen verknüpfen.)

Einseitige Fremdeinschätzungen, vielleicht mit apodiktischem Charakter, müssen in gleicher Weise relativiert werden: Ein undifferenziertes Urteil lässt sich so gut wie nie aufrechterhalten. Fragen Sie ggf.: „Wie sehen das die anderen?" Das nimmt diesen evtl. die Hemmung, eine dann abweichende Meinung zu äußern. Ihren eigenen, vielleicht abweichenden Standpunkt äußern Sie anschließend natürlich auch.

Bei pauschaler Kritik oder pauschalem Lob fragen Sie nach, welche Beobachtungen zu welchen Zeitpunkten zu der Bewertung geführt haben: Sobald konkrete Belege eingefordert werden, lässt sich Pauschalität kaum aufrechterhalten. Außerdem sollte sowieso immer die Ebene konkreter Beobachtungen explizit einbezogen werden. Fragen Sie den Kritiker, wie genau das alternative Verhalten nach seiner Meinung aussehen müsste und lassen Sie es ggf. vormachen.

Die Abwehr von Bewertungen kommt viel häufiger bei Lob als bei Kritik vor. Lob nicht anzunehmen oder zu verkleinern ist sehr weit verbreitet. Hier können Sie ganz offen, lächelnd konfrontieren: „Warum fällt Ihnen das eigentlich schwer, Lob anzunehmen?" Oder: „Was muss passiert sein, damit Sie sich selbst erfolgreich nennen würden?" Möglicherweise läuft das Gespräch auf die Tabuisierung von Selbstlob hinaus („Prahlen") oder auf das Thema Bescheidenheit. Bei der selteneren Abwehr von Kritik müssen Sie vorsichtiger und differenzierter sein: Zuerst sollte das Positive vom Betreffenden selbst formuliert werden, dem Sie zustimmen, wenn es gerechtfertigt ist. Dann aber sollten die kritischen Punkte zuerst sachlich auf eine möglichst konkrete Ebene der Verhaltensbeschreibung gebracht und den Zielen und Konsequenzen gegenübergestellt werden. Der Betreffende sollte die Schlussfolgerung für eine differenzierte Bewertung selbst ziehen. Warten Sie auch in diesem Fall mit Ihrer eigenen Bewertung bis zum Schluss.

Chancen nutzen statt Risiken vermeiden

Erwartungen und Befürchtungen von Teilnehmern – und Auftraggebern: Natürlich wäre es wünschenswert, längerfristig mit dem umfangreichen Instrumentarium der Gruppendynamik, Selbsterfahrung usw. arbeiten zu können (was nicht heißen soll, dass man immer alles davon bräuchte). Faktisch handelt es sich gewiss nicht um Therapie im engeren Sinn, andererseits hat diese Form der Arbeit ihren selbstverständlichen Platz im Rahmen von Therapie. Das macht die Elemente der personnahen Arbeit aber verdächtig … Die durchaus verständlichen Vorurteile und Ängste gegenüber „dem Psychologen", der unkalkulierbar in die eigene Personensphäre eindringen, sie verletzen und manipulieren könnte, teilen sich der typische Teilnehmer noch immer mit dem typischen Auftraggeber.

In der Regel bestimmen sich stattdessen die Seminarerwartungen der Auftraggeber an möglichst sofort vorzeigbaren, konkreten Ergebnissen, zumindest aber an Lernzielen, die unmittelbare berufliche Umsetzbarkeit versprechen. Das heißt leider nicht selten, dass eine Ausweitung von Themen und Lernzielen einer intensiveren Bearbeitung vorgezogen werden müssen … Es ist zu hoffen, dass sich in der Zukunft gerade auf Seiten der Auftraggeber auch die Einsicht verbreiten wird, dass Vertiefungsmöglichkeiten solcher Art kein „psychologisches Luxurieren" oder zweckfremde Spielereien sind, sondern sinnvolle Investitionen in die Personalentwicklung.

Literatur

Alteneder, A. (1996): Der erfolgreiche Fachvortrag. Didaktik, Visualisierung, Rhetorik. Weinheim: VCH Wiley

Antons, K. (1973/1998): Praxis der Gruppendynamik. Übungen und Techniken. Göttingen: Hogrefe

Arvey, R. D., Campion, J. E. (1982): The employment interview: A summary and review of recent research. Personnel Psychology, 35, 281–322

Bandura, A. (1976): Lernen am Modell. Ansätze zu einer sozial-kognitiven Lerntheorie. Stuttgart: Klett

– (1977): Self-efficacy: Toward a unifying theory of behavioral change. Psychological Review, 84, 191–215

Barthel, W. (2001): Prüfungen – kein Problem: Bewältigung von Prüfungsangst, effektive Prüfungsvorbereitung, optimales Verhalten. Weinheim u. a.: Beltz

Bierhoff, H. W. (2006): Sozialpsychologie. Ein Lehrbuch. 6. Aufl. Stuttgart u. a.: Kohlhammer

Brauchlin, E. (1995): Problemlösungs- und Entscheidungsmethodik. Eine Einführung. 4. vollst. überarb. Aufl. Bern/Stuttgart: Haupt

Brehm, J. (1966): A theory of psychological reactance. New York: Academic Press

Broich, J. (1980): Rollenspiele mit Erwachsenen. Reinbek: Rowohlt

– (1999): Rollenspiel-Praxis. Vom Interaktionstraining und Sprachtraining bis zur fertigen Spielvorlage. Köln: Maternus

Bruner, J. S., Tagiuri, R. (1954): The perception of people. In: Lindzey, G. (Hg.): Handbook of social psychology. Bd. 1. Cambridge, Mass.: Addison Wesley, 601–633

Bühler, K. (1934): Sprachtheorie. Die Darstellungsfunktion der Sprache. Stuttgart: Urban & Fischer (Neudruck 1982)

Buss, A. H. (1980): Self-consciousness and social anxiety. San Francisco: W. H. Freeman Co.

Cohn, R. (1997): Von der Psychoanalyse zur themenzentrierten Interaktion. Von der Behandlung einzelner zu einer Pädagogik für alle. Konzepte der Humanwissenschaften. 13., erw. Aufl. Stuttgart: Klett-Cotta

Comelli, G. (1985): Training als Beitrag zur Organisationsentwicklung. In der Reihe: „Handbuch der Weiterbildung für die Praxis in Wirtschaft u. Verwaltung" Bd. 4. München/Wien: Hanser

Cooper, C. L. (1981): Stressbewältigung. Person, Familie, Beruf. München u. a.: Urban & Schwarzenberg (Neuaufl. München: DTV 1987)

Cox, T., Griffith, A., Rial-Gonzalez, E. (2005): Zum Stand der Erforschung von arbeitsbedingtem Stress. Europäische Agentur für Sicherheit und Gesundheitsschutz am Arbeitsplatz. Luxemburg: Amt für amtliche Veröffentlichungen der Europäischen Gemeinschaften. <http://osha.europa.eu/publications/reports/203/?set_language=de>

Crott, H. W. (1972): Der Einfluss struktureller und situativer Merkmale auf das Verhalten in Verhandlungssituationen. Teil II. Zeitschrift für Sozialpsychologie, 3, 227–244

–, Kutschker, M., Lamm, H. (1977): Verhandlungen. Bd. 1: Individuen und Gruppen als Konfliktparteien: Ergebnisse aus sozialpsychologischer Verhandlungsforschung. Bd. II: Organisationen und Nationen als Konfliktparteien: Ergebnisse aus wirtschafts- und politikwissenschaftlicher Verhandlungsforschung. Stuttgart u. a.: Kohlhammer

Dann, H.-D., et al. (1978): Umweltbedingungen innovativer Kompetenz. Eine Längsschnittuntersuchung zur Sozialisation von Lehrern in Ausbildung und Beruf. Stuttgart: Klett-Cotta
Dickenberger, D., Gniech, G., Grabitz, H. J. (1993): Die Theorie der psychologischen Reaktanz. In: Frey, D., Irle, M. (Hg.): Theorien der Sozialpsychologie. Band I: Kognitive Theorien. Bern: Huber, 243–274
Dipboye, R. L. (1982): Self-fulfilling prophecies in the selection-recruitment interview. Academy of Management Review, 7, 579–586
Dommann, D. (1996): Faire und unfaire Verhandlungstaktiken – und wie man sich gegen unfaire Taktiken wehren kann. 6. Aufl. Berlin: VDE
Engels, A., Timaeus, E. (1983): „Face-to-Face"-Interaktionen. In: Irle, M. (Hg.): Marktpsychologie als Sozialwissenschaft. In der Reihe: Enzyklopädie der Psychologie, Bd. D/III/4. Göttingen: Hogrefe, 344–401
Ennen, K., Günther, U. (1996): Personalentwicklungsveranstaltungen deutscher Großunternehmen. Eine empirische Analyse der Themen und Trends. Zeitschrift für Personalforschung, 10, 33–47
Farr, J. L., York, C. M. (1975): Amount of information and primacy-recency-effects in recruitment decisions. Personnel Psychology, 28, 233–238
Filipp, S.-H. (Hg.) (1995): Kritische Lebensereignisse. 3., neu ausgest. Aufl. Weinheim: Psychologie Verlags Union
Fischer, L. (2002): Grundlagen der Sozialpsychologie. 2. Aufl. München u. a.: Oldenbourg
Fisher, R., Ury, W., Patton, B. (2003): Das Havard-Konzept. Sachgerecht verhandeln – erfolgreich verhandeln. 22. Aufl. Frankfurt/M.: Campus
Fittkau, B., Müller-Wolf, H.-M., Schulz von Thun, F. (1980/1994): Kommunizieren lernen (und umlernen). 7. Aufl. Aachen: Hahner Verlagsgesellschaft
Fisseni, H.-J., Preusser, I. (2006): Assessment Center. Eine Einführung in Theorie und Praxis. Göttingen u. a.: Hogrefe
Frank-Böhringer, B. (1963): Rhetorische Argumentation. Hamburg: Quickborn
Frey, D., Benning, E. (1983): Das Selbstwertgefühl. In: Mandl (1983), 148–182
–, Irle, M. (Hg.) (1998): Theorien der Sozialpsychologie. Bd. 1: Kognitive Theorien. 2. Aufl., Nachdruck. Bern/Stuttgart/Wien: Huber
Frey, H. (1997): Personalkosten-Management. Wege zur Produktivitätssteigerung. München: Beck
Geißner, H. (1978): Rhetorik. 4. Aufl. München: Bayer. Schulbuch-Verlag
Gergen, K. J., Taylor, M. G. (1969): Social expectancy and self-presentation in the status hierarchy. Journal of Experimental Social Psychology, 5, 79–92
Goossens, F. (1987): Erfolgreiche Konferenzen und Verhandlungen. 6. Aufl. Landsberg: Verlag Moderne Industrie
Gordon, T. (1982): Managerkonferenz. Reinbek: Rowohlt
Greif, S. (1976): Diskussionstraining. Salzburg: Otto Müller
Günther, U. (1987): Sprachstil, Denkstil und Problemlöseverhalten. Inhaltsanalytische Untersuchungen über Dogmatismus und Abstraktheit. In: Vorderer, P., Groeben, N. (Hg.): Textanalyse als Kognitionskritik? Möglichkeiten und Grenzen ideologiekritischer Inhaltsanalyse. Tübingen: G. Narr, 22–45
– (1997): Gehorsam bei Elektroschocks: die Experimente von Milgram. In: Frey, D., Greif, S. (Hg.): Sozialpsychologie. Ein Handbuch in Schlüsselbegriffen. 4. Aufl. Weinheim: Psychologie Verlags Union, 445–452
– (2000): Wirtschaftspsychologen zwischen Wissenschaft und Wirtschaft. Zum Verhältnis von wissenschaftlicher Theorie und Berufspraxis. In: Günther, U. (Hg.): Psychologie an Fachhochschulen. Studiengänge, Theorie-Praxis-Verhältnis, Hochschulreform. 2. Aufl. Lengerich/Berlin: Pabst 2000, 8–37
– (2003): Basics der Kommunikation. In: Auhagen, A., Bierhoff, H.-W. (Hg.): Angewandte Sozialpsychologie. Weinheim: Beltz, 17–42

– (2004): Interkulturelle Kommunikation in und zwischen Organisationen. In: Schachtner, C. (Hg.): Das Soziale im Umbruch. Professionelle Kompetenz, Organisationsverantwortung, innovative Methoden. Göttingen: Vandenhoeck & Ruprecht, 95–116
–, Groeben, N. (1978): Abstraktheitssuffix-Verfahren: Vorschlag einer objektiven ökonomischen Messung der Abstraktheit/Konkretheit von Texten. Zeitschrift für experimentelle und angewandte Psychologie, 28, 55–74
–, Halm, K. (1981): Rhetorik, Diskussions- und Argumentationstechniken, politische Rede. Ein Literaturüberblick für den Erwachsenenbildner und Deutschlehrer. Außerschulische Bildung, A28–31, 56–60, 113–117
–, Knöll, H.-D. (2003): Management von Software-Projekten – Ein interdisziplinäres Trainingsprogramm. In: Gebert, A., Hacker, W. (Hg.): Arbeits- und Organisationspsychologie 1991 in Dresden. Berichtsband zum 16. Kongreß für Angewandte Psychologie. Bonn: Deutscher Psychologen Verlag, 239-–249
–, Massing, P. (1980): Praxisschock, Einstellungswandel und Lehrertraining. Bildung und Erziehung, 33, 550–577
Harkins, S. G., Petty, R. E. (1981): Effects of source magnification of cognitive effort on attitudes: An information-processing view. Journal of Personality and Social Psychology, 3, 401–413
Heckhausen, H. (1989): Motivation und Handeln. Lehrbuch der Motivationspsychologie. Berlin: Springer
Herkner, W. (1996): Lehrbuch Sozialpsychologie. 5. Aufl., Nachdruck. Bern/Stuttgart/Wien: Huber
Hierhold, E. (2005): Sicher präsentieren – wirksamer vortragen. 7. Aufl. Heidelberg: Redline
Hoffmann, N. (Hg.) (1979): Grundlagen kognitiver Therapie. Bern: Huber
Hoster, G. (1986): Top-Training – Wirksam formulieren. Stuttgart: Klett
Hussy, W. (1998): Denken und Problemlösen. Grundriss der Psychologie. Bd. 8. Stuttgart: Kohlhammer
Imada, A. S., Hakel, M. D. (1977): Influence of nonverbal communication and rater proximity on impressions and decisions in simulated employment interviews. Journal of Applied Psychology, 62, 295–300
Janis, I. L. (1972): Victims of groupthink. Boston, Mass.: White
– (1982): Counteracting the adverse effects of concurrence-seeking in policy-planning groups: Theory and research perspectives. In: Brandstätter, H., et al. (Hg.): Group decision making. London: Academic Press, 477–501
Kaluza, G. (2005): Stressbewältigung – Trainingsmanual zur psychologischen Gesundheitsförderung. 3. Aufl. Berlin: Springer
Kelber, M. (1977): Gesprächsführung. Informieren, Diskutieren, Beschließen. Opladen: Leske + Budrich
Kellner, H. (2003): Verhandeln. In: Auhagen, A., Bierhoff, H.-W. (Hg.): Angewandte Sozialpsychologie. Weinheim: Beltz, 88–102
Kelly, J., Miller, G. F. (1995): Verhandlung. In: Nicholson, N. (Hg.): Arbeits- und Organisationspsychologie. Internationales Handbuch in Schlüsselbegriffen. München: Psychologie Verlags Union
Klassen, B., Krull, M., Loeber, H.-D., Rieken, H. (1978): Arbeitsweisen und Medien. Bd. 4. In: Arbeitskreis Universitäre Erwachsenenbildung (Hg.): Materialien zur nebenberuflichen Qualifikation. München: Oldenburg
Klebert, K., Schrader, E., Straub, W. (2002): Moderations-Methode. Überarb. Neuaufl. München: Windmühle
Knebel, H.: (2003): Das Vorstellungsgespräch. Die beliebteste Art, Mitarbeiter auszuwählen. 17. Aufl. Heidelberg: Recht und Wirtschaft
Kompa, A. (1984): Personalbeschaffung und Personalauswahl. Stuttgart: Enke
Langer, L., Schulz von Thun, F., Tausch, R. (1974): Verständlichkeit in Schule, Verwaltung,

Politik und Wissenschaft – mit einem Selbsttrainingsprogramm zur Darstellung von Lehr- und Informationstexten. München/Basel: Ernst Reinhardt
–, –, – (2006): Sich verständlich ausdrücken. 8. Aufl. München/Basel: Ernst Reinhardt
Lay, R. (2003): Dialektik für Manager. Methoden des erfolgreichen Angriffs und der Abwehr. München: Econ
– (2006): Führen durch das Wort. Motivation, Kommunikation, Praktische Führungsdialektik. München: Econ
Lewinsohn, P. M., Mischel, W., Chaplin, W., Barton, R. (1980): Social competence and depression: The role of illusory self-perceptions. Journal of Abnormal Psychology, 89, 203–212
Luft, J. (1977): Einführung in die Gruppendynamik. Stuttgart: Klett
Mahoney, Michael J. (1977): Kognitive Verhaltenstherapie: Neue Entwicklungen und Integrationsschritte. München: Pfeiffer
Mandl, H., Huber, G. L. (Hg.) (1983): Emotion und Kognition. München: Urban & Schwarzenberg
Maukisch, H. (1986): Erfolgskontrollen von Assessment Center-Systemen: Der Stand der Forschung. Zeitschrift für Arbeits- und Organisationspsychologie, 30, 86–91
Meichenbaum, D. W. (1995): Kognitive Verhaltensmodifikation. Weinheim: Psychologische Verlagsunion
Merton, R. K. (1972): Wissenschaft und demokratische Sozialstruktur. In: Weingart, P. (Hg.): Wissenschaftssoziologie 1. Wissenschaftliche Entwicklung als sozialer Prozess. Frankfurt/M.: Transnscript, 45–59
Moreno, J.-L. (1997): Gruppenpsychotherapie und Psychodrama. Einleitung in die Theorie und Praxis. Stuttgart: Thieme
Moscovici, S. (1979): Sozialer Wandel durch Minoritäten. München/Wien: Hanser
Mucchielli, R. (1972): Das nicht-direktive Beratungsgespräch. Salzburg: Otto Müller
Naess, A. (1975): Kommunikation und Argumentation. Eine Einführung in die angewandte Semantik. Kronberg im Taunus: Scriptor
Neuberger, O. (1998): Das Mitarbeitergespräch. Praktische Grundlagen für erfolgreiche Führungsarbeit. Leonberg: Rosenberger Fachverlag
Neumann, R. (1995): Zielwirksam reden. Informieren, argumentieren, präsentieren, lehren, verkaufen. Grafenau: Expert
Nonnast, M. (1994): Schlagfertig antworten. Entwicklung und Evaluation eines Trainingsprogramms zum Umgang mit aggressiven Zwischenrufen bei Vorträgen. Diplomarbeit Psychologie, Universität Regensburg
Oesterdiekhoff , G. W. (Hg.) (2001): Werte und Wertewandel in westlichen Gesellschaften: Resultate und Perspektiven der Sozialwissenschaften. Opladen: Leske + Budrich
Peters, R. K., Benson, H. (1979): Time out from tension. Havard Business Review, Jan./Feb., 120–124
Petzold, H. (Hg.) (1993): Angewandtes Psychodrama. In Therapie, Pädagogik und Theater. Paderborn: Jungfermann
Prim, R., Tilmann, H. (2000): Grundlagen einer kritisch-rationalen Sozialwissenschaft. 8. Aufl. Wiesbaden: Quelle & Meyer
Pruitt, D. G., Lewis, S. A. (1975): The psychology of integrative bargaining. In: Druckmann, D. (Hg.): Negotiations. Beverly Hills: Sage
Raffée, H., Fritz, W. (1985): Warentest im Markentest. Konfliktstoff für Absatzkanäle. Absatzwirtschaft, 28, 86–97
Rand, T. M., Wesley, K. N. (1975): Demonstration of the effect, „similiar to me“, in simulated employment interviews. Psychological Reports, 36, 535–544
Regnet, E. (2007): Konflikt und Kooperation. Konflikthandhabung in Führungs- und Teamsituationen. Göttingen u. a.: Hogrefe
Rieckhoff, H.-C (1986): Strategien der Personalentwicklung. Wiesbaden: Gabler
Riesmann, D. (1958): Die einsame Masse. Reinbek: Rowohlt

Rogers, C. R. (1982): Entwicklung der Persönlichkeit. Stuttgart: Klett Cotta
Rokeach, M. (1960): The open and closed mind. New York: Basic Books
Rother, W. (1988): Die Kunst des Streitens. 3. Aufl. München: Olzog
Rüttinger, B. (2000): Konflikt und Konfliktlösen. 3. Aufl. Leonberg: Rosenberger
Ryans, D. G. (1960): Characteristics of teachers. Washington: American Council of Education
Sader, M. (1998): Psychologie der Gruppe. 6. Aufl. Weinheim u. a.: Juventa
Savigny, E. v. (1976): Grundkurs im wissenschaftlichen Definieren. München: dtv
– (1993): Grundkurs im logischen Schließen. 3. durchges. Aufl. Göttingen: Vandenhoek und Ruprecht
Schmitt, N. (1976): Social and situational determinants of interview decisions: Implications for the employment interview. Personnel Psychology, 29, 529–540
Schopenhauer, A. (1996): Eristische Dialektik oder die Kunst, Recht zu behalten. 13. Aufl. Leipzig: Haffmann
Schrader, E., Gottschall, A., Runge, T. (1983): Der Trainer in der Erwachsenenbildung. Rolle, Aufgaben, Verhalten. In der Reihe: „Handbuch der Weiterbildung für die Praxis in Wirtschaft und Verwaltung", Bd. 5. München/Wien: Hanser
Schuler, H. (2002): Das Einstellungsinterview. Göttingen u. a.: Hogrefe
– (2006): Lehrbuch der Personalpsychologie. 2. Aufl. Göttingen u. a.: Hogrefe
– (2006a): Noten als Prädiktoren von Studien- und Berufserfolg. In: Rost, D. h. (Hg.): Handwörterbuch Pädagogische Psychologie. 3. Aufl. Weinheim: Psychologie Verlags Union, 535–541
Schulz von Thun, F. (2007): Miteinander reden: Störungen und Klärungen – Psychologie der zwischenmenschlichen Kommunikation. 45. Aufl. Reinbek: Rowohlt
–, Enkemann, J., Leßmann, H., Steller, W. (1987): Verständlich informieren und schreiben – Trainingsprogramm Deutsch für Schüler. 7. Aufl. Freiburg/Basel/Wien: Herder
Schwäbisch, L., Siems, M. (1997): Anleitung zum sozialen Lernen für Paare, Gruppen und Erzieher – Kommunikations- und Verhaltenstraining. Reinbek: Rowohlt
Schwarzer, R. (2000): Stress, Angst und Handlungsregulation. 4. Aufl. Stuttgart: Kohlhammer
Secord, P. F., Backman, C. W. (1984): Sozialpsychologie. 4. Aufl. Frankfurt: Verlagsbuchhandlung für Psychologie
Seifert, J. W. (2007): Visualisieren. Präsentieren. Moderieren. 23. Aufl. Offenbach: Gabal
Seifert, S., Weinhardt, C. (Hg.) (2006): Group Decision and Negotiation (GDN) 2006. International Conference Karlsruhe, June 25–28, Germany 2006. Proceedings. Universitätsverlag Karlsruhe
Seiwert, L. (2005): Mehr Zeit für das Wesentliche. 10. Aufl. Frankfurt/M.: Redline Wirtschaft
Seligman, M. E. P. (1995): Erlernte Hilflosigkeit. 5., korr. Aufl. Weinheim u. a.: Beltz
Sperber, W., Günther, U. (1988): Verbraucherberatertraining – Konzeption, Durchführung und Evaluation. In: Methner, H., Gebert, A. (Hg.): Arbeits- und Betriebspsychologie – Verantwortung und Leistung. Bericht über die 30. Fachtagung der Sektion Arbeits-, Betriebs- und Organisationspsychologie im BDP. Bonn: Deutscher Psychologenverlag
Springbett, B. M. (1958): Factors affecting the final decision in the employment interview. Canadian Journal of Psychology, 12, 13–23. Zitiert in: Arvey (1982)
Stangl, W. (2007): Werner Stangls Arbeitsblätter: Die Gestaltung von Overheadfolien. <http://arbeitsblaetter.stangl-taller.at/PRAESENTATION/folie.shtml.>
Steinmetz, J. (1977): The Stress Reduction Program at University Hospital, University of California Medical Center, San Diego. In: NIOSH Conference on Occupational Stress, November 1977. Zitiert in: Cooper (1981), 123
Stoebe, W., Jonas, K., Hewstone, M. (2002): Sozialpsychologie. Eine Einführung. 4. Aufl. Berlin, Heidelberg: Springer
Stopp, U. (2006): Betriebliche Personalwirtschaft. Zeitgemäße Personalwirtschaft – Notwendigkeit für jedes Unternehmen. 27. Aufl. Renningen-Malmsheim u. a.: expert

Theiß, M., Volz, W. (1994): Bewerbertraining. Crash-Programm für Stellensuchende. 12. Aufl. Wiesbaden: Modul

Tufte, E. (2006): The cognitive style of PowerPoint: Pitching out corrupts within. 2. Aufl. Cheshire, CT: Graphics Press

– (2005): PowerPoint does rocket science: Assessing the quality and credibility of technical reports. URL: <http://www.edwardtufte.com/bboard/q-and-a-fetch-msg?msg_id=0001yB&topic_id=1>

Toulmin, S. (1995): Der Gebrauch von Argumenten. 2. Aufl. Weinheim: Beltz

Tusche, W. (1998): Reden und Überzeugen: Rhetorik im Alltag. Köln: Bund

Ullrich de Muynck, R., Ullrich, R. (1982–1990): Das Assertiveness-Training-Programm. Einübung von Selbstvertrauen und sozialer Kompetenz. Teil 1: 1989 (5. Aufl.), Teil 2: 1990 (5. Aufl.), Teil 3: 1982 (3. Aufl.). München: Pfeiffer

Watzlawick, P. (1989): Anleitung zum Unglücklichsein. 4. Aufl. München: Piper

–, Beavin, J. H., Jackson, D. D. (1996): Menschliche Kommunikation. Formen, Störungen, Paradoxien. Bern/Stuttgart/Wien: Huber

Weidenmann, B. (1980): Diskussionstraining. Überzeugen statt überreden, argumentieren statt attackieren. Reinbek: Rowohlt

Weinert, A. (2004): Organisations- und Personalpsychologie. 5. Aufl. Weinheim: Beltz PVU

Weller, M. (1978): Die schlagfertige Antwort. 3. Aufl. Bergisch Gladbach: Gustav Lübbe

Witte, A. (o. J.): Überzeugend informieren in Vortrag, Referat, Konferenz. Eine Anleitung zur visuellen Kommunikation in der Praxis. FBO-Verlag: Baden-Baden

Wolf, R. (1988): Konfliktsimulations- und Rollenspiele. Köln: DuMont

Wolpe, J. (1974): Praxis der Verhaltenstherapie. 1. Nachdruck. Bern: Huber 1974

Sachregister